キューバ革命
1953〜1959年

モンカダ兵営攻撃から革命の勝利へ

河合恒生
Kawai Tsuneo

有志舎

キューバ革命 1953〜1959年
——モンカダ兵営攻撃から革命の勝利へ——
《目次》

▶第1章 キューバ革命の背景　1
1　センテナリオの世代の歴史的背景　2
2　キューバ革命の直接的背景　12
　　——マチャド体制の打倒とバチスタ体制の確立——
　(1) 労働者・中間階級・知識人のナショナリズムの成長　13
　(2) マチャド独裁体制とその崩壊　16
　(3) サルヘントたちの反乱とバチスタの登場　20
　(4) 100日間のグラウ政権　24
　(5)「民主的」独裁者バチスタ　26
3　1940年代の腐敗の深化　泥棒国家の完成　31
　(1) アウテンティコ党の腐敗　31
　(2) 国家とマフィアの結合　36

▶第2章 フィデルの大学時代　39
1　第二次世界大戦後のキューバ　39
2　大学時代のフィデル　43

▶第3章 モンカダ兵営攻撃　56
1　バチスタのクーデタ　56
2　フィデルの組織的中核の出現　60
3　フィデルの組織論——革命的軍事組織＝細胞の結成——　66
4　モンカダ兵営攻撃準備　80
5　モンカダ兵営攻撃　87

▶第4章 モンカディスタ裁判とフィデルのメキシコ亡命　114
1　モンカディスタの裁判　114
2　監　獄　119

3 恩赦と7月26日運動の結成　125
4 7月26日運動の武装闘争開始　137

▶第5章　ゲリラ戦の開始　155
1 フランク・パイス　155
2 セリア・サンチェス　167

▶第6章　グランマ号からの上陸　179
1 サンティアゴ・デ・クバの蜂起　179
2 グランマ号の到着　185
3 フィデルは生きている　192

▶第7章　1957年2月全国指導部会議　209
1 ゲリラの増強　209
2 革命幹部会の大統領官邸攻撃　214
3 ロバート・テイバー　221
4 第2戦線　226
5 シエラ・マエストラ宣言　239

▶第8章　マイアミ協定　250
1 フランク・パイスの暗殺　250
2 マイアミ協定　263

▶第9章　全面戦争　280
1 ゼネストへ　280
2 モンピエ会議　299

▶第 10 章　革命の勝利へ　308
1　バチスタ軍の大攻勢　308
2　カラカス宣言　321
3　革命の勝利　328

▶第 11 章　終　章　353

注　記　361
参考文献　373
表 1・表 2　379
あとがき　387
索　引　391

主な組織などの略称

略称	正式名称	日本語名称
AAA	Acción Armada Auténtica=Triple A	アウテンティコ武装行動
AL	Acción Libertadora	解放行動
ARG	Acción Revolucionaria Guiteras	ギテラス革命的行動
ARN	Acción Nacional Revolucionaria	革命全国行動
ARO	Acción Radical Ortodoxa	オルトドクソ・ラディカル行動
BREN	Bloque Revolucionario de Estudiantes Normalistas	教員学校学生革命同盟
BEM	Bloque Estudiantil Martiano	マルティ学生連合
CIC	Conjunto de Instituciones Civicas	市民団体連合
CNDDO	Comité Nacional de Defensa de Demandas Obreras y por la Democratización de la CTC	労働者の要求防衛と CTC の民主化のための全国委員会
CNOC	Confederación Nacional Obrera de Cuba	全国労働者連合
CSU	Comité de Superación Universitaria	大学対策委員会
CTC	la Confederación de Trabajadores de Cuba	キューバ労働者連合
DN	Dirección Nacional	全国指導部（7月26日運動）
DR	Directorio Revolucionario	革命幹部会
DRE	Directorio Revolucionario Estudiantil	学生革命幹部会
FCR	Frente Cívico Revolucionario	市民革命戦線
FEN	Frente Estudiantil Nacional	全国学生戦線
FEU	Federación Estudiantil Universitaria	大学学生連盟
FEUO	Federación Estudiantil de la Universidad de Oriente	オリエンテ大学学生連盟
FON	Frente Obrerao Nacional	全国労働者戦線
FONU	Frente Obrero Nacional Unido	統一全国労働者戦線
IBRD	International Bank for Reconstruction and Development	国際復興開発銀行
JLC	Junta de Liberación Cubana	キューバ解放会議
MNR	Movimiento Nacional Revolucionario	国民革命運動
MLR	Movimiento de Liberación Radical	急進解放運動
MRC	Movimiento de Resistensia Cívica	市民抵抗運動
MSR	Movimiento Socialista Revolucionario	革命的社会主義運動
OA	Organización Auténtica	アウテンティコ組織
OAS	Organization of American States	米州機構
PSP	Partido Socialista Popular	社会主義人民党
PUR	Partido Unión Revolucionario	革命同盟党
SAR	la Sociedad de Amigos de la República	共和国友好協会
SIM	Servicio de Inteligencia Militar	軍部情報局
UIR	Unión Insurreccional Revorucionaria	革命的蜂起同盟
UN	Unión Nacionalista	ナショナリスタ同盟

主要人物紹介

アイデエ・サンタマリア：1923-1980　モンカディスタ、7月26日運動の指導者。アメリカで 7 月 26 日運動の組織活動をし、革命後国際的・文化的に活躍、80 年自死。

アベル・サンタマリア：1927-1953　オルトドクソ党員、モンカダ攻撃の指導者。逮捕後銃殺された。アイデエの兄。

アール・T・スミス：1903-1991　1957 年アイゼンハワー大統領の下、キューバ大使としてバチスタ政権を支える。革命成功後更迭される。

アルマンド・アルト：1930-　オルトドクソ党員、弁護士。7月26日運動の指導者、アイデエの夫、革命後も政府中枢で活躍。

ウンベルト・ソリ・マリン：1915-1961　アウテンティコ党員、弁護士、7 月 26 日運動に参加。革命後 CIA に協力、逮捕後銃殺。

エウロヒオ・カンティジョ：1911-1978　軍人、バチスタ軍参謀の 1 人、バチスタ軍代表としてカストロと停戦交渉。バチスタ逃亡後革命政府にとらえられ、15 年の刑、その後、釈放され、合州国へ亡命。

エドゥアルド・チバス：1907-1951　オルトドクソ党創設者、1950 年上院議員。1951 年に政治家の腐敗に抗議してピストル自殺。

エミリオ・オチョア：1907-2007　オルトドクソ党の政治家。革命後、ベネズエラへ亡命し、その後合州国へ行く。

エルネスト・チェ・ゲバラ：1928-1967　アルゼンチン生まれ、メキシコでフィデルと出会い共にグランマ号で上陸。革命後、工業大臣、65 年キューバを離れ、67 年ボリビアでゲリラ戦中、捕えられ射殺。

エンリケ・オルトゥスキ：1930-2012　合州国の大学をでて、キューバで石油会社シェルの従業員となり、7 月 26 日運動に参加。ラス・ビジャスの責任者として活躍、革命後も政府中枢で活躍。

カミロ・シエンフェゴス：1932-1959　メキシコでフィデルと出会い、共にグランマ号で上陸。ゲリラ戦士として頭角を現し、58 年、ゲバラとともに革命戦争勝利に貢献、革命直後、飛行機事故で行方不明。

カルロス・プリオ：1903-1977　アウテンティコ党の指導者、1948 年大統領、1952 年バチスタのクーデタで失脚。革命後、合州国へ亡命。

セリア・サンチェス：1920-1980　オルトドクソ党員、7月26日運動に参加。シエラでゲリラ戦に参加した最初の女性、ゲリラ指導部のメンバー、革命後も政府中枢で活躍。

ハーバート・マシューズ：1900-1977　ニューヨーク・タイムズ記者。フィデルにシエラでインタビューし、フィデルとゲリラの存在を知らせた。

ビルマ・エスピン：1930-2007　7月26日運動のメンバー、シエラでゲリラ戦

に参加。ラウル・カストロの妻、革命後も政府中枢で活躍。

ファウスティーノ・ペレス：1920-1992　オルトドクソ党員、医者、MNR から 7 月 26 日運動の指導者になる。グランマ号で上陸、その後、アバナの 7 月 26 日運動の指導者、革命後も政府中枢で活躍。

フィデル・カストロ：1926-　革命の指導者、バチスタ独裁政権を倒す。革命後首相・国家評議会議長等を歴任。

フェリペ・パソス：1912-2001　エコノミスト、プリオ政権下、国立銀行総裁、シエラ・マエストラ宣言署名者、マイアミ協定を主導。革命後キューバ国立銀行総裁、その後辞任して、アメリカへ亡命。

フランク・パイス：1934-1957　オリエンテの革命運動組織者、MNR から 7 月 26 日運動の中心的指導者になる。活動中、暗殺される。

フルヘンシオ・バチスタ：1901-1973　キューバの軍人、独裁者。革命後アメリカへ亡命。

ヘスス・モンタネ：1923-1999　オルトドクソ党員、モンカディスタ。グランマ号で上陸後、逮捕され革命成功まで監獄にいた。革命後閣僚として活躍。

ヘラルド・マチャド：1871-1939　1924 年からキューバの独裁者として支配、1933 年革命で追放。

ホセ・アントニオ・エチェベリア：1932-1957　1954 年 FEU の議長に選出、革命幹部会 DR を組織。57 年大統領官邸襲撃の際、殺された。

ホセ・テイ（ペピト）：1932-1956　オリエンテの学生運動の指導者、フランクとともに反バチスタ闘争、7 月 26 日運動に参加。56 年 11 月、グランマ号上陸の際のオリエンテの反乱で戦死。

ホセ・マルティ：1853-1895　1894 年独立闘争を開始、まもなく戦死。後世の思想家、革命家、文学者等に多大な影響を与え、7 月 26 日運動の思想的バックボーン。

マヌエル・ウルチア：1901-1981　サンティアゴ・デ・クバで裁判官となり反マチャド、反バチスタ運動に参加、7 月 26 日運動に協力。革命後臨時大統領、まもなく辞任、合州国へ亡命。

マリオ・ジェレナ：1913-2006　キューバの知識人、7 月 26 日運動を支持、合州国の 7 月 26 日運動の責任者、その後、7 月 26 日運動を離れる。The Unsuspected Revolution: The Birth and Rise of Castroism の著者。

マルセロ・フェルナンデス：1932-2005　反バチスタの学生運動家、7 月 26 日運動のメンバー、1958 年 3 月から 7 月 26 日運動の指導者。革命後キューバ政府中枢で活躍。

メネラオ・モラ・モラレス：1905-1957　ABC のメンバー、反マチャド独裁で戦う。アウテンティコ党員、国会議員、1957 年大統領官邸襲撃で戦死。

メルバ・エルナンデス：1921-2014　モンカディスタ、7 月 26 日運動の指導者。

革命後、外交活動で活躍。

ラウル・カストロ：1931-　フィデルの弟、フィデルとともに革命を推進、フィデルの後任として国家評議会議長。

ラウル・チバス：1916-2002　オルトドクソ党の政治家、エドゥアルドの弟、シエラ・マエストラ宣言署名者。革命後、反カストロとなり、合州国に亡命。

ラモン・グラウ・サン・マルチン：1881-1969　1933-34、1944-48 大統領。アウテンティコ党党首、革命後、政治から引退。ラ・アバナで死去。

ラモン・バルキン：1914-2008　キューバの軍人、反バチスタクーデタに失敗、投獄される。革命後外交官に任命されるが、60 年に辞任し、合州国へ亡命。

リベロ・アグエロ：1905-1996　弁護士、バチスタ政府の下、閣僚として活躍、58 年バチスタの後任の大統領候補。革命でバチスタとともに国外逃亡、合州国に亡命。

レステル・ロドリゲス：1927-1998　モンカディスタ、フランクと ANR を組織、その後 7 月 26 日運動に参加、オリエンテの指導者。合州国でマイアミ協定に調印、その後シエラでゲリラ戦を戦い、革命後も活躍。

レナト・ギタルト：1930-1953　モンカディスタ、モンカダ兵営攻撃中戦死。

レネ・ラモス・ラトウル：1932-1958　オリエンテでフランクらと反バチスタ闘争を組織、その後 7 月 26 日運動のメンバーとなる。フランクの死後、7 月 26 日運動の指導者、シエラでのゲリラ戦中戦死。

ロバート・テイバー：1919-1981　合州国のジャーナリスト、CBS のプロデューサーとして 1957 年 4 月、シエラ・マエストラでフィデルを取材し、ドキュメンタリーとして発表。1961 年 M-26: Biography of a revolution を出版。

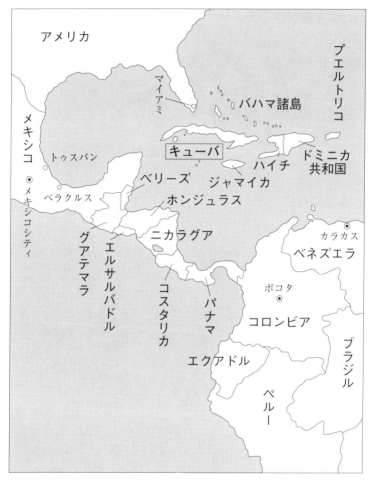

キューバ周辺地図

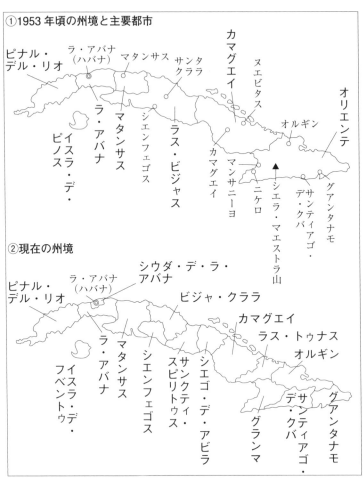

キューバ全図

第1章
キューバ革命の背景

　キューバで、「7月26日運動」(Movimiento 26 de Julio、1956年6月にフィデル・カストロが組織した運動)がバチスタ(Fulgencio Batista)独裁体制を武力で倒し、1959年1月1日に革命政府を樹立してから、すでに半世紀以上経過した。革命のカリスマ的若き指導者であったフィデル・カストロ(Fidel Alejandro Castro Ruz)もすでに高齢で政治舞台から退き、ラウル・カストロ(Raúl Modesto Castro Ruz)が国家評議会議長、閣僚評議会議長、キューバ共産党(Partido Comunista de Cuba)第一書記の座につき、さまざまな困難な問題の解決をめざして指導している。そのかれもすでに80歳を超えた。

　1898年12月10日のスペインからのキューバ独立後、事実上、キューバを保護国のような地位におき、半世紀近く支配してきたアメリカ合州国は、独裁者バチスタを支え、革命の阻止に全面的に協力したが、失敗し、アメリカ合州国の裏庭としていた地域に、反アメリカ帝国主義、社会主義を掲げる政権の樹立を許した。この植民地的財産の喪失とその屈辱に耐えられず、合州国の支配層はキューバ革命成功後のキューバの存在を一切認めず、80年代以降、新自由主義の盟主のように振舞いながらも、革命成功直後にとったキューバとの断交と経済封鎖の政策を取り続け、革命成功から半世紀を超えた2014年の第69回国連総会での「合州国の対キューバ経済・通商・金融禁止を解除する必要性」[1)]決議にたいす

1　オバマとラウル・カストロの会談（2015年9月29日、国連本部）

る賛成が188ヵ国におよび、反対が合州国とイスラエルだけであるにもかかわらず、依然として封鎖を解除する姿勢を示していなかった（2015年総会決議では賛成191ヵ国、反対2ヵ国）。その後、12月17日、合州国とキューバ政府から同時に、両国が外交関係を再開する決断をしたというニュースが流れた。両国は協議を重ね、1961年1月3日に断交して以来、54年ぶり、2015年7月20日、大使館を再開し、国交は正常化した。しかし、合州国によるキューバの経済封鎖状態をもたらしている法律は依然として是正されてはいない。

キューバ革命について、ここで解明しようとする時期（1953年から1959年1月9日）の研究は、これまで日本ではほとんど取り組まれてこなかった。しかし、革命直後から60年代にかけて、この時期の国外での研究書や論文はかなり紹介されてはいる。その後、さまざまな歴史的資料も公開されるようになり、この時期に関する研究も深められ、多くの成果が発表されてきた。それらを手掛かりに、この時期の革命過程について論じてみたい。

1　センテナリオの世代の歴史的背景

最初に、フィデル・カストロを中心として、モンカダ兵営攻撃を決意した若者たちを生みだした1950年代前半のキューバ社会の歴

史的環境とその特徴を考察しよう。

キューバ革命の最初ののろしは、1953年7月26日、「キューバ人民党」(Partido del Pueblo Cubano = Ortodoxo、オルトドクソ党)のフィデルたちが組織した青年たちによるモンカダ兵営への武装攻撃からはじまった。それに参加した青年たちは、今ではモンカディスタ(Moncadista)と呼ばれる。それからわずか5年5ヵ月余でバチスタ独裁政権は崩壊した。

2 ホセ・マルティ

フィデルたちは、キューバ独立運動の英雄ホセ・マルティ(José Julián Martí Pérez)の生誕100年を記念して、武装蜂起をしたことから、100周年の青年たち(La Juventud del Centenario)とも呼ばれた。その前の世代は、20年代から30年代にかけて、マチャド(Gerardo Machado y Moreles)独裁と闘った世代で、30年代世代といわれた。この30年代世代の親たちは、子供時代にキューバの独立戦争でのスペインの暴虐極まりない暴力支配を経験していたし、その一世代前の人たちは、1868年のヤラの独立宣言で始まる10年戦争から1895年のホセ・マルティの蜂起をへて独立にいたるまでの最も激しい暴力の時代に育ち、生活してきた世代である。

モンカディスタが「センテナリオ(100周年の青年たち)」と意識して行動に立ち上がったように、50年代のキューバ国民の間には、ホセ・マルティたちが開始したスペイン植民地体制からの独立戦争とそれに対するスペインの激しい暴力支配の記憶があった。さらに重要なのは、その独立戦争に最終段階で介入し、キューバの真

の独立をめざす国民的事業を歪めたアメリカ合州国のキューバ支配とそれに従属し、国民の利益を踏みにじる腐敗堕落した支配層が形成した「泥棒国家」(kleptocracy)[2)]の支配と暴力の記憶があった。その記憶を3つに分けて簡潔にまとめてみよう。

第一は、スペイン植民地支配の暴力的ジェノサイド政策の記憶である。

キューバ革命の背景として、スペインによる植民地支配について指摘しなければならない。スペインの植民地体制は、ラテンアメリカではすでに19世紀前半に崩壊していたが、最後の砦としてキューバやプエルトリコが残されていた。そしてホセ・マルティが独立戦争に立ち上がった1895年当時は、資本制世界では帝国主義が台頭し、列強による植民地の再分割戦争が展開されている時代であった。合州国は、1890年にウーンデッドニーで先住民の最後の抵抗を大量虐殺で制圧し、海外領土の獲得と支配を求めて、進出をねらっていた。モンロー主義を掲げた合州国がカリブ海で目をつけたのは、植民地キューバとフィリピンの独立運動の鎮圧に四苦八苦しているスペインであった。

1868年10月10日に「ヤラの叫び」(El Grito de Yara、この日、セスペデス指揮下の反乱部隊はヤラを制圧し、スペインからの独立と奴隷の解放を宣言した)ではじまったキューバの第一次独立戦争は10年に及び、キューバ人20万の戦士が倒れ、1878年スペイン政府からの妥協案であるサンホン条約を承認することで、独立戦争は一時、終結した。

その後キューバ独立運動の弾圧を強化するため、植民地キューバ総督としてバレリアノ・ウエイレル将軍(General Valeriano Weyler y Nicolau)が派遣された。かれは1896年10月21日の政令で「囲い込み」(Reconcentrado)政策を実施した。これは20世

紀のナチスの強制収容所、ベトナム戦争での合州国の戦略村を先取りしたスペイン支配に抵抗するキューバ人ジェノサイド政策であった。1897年までに東部2州の30万人の住民を独立運動のゲリラとの接触を阻止するため、女性、子供の区別なく収容地に移動させた。その政策は、1898年には全国に拡大された。アバナ州（日本ではハバナと呼ばれるが、スペイン語の正式名称はラ・アバナ）では10万人以上が強制移住させられ、そのうち半分以上が死んだ。ウエイレルが戦争指導をした時期に、飢えと病気で25万人の死者をだし、キューバの人口は50万人ほど減少し、110万になった。

そのような弾圧に抗して、94年2月から第二次独立戦争がはじまった。1897年末から1898年の激戦で、スペイン兵も5万2000人が戦病死し、8万人を超える負傷者をだした[3]。このような状況を利用して、合州国は、キューバにいるアメリカ人の保護や「人道的」立場という口実の下に介入することになった。このスペインの植民地支配暴力の記憶がキューバ革命の土台を形成する一つである。

第二は、独立運動の中断と合州国の狡猾な軍事的介入と支配の記憶である。

キューバ革命の背景には、帝国主義に特有の陰謀のでっち上げによる合州国のキューバ独立運動への軍事的介入にたいする反発がある。キューバでは、アメリカの軍艦「メイン号」爆沈事件が、ベトナムのトンキン湾事件に相当する。キューバの独立運動の指導者たちは、すでに1895年9月15日、臨時政府を樹立して解放戦争を進めていた。しかし、たとえば1897年12月24日付の合州国陸軍省次官ブレッケンリジ（John Cabell Breckinridge）は、ハワイ、プエルトリコ、キューバにたいする合州国の政策を陸軍司令官中将ネ

ルソン・A・マイルズ（Nelson A. Miles）に提言していた。そこには、これらの諸島を獲得するために、時期がきたら独立運動のような紛争をつくりだす必要があること、いつでも強いものよりも弱いものを支援し、最後には両者を滅ぼし、併合すべきだと提言されていた。

　スペインは、強硬派のバレリアノ・ウエイレル将軍を更迭し、1898年1月1日、キューバに自治政府の設置を認めた。キューバ在住のフィッツヒュー・リー（Fitzhugh Lee）米領事が合州国市民を保護するために軍艦をアバナに派遣するよう要請し、メイン号がスペインの寄港拒否通告を無視してアバナに入港したのはこの時期だった。こうして合州国・キューバ・スペイン戦争の原因になる「メイン号爆沈事件」（1898年2月15日、停泊していたメイン号が突然爆沈し、250余名の乗組員が死亡し、スペインの陰謀とする新聞記事にアメリカ世論が反スペインで燃え上がった）が起こった。

　1898年4月11日、マッキンリー（William McKinley）大統領は、キューバの独立を承認し、戦争の終結のために中立的介入をすること、「力による併合」をするつもりはないとして、議会でキューバの内戦を終結するために軍隊を使用する権限を要求した。4月19日上下両院は共同決議でそれを承認し、大統領は、4月21日、キューバ北部の港湾の封鎖を命令した。スペインが4月23日に宣戦布告すると、合州国は25日にそれに応じ、米軍は、キューバ各地でゲリラ戦を戦うキューバ解放軍と協力関係を結ぼうとしたが、キューバの解放軍の指導者たちは、合州国の介入にたいして批判的であった。とりわけマクシモ・ゴメス（Máximo Gómez Báez）は、支援部隊としての砲兵部隊以外一兵たりともアメリカ兵がキューバに上陸すべきではないと主張した[4]。かれらは独自に最終的勝利を確信していたし、合州国の介入で、併合されるか、長期に占領され

る脅威を察知していた。

　合州国は、キューバ解放軍の意向など無視をして、キューバに大規模に介入していった。プエルトリコやハワイとは異なり、キューバを併合できず、軍事占領下に置かざるをえなかったのは、キューバ解放軍が独立戦争の最終段階を闘っていたためであり、キューバの独立戦争にたいするスペインの暴虐な弾圧の成り行きを世界中が注目していたためであった。

　1898年7月17日には、スペイン軍が米軍に降伏した。こうして8月12日、スペインは、キューバ解放軍を無視して、合州国と降伏文書に調印し、キューバはアメリカ軍とキューバ解放軍の支配下に入った。しかし合州国とスペインは、キューバ解放軍を戦争当事者として扱わず、合州国とスペインの和平を仲介したフランスもキューバ政府を無視し、合州国とスペインのためにだけパリ和平交渉を開催した（1898年10月1日）。12月10日、スペインはキューバの主権を放棄し、合州国がその主権を引き継ぐべきだと主張したが、合州国はさすがにキューバの独立要求を無視できず、スペインの撤退に際し、合州国が占領し、それに起因する生命及び財産を保護するため国際法の責務を果たすことにした。こうして1899年1月1日、合州国によるキューバの占領統治が開始された。独立国家の樹立をめざしていたキューバ人たちは、この事態を独立の意志にたいする暴力的妨害と受け止めた。

　第三に、上記の記憶と重なって、キューバ革命の背景として、合州国の占領統治と主権の侵害によるキューバ社会の合州国への従属と腐敗の記憶、それを引き継いだ現実があった。

　米軍占領統治の特徴は、キューバの独立運動を闘ってきた人々を分断し、合州国に従属したキューバ人による支配秩序の再建であった。独立のための解放軍に参加した兵士たちも、露骨な分断作戦に

翻弄されていった。米軍政は、キューバ人による立法、行政、司法の3権に関わる根本的改革を主導した。また、さまざまな生活改善を具体的に各地で展開したために、しだいに一部の独立運動の指導者やキューバ社会の富裕層が合州国の軍政に協力し始めた。それを利用して、軍政は、アメリカ資本に有利になる商品と投資、金融取引市場の整備政策を次々に実施していった。

しかし、キューバ社会に民主的制度を根づかせるには、スペインが残した大土地所有制度を根本的に変革する必要があった。合州国は、この点では、スペインの大土地所有者の土地をそのまま横領して、キューバを経済的に支配し始めた。合州国の企業が、キューバの大地主になった。

行政では、キューバ人による行政機関の再建と設立、職員の採用を指導し、米軍はその長を任命した。司法でも不適格とされた植民地時代の裁判官は追放され、新たな裁判官と裁判所職員の採用制度が整備された。監獄も改善された。

軍政は、選挙制度と政党の組織化も指導した。選挙法を整備し、憲法制定会議の選挙を実施、1901年憲法を制定し、これに基づいて、議会選挙により上下両院の議会と政府が成立（1902年5月20日）した。しかしこれらの制度は、民主制の土台のないところに「民主的」な装いをこらしただけであり、その後、キューバの政治は腐敗・堕落を深め、キューバ社会の危機をもたらす。

この他に重要な改革は、関税法と税制改革である。特に関税法は、合州国商品、資本がキューバ市場を支配できるように整備し、キューバの経済的従属状態の土台を形成した。

さらに重要なのは、キューバ解放軍の解体と新しい武力機構の整備である。キューバ解放軍を米軍の軍政下で武装解除することは不可能であった。そのため米軍政が採用した政策は、解放軍の指導者

たちを懐柔し、新しい軍事、治安制度に解放軍の上層部を採用しながら、差別と選別をして、有能な兵士、白人兵士を将校として新しい制度に組み入れ、内部対立を利用しながら、解放軍を実質的に解体していった。

　農村警備隊（Guardia Rural）の創設過程に、その意図が明確に現れている。合州国・キューバ・スペイン戦争終結時、西部の都市はスペイン軍、東部の都市は米軍、全国の農村地域はキューバ解放軍が支配していた。キューバ解放軍は指揮官の下で連隊や大隊に組織されていた。終戦直後、キューバ解放軍は、全島の治安維持に協力し、事実上、米軍と共に軍事機関として存在していた。しかし解放軍がそのまま残ることで、その武装抵抗が将来、合州国占領軍に向かう可能性に占領軍は怯えていた。

　オリエンテ州の占領軍指揮官レオナード・ウッド（Leonard Wood）は、1898年末、キューバ人と同行しないアメリカ軍だけの農村地帯のパトロールを禁止した。キューバのネズミはキューバ人に殺させろとウッドはいった。言葉も分からない、文化も違う、疫病もある、このようなところでアメリカ軍だけで統治はできないとウッドはマッキンリー大統領に勧告した。さらに1899年2月、フィリピンでの反乱が起こると、その鎮圧に陸軍省はキューバの駐留米軍の一部を割くことを迫られ、キューバ人によるキューバの治安維持、軍事機構の確立を必要とした。

　オリエンテ州を手本として各地域で解放軍が農村警備にあたっていたが、ウッドはそれらを農村警備隊として編制しなおし、国家組織に統合するため、1901年1月、各地域の農村警備隊チーフの会議をアバナで開催し、1901年4月5日軍事命令114号を発布し、農村警備隊が制度化され、農村警備隊がキューバ人の治安維持部隊になった。1902年5月14日には、海岸線を防衛する砲兵部隊も組

織された。農村警備隊は米軍政の指導によって再編され、米軍の指揮にもとづいて、キューバ人将校の人選を行い独立戦争の際についていた地位を尊重して解放軍の「最良の」部分を組み入れた。識字者、善良、財産所有者の2人以上の有名な市民の推薦状が兵士になる条件として必要とされ、白人ではない将校は排除された。プランテーション所有者や富裕層は、直接、採用人事に口をだした。徴兵された兵士たちは、米軍に忠誠を誓った。農村警備隊は、完全に合州国に従属し、最初から、財産所有者、合州国が後押しする富裕者たち、つまり私有財産を保護するための暴力機構として組織された。土地所有者は、農村警備隊に土地を提供して結託し、農村警備隊は各地の有産者階級の要求にそって財産防護の通信網、交通網をつくっていった。1905年までに、農村警備隊の前哨基地288か所のうち、28ヵ所は国有地に、残りは例えば、合州国のチャパラ砂糖会社、フラグア鉄鋼会社、ユナイテッド・フルーツ会社等々が提供した私有地に設置された[5]。

　こうして農村警備隊は、キューバの国民的軍隊というより、合州国の警察官の役割を果たすことになった。合州国の占領終結時（1906年）にキューバ政府にその指揮権が移った。15の部隊からなり、1605人、247の駐屯地に配置されていた。この部隊は、その後、キューバの政争にたえず介入した。警察も1901年6月に組織された。

　米軍占領の最後の仕上げとして、1901年1月21日に成立したキューバの新憲法に、いわゆる「プラット修正」が、付帯条項として添付された。それは全部で8条からなる。すべての条項が、キューバの主権を制限していた。キューバでは、これを巡って賛成派と反対派が対立するが、1901年6月12日の委員会の最終投票で賛成16、反対11で可決され、発効した。第3条でキューバの独立を維

持するために米軍の介入を許したため、キューバでは、基本的には自前の軍隊をもつ必要がなくなった。その後、キューバで正規軍が組織されたのは、1909年で、リベラル派のホセ・ミゲル・ゴメス大統領（José Miguel Gomez）の時代である。軍隊の構成は、2500人の将兵、平地砲兵隊2部隊、山地砲兵隊4部隊　合計800人の将兵、機関銃隊4部隊、500人の将兵、海岸砲兵隊、1000人の将兵となっていた。アメリカ軍の将校による訓練を受け、その指揮の下にアメリカの装備で構成された。この時期までには、キューバの政治、軍事、経済全体が合州国に従属し、キューバ社会は腐敗堕落の傾向を強めていた。そのような時期に形成された軍隊も、支配層の利益を擁護する猟官と政争の具にすぎなかった。

　こうして国家機構全体が、合州国に従属し、権力者の親族や取り巻きが利権や地位をあさって権力闘争をくりひろげるようになった。ゴメス大統領は、大統領就任時はたいして財産ももっていなかったが、大統領退任時には大富豪になっていた[6]。「1902年、キューバ共和国の初代大統領に選ばれたトマス・エストラダ・パルマ（Tomás Estrada Palma）のあとにつづいた歴代大統領の任期の特徴は、金ずくの行動、縁者ひいき、無能力、汚職、専制であった」とヒューバーマンはいっている[7]。

　以上のように、合州国の保護国のような地位に置かれて、20世紀前半にキューバ経済はアメリカ市場に吸収された状況になった。キューバのすべての経済部門が、アメリカ資本の支配下におかれ、キューバ人たちは、その利権の供与から生じる利益やわいろ等、合州国の経済支配のおこぼれに群がって、奪い合いをしていた。

　独立後、唯一、成長してきた砂糖生産は、第一次世界大戦後の砂糖価格の暴落の時期に急激にその所有関係を変えた。古くからの地主はほぼ壊滅した。そのためキューバには、ラテンアメリカに特徴

的な自国のラティフンディスト（大農園のことをラテンアメリカではラティフンディオ〈Latifundio〉という。その所有者）は育たなかった。世界大恐慌をへて、キューバ経済は一層合州国への従属を深めた。合州国のキューバ経済への出資額は、ラテンアメリカ全体への1人当たりの出資額の7倍にもなった[8]。こうして合州国に従属した砂糖モノカルチュア経済構造ができあがった。

　以上のような状況のもとで、キューバのブルジョアジーも20年代に壊滅的打撃をうけて、力を失った。第二次世界大戦後、砂糖価格の持ち直しで、ブルジョア階級の再生がはじまるが、まともな産業に基盤を置くブルジョアというよりは、投機と一攫千金をめざす、腐敗したブルジョアが成長した。合州国の投資とその企業に協力して、おこぼれを獲得する産業がはびこった。

　以上の考察から明らかなように、センテナリオの青年たちが活動した舞台は、合州国の支配と市場にどっぷりとつかって育まれてきた、腐敗し、モノカルチャアを土台とする歪んだ社会構造をもつ社会であった。形成された「泥棒国家」の権力掌握集団は、常に合州国に拝跪し、自己の権益を軍隊、警察、私兵集団、マフィアの暴力を駆使して維持しようとしてきた。それにたいして、既成の体制を打破しようとする勢力も、利権争いを社会革命と偽装し、武力による権力獲得を「革命」と偽装して画策した。キューバの真の独立と社会変革を求める勢力は、そのような暴力的国家機構と欺瞞に満ちた社会の中で闘いを進めざるをえなかった。

2　キューバ革命の直接的背景
——マチャド体制の打倒とバチスタ体制の確立——

　「多くの点で、1933年革命は、1959年革命の前兆であった。前者の運動を解明することによってのみ、適切な観点から後者の高揚を

とらえることができる」とアーウィン・F・ゲルマンはいう。センテナリオの青年たちの革命の源泉は1933年のマチャド独裁打倒の闘争とその直後に成立し、短期間のうちに排除されたグラウ政権の敗北にあるといっても過言ではない。センテナリオの世代と関わる観点から、30年代から40年代の歴史的特徴を整理してみよう[9]。

(1) 労働者・中間階級・知識人のナショナリズムの成長

独立以後、合州国に従属し、キューバの内政への合州国の介入を常に念頭に置きながら、政治家、軍人たちは猟官と利権をめぐる腐敗した暴力的権力闘争に明け暮れてきた。それを利用して合州国は再三にわたって内政に干渉し、そのたびごとに、合州国に従属する勢力を再編しつつ、合州国とキューバの利権集団の利益を擁護する体制を強化してきた。その結果として、1920年代の経済危機を契機にして、アルフレド・サヤス大統領（Alfredo Zayas y Alfonso、1921年5月20日～1925年5月20日）の強権的支配の後、マチャド大統領の独裁とテロの体制が生みだされた。

しかし、独立後のキューバには、合州国へ従属し腐敗した支配層に抵抗し、マルティをはじめとする独立戦争の精神を継承し、真の独立と正義を希求するナショナリズムの力が常に働いていて、サヤスからマチャドの時期に、労働者や知識人、ジャーナリスト、学生たちの反独裁、反帝国主義、正義の希求の闘争として開花してきた。さらに19世紀末のスペインの革命運動の弾圧を逃れて、キューバに渡った人々の中には、アナーキストやアナルコ・サンディカリストたちがいて、かれらはキューバの独立運動や労働者や農民に思想的、政治的影響を与えていた。

当時のキューバ社会をイメージするために階級構成を調べてみよう。1919年の国勢調査によると、総人口は289万人、その内46万

2000 人が農業、漁業、工業に従事していた。専門職従事者は 3 万 3000 人、家事労働、家事手伝いは 11 万 5000 人、商業、運輸従事者は 14 万 7000 人、工場労働者と修理工（メカニコ）が 18 万 9000 人、その他 194 万人となっている。砂糖産業経営は農業に入っているだろう。この調査でもわかるように、キューバはすでに資本関係に支配された社会であった。生産手段から切り離された圧倒的数の「裸の個人」たちにより社会関係が形成された社会であった。

　キューバ独立後のこれらの労働者たちの運動に、アナルコ・サンディカリストたちが大きな影響を与えていた。かれらはストライキ闘争、反議会主義、反強権主義による労働組合が支配する社会をめざして活動していた。やがてロシア革命の影響により、1920 年代には、労働組合の組織化とその闘いが大きな前進を見せ始めた。この時期のキューバの社会的特徴は、ロシア革命やメキシコ革命に影響された中南米諸国の革命的情勢のなかで、労働組合運動を組織する労働者や知識人や学生たちが、腐敗した支配階級に共に反対し、民衆全体が反帝国主義とナショナリズムで結合していったところにある。

　1918 年にアルゼンチンのコルドバではじまった大学改革運動はラテンアメリカの学生たちの反帝国主義、反米思想に火をつけた。そして 1925 年のコミンテルンの呼びかけに応えて、ラテンアメリカ各地に「アメリカ反帝連盟」(Liga Antiimperialista de Americas、1925 年 3 月、最初、メキシコで結成された）が結成された。アバナ大学の学生アントニオ・メジャ（Julio Antonio Mella）は 1925 年 6 月にキューバでそれを組織した。1925 年にキューバ共産党 (Partido Comunista de Cuba、マチャド政府はすぐ非合法化、地下活動を継続）を組織したのは、マルティと共にキューバ革命党 (Partido Revolucionario Cubano) を組織したカルロス・バリニョ

(Carlos Benigno Baliño y López) とアントニオ・メジャ、1923年に政府の腐敗に抗議し、最初の反政府市民運動といわれた「13人の抗議」を組織した作家のルベン・マルティネス・ビジェナ (Rubén Martínez Villena) や法学博士のフアン・マリネジョ (Juan Marinello Vidaurreta)、キューバの労働組合運動の先駆者、アナーキストの印刷工アルフレド・ロペス (Alfredo López) らであった (マチャド政府はすぐに非合

3　マチャド

法化した)。かれらは労働者や労働組合員、貧しい人びとの学習の場として「ホセ・マルティ人民大学」も組織した。

アルフレド・ロペスは、1920年4月14日、第1回キューバ労働者全国連合 (Confederación Nacional Obrera Cubana=CNOC) 開催の中心人物であった。それには繊維労働者が中心に、全国の102労組が参加した。1921年10月4日、アルフレド・ロペスは「ラ・アバナ労働者連盟」(la Federación Obrera de La Habana=FOH) を結成し、「合理主義学校」(la Escuela Racionalista) を組織、労働者のセンターの役割をはたしていた。それが、メジャのホセ・マルティ人民大学に結合していった。1923年10月14日メジャは第1回革命的全国学生大会を組織した。1925年2月15日アルフレド・ロペスは、シエンフエゴスで第2回全国労働者大会を、そして8月には第3回全国労働者大会を開催し、それには全国から116名の代表が参加し、「全国労働者連合」(Confederación Nacional Obrera de Cuba= CNOC) の設立を宣言した。CNOCの主導権は当初、アナルコ・サンディカリストに握られていたが、共産党の浸

第1章　キューバ革命の背景　15

透作戦で、大恐慌の時期には共産党が指導権を掌握するに至っていた。また1927年には、学生組織「大学学生幹部会」(Directorio Estudiantil Universitario = DEU) が結成された。これらの勢力が、反マチャド、反帝国主義の闘いで大きな成果をあげるのである。

(2) マチャド独裁体制とその崩壊

マチャド大統領は、1924年に大統領に当選した時には、マルティの思想を宣伝材料に利用し、戦闘的力を増しつつあった労働者や貧困層に呼びかけ、ナショナリズムを背景にして当選した。しかし、憲法で禁止されていた再選を可能にするため、1927年ごろからさまざまな画策をして、強引に憲法を改訂し、1928年11月に2期目の大統領に選出された。次期の権力掌握を目指していた利権集団は、多くの国民の不満を利用して、マチャドの新体制に猛反発の運動に着手した。そこまでは独立以来続いてきた合州国の介入をあてにした政治的混乱の醸成に似ていた。

1929年の世界大恐慌はキューバ経済に壊滅的打撃を与えた。砂糖価格の暴落が起こり、マチャドは価格維持のために、砂糖生産を40%削減せざるを得なかった。援助も得られず、公共事業の資金もなく、公務員の大規模解雇と労働者の賃金の切り下げが常態になった。増税、関税引き上げ等々で輸入の減少、庶民の購買力の減少で、失業者が巷にあふれた。上記のように国民の中に反帝国主義、ナショナリズム、社会変革の闘いを進める労働者や中間階級の左翼が成長していたため、キューバ社会はこれまでとは全く異なる事態に突入していった。

マチャドが1期目の大統領に就任すると、強権体制をより強化し、マチャド支持の私兵テロリスト集団「ポラ」(Porra = 棍棒)を組織していた。反マチャドの闘いを進めていた「大学学生連盟」

(Federación Estudiantil Universitaria=FEU）は、1925年12月26日に活動を禁止され、解散させられた。その後、一貫して、学生たちは反マチャド闘争の中心になる。マチャドが2期目の画策を始めたころから、反マチャド闘争は、学生から労働者へ、アバナから全国へと拡大していった。DEUも一度、マチャドにより解体されるが、1930年には秘密裏に再組織され、1930年9月30日にはDEUの呼びかけで、学生たちは反マチャドの大デモを決行し、弾圧によって学生の中に死者もでた。これらの学生たちの動向の背後には、大学の教員やその他の知識人、ジャーナリストがいた。

1930年3月19日、キューバ共産党は反マチャドゼネストを呼びかけ、24時間ゼネストが闘われたが、共産党が成功したと主張するほどの打撃を与えてはいなかった。1931年にもゼネストを呼びかけたが、それも失敗に終わった。このような状況の中で、共産党とCNOCは地下活動で労働者の組織化を展開した。

1933年には、砂糖キビ工場で精糖作業の時期、2月に全国的にストライキが展開された。それには共産党、アナーキスト、トロツキスト、全国労組のCNOC、砂糖労働者の全国組織である「砂糖産業全国労働者組合」(Sindicato Nacional Obrero de la Industria Azucarera=SNOIA、1932年設立）が参加した。その後、6月、7月にストライキ闘争の第2のピークが来た。1933年7月25日、賃金引き下げに抗議して、アバナのバス労働者がストに入ると、7月29日、トロリーバス、タクシー労働者がそれに参加、つづいて港湾、鉄道労働者もストライキを決行した。8月に入るとストは全国、津々浦々に波及した。これは自然発生的に生じた反マチャドのゼネストであった。

この情勢を見た共産党は、ストライキ委員会を組織し、8月3日、ゼネスト呼びかけ、マチャド打倒、労農ソビエトの樹立を訴え

た。8月5日には、マチャドは戒厳令を発令した。そして8月6日、共産党の代表を大統領官邸に呼びつけた。共産党はそれに応えて、ルベン・マルティネス・ビジェナ、ホアキン・オルドキ（Joaquin Ordoqui）、ホルヘ・ビボ（Jorge Vivo）がマチャドと会談した。マチャドは、共産党のすべての要求をのみ、共産党とCNOCの合法化を約束し、そのかわりにCNOCと共産党はゼネストの中止を呼びかけることで合意した（この時、共産主義者の党は、共産主義革命同盟=Unión Revolucionaria Comunistaと称した）。共産党は「ストライキ運動の発展に関する共産主義者のマニフェスト」を発表した。その中で、現在のゼネストは、最終的解決策ではない、封建的、ブルジョア的、帝国主義的体制を打倒する目的のストではない。マチャド政府を打倒するものでもない。ストライキでマチャドは倒れない。プロレタリアートの武装した大衆の蜂起で倒すことができる、しかし今、プロレタリアートにはその準備がない、この戦いを踏まえて、ゼネストと武装闘争で労農ソビエト政府をつくろう、今はその時期ではないと訴えていた。CNOCの書記長セサル・ビラル（César Vilar）はCNOCの執行部の会議を招集し、ゼネストの終結を呼びかけた。この方針は、ニューヨークにあったコミンテルンのカリブ・ビューロウとの相談でとられた措置であった。しかし、現実にはゼネストは共産党やCNOCの指導の下に展開されてはいなかった。そのため、呼びかけにもかかわらず、ゼネストは続いた。

　一方、合州国大使サムナー・ウエルズ（Benjamin Sumner Welles、1933年4月24日就任、同年12月13日退任）がマチャド大統領に辞任を要求したのに抵抗して、マチャドは反マチャド勢力にたいし、1933年8月7日の虐殺で応じた。また合州国にたいし、辞任と引き換えにプラット修正を廃棄するよう要求したりして、反

マチャドのナショナリズムの矛先を逸らそうともした。しかし、腹心の部下で軍司令官アルベルト・エレラ（Alberto Herrera）将軍が合州国の画策に屈してマチャドに反抗し、ついにマチャド大統領は辞任を余儀なくされた[10]。

　権力を掌握したアルベルト・エレラ将軍にたいし、その後、軍の一部が反抗し、サムナー・ウエルズに抗議した。ウエルズはそれを受け入れ、独立戦争を闘った経験のあるカルロス・マヌエル・セスペデス（Carlos Manuel de Céspesez Quesada）を大統領に推薦し、マチャド反対派を説得し、受け入れさせた。こうして議会はマチャドの辞任を承認し、セスペデスを臨時大統領とする新政府が成立した。独立以降、利権を掌握してきた集団に支えられたマチャド独裁体制は、マチャドに反対し、社会革命を口実にして利権獲得をめざす諸勢力および真に社会変革を求める諸勢力の利害の複雑な交差の中で崩壊した。

　以上の経過を見れば、マチャド体制の崩壊には労働者のゼネストと合州国の干渉が決定的役割をはたしていたことが分かる。センテナリオの青年たちに、この反マチャド闘争の記憶が刷り込まれていた。7月26日運動はこの経験の記憶に強く支配されていた。

　学生と労働者の他に、マリオ・ガルシア・メノカル（Mario García Menocal）やカルロス・メンディエタ（Carlos Mendieta）らのナシオナリスタ同盟（Unión Nacionlista）も反マチャドの闘いをすすめていて、1931年8月には、武装蜂起を企て、失敗した。それには1927年にDEUを結成したアントニオ・ギテラス（Antonio Guiteras Holmes）も参加していた。ギテラスは大学卒業後、オリエンテを中心に活動を展開し、学生や軍部の不満分子らを結集し、「革命同盟」（la Unión Revolucionaria=UR）を組織、1933年4月に武装蜂起を試み、サン・ルイス兵営を占拠したが、軍隊の巻き返

しで、失敗した。その時、ギテラスは「キューバ人民へのマニフェスト」を発表し、自由と正義のために団結して真の革命のために武装闘争で闘おうと呼びかけた。かれもまた、蜂起によってマチャド打倒の全国ゼネストが起こると確信していた[11]。

また中間階級の出身者や軍部の不満分子により1931年に組織されたABCも、反マチャドの武装闘争を展開していた。1933年11月7日、ABCのフアン・ブラス・エルナンデス（Juan Blas Hernández）が反マチャドの兵士を指揮して、コルンビア兵営を攻撃し、失敗した。

センテナリオの青年たちが闘う舞台をつくりだした反マチャド闘争の重要な特徴のひとつは、支配する勢力もそれに抵抗する学生を先頭とする諸勢力も、テロと武装闘争を政治闘争の常套手段としていたというところにある。マチャド政権崩壊後、キューバの全土で、マチャド支持派にたいする報復のテロと掠奪も横行した。とりわけABCはマチャドの「ポラ」の参加者の一覧表を作成し、残酷な報復テロを展開し、1000人を殺害し、みせしめにその死体を晒した[12]。1939年11月15日の憲法制定会議の開催まで6年余、キューバは暴力の中で激動し続けた。

(3) サルヘントたちの反乱とバチスタの登場

センテナリオの世代が反バチスタの武装闘争を開始する背景として、マチャド政府崩壊後の情勢、とりわけ1933年9月4日に、フルヘンシオ・バチスタと軍隊内の不満分子が組織した「サルヘントたちの反乱」（Revuelta de los Sargentos）以後、1940年の選挙によるバチスタ大統領就任にいたる過程の主要な特徴にふれておかなければならない。この時期は、これまで述べてきたキューバの独立後の歴史的特徴の結節点であった。

キューバの軍隊は、合州国とそれに従属する利権集団の利益を保護する軍隊になったことについてはすでに述べた。マチャド体制崩壊の時期、キューバの陸軍は、1万928人、海軍は1368人、国家警察は2400人、軍隊の上級将校、下級将校は合わせて900人いた[13]。その下に下士官としてサルヘント（軍曹）とその指揮下に兵士たちがいた。将校たちの出自とは異なり、サルヘントや兵士たちの出自は、農村や都市の貧困層が多かった。そのため将校たちとサルヘントの間には差別と偏見が広がっていた。サルヘントたちと兵士たちは、マチャド独裁崩壊の状況の中で、将校団の動向に不満を募らせていた。軍部首脳が、新しい体制に合わせて機構改革をしようとしたのに対し、バチスタを含むサルヘントの一部は、地位確保のためにサルヘントと兵士の集会を1933年9月4日に開催した。この時、バチスタは市民たちにも兵士を支持するよう呼びかけた。バチスタは、反マチャド闘争を戦ったABCのメンバーでもあり、それを通じて、学生やその他の反マチャド市民勢力と接触していた。

　サルヘントたちの呼びかけに応えて、学生組織「法と正義のために」（Pro Ley y Justicia）やDEU、ABCの分派であるABCラディカル、ジャーナリストでバチスタの友人セルヒオ・カルボ（Sergio Carbó y Morera）らが兵士の集会にかけつけ、参加し、集会はしだいに反乱の兆しを示し始めた。しかし、軍部首脳も将校団も、その不穏な動きに対処することもなく、放置しておくほど、軍隊の秩序は統制を失っていた。軍部将校団が合州国と画策して、サルヘントたちの弾圧を図る前に権力を取るべきだとカルボは強硬に主張した。こうして「キューバ革命団」（La Agrupación Revolucionaria de Cuba）が設置され、カルボが宣言を作成し、アバナ大学教授ラモン・グラウ・サン・マルチン（Ramón Grau San Martín）、カル

4 ラモン・グラウ

ロス・プリオ（Carlos Prío Socarrás）他16名の市民と軍人が署名した。バチスタは「共和国全軍革命サルヘント長」として署名した。そのような事態になっても反乱に対抗して、将校団とともに行動する部隊は全く現れなかった。

革命的高揚のもとで5人委員会が組織された（グラウ、アバナ大学教授ギジェルモ・ポルテラ、弁護士ポルフィリオ・フランカ、弁護士ホセ・ミゲル・イリサリ、それにサルヘントたちが支持したカルボが就任した）。この5人からなるペンタルキア（pentarquía、5頭政治）とバチスタ、市民の支持者たちが、9月5日、合州国が背後で支えていたセスペデスから権力を奪取した。しかし合州国大使サムナー・ウエルズをはじめ、バチスタや反マチャド闘争を闘った諸政治勢力の画策と混乱の中で、ペンタルキアは機能せず、武装した学生や知識人らがグラウを大統領として支持し、バチスタも承認の上、9月10日、グラウは反米を煽りながら、大統領として国民に宣誓した（1901年憲法は機能していない）。バチスタのクーデタで1934年1月14日に崩壊するまでの100日間余りの間に、このグラウ政府の下でキューバ社会に重要な変化がもたらされた。

それは軍部の変化である。下士官たちの反乱状態に軍部将校団は、まったく対処できずにいた。軍隊の指導権を掌握したバチスタを中心としたサルヘントの反乱者たちは、9月8日、軍隊の機構改革を発表した。これにたいして合州国大使ウエルズの指導のもとに、これまで軍隊の指揮権を掌握していた将校団がグラウ政府の転

覆を画策して、オテル・ナシオナル（Hotel Nacional）を拠点とし、反バチスタの抵抗を続けていた。しかし、ウエルズは一方で、無能なこれまでの将校団に変り、バチスタを中心に合州国の支配体制を形成する方針に動いていた。降伏を呼びかけるバチスタ軍にたいして、将校団は武力抵抗を試み、バチスタ派の兵士たちに数百人の死傷者をだすにいたった。バチスタ派はついにオテル・ナシオナルを武力攻撃し、将校団は降伏した。軍隊内部に将校団を救済しようとした部隊は全くない状況であった。その後、武装解除された将校団にバチスタ派のテロ集団が襲撃を加え、11人の死者と多数の負傷者をだした。将校団はこうして軍隊から追放され、バチスタを中心とするサルヘントたちが軍部の指揮権を掌握した。

　しかし、バチスタの軍隊内の地位はまだ不安定であった。グラウ政府の承認を拒否した合州国の政策は、反マチャドの闘いを進めた諸勢力の対立をうみだした。キューバ共産党指揮下の諸勢力、バチスタに追放された軍人、ABCは反グラウ政府の闘いを激化させた。1933年11月8日には、軍部内の反バチスタ勢力と旧将校団、ABCの反グラウ派の呼びかけで反バチスタの市民も参加した大規模反乱が発生した。バチスタの指揮する軍隊はそれを武力鎮圧し、アタレス要塞にたてこもった反乱派の兵士や市民を虐殺し、死者は200人から500人にのぼったといわれるが、真相は明らかではない。バチスタはこれ以後、軍人の犯罪を隠蔽する傾向を強めた。バチスタの軍部内の地位は確立したが、軍の腐敗は深化した。

　さらにその腐敗を促進した原因に、バチスタを司令官とし、その取り巻きが形成した新将校団にたいするキューバ社会の中間階級を含む富裕層の差別的拒否反応があった。それらの階級は、バチスタを下層階級の出身者として見下し、新しい将校団のムラト（黒人と白人の混血）や黒人を軽蔑していた。そのため軍隊は、支配階級の

利益擁護の機構というよりは、バチスタやその仲間の野心的軍人たちの結集する利益集団に転化していった。その後、バチスタ軍に支えられた利益集団が急増し、バチスタ支配の1年で、兵士も軍事予算も激増した。サルヘントの反乱の仲間ホセ・ペドゥラサが警察長官に就任し、警察もバチスタの指揮下に入った。こうしてバチスタの取り巻きが支配権を掌握した利権集団としての軍隊と警察が姿を現し、センテナリオの世代はそれと対決することになる[14]。

(4) 100日間のグラウ政権

　グラウ政権は、軍部の混乱によりつくりだされた多数の暴力集団や政治的利権集団、合州国大使館の対立抗争とその均衡の中に開かれた場の中に成立したが、その支配の100日間に多くの社会改革の法律を制定したことに注目しなければならない。

　グラウは中間階級の反マチャド右派の支持を受けていた。ギテラスは中間階級の左派、学生やキューバ共産党傘下以外の労働者の支持を受けていた。一方、バチスタは合州国の期待を背景にして暴力装置を掌握し、中間階級右派と協力しつつ政権獲得の機会をねらっていた。グラウ政府は、以上のようなマチャド打倒を闘った諸勢力の奇妙な連合政府であった。

　グラウ政府は、1934年1月15日にクーデタで排除されるまでに、キューバ社会を根本的に変革する法律を矢継ぎ早に成立させた。そこには反マチャドの闘いをすすめた民衆の社会改革の要求の強さが現れていた。アントニオ・ギテラスの活動の土台はそこにあった。かれは、オリエンテ州を中心に、積極的に反マチャドの革命的勢力を結集し、9月4日のサルヘントたちの反乱の日までには、オリエンテの主要拠点を占拠し、オリエンテの臨時の知事に任命されていた。そしてカルボやその他のグラウ政府の取り巻きに推

挙され、ギテラスはグラウ政府の内相に就任した。キューバ共産党は激しくグラウ政府を攻撃し、その傘下の労働組合はストライキ闘争で労農ソビエトを組織したところもあった。

　反共産主義ではあったが左翼を代表したギテラスの影響の下、グラウ政府はマチャド支持政党の禁止、政府内の腐敗分子の解職、労働紛争に巻き込まれていたアメリカ人所有の砂糖工場の国有化、労働省の新設、8時間労働、最低賃金の引き上げ、労働争議仲裁への労働者の参加、労働災害への雇用者責任、企業の従業員の50％はキューバ人とするための外国人労働者の採用を制限する法律、賃金の会社クーポンでの支払い禁止、学校の朝食給食の支給、郵便料金の引き下げ、電気料金の引き下げ、電気会社監視委員会の設置、土地改革と土地の分配、大学の自治の承認、生活物資の価格引き下げ等々に関する法律を矢継ぎ早に制定した。これらの法律は、グラウ政府が退陣させられた後も、廃止されることなく、維持された。ギテラスは、憲法会議の招集をよびかけ、合州国の支配に反対し「キューバ人のためのキューバ」を主張した。チェイス・マンハッタン銀行からの借款の支払停止は国民の支持をえた。ここではじめて合州国は、キューバ人の本格的な挑戦に直面した。

　これにたいし合州国は、グラウ政権の承認を拒否し、バチスタを利用して、さまざまな画策を続けた。長引くスト、政治的暗殺、爆弾テロ、考えられるあらゆる種類の反政府闘争が日常になった。マチャドと協力した共産党は非合法状態に置かれていたが、共産党は労農ソビエト政府樹立の武装闘争方針を掲げ、地下で積極的に活動を続けていた。

　合州国大使サムナー・ウエルズとバチスタは、グラウ政府を倒し、オリガルキー（寡頭制）の支配する安定した秩序を回復するために反労働者、反共産主義の政策を断固として実施することで合意

していた。

　しかし、軍隊を掌握して、権力の支柱となったバチスタにたいする、軍隊内外からの暴力的反発は、反マチャドの諸勢力の影響を引きずりながら、一触即発の状況で内在しており、様々な形で、暴力的に爆発した。それにたいしてバチスタは、スパイ網を張り巡らせて対抗策をとり、テロ行為による暴力的弾圧は日常茶飯に起こり、それに対するテロによる対抗暴力も横行した。

　グラウ政府は1934年4月22日までに憲法制定会議の選挙をすると発表し、そのための準備として1934年2月、キューバ革命党（Partido Revolucionario Cubano=Autentico、アウテンティコ党）を組織した。しかしグラウ政府は、バチスタに支えられて生き延びていた。

　バチスタは、新任の合州国大使、ジェファソン・カフェリー（Jefferson Caffery）と相談の上、カルロス・メンディエタ（Carlos Mendieta y Montefur）を大統領に担ぎだそうと画策した。メンディエタとバチスタはグラウの辞任を説得し、グラウはそれにたいし、革命的勢力へ呼びかけて抵抗するという姿勢をみせず、バチスタに忠実なベリサリオ・エルナンデス（Belisalio Hernández）の部隊が大統領官邸に入り、グラウの支持者を銃撃で追い払い、グラウ政権は抵抗することなく、退場するにいたった。その後、権力闘争で混乱はあったが、1月18日夕方には、メンディエタが臨時大統領に就任した。その背後にはバチスタがいた。1月23日には、合州国がメンディエタ政府を承認した。

(5)　「民主的」独裁者バチスタ

　メンディエタ政府下で、憲法も立法府もないという異常な事態が続いた。4月になると、メンディエタは、政府の任命した15人の

メンバーからなる国家会議（Consejo de Estado）を立法機関として設置して、支配した。

バチスタ伝の著者フランク・アルゴテによると、合州国の国務省は、メンディエタ政府に500万ドルの緊急援助を勧告した。その内の200万ドルは食料援助、300万ドルは政府職員の給料と退役軍人の年金支払にあてられた。その他の2000万ドルの援助も勧告された。そして5月には砂糖の買いつけの協定のジョンズ・コスティガン法（Jones-Costigan Act）が制定され、5月29日にはプラット修正を正式に廃止した[15]。

5　バチスタ

5月には、前内相のアントニオ・ギテラスが「青年クバ」（Joven Cuba）という革命組織を結成し、反政府武装闘争を呼びかけ、暴力的な反バチスタのテロ活動はいっこうにおさまる様子はなく、労働者のストライキ闘争も続いていた。1935年3月9日には、メンディエタ政府は非常事態措置をとり始め、反労働者立法をだし続けた。バチスタは、アバナ大学を閉鎖し、各州知事に軍人を任命した。12月11日には、メンディエタ臨時大統領が辞任し、ホセ・A・バルネ（José A. Barnet）が代行、そのもとで選挙規定が作成された。1936年の軍事と警察予算は、国家予算の4分の1を超える1600万ドルに及び、軍人と警官で22万人にもなった。コルンビア兵営は、バチスタの要塞に変わった。

バチスタは1940年の選挙で、合法的に大統領の地位を獲得するためにカフェリー大使と密接な協力関係を維持し、自分の子飼いの

政治家たちを結集し始めた。

　新しい選挙法により、1936年1月10日に大統領選挙が行われ、ミゲル・マリアノ・ゴメス（Miguel Mariano Gómez y Arias）が当選し、5月20日、ゴメスが大統領に就任した。1936年から1940年の間、バチスタは、メキシコのカルデナスに影響を受け、ポピュリスト的計画をもつコーポラティスト的な立場に立ち、40年の選挙のための人気取りの行動を積極的に展開していた。キューバの社会的不平等は変革されるべきだとして、バチスタは、農村の教育計画を推進し、非識字率を下げようと、農村地帯に軍曹たちを教員として派遣し、識字教育を施した。3月30日には、公共援助国民公社が組織され、貧しい人々への支援を開始した。しかし、その財源は宝くじであった。そのほかにも保健省、全国結核協議会、孤児救済機関等々も設置された。これらすべてがバチスタの監督する「教育・衛生・慈善共同会議」の管轄下に置かれていた。

　当時、共産党はバチスタをファシストとみていたが、情勢を見ながら、表面にでて活動する部隊として1938年「共産主義革命同盟」党（Unión Revolucionaria Comunista）を組織し、人民戦線戦術による統一戦線政府の結成をめざしていた。1940年選挙で当選をめざすバチスタは、選挙闘争中、合州国を攻撃し、1933年革命の原則を維持すると主張し、バチスタを支えてきた合州国を困惑させた。バチスタも選挙勝利のために、政治的同盟を模索した。当時、結成され始めていたさまざまな利権集団の政治団体的徒党集団のいくつかがバチスタを支持した。アウテンティコ党は、グラウ・サン・マルチンを候補者にした。マリオ・ガルシア・メノカルの支持集団は「民主共和党」（Partido Demócrata-Republicano）であった。その他の徒党集団としてミゲル・マリアノ・ゴメスの反バチスタの

「共和行動」、「ABC革命党」等があった。

　共産主義革命同盟は最初、アウテンティコ党との同盟を模索したが、グラウは反共の立場からそれを拒否した。1938年前半に、メキシコの外交官を仲介して、バチスタから共産主義者へ同盟の呼びかけがなされた。ブラス・ロカ、ホアキン・オルドキ（Joaquín Ordoqui）がバチスタの代表と会談したのが1938年1月半ばであった。バチスタは、5月に共産党の日刊紙の発行を許可し、1938年7月に同盟が成立した。9月には共産党が合法化され、その4ヵ月後、共産党の指導下にキューバ労働者連合（Confederación de Trabajadores de Cuba=CTC）がCNOCを改組して、成立した。バチスタのことを昨日まで暗殺者、犯罪者と呼んでいた共産党のブラス・ロカは、今や、バチスタを新しい時代の進歩的改革者と主張した。マチャド独裁に対して、さらにバチスタに対して共産党のとったこれらの動向は、センテナリオの青年たちには、革命への裏切りとの印象を強めた。

　ゴメス政府は、選挙法を整備し、1939年11月15日、制憲議会選挙が行われ、バチスタ派は53万8090票を獲得、議席数は、76議席中35議席を、反バチスタ派は、54万1914票で41議席を獲得した。その内メノカル派は15人であった。バチスタ派は不満であったが、選挙結果を受け入れた。ちなみに、この選挙はキューバ史上で初めて、軍隊や警察の介入なしに行われた。議会は、1940年憲法を制定し、1940年2月28日、大統領選挙と議会選挙を実施した。バチスタ派はメノカル派を抱き込み、1940年3月31日に同盟を結び、バチスタ派とグラウ派の激しい選挙戦が戦われ、かつての暴力と暗殺、軍隊や警察の出動という事態に逆戻りしていた。バチスタは80万5125票、グラウは57万3526票と発表されたが、グラウ派は不正選挙だとして、混乱が続いた。フランク・アルゴテは「バチ

スタは、軍隊の締めつけと脅迫なしにはほとんど勝利することはできなかっただろう」といっている[16]。

センテナリオの若者たちは、バチスタ派と共産党、メノカル派の同盟によるバチスタ体制の確立を革命の挫折と考えた。そして腐敗したバチスタの支柱である軍隊と警察にたいして、独立戦争や挫折した33年革命、ギテラスの「青年クバ」の伝統を受け継ぎ、新しい民主社会の建設を決意していた。

なお、この時期にも合州国によるキューバへの干渉は一貫して続けられていたことを指摘しなければならない。1933年3月にフランクリン・ルーズベルトが大統領に就任し、外交方針として、善隣政策を掲げた。在キューバ合州国大使ウエルズは、軍事干渉こそはしなかったが、キューバの政権の動向に直接的な影響を絶えず行使しており、マチャド体制の崩壊にも大きな影響を与えていた。1933年12月13日、ウエルズ大使は任務を終えて帰国、それに代わってジェファソン・カフェリー（Jefferson Caffery）が合州国大使として就任した。かれは、バチスタを軽蔑しつつ、その掌握する軍隊を支えにして、合州国の利益を追求し続けたことは先にふれた。

当時、キューバは、合州国との間に排他的優遇関税を含む相互貿易協定をもつ唯一の国であった。キューバの唯一の産業で輸出品であった砂糖生産も完全に合州国によって牛耳られ、生産量も価格も関税も決定する権利を奪われていた。ジョンズ＝コスティガン法のもとでは、キューバの砂糖は、合州国の生産者と競争はできなかった。合州国市場でのキューバ糖の価格は常に世界水準より高くなるよう設定されたが、一方で第二次世界大戦中、合州国はキューバ糖を世界価格以下で購入していた。

世界恐慌の時期、ラテンアメリカは輸入代替工業化に踏み切ったが、キューバはその政策への転換の自由をもっていなかった。それ

は1948年に合州国の砂糖法制定まで変わらなかった。

　資本も農業技術や知識も砂糖産業に集中しており、その他の産業が育つ知識も基盤も奪われていた。1940年の銀行からのローン全体の43.1％が砂糖産業に集中した。砂糖産業だけは鉄道と港湾をもつが、その他の産業に必要な道路も通信網も発展する余地はなかった。砂糖生産についての政策は合州国の政策変更に合わせて絶えず実施されるが、他の産業の政策は皆無といってよかった。国際復興開発銀行（International Bank for Reconstruction and Development ＝ IBRD）の1951年の報告でもキューバのように国際貿易に依存した経済も珍しいと指摘するほどであった。しかし、国際貿易といっても、この場合、合州国1国との2国間貿易であった[17]。

3　1940年代の腐敗の深化　泥棒国家の完成

　キューバは30年世代の革命的要求を盛り込んだ1940年憲法制定後、キューバ史上では珍しく12年間、選挙で選出されたバチスタ、アウテンティコ党のラモン・グラウ、カルロス・プリオが大統領を務めた。しかし、1940年に始まる立憲政治と1952年のバチスタのクーデタでの政権獲得にいたる、一見、民主的様相の政府のもとで、キューバ社会の腐敗と暴力は一層深刻な状況に陥った。センテナリオの世代の若者たちは、歴史的に形成されてきた腐敗にまみれた暴力的な分厚い壁に直面することになった。

(1)　アウテンティコ党の腐敗

　マチャド独裁の崩壊後、武装した諸勢力は、それぞれの政治諸勢力の政治的テロ集団として活動するようになった。グラウ大統領の時代に、グラウを支持するこれらの集団は「ムチャチョス」

(Muchachos、英語では Boys という意味、または pistolero ＝ ピストレロといわれた。英語では gunman のこと。あるいは Bonche ともいわれる。Bonche は英語の Bunch ＝ 一味からきている言葉、その一団をボンチェスタスという）と呼ばれて権力闘争に徴用された。

　それらの諸勢力は、マルティの思想を隠れ蓑にして、革命的装いのもとにさまざまな徒党を組織した。主なものに「ギテラス革命的行動」（Acción Revolucionaria Guiteras ＝ ARG）、「革命的社会主義運動」（Movimiento Socialista Revolucionario ＝ MSR）、「革命的蜂起同盟」（Unión Insurreccional Revorucionaria ＝ UIR）があった。ARG の活動家は、1933 年のグラウの革命政府で急激な改革を進め、その後、反バチスタ運動と革命闘争をめざし、ギテラスが組織した「青年クバ」（Joven Cuba）の関係者たちであった。反ボンチェスタスの「大学対策委員会」（Comité de Superación Universitaria=CSU）の系統から 1945 年 10 月、MSR が組織された。ロランド・マスフェレル（Rolando Masferrer）はスペイン戦争に参加した兵士で、共産主義革命同盟（1938 年から 42 年までの共産党の名称、43 年 1 月 22 日から「社会主義人民党」＝ Partido Socialista Popular ＝ PSP）の党員であったが、仲間とともに同党から脱党し、MSR を組織し、共産主義に反対し、革命的社会主義と反帝国主義を掲げた。かれはアウテンティコ党の上院議員として活躍する。これらに対抗する CSU の系統のボンチェスタスは、これもまたスペイン戦争に参加した兵士であり、第二次世界大戦中、ガダルカナルで米軍兵士として闘ったエミリオ・トゥロ（Emilio Tró）のもとに結集し UIR を組織した。

　かれらはさまざまな政治的利権をめぐって武力抗争を展開し始めた。バチスタの大統領時代には、これらのボンチェスタスは活動を

抑制され、1940年ごろから、大学の自治を利用して、警察の捜査の及ばない大学内に潜り込んで、活動を継続した。大学内に大量の武器、弾薬が貯蔵され、大学はボンチェスタスが支配する場になった。

1944年に選挙で選出されたグラウ政権は、国民の期待に応えて、バチスタの腐敗した体制を変革するために、行政、警察、軍部からバチスタ派を解雇したり、追放したり、解任したり、積極的に行動し始めた（1944年までにバチスタ派の200人の将校を退役させた）。しかし、体制内に深く浸透したバチスタ派の腐敗分子は、さまざまな抵抗をして、グラウ政権は混乱状態に陥った。軍隊も警察もグラウの思うようには行動しなかった。グラウは、それらの混乱を強権的に是正し、政策を執行するためバチスタ政権下では抑圧されていたボンチェスタスを再度利用した。

グラウは、ボンチェスタスの一人、マリオ・サラバリア（Mario Salabarría）を少佐として警察の「敵対活動調査サービス」（SIAE）の責任者に、ARG の首領エウフェミオ（Eufemio J. Fernández Ortega）を警察監督局長に、かれらと対決していた UIR の指導者、エミリオ・トゥロを国家警察アカデミーの学長に、ボンチェスタスのリーダーの一人、アントニオ・モリン（Antonio Morín Dopico）をマリアナオの警察署長に任命した。

これらのボンチェスタスの徴用により、バチスタ政権の腐敗を是正するどころか、それに輪をかけて、グラウ政権の暴力と腐敗がはじまった。グラウは、かれらに政治的利権をちらつかせ、自らのボディガードとして採用し、政敵を脅迫したり、懐柔したり、暗殺したりするための突撃隊として利用した。それは反共産主義とも結合し、自律的な大学生や教員、反グラウの労働組合運動等の粛清のためにも活動した。大学でのボンチェスタスの活動は、将来の腐敗

した政界への登竜門になった。かれらは学生の傀儡組織としてラ・アバナ大学に「アルマ・マテル学生会」(Asociación Estudiantil Alma Mater)という組織をつくり大学を支配した。一方、ボンチェスタスに対抗して、一般学生、学部、大学管理の一部指導者たちが、警察権力と協力し、ボンチェスタスに対抗する組織としてつくりあげたのが「大学対策委員会」CSUであり、暴力でボンチェスタスを制圧することを目的としていた。

　グラウ大統領は、これらのボンチェスタスに公職を与え、高賃金を支払っていた。その結果、1943年から1949年まで政府の雇用者が6万人から13万1000人に増えたといわれる。かれらは年金基金やその他の公金をかすめ取り、絶えず流血の派閥抗争を繰り広げた。ラ・アバナ大学を私物化したかれらは、成績表を偽造し、MSRはラ・アバナ大学では教科書販売で金儲けまでした。授業中に銃撃戦が始まることさえあった。マスフェレルとトゥロがマリアナオの郊外の高級住宅地オルフィラで繰り広げた銃撃戦と殺戮は実況放送され、その惨状は世界中の注目をあびた。グラウ政府の時期に、暗殺が日常化し、銃撃による負傷者も激増した。「革命」の資金を要求する誘拐が20件を超えた。1年間にラ・アバナの5人の警察長官がスキャンダルで失脚したり、暗殺されたりして交代した。

　グラウの大統領秘書で、大統領の「ファースト・レディ」とも、腐敗の元凶ともいわれた義理の姉パウリナ・アルシナ(Paulina Alsina de Grau)のお気に入りで、ABCのメンバーであったホセ・マヌエル・アレマン(José Manuel Alemán Casharo)が教育相として据えられた。かれはバチスタ政権時、教育省の役人であった。パウリナとホセの関係は腐敗の象徴として、「アレマン=グラウ・アルシナ同盟」(Bloque Aleman-Grau Alusina = BAGA)として

揶揄されていた。

　そのような中、1943年4月5日に成立した砂糖生産に課税する法律7号のK項は、教育の充実を目的とする財源のはずであった。しかしマヌエル・アレマンは、その税収をはじめ、子供たちの朝食給食の資金の横領、公立学校の教員のポストの売却等々で、教育省の財源を貯金箱のように利用していた。1946年の地方選挙では、それらの資金で有権者を買収し、自分たちの手下を議員として当選させた。アレマンは公金を使ってMSRを私設の軍隊として指揮し、グラウ政府もそれを黙認していた。かれは教育相を退任した後も公金横領を続けた。グラウは選挙活動での支援者たちに警察や役所の地位を提供し、腐敗と暴力はキューバ社会に深く浸透していった。

　セサル・カサス（César Casas）商業相もアレマンに負けず劣らずの不正を働いた。第二次世界大戦中の物資不足を利用して、闇取引が横行し、カサスをはじめとする役人が、闇市場でぼろもうけをした。財務相の役人たちも闇市場で蓄財に励んだ。上院がアレマンとカサスを問責しても、グラウは不正を働いた2人を擁護し、全閣僚の不信任決議さえも無視した。こうしてキューバの関税収入の15％から20％は不正に利用され、公共事業の経費も食い物にされた。宝くじの販売権も不正利得の獲得源であり、役人や警察、軍人の企業にたいする強請も日常化していた。脱税は税務官と共謀で日常茶飯のゲームであった。グラウは議会の記念品として飾られていたエメラルドも盗んだ。グラウは最後の10日間で、国家予算の10％にあたる2076億5872ペソを奪った[18]。

　1947年5月15日、アウテンティコ党内部で、グラウの腐敗を批判していたエドゥアルド・チバス（Eduardo Chibás Guerra）を支持する「真正グループ」（Grupo ortodoxo）とその支持者がラ・アバナの「青年アウテンティコ」（Joven Auténtico）の本部に集まっ

た。そこには54人の上院議員、127人のアウテンティコの下院議員のうちの9人、マタンサス州の知事、その他の町の市長たちが集まった。グラウが大統領になって以後、一度も開催されていないアウテンティコ党大会を開催するようかれらは要求したが受け入れられず、チバスと会合者たちは、新たに「キューバ人民党」（Partido del Pueblo Cubano=Partido Ortodoxo= オルトドクソ党）を組織した。1949年1月18日、チバスの盟友で弁護士のペラヨ・クエルボ（Pelayo Cuervo Navarro）は、グラウとその閣僚や役人を1億7424万1840ペソ14センタボの公金横領で最高裁に告発したが、裁判所をボンチェスタスたちが襲撃し、証拠書類をすべて盗みさった。

　グラウの後継者のプリオは、腐敗の一掃を約束して当選した。しかし大統領に就任したときには、国家財政は破たんしていた。プリオは、ボンチェスタスと手を切るために、300人の特殊部隊を創設した。しかしうまくいかず、プリオはUIRを私設警備隊として採用し、他のボンチェスタスたちに対抗させようとした。それは何の解決にもならなかった。

　プリオは公共事業のための財政改革で、いくらか改革を進めようとはするが、腐敗した勢力の抵抗は激しかった。バチスタにクーデタで追放される際、プリオも9000万ドルをキューバから持ち逃げした[19]。

(2) 国家とマフィアの結合

　マチャド独裁崩壊後、センテナリオの世代が武装蜂起するまでの革命と腐敗と暴力の時代に、合州国のマフィアがキューバに進出し、バチスタ、グラウ、プリオ政権と結合していった経過について、ここでふれておかなければならない。

合州国でフランクリン・ルーズベルトが大統領に就任すると、課題になっていた禁酒法（Volstead Act）を廃止した（1933年12月5日）。禁酒法時代に酒の密売でもうけていた合州国のマフィア、メイヤー・ランスキー（Meyer Lansky）は、金儲けの場として、キューバに目をつけた。かれはキューバでギャンブル事業に投資しようとマフィアの仲間たち、チャールズ・ルチアーノ（Charles Luciano）、バグジー・シーゲル（Bugsy Siegel）、ムー・ダリッツ（Moe Dalitz）、フィル・カステル（Phil Kastel）、チャック・ポリッツ（Chuck Polizzi）、ジョセフ・スタチャー（Joseph Stacher）に呼びかけ、数百万ドルを集め、1933年末、軍部を掌握しつつあったバチスタと面会した。ランスキーとバチスタは意気投合した。バチスタは、1936年にギャンブルとナイトクラブを合法化し、カジノの監視を軍の管轄に移した。そして1938年、ランスキーを政府のグラン・カシノ・ナシオナルの経営コンサルタントに採用した。こうしてオテル・ナシオナルをはじめ、その他のカジノや競馬場経営、ホテル、ナイトクラブの経営ビジネスにマフィアの大規模な進出がはじまった[20]。

　グラウ政権下で、合州国から追放され、シチリアにいたマフィアのチャールズ・ルチアーノは、麻薬取引、ギャンブルで一旗あけようとランスキーと相談し1946年12月、マフィアの首脳会談をラ・アバナのオテル・ナシオナルで開催した。この会合をグラウ政府のランスキーの友人たちが密かに準備した。ヴィト・ジェノヴェーゼ（Vito Genovese）、フランク・コステロ（Frank Costello）、サント・トラフィカンテ（Santo Trafficante Jr.）等々のそうそうたるメンバー十数人が結集した。キューバの新聞は一切、報道をしなかった。

　プリオ首相と上院議員でプリオの兄フランシスコの兄弟、教育相のホセ・アレマン、内相アルフレド・ペケニョ（Arfreso

Pequeño)、国家秘密警察長官ベニト・エレラ（Benito Herrera）等々もマフィアと結合して蓄財に励んでいた。プリオが大統領の時代にはエウフェミオ・フェルナンデス警察監督局長とフランシスコと協力し、麻薬取引も行われた。空軍は、軍の空港を利用していたアエロビアス・ク社（Aerovías Q）とコカインの密売に関わっていた[21]。カジノ経営において、売上を簿外化することで過少申告する脱税行為をスキミングというが、スキムは、カジノの隠し利益として「上客」に秘密に手渡されたりしていた。

こうしてバチスタが1952年3月10日、クーデタで政権を掌握した時期までには、キューバの政界、財界、軍部、警察は、合州国のギャングと手を組み、観光と博打と麻薬と売春からの収入に群がる腐敗集団になりさがり、キューバの国家は、まさに「泥棒国家」に変質していた。

センテナリオの世代のカリスマ的政治家、フィデル・カストロがラ・アバナ大学に入学したのは、1945年9月4日であった。その前年1944年10月10日にグラウは、バチスタ派を選挙で破り、腐敗した政治を立て直すのではないかという国民の期待のもとに大統領に就任していた。しかし国民の期待は完全に裏切られ、フィデルをはじめとするセンテナリオの世代は、腐敗した国家を暴力革命で解体する以外にはないと決意を固めるにいたった。

第2章

フィデルの大学時代

1 第二次世界大戦後のキューバ

　選挙で大統領に当選する可能性がないと判断したバチスタは、1952年3月12日クーデタで政権を獲得し、プリオ大統領をメキシコに追いだした。キューバ革命はこれにたいするセンテナリオの世代の反クーデタ武装蜂起からはじまるが、それについて論じる前に、バチスタがクーデタで登場したキューバ社会の構造について、ここで簡潔に述べておこう。

　それには1950年に国際復興開発銀行（IBRD）がキューバ政府と協力しておこなった調査報告が参考になる[1]。

　その前に、前章で述べた内容から、キューバ社会の特徴を整理すると次のようになるだろう。独立以来、合州国に従属し、主権を侵害された保護国であったキューバは、プラット修正の廃棄後も合州国の資本に支配され、合州国による政治への干渉、主権の侵害は続いた。主要産業といえば合州国に完全に牛耳られた砂糖生産だけの単一栽培経済であった。まともな資本家も育たず、合州国のマフィアと結合し、腐敗した政治屋や軍人、警察が支配する泥棒国家になりさがっていた。砂糖以外の主な産業として観光業もあったが、その現場であるホテル、ナイトクラブ、キャバレー、カジノ、競馬等々こそ、マフィアとキューバの有力者たちの荒稼ぎの場であった。腐敗と堕落と暴力、賭博、売春の横行する虚飾に満ちた社会で、貧富の格差は激しく、見捨てられた多くの貧しい人びとがさま

よっていた。このような状況は、真の独立と社会改革による以外に克服はできない。

しかし、IBRDの報告によると、上のようなキューバ社会のイメージとはいささか異なる。キューバはラテンアメリカ諸国でもっとも資本主義化が進んでいて、相対的に生産性が高く、1人あたりの所得が高いという。1947年の1人あたりのキューバ人の所得は、ラテンアメリカ諸国ではアルゼンチンについで高い。アルゼンチンは349ドル、キューバ341ドルである。ちなみにチリは330ドル、イタリアは242ドル、スペインは222ドルであった。161の砂糖工場があり、すばらしい中央ハイウェイ、公的・私的鉄道、港湾施設が整備され、諸都市とその施設において、キューバは近代的経済活動とそのさらなる発展のための素晴らしい土台をもっていると指摘されている。

1947年のキューバの人口は530万人であった。14歳から64歳の経済活動人口は170万人で、そのうち農業、牧畜、漁業で働く人口は、41.5％、工業、建設業、鉱業では、14.4％、商業その他では23.5％だった。最後の商業その他の分類には、8万3000人（4.9％）の小規模自営業者、家事・個人サービスも含まれている。農民たちの自給自足は少ないとされ、工業としては砂糖加工業、タバコ製造業、食料加工業、繊維業、製靴業があげられている。

ちなみに、1946年の国勢調査で補足するとマネージャーは9342人、土地所有者4万8792人、借地人4万6048人、小作人3万3064人、不法占拠者1万3718人、農業労働者42万4000人（1953年は56万8779人）であった。マネージャーとはほとんど合州国の農業企業や企業の経営者、ごく少数のキューバ人企業家たちで、エリートである。まともな有力なナショナルな企業家が存在していなかった。借地人には、大規模農業経営者たちから土地を借りて生産

するコロノも含まれ、零細農や零細借地農業者よりは良い生活ができた。以上の事実は、わずか1万人から2万人程度の有力経営者以外は、中小零細の経済活動をする農民、漁民、その他の事業主で、そのもとで雇用される少数の労働者がいたことを示す。労働者の圧倒的多数は、季節労働者であり、都市での非正規労働者であった。つまり圧倒的多数の国民が、限られた情報の中で生活し、政治的には上から働きかけられる対象として存在するだけで、それに対して多様な思考様式を展開して闘う基盤はなかった。そこに歴史的に形成された心情としての暴力の肯定、反米ナショナリズムの基盤があった。

　IBRDの報告に戻ると、農業所得の源泉として、砂糖生産から1億5350万ペソで、それは全農業所得の46.2％、牧畜業から6820万ペソで、全体の20.6％、タバコ産業から4080万ペソで、全体の12.3％であり、この3つだけで農業所得全体の80％弱に達する。他の農業の収入など取るに足らないことが分かる。しかもその他の生産物であるポテト、ユッカ、マランガ、果物、野菜、トマト、リママメ等も輸出用である。砂糖やタバコは食糧ではない。キューバ人は一体何をたべて生きていたのだろうか。食料の多くは合州国から輸入されていたというが、輸入した食料を誰が食べていたのか。

　このような負の面の原因について、IBRDの報告は、キューバ経済の不安定要因として、2つあげている。第1は、国内要因で、主要産業の季節性、第2には国際的要因で主要輸出品の国際市場価格の不安定性である。その不安定性が、さらに生産資源の慢性的過剰状態をつくりだすと指摘している。砂糖市場が好況の時は他の農産物生産よりも砂糖キビ生産に投資も労働も集中する。砂糖の繁栄が靴や繊維製造業者、運輸労働者、一般的に生産者、輸入業者、商人の繁栄につながる。しかしそれはサフラの時期（砂糖キビの刈り入

れからはじまり、砂糖生産の工程が一段落する時期）だけで、その後、「ティエンポ・ムエルテ」（死の季節）がはじまり、経済活動は全体的に低迷する。

　このような一面的で不安定な経済をつくりだした原因はどこにあるのか。IBRD は、「経済のギャンブル的精神」に主な原因を求めている。それが企業家の精神も歪め、新しい産業を興す関心も少ない。「社会のあらゆる層を犯しているギャンブル精神は、キューバの命をむしばむガンのようなものということができる。これから先の貯蓄や計画したりするための一貫した努力による確固とした建設のための決意をだいなしにする」。その結果、たくさんの「未利用労働力供給」（Unused labor supply）がある。「未利用労働力」とは、実に巧みな表現であるが、つまるところ失業者が多いということである。経済活動の活発な時期でも失業が多い。死の季節にはさらに大量の失業者がでる。1943 年の女性の労働者は、労働力人口のわずか 10.3％だけである。これはラテンアメリカでも低い方である。企業も公務も過剰労働力を抱えていても、そのありさまだと指摘する。

　さらに、キューバでは投下された資本が有効に利用されていない。主要産業の砂糖工場で、1 年の 3 分の 2 の間は操業されずに放置され、保全作業だけが行われている。そのような未利用状況を改善するだけでも資本の生産性はあがるとも指摘している。

　キューバに投資してきた外国企業は、5300 万ペソの収益を 1948 年にあげた。その再投資とあらたな外国投資が、およそ 3400 万ペソにのぼった。キューバは、合州国の資本市場と例外的に深い関係にある。ビジネスでも人的にも緊密な関係にある。この関係は、もしキューバが新しい資本投資を引きつける適切な条件を確立できれば、将来の発展のたすけになる資源であると IBRD は評価した。

「為替規制がないこと、長期の為替レートの安定の維持は、キューバを基本的にドルの国にしており、キューバと合州国の利害に異常なほどの密接な関係をつくりだしており、合州国との友好的政治的戦略的利害関係のすべてが、合州国の投資継続に有益な要素をつくりだしている。しかし労使関係の対策のまずさ、近代的手段への抵抗、多角化と開発にたいする健全で一貫した態度が政府にないために、最近これらの有利な状況が機能しなくなっている」。

以上のようなIBRDの報告からの結論は次のようになるだろう。キューバ経済は、ラテンアメリカ諸国では例外的に資本制が発展し、個人所得も高い。それのさらなる発展を阻害しているのは、砂糖生産への一面化である。そのため国際市場や季節性に左右される不安定な経済構造になっており、資源が有効に利用されていない。それを改善するにはキューバ人のギャンブル性を改善し、合州国の資本をさらに引きつけるように努力し、経済を多角化する必要がある。

しかし、以上の評価は、合州国のキューバ支配を免罪するものであり、帝国主義者たちがつくりだしたキューバの社会的、経済的構造をキューバ人の怠惰のせいにしているという、恥知らずの提言以外のなにものでもない。

2 大学時代のフィデル

1945年8月15日、第二次世界大戦が終わった。それまで対ファシズムで戦争協力をしてきた世界の国々は、一方に資本制大国アメリカ合州国、他方に社会主義大国ソ連の2大陣営の冷戦対決に急激に編成替えされていった。大戦は終了したとはいえ、諸勢力の暴力的対決の矛先が変化しただけであった。とりわけロシア革命から開始された社会主義を掲げて革命をめざす勢力と資本制社会を維持し

ようとする勢力の暴力的対立は、歴史的に記憶された相互の味方の犠牲者を悼む怨念と、それにたいする復讐の意志の交錯による「革命」と「反革命」、またこれまでの植民地体制を維持しようとする資本制諸国と「民族」解放運動によりその支配をはねのけようとする勢力の対立として一触即発の状況にあった。

　トルーマン・ドクトリン（1947年3月12日）をはじめ、合州国を先頭とする資本制諸国は、ソ連を先頭とする共産主義陣営の封じ込め政策をとるが、1949年にはソ連が核実験（8月29日）に成功し、10月1日には中華人民共和国が武力革命で成立して、共産主義封じ込め政策の一部の環を切断していた。そして世界各地で「革命」、独立をめざす勢力を結集する活動が展開されていた。それにより危機意識を高めた資本主義陣営では反共産主義が喧伝されていた。

　ラテンアメリカには、汎米という思想がある。マルティの「われらのアメリカ」もその流れのなかにある。1826年にシモン・ボリバルが独立したばかりの中南米諸国を外国の干渉から守るために汎米会議を開催した。そこにモンロードクトリンを掲げて帝国主義合州国がのりこみ、ボリバルの思想を否定し、1889年汎米同盟をつくりあげ、合州国は米州に覇権を確立した。第二次世界大戦終了後、世界の超大国となった合州国は、米州を反共の砦とするために画策し、1947年9月2日、ブラジルのリオデジャネイロにおいて「全米相互援助条約」（The Inter-American Treaty of Reciprocal Assistance）の調印にこぎつけた。この条約の締結後、1948年3月、コロンビアのボゴタで開かれた第9回汎米同盟の会議で米州機構（Organization of American States=OAS）の設立が決められた。こうして米州全体が共産主義にたいして同盟し、冷戦体制の一翼を担ったのである。

　一方、米州の反帝国主義、反米、民主制、「社会主義」改革を求

める社会勢力も各地でその共産主義封じ込め政策と厳しく対決し、武力革命や民主主義革命をめざす情勢が展開されていた。

このような対決は、朝鮮戦争で一層激化され、ラテンアメリカ諸国では、グアテマラの革命と反革命、60年代の各地の軍部独裁、1973年のチリのピノチェトのクーデタにいたる

6　若き日のフィデル・カストロ

までの「共産主義者」への厳しい弾圧と虐殺をもたらした。中南米だけのことではなく、ギリシャにおいても、朝鮮半島、ベトナム、そしてインドネシアにおける9・30事件での「共産主義者」の大量虐殺等々、そのすさまじい惨状には、いまさらながら驚きを禁じ得ない。

フィデル・カストロとともに7月26日運動を組織し闘った世代は、マチャド体制崩壊から1940年代に深化する腐敗と暴力の社会で生まれ育ち、世界的には社会主義・共産主義革命と共産主義封じ込め政策の暴力的対決のなかで青年時代を過ごしていた。フィデルが生まれたのは1927年、フランク・パイス（Frank Isacc País García）は1934年、セリア・サンチェス（Celia Sánchez Manduley）は1920年、ビルマ・エスピン（Vilma Espín Guillois、ラウル・カストロの妻)は1930年であった。1945年にフィデル・カストロがラ・アバナ大学の法学部に入ったとき、大学をボンチェスタスが支配していた。

当時、「政治的に無知だった」、また大学は「その時期の権力集団に結合したグループに全面的に支配され」ていたとフィデルはいっている。それがボンチェスタスの一派MSRであった。

フィデルは、大学に入ると学生たちの指導者になると決意し、大学学生連盟（FEU）の委員長をめざした。1946年の選挙では、3月に法人類学コースの代表に選出され、法学部の1年生の代表にもなった（5つのコースから選ばれた5人から選出）。しかし、それ以上には選出されなかった。その後、次年度の選挙での委員長当選をめざし、授業にはほとんどでることはなく、もっぱら学生たちとの討論で委員長になるための宣伝活動をしていた。かれの風貌は、ぬきんでて人目を惹き、演説もうまかった。1946年11月に行われたスペイン植民地時代に処刑された8名の学生を記念する集会で、マルティの名前を騙るグラウ大統領の腐敗とボンチェスタスを批判する演説をして、すでに注目を集めていた[2]。

グラウ大統領が、憲法で禁じられている再選をめざして行動し始めたとき、ラ・アバナ大学のMSR支配下のFEUに対抗していたと思われる一部の学生たちが「大学学生幹部会」（Directorio Estudiantil Universitario）の名前で抗議の宣言を新聞に発表した。そこにはフィデルの他、後にフィデルの義兄になるラファエル・ディアス・バラルト（Rafael Díaz Balart）、モンカダ兵営攻撃者の弁護士をつとめたバウディリオ・カステジャノス（Baudilio Castellanos）その他30人を超す学生たちが署名していた（1947年1月21日の『ディアリオ・デ・ラ・マリーナ』紙に発表した）。そこでグラウの野心に満ちた再選出馬に反対し、メジャやその他の死んだ英雄たちの反乱の呼びかけに応え、内戦をもたらすような犯罪的行為にたいし、祖国を愛するものとして対決する姿勢を明確にし「この戦いの中でわれわれが支払わなければならないものがわれわれ自身の死だとしてもグラウの再選と闘う。膝に抱かれて生きるより、足元で死ぬ方がいい」と宣言している[3]。

フィデルは「魅力、機知、飽くなきエネルギー、すばらしい歴史

的センスを持ち合わせていた。かれは急速に注目の的となった」[4]。
大学内でのフィデルの頭角を抑えるために、大学を支配するMSR
はさまざまな妨害をした。かれらは武装していて、殺人をなんとも
思っていなかった。MSRは警察とも結びついており、グラウ政府
の支持もえていた。フィデルは、これに対抗するために、自分を支
持する多数の学生のモラルに頼った。フィデルは、死ぬ覚悟をして
かれらと闘う決心をしたといっている。そして自分を支持する仲間
たちと当初、武装して行動した。「それでわたしは政府と国家権力
にたいして最初の、とても変わった武装闘争を始めた」という[5]。
この断固たる行動をMSRは阻止できなかった。さらにフィデルは
生き延びるためにさまざまな画策を試みたように見える。

　『モンカダ攻撃』の著者ラファエル・デ・ラ・コバは以下のよう
に主張している。1946年12月10日、フィデルは大学を支配する
MSRの仲間とUIRのボンチェスタスの暗殺未遂に関わり、MSR
の仲間として承認された。しかしUIRの報復を恐れたフィデルは、
UIRにも接近し、MSRとの間に調停が成立し、フィデルはUIRの
一員になった[6]。この主張が正しいかどうかはともかく、フィデ
ルはMSRの支配する大学で行動するためにUIRに接近したこと
は確かである。かれらの腐敗について、もちろん知った上での行動
であった。しかしUIRの成員になったかどうかは明らかではない。
その後のフィデルの行動は、それほど単純に一党一派に身を投じた
ようにはまったく見えない。

　1947年6月、大学支配の指導権をMSRから奪うためにUIRは
フィデルを含む学生たちを候補に立てたが、MSRが引き続き指導
権を確保した。フィデルは、MSRの画策によるだけではなく、か
れ自身の個性の強い行動様式による学生への印象も影響し、委員
長になることはついにできなかった。1947年7月16日の大学での

集会で、フィデルは政治家たちに殺害された学生たちを追悼し、グラウ政府とそれにまつわるギャング集団を徹底的に告発した[7]。頭角を現すフィデルに警察も目をつけていた。この頃（1947年4月27日）大学での銃撃事件との関連を問われ、警察に拘束され、すぐに釈放された。これを機に、フィデルは武器の不法所持で逮捕される危険性を感じ、武器を捨てたといっている。

同じ頃、エドゥアルド・チバスがアウテンティコ党を脱党し、1947年5月オルトドクソ党を結成した。フィデルはただちに入党し、その中にオルトドクソ・ラディカル行動（Acción Radical Ortodoxa=ARO、オルトドクソ党の青年たちの中のUIR関係の仲間の組織でフィデルが中心）を組織し、後にフィデルはそれらの青年たちと革命の準備を始めることになる。ラファエルによるとAROを組織したのは、チバスが1948年6月1日の選挙で敗北した後であった。チバスはフィデルをギャングの仲間として追放したといっていた。またフィデル著作集の編者ロランド・E・ボフチェアによると、1948年には選挙闘争志向のオルトドクソ党の指導部と武装闘争志向のAROとが対立していたという。

フィデルが、単純にオルトドクソ党やUIRの成員になったとは考えられないことは、その後の展開をみてもわかる。フィデルはMSRの組織したドミニカ共和国遠征（当時、ドミニカ共和国の独裁者ラファエル・トルヒジョ=Rafael Leónidas Trujillo Molina打倒運動があった）にも参加した。この遠征を組織したのはグラウ政府と海軍であった。ドミニカ共和国からの亡命者フアン・ボッシュ（Juan Bosch）等も参加していた。教育相アレマンが150万ドル、ドミニカの亡命者が40万ドルの資金を提供し、海軍やその他のボンチェスタスが船や飛行機、武器を調達した。傭兵を徴募し、合州国やカナダの退役軍人たちも雇われていた。ベネズエラのロム

ロ・ベタンコールト、グアテマラのフアン・ホセ・アレバロ（Juan José Arévalo）、コスタリカのホセ・フィゲレス（José Figueres Ferrer）らの支援も受けていた。一種のカリブ国際革命軍であった。FEU が「ドミニカ民主制のための委員会」や「プエルトリコ独立のための委員会」を組織し、フィデルはそれに参加し、前者の議長だったと主張している。

　MSR からフィデルを殺さないという約束をとりつけ、かれはこの遠征隊に参加した。1947 年 7 月 29 日、1200 人のキューバ人、ドミニカ共和国人、その他がカヨ・コンフィテスを拠点に、侵攻の態勢に入った。しかし、合州国の圧力もあり、軍部の支持も得られず、グラウ政府はこの侵攻を中止させた。フィデルは、逮捕されることを恐れたためか、また混乱の中で MSR に暗殺されるのを恐れたためか、1 人で海に飛び込み逃亡した。

　この事件のためにフィデルは大学 3 年時の授業登録を提出できなくなった。この時期からフィデルの自己学習がはじまり、1 日 15 時間、16 時間も読書し、食事の時間も本を読んでいたといっている[8]。この間の 1947 年 10 月 10 日、アレマン＝グラウ・アルシナ同盟（第 1 章参照）を批判するデモで殺された学生の葬式でフィデルたちの集団はグラウ大統領を批判する演説をして、大衆的支持をえていた。

　グラウは、大統領再選を画策しながら、独立の戦士たちの後継者として売り込むことをもくろみ、マンサニジョ市に保管されていたラ・デマハグアの鐘（カルロス・マヌエル・デ・セスペデスが 1868 年 10 月 13 日に、スペインと闘いの開始の際に打ち鳴した鐘）をラ・アバナ市に移そうとした。この動きに反発したフィデルを含む学生たちは、当時、共産党員のマンサニジョ市長からこの鐘を借りだして、グラウが再選をあきらめるまで、官邸前で打ち鳴ら

す計画が練られた。ラ・アバナ大学に運ばれたその鐘をボンチェスタスの1人が盗みだし、密かに大統領官邸に運んだ。それに抗議して、1947年11月6日、3万人の市民・学生たちが結集し、グラウ政府の腐敗とボンチェスタスの大学支配に抗議した。その時のフィデルは「この瞬間の奇跡は強調されてしかるべきだ。スペインからのわれわれの独立のために闘った人びとは、50年たった今でも同じように反抗的精神をもっている。われわれの独立闘争の歴戦の兵士たちが、われわれの過去の解放の目的を前進させるために学生たちと同盟していることは、大変な出来事である。昨日の自由の戦士は、現在の若い学生たちを信頼している。それゆえにわれわれは独立と正義を実現しようとしたかれらの仕事を続けている。われわれはこの象徴的な宝、デマハグアの鐘とともに大学の政治的尊厳を取りもどすことに同意することによって、かれらがわれわれ若者たちに与えた信頼に感謝する」と演説した[9]。ここには前章で指摘したキューバ人の阻害された独立の記憶に呼びかけるフィデルが現れ始めている。

　1948年2月22日、MSRの指導者マノロ・デ・カストロ（Manolo de Castro）が暗殺された事件との関連で、フィデルは容疑者の1人として再度、逮捕されたが、アリバイがあり、すぐに釈放された。この時も、フィデルは『ディアリオ・デ・ラ・マリナ』紙に声明をだし、この事件を利用して「ロランド・マスフェレルが自分の利益に利用するため大学の指導権を取ろうとしている。長期にわたるわれわれにたいする抑圧と暴力にもかかわらず、われわれはかれにそれを許すことない……。今や、かれは自分とMSRの友人たちの罪を免罪し、われわれを陥れようとしているだけではなく、虚偽の告発で自分を正当化しようとしている」と主張した[10]。

　この事件の後、MSRによる暗殺の危険性を背負いながらフィデ

ルはコロンビアに渡る。1948年4月10日の第9回汎アメリカ同盟の会議で、米州機構を設立しようとする動きにたいして、アルゼンチンのペロン（Juan Domingo Perón）大統領は、反米・反帝国主義の立場から、この会議に対抗することを意図し、ラテンアメリカの学生たちに反米・反帝国主義の会議をコロンビアの首都ボゴタで開催するよう唆した。それに応えてキューバのFEUの学生たちは、ラテンアメリカ諸国の学生によびかけ、植民主義反対、ドミニカ共和国独裁者トルヒジョ打倒、プエルトリコ独立、グアンタナモ基地（スペインから独立したキューバ新政府に合州国は1903年2月23日、グアンタナモを基地として永久租借することを認めさせた）撤去、パナマ運河の米軍基地の撤去、イギリス帝国主義反対を掲げ、汎米会議に合わせて、学生会議を開くことになった。フィデルとラ・アバナ大学の偽学生でUIRの一員であったラファエル・デル・ピノ（Rafael del Pino）は、FEUの議長の指示のもとに、その組織化のために各地をまわり、4月1日ボゴタでキューバ代表のFEUの議長や書記と合流した。4人のキューバ代表は、4月2日、ベネズエラの学生たちの集会に参加し、米州機構設立を批判する決議を採択した。

その後、4月5日にフィデルたちはキューバで印刷してきた文書を配布したため、逮捕されたが、まもなく釈放された。7日には、当時、民衆に絶大な影響力を持ち始めていた自由党の大統領候補ガイタン（Jorge Eliécer Gaitán Ayala）と会見し、反帝国主義学生会議での開会の挨拶を要請した。8日には学生会議準備会が開かれたが、その翌日、フィデルたちの間近でガイタンは暗殺された。これを契機にボゴタの民衆の暴動が発生し、これを「ボゴタソ」（Bogotazo）という。反乱する民衆を前に、フィデルは蜂起に参加すべきだと仲間たちに主張したが、キューバ代表は参加しな

かった。しかしフィデルとデル・ピノだけは武器を民衆に渡していた警察署に行き、武装して大統領官邸に向かった。翌日、ラジオ放送で、反乱はモスクワが派遣した外国人たちによって米州機構設立阻止を企む謀略だと報じられた。そしてガイタンの暗殺者としてキューバ人学生が手配されていた。フィデルたちは学生会議の組織者の1人であったアルゼンチンのカルロス・イグレシアス（Carlos Iglesias Mónica）に助けられて、キューバ大使館に入り、そこからキューバ軍の飛行機でキューバに脱出した。このボゴタソでは人民の大義を確認したとフィデルはいっている[11]。

帰国後は、大統領選挙に関わり、チバスを応援したが、プリオが当選した。フィデルは選挙期間中、政治家や警察の腐敗を告発し続けた。その時期にMSRのメンバーで警察官のオスカル・フェルナンデス（Oscar Fernandez Caral）が暗殺され、1948年6月6日、アバナの第4区犯罪裁判に、フィデルはまたも暗殺の廉で告訴された。しかし、この時も証拠無しで釈放された。

この時期、フィデルは、オルトドクソ党支持のラジオ局で15分の番組をもち、広く市民たちへの政治的扇動を行っていた。マルクスの『資本論』や『共産党宣言』、レーニンの『何をなすべきか』等々を読んだのもこの時期であった。さまざまな大衆的運動にも関わり、「人種差別反対闘争大学委員会」や「キューバ平和委員会」に参加し、バートランド・ラッセルの呼びかける運動や朝鮮戦争に反対する運動を支持した。さらに貧困地区を訪れて、弁護活動、宣伝活動もした。

プリオ大統領は、表面的にはボンチェスタスの行動を批判する姿勢を示し、この頃から次第に大学におけるギャング体制を終焉させようとする動きが現れてはいた。オルトドクソ党が中心になり、学生を結集し、大学におけるボンチェスタスの力に対抗する「9月30

日運動」が組織された。フィデルは、これまでボンチェスタスの組織に参加したことはないと主張し、この運動への参加を許可された。そして1949年11月13日、大学での特別集会で、公然とボンチェスタスと政府との結びつきや裏取引を暴露した。それは、かれらとのさまざまな関係を生き延びてきたフィデルにしかできないことでもあった。これによって、フィデルは、またも生命の危険にさらされ、ニューヨークに一時潜伏し、そこで法律や政治関係の勉強をした。ほとぼりが冷めたころ、フィデルはキューバに戻り、1950年9月法学博士として卒業した。

　その後、2人の友人とアスピアス・カストロ・レセンデ法律事務所をつくり、貧しい人びとにたいする債権の取り立てからの擁護をしたり、土地のない農民、解雇された労働者、投獄された学生、警察にゆすられる露天商らの訴えを裁判で解決したり、米国の会社を相手取った訴訟を起こしたり、スラムの住民の代理人等々の弁護活動をしていた。1950年11月、シエンフェゴス市の学生たちの紛争を仲介して警察に逮捕されると、フィデルは弁護士として、自己弁護をし、警察と政府の腐敗を批判し、釈放された。

　フィデルは、オルトドクソ党のチバスが自殺した1951年8月5日後もオルトドクソ党に留まるが、絶えず、民衆の革命的蜂起を促す闘いを提起し、指導部と対立していた。フィデルは、義兄の勧めもあり、バチスタと面会もし、その席でバチスタにマラパルテ（Malaparte）の『クーデタの技術』を読んでいないのかと質問したといわれる。この頃、フィデルは、1952年の選挙で上院議員に立候補しようとしたが、オルトドクソ党が自身の出馬に消極的なのをみて、積極的に独自の支持獲得活動を展開していた。

　そのときフィデルは、プリオ大統領を5件の不正行為で告発する準備を始め、ラジオや新聞『アレルタ』を利用して、プリオ政府の

腐敗を厳しく告発した。『アレルタ』の 1952 年 1 月 28 日号にフィデルは「わたしは告発する」という記事を発表した。そこには、エミリオ・フェルナンデス（Emilio Fernández Mendigutía）がある事件で犯罪者として告訴されると、プリオ大統領が特権を利用して、かれを恩赦で釈放したことについての批判が展開されていた。「社会防衛規範によって罰則が科されている収賄の罪を犯して、被告からの自明な贈与に恩赦で応え、恩赦を与えるに先立ち、恩赦を受ける者エミリオ・フェルナンデスの所有するいくつもの農場の所有者になって、恩赦の精神を汚すプリオ大統領をわたしは告発する」とフィデルは書いた。そしてエミリオ・フェルナンデスから賄賂をもらい、犯罪者を無罪放免し、大統領の特権を汚したこと、労働法に違反して、労働者を不正に働かせていること、兵士たちを私用に利用し奴隷労働をさせ、軍隊の機能を貶めていること、憲法で禁止されてするラティフンディオ・システムを採用し、それによって失業を慢性化させていること、市場原理に背いて、低価格で農産物を生産し、農民を苦しめ、国の利益に背いており、証拠をすべて握っていると告発した。なお、フィデルのこの告発には、オルトドクソ党の若者たちが協力している[12]。

　以上の経過が示すように、フィデルは大学に入学した時から、グラウの腐敗と暴力を批判し、それと闘い、その中で生き延びるために、可能な勢力と協同したり、取引をしたりする能力を磨き、支持学生を集め、キューバ人の歴史的記憶に呼びかける試みもすでにはじめていた。また国際的な革命的連帯行動にも積極的に参加し、ボゴタでは、民衆の蜂起を経験し、無組織の民衆の蜂起では、権力を掌握できないことを実感していた。さらに弁護活動では、貧しい人びとの立場に立ち、その貧困状態を知っており、大学の 3 年生の頃から、マルクス・レーニン主義の思想も学び、革命の方針をある程

度立案していた。ただしこの時代のマルクス・レーニン主義は、スターリン主義の傾向を強く示していたことを念頭に置く必要がある。それに批判的な見解、例えば、トロツキーのソビエト批判のような見解は反革命とレッテルを張られていた時期であった。

　フィデルの伝記を書いたレイセスター・コルトマンによると、フィデルの計画は「アグラモンテとオルトドクソ党の勝利を助け、それから新しい革命的な綱領をもつ議会内分派を構成して、労働者、農民、知識人、教員、失業者、その他の「進歩的」勢力からの支持を求める」というものであった[13]。これは当時の革命運動において支配的であったマルクス主義の「統一戦線」の思想である。

第 3 章

モンカダ兵営攻撃

1　バチスタのクーデタ

　バチスタは、1952 年 6 月の選挙で大統領に当選する可能性がないことを知り、クーデタで政権を獲得する画策を始めた。プリオ大統領は、1952 年 2 月 8 日、軍情報部（Servicio de Inteligencia Militar=SIM）からバチスタがクーデタの画策をしているという警告を受けていたが、それを防止するための対策をとろうとしなかった。SIM の情報どおり 1952 年 3 月 10 日、陸軍、海軍、警察からなる革命委員会（Junta Revolucionaria）がクーデタをおこし、バチスタを首班とする閣僚会議（el Consejo de Ministros）が政権を掌握した。軍部内に対決する動きは見えず、プリオ大統領はメキシコに亡命した。一方で、上院議長をしていたアウテンティコ党のトニー・バロナ（Manual Antonio de Verona）は議会指導者たちと憲法擁護の立場からバチスタを批判したが、大部分の政治家たちは自分の利益を守ることだけに汲々としていた。プリオ政府の要人たちは、オルトドクソ党が大統領選に勝利すると、腐敗を暴露されるのではないかと恐れ、バチスタのクーデタに内心、ほっとしていた。財界もバチスタを歓迎した。これらの腐敗しきった政治家たちをキューバ国民たちはポリティケリア（Politiquería）と批判していた。政治（política）とごみあるいは汚れ（porquería）を結合した造語である。

　オルトドクソ党の大統領候補であったロベルト・アグラモンテ

(Roberto Agramonte)と副大統領候補であったエミリオ・オチョア(Emilio Ochoa)を中心とする指導部は、バチスタを憲法違反で最高裁に告発したが受け入れられない事態をみて、3月16日、抗議のマニフェストを発表した。そこではバチスタ派を除く中立政府を樹立し、憲法を保障し、総選挙の実施のため全国市民戦線(Frente Cívico Nacional)の結成を訴えた。

7　1952年のバチスタによるクーデタを報じた『タイム』誌

しかし、対バチスタ対策をめぐり同党には4つの分派ができた。第一はアグラモンテ派で、オルトドクソ党の伝統を守り、独自に平和的手段で反バチスタ闘争を進めようとした。第二はエミリオ・オチョアとジャーナリストのホセ・パルド(José Pardo Llada)で、アウテンティコ党との共同闘争も視野に入れ、反バチスタ闘争を進めようとした。選挙闘争を志向した第三の分派はフェルナンデス・カサス(Fernández Casas)派、その他の日和見的傾向の強いホルヘ・マニャチ(Jorge Mañach y Robato＝作家、ジャーナリスト、アバナ大学教員)、マルケス・スターリング(Márquez Sterling＝弁護士、作家)らの一派がいた。これとは別に、与党としてバチスタ政権と協力しつつ、1943年1月22日、合法政党として名称を「社会主義人民党」と変更した共産党は、クーデタではキューバの問題は解決できないとし、憲法擁護の民主的人民戦線の結成を呼びかけた。

共産主義革命同盟の党員であったエウセビオ・ムハル(Eusebio Mujal Barniol)は、トロツキストとして1936年に共産党から追放

されると、アウテンティコ党に入り、ラモン・グラウ政権の下でCTCの指導者ラサロ・ペニャらの共産主義者を追放したり、暗殺したりして、その指導権を獲得していた。52年のクーデタ後は、バチスタ政府に積極的に協力し、バチスタ体制の支柱の一つになった。ムハルは、前政権の腐敗を暴露されることを恐れた上院議員のロランド・マスフェレルや副大統領をつとめたプホル（Guillermo Alonso Pujol）らと共に、クーデタの画策に関わったとさえいわれていた[1]。

　バチスタ自身は、クーデタを「革命運動」と主張した。憲法裁判所も「革命は権利の源泉である」とし、バチスタに憲法を一時停止する権利を与えた。PSPの非合法化には踏み切らなかったが、3月21日、ソ連と断交し、共産主義者の浸透を調査する委員会を設置した。さらに53年11月に総選挙を実施するとバチスタは公言し、4月28日、コーポラティズムにみられるような職業別代表者の組織を結成し、支持基盤を広めようと80人からなる諮問会議（Consejo Consultivo）を設置した。その後、選挙の約束は反故にされ、55年1月27日まで諮問会議が立法機能を持たされた。52年5月27日には合州国はバチスタ政府を承認するなか、バチスタは主要な国家機関からアウテンティコ派を一掃し、バチスタ派が完全に権力を掌握した。

　1940年以来の腐敗の体制化により、「泥棒国家」は安定期に入っていた。そのような状況でのクーデタに、ほとんど抵抗らしい動きもないまま、バチスタ政権は始動したようにみえた。しかしこのクーデタは、キューバ人の意識の中で、1940年以来、眠り込みつつあった歴史的記憶を深いところで刺激し、目覚めさせる結果になった。

　第一に、利権と官職、その他公金横領の安定的制度化をバチスタ

のクーデタが破壊した結果、暴力的奪い合いの政争の記憶を甦らせた。追放されたアウテンティコ党のポリティケリア（P. 56参照）たちは反バチスタの暴力的抵抗も含めた画策を開始した。

　第二に、バチスタの立憲体制破壊行為が、暴力と不正の歴史およびキューバ社会にたいする合州国の介入の記憶に作用し、それにたいしてより強固に、暴力的に抵抗する精神が目覚め始めた。それは、30年代のマチャド独裁を打倒したナショナリズムの敗北とその歪曲の経験のうえにたち、さらに第二次世界大戦終了後のソ連「社会主義」の影響力の増大、「民族解放」運動の前進、植民地体制の崩壊、中国における「社会主義革命」の成功等々の世界的情勢にも大きく影響され、より確信的革命的ナショナリズムの展開をもたらした。特に、立憲主義の支配した1940年代に青年期を過ごした若者たちにその傾向が強く作用した。

　後者の第二の記憶に影響されたのは、クーデタに激しく抵抗したラ・アバナ大学の学生やオルトドクソ党の青年たちとその周りにいた知識人、ジャーナリストたちであった。クーデタの直後、FEUの代表5人が大統領官邸にかけつけ、大統領に憲法擁護の立場に立つよう要求し、武装抵抗を呼びかけた。しかしプリオ大統領は同調しなかった。クーデタ当日に大学で学生と労働者、知識人の反バチスタ集会が開かれ、大学内の屋根にスピーカーを据え、バチスタを批判する演説を次々と流した。FEUはクーデタに反対する声明を発表し、憲法、人民主権、市民の品格をまもること、クーデタは祖国を鉄のカーテンで覆い隠した、マンビセス[2]たちの伝統を守り、外国の間接支配や伝統を内部で歪曲することを許さない、母たちは奴隷ではなく、自由な子供を生んできたのだ、跪いて生きるより、立って死ぬ、1940年憲法にもとづく民主政の再建のために闘おうと訴えた。つづいてオリエンテ大学も、3月10日づけで抗議声明

をだした[3]。

1952年4月、「1940年憲法を守る誓い」集会がアバナ大学で開かれ、反バチスタの学生と教員、労働者が結集し、憲法の棺を担いだ学生たちがマルティの記念博物館まで行進し、そこに憲法の棺を埋葬する儀式をした。その場にフィデルの弟であるラウル・カストロもいた。

大学生以外に、武力による打倒バチスタを考えた勢力として、スペイン内戦への参加者たち、ドミニカ共和国の独裁者トルヒジョ打倒計画の参加者たち、第二次世界大戦に参加した兵士たち、ABC（マチャド独裁期に中間階級や軍の不満分子により結成されたテロ組織）、ホベン・クバのメンバーたちがあった。これらの勢力はマチャド独裁と闘った古い革命家たちからなる集団で、ほとんどがアウテンティコ党員たちであり、奪われた利権の場を取り戻そうとする政争を展開し始めた。

1952年5月4日、ホルヘ・マニャチの主催する放送大学の内容が気に入らないと、バチスタの手先がスタジオに乱入し、視聴者を暴力的に弾圧した。のちにキューバ革命に参加するアルマンド・アルト（Armando Hart）やファウスティノ・ペレス（Faustino Pérez Hernández）も現場にいた。これがクーデタ後の最初の暴力事件だったとアルトはいっている[4]。52年10月になると、多くの新聞がキューバの危機を訴え、バチスタ派と反バチスタ派に対話を要求し、選挙の実施による対立の解消を呼びかけ始めた。

2　フィデルの組織的中核の出現

フィデルは、クーデタ後、逮捕される危険性があたったため、直ちに身を隠し、すぐに「革命ではない、サルパソ（zarpazo＝鉤爪での一撃）だ」と題する声明を書き、印刷工で後にモンカディス

タ（モンカダ攻撃にフィデルとともに参加した人々）になるニコ・ロペス（Antonio "Nico" López）とラウル・カストロが謄写版印刷にし『エル・アクサドル』という名称の新聞として、3月13日づけで配布された。そこでフィデルは、どんなに腐敗していたとしても立憲主義にもとづく選挙による代議制民主制を支持し、それを維持するには市民の大きな努力がいると訴えていた。「われわれのアメリカ」（Nuestra América）というマルティの概念も利用した。またバチスタは血塗られた独裁者になると予言もしていた。そして、ペドロ・フィゲレド（Pedro Felipe Figueredo）によって作詞作曲され、1868年の独立戦争で歌われた歌詞（キューバの国歌）を最後に引用して「祖国か、死か」のスローガンで締めくくった。52年3月16日に、チバス追悼集会に出席したフィデルはその声明を配った[5]。

アバナ大学法学部学生会の副委員長を務めたアルマンド・アルトは、大学を卒業するにあたって、在学生たちに手紙を書いた。かれは、政治的反対派の力強い運動を通じて、バチスタ体制の状況を暴露するだけではなく、わが国のもっともラディカルな人びとと一緒に国民的革命を望み、生まれつつある革命過程を誰も押しとどめることはできないとし、決意、勇気、団結を訴えた。そして権力簒奪者の体制を打倒するためにだけではなく、独立50年記念世代の政治的社会的理想の最後の勝利まで闘うと決意を表明した。かれも国歌の歌詞を取り上げ、祖国か死かにつながる思想を示していた。かれは、まもなくフィデルの熱心な協力者になった。

オルトドクソ党の青年部で会計士をしていたアベル・サンタマリア（Abel Santamaría Cuadrado、ジェネラル・モータース社員）は、反バチスタの非合法の印刷物を発行して捕えられ、仮釈放された52年3月16日の翌日、オルトドクソ党の指導者でジャーナリスト

8　アベル・サンタマリア

のホセ・パルドがバチスタのクーデタに断固として対決しないのをみて、公開書簡で次のように主張した。

　オルトドクソ党は泥棒や山賊たち（ladronismo、bandidaje）と闘う不屈の闘志を待っていた。われわれの祖父母たちに犯罪、暗殺、流血を思いださせないようにしなければならない。それなのに流血は続き、アントニオ・ギテラスの死に涙する者もなく、反対に喜びの歌を歌っている。今は、ドグマではなく、主張するときだ。必要なことは、行動せよ、行動せよと呼びかけることだ。歴史のこの瞬間の正確な認識が必要だ。革命は少しずつはじまっている、すべてがわれわれの側にある、どうしてそれを軽視するのか、迅速な行動の一歩を開くことが大事だ。ほかのものがそれに続くだろう。学生たちを支援すべきだ、恐れてはだめだ、あなたたちには言論があるではないか。アベルはルソーからの引用もしていた[6]。のちにアベルはモンカダ兵営攻撃の際のフィデルの右腕になった。

　フィデルは、52年3月24日、バチスタのクーデタを犯罪として、緊急法廷に訴えた。社会防衛法（Código de Defensa Social）の147条、さらに148条、149条、235条、236条、240条に違反しており、バチスタは100年以上の懲役になるとし、「革命は法の源泉」というのはバチスタのクーデタにはあてはまらず、「新しい国家や社会概念、深く歴史に根ざした哲学的原理にもとづく法秩序もなしに、正義をもたらす革命などない」と裁判所をも批判した。今、司法はためされており、もし裁判所がキューバにあるなら、バチスタは罰せられるべきであり、バチスタが罰せられないなら、裁

判所はない、その場合、裁判官は辞任すべきだと主張した。しかし裁判所はこの訴えを棄却した。

この時期、フィデルは「その時、わたしの考えは、運動（movimiento）を組織することではなく、バチスタに反対するすべての勢力を団結させようとすることにあった」といっている[7]。

1951年にフィデルは、ジェネラル・モータース・インターアメリカン・コーポレーションの支配人で、

9　ヘスス・モンタネ

オルトドクソ党の青年部でアベルと活動していたヘスス・モンタネ（Jesús Montané Oropesa）と自動車の売買で知り合っていた。ヘススはバチスタのクーデタ直後、アベル、アバナ大学哲学部の学生ラウル・ゴメス（Raúl Gómez García）、その他アバナのサントス・スアレス（Santos Suárez）地区のオルトドクソ党のメンバーたちと情勢を議論しあった。

また、アベルとヘススは、『ソン・ロス・ミスモス』（Son los Mismos）という謄写刷り新聞を発行した。この発行には、アベルの妹のアイデエ（Haydee Santamaria Cuadrado）とその友人で弁護士のメルバ・エルナンデス（Melba Hernández）、ラウル・ゴメスらも協力した。謄写版を警察に奪われないようアベルやゴメスらの家に移動しながら5000部ほど印刷し、配布していた[8]。

1952年5月1日、フィデルの友人であり、警察に殺害されたカルロス・ロドリゲス（Carlos Rdrígues）の追悼集会がコロン墓地で開催されたとき、ヘススがアベルをフィデルに紹介した。その場

第3章　モンカダ兵営攻撃　63

には、アイデエ、ラウル・ゴメス、メルバらもいた。そこで、編集長ラウル・ゴメスの謄写版刷りの『ソン・ロス・ミスモス』がオルトドクソ党の仲間たちの会報として配布された。その時、フィデルとヘススはバチスタにたいして何らかの行動を起こすことについて話し合い、地下放送局を準備する計画を実現するため、その後、フィデルの友人の医師マリオ・ムニョス（Mario Muñoz Colón）に会ったのが、5月4日だった[9]。

この頃、青年オルトドクソの指導部は、街頭での革命行動路線を支持し、人民がバチスタ体制を打破する条件をつくりだすために戦争を開始するとマニフェストを発表していた（52年6月25日）。フィデルは、これらのオルトドクソ党の青年たちに接近し、武装闘争について議論を交わしていた。アベルの家やフロレンティノ・フェルナンデス（Florentino Fernández）の父の家がフィデルの秘密の活動場所で、そこでメルバ・エルナンデスとアベルやアイデエが、オルトドクソ党員のフアン・マヌエル（Juan Manuel Márquez、ジャーナリスト）ともであい、その後、その仲間たちはアベルの家に入り浸った。フィデルとアベルは、アベルの家（ベダードのO and 25thにあった）やメルバの家（Jovellar 107番地）で、若者たちを集めて、ミーティングを始めた。その中に、ボリス・ルイス（Boris Luis Santa Coloma、大学生）、ビセンテ・チャベス（Vicente Chávez、修理工）、ペドゥロ・ミレト（Pedro Miret、土木技師）、オルランド・カストロ（Orlando Castro、会計士）、ラウル・マルティネス（Raúl Martinez Araras、会計士）、財務省の公務員オスカル・アルカルデ（Oscar Alcalde）、グスタボ・アメヘイラス（Gustavo Amejeiras、修理工）、エルネスト・ティソル（Ernesto Tizol、店員）、ニコ・ロペス等々が参加した。ラ・アバナ大学医学部のレステル・ロドリゲス（Lester Rodrígues）、工学部のアベラ

ルド・クレスポ（Abelardo Crespo）も仲間になった。

　アベルはかなりの蔵書家であった。アイデエによると会合では若者たちがマルティやその他の本で経済や社会、歴史、女性の役割等々について学び、討論し合った。ラウル・ゴメスの未発表の論文「若者のいない革命」（Revolución sin Juventud）を読みあったりもした。これらの仲間が、フィデルの組織的中核となった。『ソン・ロス・ミスモス』や『アクサドル』はこれらの仲間が協力して印刷発行した新聞である。

　このとき、フィデルの主張で、『ソン・ロス・ミスモス』の名称を『エル・アクサドル』（El Acusador）と変更することをめぐって、激論があった。その後『エル・アクサドル』特別号（『エル・アクサドル』としては3号目）として、5頁の両面印刷で1万部を1952年8月16日にホアキン・ゴンサレス（Joaquín González）の家で印刷発行した。フィデルがアレハンドゥロという筆名で政治指導者（el orientador politico）、ラウル・ゴメスは、エル・シウダダノという筆名で編集長、アベルが副編集長、編集委員にドン・ティンとい筆名でフアン・M・ティングアオ（Juan M. Tinguao）があたった。アレハンドゥロはバチスタを下劣な独裁者と批判した「私は告発する」（Yo Acuso）と「オルトドクソ党の批判的評価」（Recuento Crítico del PPC）を掲載した。後者でフィデルは、オルトドクソ党の指導部が臆病な対立に明け暮れていること、オルトドクソ党員の大部分はいまや立ち上がっており、今は革命的な時期であること、革命的な党は、革命的指導部を、人民から生みだされる若い指導部を必要とする、それがキューバを救うだろうと主張した。この『エル・アクサドル』を、16日、教会で行われていたチバスの追悼集会でアベル、メルバらが配布した。その後、ホアキンの家に戻ってみると、警察がホアキンの家を捜索しており、印刷機を押収された

うえ、ホアキン、アベルやゴメス、メルバらが逮捕され、その後、発行は不可能になった。この時、準備中の地下ラジオ放送局も破壊された[10]。

3 フィデルの組織論──革命的軍事組織＝細胞の結成──

フィデルが、オルトドクソ党の戦闘的青年たちで独自の武装闘争組織を結成しようと決意したのは、1952年8月から9月頃であった。「わたしはアバナのプラド通りの109番地のオルトドクソ党の本部を利用した。たくさんの人たちが毎日そこに出入りして、対話し、ニュースをえていた。わたしの目的にはとても都合がよかった。カモフラージュし、だました。そこには指導者たちはいなかった。いたのは事務員だけ。小さな部屋でわたしは5、6人、あるいは7人の小グループと会っていた。わたしはかれらに募集の仕事を説明した。私たちがしたのは説得、洗脳、組織化への第一歩だった。相手を調べなくてはならないし、計画を明かすことはできなかった」[11]とフィデルはいう。

ヘスやアベルたちと、フィデルはグアナボに借りた家で、マルクス主義の勉強会をし、メーリングのマルクス伝なども読んでいた。1978年のインタビューで組織の中核はマルクス主義者だったとフィデルはいっている[12]。オルトドクソ・ラディカル行動AROのメンバーがフィデルの呼びかけに同調した。フィデルは、「みんなにはっきり物事を説明していたので、私の考えていることを知っていた者」[13]もいたのであるという。

フィデルは、オルトドクソ党の戦闘的青年たちを組織し、武装闘争を進めようとしていた。反バチスタ勢力が団結して、武力で立憲政府を据える。これがフィデルの最初の考えであった。以下の発言はそのことを裏づけている。

「この運動は、独力で革命をする考えで始めたのではない。そうではなく、別の考えを土台にしていた。だれもが3月10日以前の状況に戻すために闘おうとしていた。クーデタで破壊された憲法的、政治的状況を取り戻すために闘おうとしていた」「バチスタは武器で打倒されるべきこと、立憲政府は回復されねばならないことを私ははっきり理解していた」「バチスタのクーデタが1952年に起こったとき、わたしはすでに将来の計画を立てていた。革命的綱領を打ちだし、人民的蜂起を組織すると決めていた。その時からわたしはこれからの闘争の明確な考えを持ち、そこには基本的な革命的構想もあった。それが『歴史は私に無罪を宣告するだろう』だ。私はすでに革命的権力奪取は必要だと考えていた」「われわれは闘う勢力を組織した。革命をするためではなく、もっと正確にいえば反バチスタ諸勢力のすべてを結合するために組織した。というのは1952年3月のクーデタ以後は、これらのすべての勢力が、団結しなければならなかったからだ」そのために秘密裏に武装闘争のための細胞の建設がはじまった[14]。

しかし、フィデルは、その後、他の勢力と共同した武装闘争の考え方を放棄した。その理由は定かではない。クーデタの直後から、アウテンティコ党は武装蜂起すると宣伝されていた。そのためフィデルも最初は、アウテンティコの蜂起に協力して立憲体制への復帰を模索したようにみえる。アウレリアノ・サンチェス（Aureliano Sánchez Arango）の秘密組織「アウテンティコ武装行動」（Acción Armada Auténtica = Triple A）も反バチスタ反乱を起こすといううわさが流れていた。おそらくフィデルはアウテンティコ党の諸グループやオルトドクソ党の指導者たちの武装行動の呼びかけの中に、歴史的伝統から引き継がれた腐敗した政争がらみの暴力的精神を感じ取ったのではないか。フィデルは、そのような過去の利権や

地位の奪い合いの暴力から決別する道を選んだ。

フィデルは次のようにいっている。腐敗したオルトドクソ党の一つの組織にわれわれは秘密裏に入り込んだ。「その組織も反バチスタの陰謀を企てていた。その組織は大量の武器をもっていた。……もっていないのは兵士だった。その一団の元軍事指導者たちは、自分たちの軍隊を組織しており、拡大をめざしていた。アベルの仁徳、活発さ、機敏さにたより、われわれはかれらに各120人のよく訓練された青年からなる3つの集団をつくることができると確信させた。かれらはハバナの各地で、40の集団を視察した。かれらは感服した。かれらが望んでいたのはそれだったのだ。ちょっと多すぎたけれど。しかしわれわれは強い野心をもっていたから。それでかれらは疑いを持ち、接触を断ってしまった。みんな若者で、指導者も新人だった。かれらは私たちの戦略をかぎつけたにちがいない。このもぐりこみの背後にわたし、フィデル・カストロがいると知ったら、びっくりして熱い芋を取り落としていただろう。というのはかれらには私の名前は禁句だったからだ」[15]。この主張は、オルトドクソ党の武装闘争の決意の程度を探って、フィデルたちが画策をしていたことの一端を示している。さらにアベルはアウテンティコ党の行動グループに接近し、武器を獲得できるかどうかさぐっていた。

このような秘密の検討の後で、フィデルとアベルの指導的グループは、1952年12月以後、独自の革命的軍事組織について議論し始めた[16]。メルバは、武装蜂起のための準備をしてきたが、オルトドクソ党の指導部は動こうとしなかったため、フィデルは方針転換をし、独自の蜂起の準備に切りかえた、それが1953年1月のはじめだったといっている[17]。

戦闘組織としての細胞を組織するという考えは、フィデルが個人

的な友人のグループと会ったときに生まれた。かれらはすべて若いアバナ在住のオルトドクソ党員であった。レイセスター・コルトマンによるとフィデルは「意図的にあいまいな言葉で」「運動」（movimiento）とよんだものを建設し始めたといっている。しかしアイデエの証言によると、モンカダ兵営攻撃の準備の段階では、フィデルもアベルも「運動」という言葉は使っておらず、「ムチャチョス」（muchachos = boys）や「コンパニェーロス」という言葉を使っていた[18]。

指導部を構成したのは、フィデル、アベルとモンタネ、マリオ・マルティネス（Mario Martínez Ararás、会社員）らごく少数であった。「もしマルクス主義を学んでいなかったら、……マルクスの政治経済学の本を読んでいなかったら、マルティやマルクスやレーニンに鼓舞されていなければ、キューバでの革命という考えを持てなかっただろう。というのは誰も軍事アカデミーにいったものもいない仲間の集団が、良く組織された、武装強固な、訓練の行き届いた軍隊と戦争などできないし、ゼロから初めて勝てるわけはないからだ」[19]とフィデルはいっている。

フィデルは、レーニンがミンスクで党を結成したとき約10人から始まったといい、チバスはオルトドクソ党を結成したが結局は腐敗したと批判し「だから政治的組織の異なった2つの作り方があるでしょう。本当の革命政党はしばしば地下で、秘密のうちに生まれる。ごく少数の人によってつくられ、導かれる。そのような政党はより強固なのが普通で、長続きする」[20]といっている。

フィデルは、『資本論』をもっていた。またレーニンの著書、あるいはその紹介から革命党の組織のあり方を学んだと思われる。フアン・アルメイダ（Juan Almeida、労働者）は3月10日（バチスタのクーデタ生起の日）の後、まもなくフィデルと初めてあってい

るが、当時、フィデルはレーニンの本をいつも持ち歩いていたと証言している[21]。

レーニンは、革命党は秘密を重視すべきこと、緊密に結束した小さな組織であるべきこと、形式的民主主義のおしゃべりは革命党内部では必要がないこと（『何をなすべきか』）、また革命党は、サークルではないこと、党は上から下へ、つまり党大会から個々の党組織へと建設されること、民主主義的中央集権制の原則を適用することを主張した。党機関は、権力の創設をめざす組織であり、思想の権威、権力の権威への転化、党の上級機関への下級機関の服従の重要性を説いた（『一歩前進、二歩後退』）。これらの著作をフィデルたちは読んでいただろう。また『国家と革命』その他、マルクス主義の重要な文献やその解説書の類は読んでいたと思われる。アベルもレーニン選集をもっていた[22]。

またベトナムにおけるフランスからの解放戦争は進行中であり、中国革命成功の直後でもあり、毛沢東のゲリラ戦についても知っていたであろうし、「民族」解放戦争から「社会主義」政権の成立という時代経験のなかで、ブルジョア民主主義革命から「社会主義」革命へという2段階革命論も知っていただろう。

フィデルの戦闘組織は、このような時代背景の中で、いわゆるマルクス・レーニン主義の組織論を、キューバの歴史的現実に適用し、独自に思考されてできたものである。しかし、当時、キューバには、ラテンアメリカ諸国でも最も良く組織された共産主義者の組織、社会主義人民党＝PSPが存在しており、それとの関係が問題になる。

1959年1月1日の革命勝利後、キューバが「共産主義」になったのは、フィデルの意識的計画の結果だという見方がある。古い「共産主義」者とひそかに協力して陰謀を練っていたという見解で

ある。反カストロ派はこの見方を示す。リベラル派の見方は、合州国がフィデルを「共産主義」においやったとみる。また、1958年半ばに、フィデルは古い「共産主義者」と秘密の取引をしたと見るものもいる。

　はっきりしていることは、モンカダ兵営を攻撃する準備を始めたとき、フィデルはPSPと関係を結ぶ意図をまったくもっていなかったことである。フィデルは「ラウルにマルクス・レーニン主義思想を勧めたのは私だ」といい、ラウルは共産党の青年部に自分の意志で参加したといっている。そしてフィデルは共産党には入らなかったといい「それは良く計算し、考えた結果だ」[23]といっている。

　この時期、スターリン主義のPSP傘下の組織や労働者は、反バチスタ闘争の主要な勢力の一つであった。しかし、労働組合は反共のエウセビオ・ムハルに支配され、PSPは労働者の中で苦しい戦いを続けていた。しかも、マチャドやバチスタという独裁者と一時的にしろ、取引をし、かれらを支持したという記憶が、反バチスタ勢力に共有され、信用されてはいなかった。

　当時、反バチスタの先頭に立っていた青年、学生の多くはオルトドクソ党を支持していた。オルトドクソ党は、創立者のエドゥアルド・チバスをはじめ、指導者たちも反共であった。当時、合州国の「共産主義」封じ込め政策は猛威を振るい始めていて、バチスタもクーデタ直後、PSPを非合法化はしなかったが反共政策を明確に示し、合州国の承認をえるために媚を売っていた。このような状況のなかで、オルトドクソ党の青年たちの主張は「社会主義」思想ではなかった。

　フィデルは大学在学中の後半から、マルクス・レーニン主義を身に着けていたと主張している。しかしこの時期のフィデルには、「革命」（revolución）という反権威主義的用語法はみられるが、マル

クス・レーニン主義の「社会主義」的革命思想を主張してはいない。

1966年7月26日、モンカダ兵営攻撃13周年記念の演説でフィデルは、当時、革命を指導した人々には、革命的意図（ideas）、革命的意志（intención）、革命的願望（buenos deseos）はあったが、革命的意識（conciencia）はなかったといった。

フィデルは、階級意識をもって戦っている組織はPSPしかなかったが、PSPは孤立していたと語っている[24]。また、フィデルにインタビューをしたブラジルのフランシスコ会修道士フレイ・ベトとの対談でもモンカダ攻撃のとき自分はもうマルクス主義思想をもっていたこと、『共産党宣言』を読んだときの目を見開かされた思いも述べていた。「1952年3月10日のクーデタの時点には、革命概念も、その実践方法もすでに確定していた」「私のキューバ革命にたいする貢献は、マルティの思想とマルクス・レーニン主義思想を結合し、それを断固としてわれわれの闘いにあてはめたことにあると思っている」「しかも、キューバの共産主義者は孤立していた」「率直に言って、どんなにあがいても孤立政策が解かれるはずはなかった。共産主義者は労働運動のなかでも力をもち、労働者のために活動し、また、その信望を得ている者も多かったが、あのような環境のもとではかれらに政治的可能性はまったくなかった」[25]。

この主張によれば、フィデルはPSPの思想と行動を良く理解していて、PSPは孤立していたため、政治的判断により、それとの共同戦線は避けたことが分かる。またフィデルは「当時、私は抜本的社会改革を実行するための革命戦略を考えていた。局面ごと、段階ごとの戦略だ。それは基本的には、社会に不満をもつ多数の立ちあがった大衆とともに革命を実行することであった。かれらは革命

のための政治意識は熟していないが、国民の圧倒的多数を構成している。この大衆を革命の方向にむけていかなければならない。しかも、それは段階的にやる必要がある。意識というものは言葉だけで、一夜にしてつくることはできない。大衆は基本的要素ではあるが、まだ混乱しており、社会主義にたいし、とりわけ共産主義にたいして偏見をもっている場合が多い。かれらは真の政治的修練を積んでいない。ラジオやテレビ、映画や本、雑誌や新聞、その他のあらゆる面から影響を受けている。反社会的、反動的宣伝はあちらこちらにあふれていた」ともいっている[26]。

ルイス・コンテ・アグエロ（Luis Conte Agüero）へのフィデルの手紙で、市民運動に大事なことはイデオロギー、規律、指導権であり、とりわけ指導権が大事だとし、自由に意見が述べられるようでは運動の組織はできない、アナーキーな人間がいてはだめと主張している[27]。

　真の市民運動の統合に不可欠の条件は、イデオロギーであり、規律であり、リーダーシップである。そのすべてが大事であるが、リーダーシップが最も重要だ。戦いにおいては、無能でも1人の将軍が、20人の有能な将軍たちよりも価値があるといったのはナポレオンだったように思う。他の人びとと相談することなく、自分が意見を公表する権利をもっているとみんなが考えていると、どんな運動も組織できない。また無能な人びとで指導部が構成されていて、最初の意見の相違に際して、自分たちに都合のいいように方針を決めると、運動を分裂させ、破壊することになり、なにも期待できない。宣伝機関と組織は、分裂、徒党、分派をつくりだすどんな試みも、運動にたてつくどんな試みも徹底的に破壊するほど強力でなければならない。

第3章　モンカダ兵営攻撃

政治の現実を考慮に入れておくべきだ。われわれは地に足を根づかせなければならないが、われわれの原則のよりおおきな現実性を犠牲にしてはならない。
　綱領には広範に大胆に具体的に国民の直面している重要な社会経済的諸問題をもうらすべきだ。そして大衆に真に新しい約束を提示すべきである。神でさえも一日ですばらしい世界をすべて創造することができるとは思わない。しかし、われわれはそのような結果をもたらすような土台をつくるために始めるべきだ[28]。

　以上の主張を考慮すると、フィデルは、PSPを敵視はしないが、関係は持たず、独自の革命的「戦闘組織」を結成する方針を固めたといえる。PSPと同じ路線を掲げるのは、不利だと判断したことを示している。上記の主張から、フィデルは、マルクス・レーニン主義の「社会主義革命」を目標とするが、当面、大衆はその要求を受け入れる段階にはないと判断し、段階的に革命を進める方針を固めた。それは大衆を騙すこととは異なるといってよい。その後のフィデルの行動様式は、行動を起こし、大衆の反応を観察し、前段階より一歩進んだ行動提起をし、さらに大衆の反応を観察して、次の方針を提起している。まさに「真の政治的修練」を大衆に実践させるという前衛による教育の姿勢を一貫して崩さなかった。

　このことは、フィデルが前衛党論に影響されていることを示す。しかも、市民運動にイデオロギー、規律、指導権が大事だとし、とりわけ指導権を重視した。「自由に意見が述べられるようでは運動の組織はできない、アナーキーな人間がいてはだめ」なのであり、戦いにおいては、無能でも1人の将軍の指揮が有効と考えていた。しかし、それは個人独裁の思想とは異なる。レーニンの主張した民主集中制の徹底的実践とみてよい。この考え方は、フィデルが戦闘

部隊としての細胞を組織していた時期と、その後のキューバ革命の全過程で変わることはなかった。

　前衛としてのフィデルは自らを、大衆に政治的経験を積ませ、マルクス・レーニン主義の「社会主義革命」の方向に導く使命をもっていると考えていた。目標は当面、民主主義革命であった。しかし、フィデル個人は、その後の「社会主義革命」をも展望していたが、それほど明確な構想をもっていたとはいいがたい。秘密保持、全面的献身、禁欲的生活、厳格な規律を細胞への参加の条件とした。その原則は、フィデルを支える中核部隊にも厳しく適用された。前衛として、フィデルを先頭に絶えず革命実現に向けて前進する部隊でなければならなかった。フィデルは細胞に参加を要請する若者たちに接近するとき、極めて低い声で秘密について話しかけた。相手に秘密の共有による同志という感じを強烈に与えたとレイセスター・コルトマンはいっている。メルバは「宗教的な体験に近かった」といった[29]。組織の規則、目標、原則を説明し、仲間の決意を固めさせるために、フィデル自身も説明と説得をしまくったといっている。全国を車で駆け廻り、4万キロも走った。

　戦闘組織の革命方針をだすのは、戦闘を指揮する責任者フィデル個人でなければならなかった。それは細胞を組織する過程で、説得して自分を指導者として納得させるというようなものではなかっただろう。フィデルが仲間たちと写っている写真が数多く公開されているが、どの写真をみても仲間たちの中で圧倒的存在感を示している。フィデルの風貌、言説、その声の質等々、フィデルがもっていた独特の雰囲気に、戦闘的な若者たちが同調していったとしか考えられない。

　この組織には、まずフィデルを支える少数の指導的中核部隊がいた。その下に6人から12人ぐらいで構成される細胞を組織した。

10　フィデルの仲間たち（1953年頃，後列中央がフィデル）

細胞は上部からの連絡で行動するが、相互に横の連絡は禁止されていた。それは革命組織というより、革命をめざす軍事組織（aparato militar）[30]であった。

フィデルが、革命党組織ではなく、当面、革命のための軍事組織の結成に動いた理由は明確ではない。フィデルが自分の指揮する独自の革命の道を志向したとき、キューバの暴力の歴史に触発されたといってもいい。この時期に1940年憲法の復活を要求して、腐敗を非難し、正義を要求して大衆に呼びかけ、反クーデタの統一戦線を選択し、平和的に多数派を構成する道を追求し、選挙で民主制に復活する道も大きな可能性としてあった。また、バチスタ体制を打倒するため、既成政党とは異なる新たな独自の革命党の結成の道も選択できた。フィデルはそれらの道を「直観」（la intuición）[31]で拒否し、権力獲得をめざす軍事組織を選択した。この「直観」という言葉の背後には、マルティからフィデルの時代までの暴力の歴史の記憶があるのではないか。また、フィデルのその後の政治的動向をみれば分かるように、フィデルにはポピュリストとしての政治的「直観」がこの時すでに芽生えていたともいえる。腐敗した諸政党とそこに群がる政治屋たちに根本的に愛想を尽かしている民衆の存在を確信し、それらの人々に直接呼びかけることにより、腐敗した現状を変革することを望んだのである。

フィデルは「わたしは1200人を組織し、訓練した、すばらしい、

潔癖な若者たちだ。わたしはかれらと個人的に話をし、組織の目的と規則を説明した。かれらは、例外なく青年オルトドクソに属していた」[32]といっている。モンタネは武装蜂起の組織化の際、この細胞は武装蜂起を目的とするが、防衛上、いつ、どこで蜂起するするかということは明らかにできないといって仲間を集めたといっている[33]。

　それらの青年たちの動向を、バチスタの軍部、警察、情報機関をはじめ、合州国の CIA さえもつかむことができなかった。秘密は外部に漏れることなく組織化が進行した。このことは、フィデルが「直観」で考えた組織の基盤が、当時の若者たちの間に存在していたことを示している。泥棒国家の諸関係の外部にいて、まったく政治の場に表出していない若者たちを対バチスタ武装蜂起の一点で強固に結集させた。まさにポピュリスト、フィデル・カストロの誕生であった。もっとも、権力側の情報機関が、アウテンティコ党のプリオやその仲間、オルトドクソ党やその他のボンチェスタスの動向に注目し、フィデルの動きは軽視していたということも幸いした。

　フィデルは細胞への参加を説得するとき、武装闘争でバチスタ体制を打倒し、立憲政治に復帰するとだけ主張し、その域を超えることはけっして話さなかった。大衆の意識段階を考慮したからである。それがフィデルの戦略であった。ちなみに、そのより具体的内容は、モンカダ兵営攻撃失敗後に「歴史は私に無罪を宣告するだろう」の文書の中で明らかにされた。説得は、そこで主張された内容を越えてはいなかった。

　以上の事実は、モンカダ兵営攻撃の性格を理解するうえで重要な意味をもつ。前衛としてのフィデルだけ、あるいはアベルと2人だけは、最終目標としてマルクス・レーニン主義の「社会主義」を構想していた。しかしその他の中核部隊のアイデエ（アベルの妹）、

11 アイデエ・サンタマリア（右）とメルバ・エルナンデス（左）

メルバらは、おそらく、そのような理念としての構想を当時は知らされてはいなかったし、もってもいなかった。そしてフィデルとアベルは、当面は「ブルジョア民主主義革命」をめざし、その契機として、武力による権力の獲得をめざしていた。

　一方、その他の「細胞」に組織された細胞員は、統一された革命の理念を持てる状況にはなかった。かれらの意志（intención）は、バチスタ政府を武力により倒し、権力を獲得し、立憲政治を再建するということに集中していた。反独裁、反米の強烈なナショナリズムの意識がその土台であった。フィデルの思考様式は、まさに柄谷行人が指摘する「理性の構成的使用」であり、フィデルだけが確固とした理性を持ち、その他は、フィデルの意志を実現する不動の暴力的戦いの意志をもつという、かなり特殊な状況であった[34]。

　こうして各地に細胞が組織され、軍事訓練が秘密裏に行われた。フィデルは、細胞の組織化に14ヵ月かかったといっている。おそらくそれは、最初にアベルたちと出会った52年5月からということであろう[35]。

　ラ・アバナ州とピナル・デル・リオ州では、すべてのムニシピオ[36]に細胞があった。フィデルは、熟慮の末、大学教育を受けたものを避けて、細胞をつくることにした。フィデルの指導、指令を無条件で支持する者を選んだのである。特に重要な細胞は、ピナル・デ

ル・リオ州のムニシピオのアルテミサとマリアナオにできた。そこで意識的に「もっとも貧しい地区のもっとも貧しい階層」[37]の労働者に働きかけた。

そこには戦闘的なオルトドクソ党の青年たちがいた。かれらは、バチスタのクーデタ後、1952年4月から5月にかけて、ホセ・スアレス（José "Pepe" Suárez Blanco）を中心に武装闘争の計画をたて、反バチスタのマニフェストも発表していた。オルトドクソ協会の事務所はかれらのたまり場になっており、マリアナオやグアナハイの青年たちも結集していた。前述したように、フィデルはその集団に注目し、1952年末、アルテミサを訪問し、かれらの主要なメンバーと会合し、細胞の組織化で合意した。すでに8月ごろから若者たちの軍事訓練ははじまっていた。ペドゥロ・ミレト、レステル・ロドリゲス、ホセ・ペペ、アベラルド・クレスポらがオルトドクソ党の青年たちの軍事訓練を担当しており、フィデルが直接訓練の場に現れることはほとんどなかった。アルテミサには軍事訓練を秘密裏に行う農場が多くあった。1952年12月までにアルテミサの細胞には250人が組織されていた。

レイセスター・コルトマンによると、モンカダ攻撃計画の初期の指導部は、フィデルとアベル、アイデエ、メルバの4人で構成されており、全体の指揮はフィデルがとっていた。おそらく1952年12月頃から、指導部の中に市民委員会（comite civil）と軍事委員会（comite militar）が形成され始めた。モンタネも同様の証言をカルロス・フランキ（Carlos Franqui）にしている。150の細胞ができ、参加者は1500人近くに達したという。これほど大規模に細胞を組織しても、体制側やCIAにさえ漏れなかった事実は、細胞に結集した青年たちの意志と結束の強さを証明していた[38]。

問題は、武装のための資金であった。モンタネが財政担当でオス

カル・アルカルデとホアキン・ゴンサレスが財政委員であった。およそ2万2000ペソを集めたという。さまざまな人たちが、様々な形で資金を提供した。細胞員の中には、財産を処分したり、退職金を提供したりするものもいた。オルトドクソ上院議員で事業家の医者オルランド・フェルナンデス・フェレル（Orland Fernandez Ferrer）とその妻ナティ・レブエルタ（Natalia "Naty" Revuelta Clews、フィデルの愛人）は、多額の寄付をし、武器の隠匿にも協力した。オルトドクソ党員のエクトル・デ・アルマス（Héctor de Armas Laucira）の叔父が射撃演習場を経営しており、疑われずに武器を購入することもできた。射撃訓練は、アバナの射撃訓練場でも行った。現在のマヤベケ（Mayabeque）州のロス・パロス（Los palos）やピナル・デル・リオなどにも射撃訓練場があった。金持ち、ビジネスマンのようなふりをして、狩猟クラブをつくり、仲間をそのクラブに誘ったように偽装して、1200人を合法的に訓練したが、実弾射撃訓練ができた者は少なかった。さらに、大学の自治を利用して、大学内でも1000人近い人たちが射撃訓練以外の軍事訓練をした。また、何度か、一定の場所に定時終結する訓練も行われた。

4　モンカダ兵営攻撃準備

　1953年に入ると、学生や青年たちの反バチスタ闘争が激化し始めた。1953年1月28日、ホセ・マルティ生誕100周年記念に際して、バチスタがマルティ記念式典を開催するのに対抗し、ラ・アバナ大学が記念集会を開き、松明デモを行うことになった。フィデルは、その集会に、すでに訓練を積み始めていた細胞員600人余を選出し、警察や軍隊の暴力に対抗できるように特殊な爪をもつ松明をもたせて、参加させた。軍事訓練を積んだ部隊は、整然と行進し

「革命、革命、革命」とスローガンを叫び、街頭の民衆の注目を引いた。「このデモは、百年の世代が歴史をつくりだす象徴的な前触れであった」とアルマンド・アルトはいう[39]。街頭の民衆は、共産党の青年たちだろうという程度で、武装蜂起をもくろむフィデルの部隊が目の前を行進していると考えたものは、まったくいなかった。

ラ・アバナ大学の哲学の教授ラファエル・ガルシア・バルセナ（Rafael García-Bárcena Gómez）の反乱事件が起こったのはこの時期であった。かれは30年代世代で、オルトドクソ党の創立者の1人であった。バチスタのクーデタ後、1952年5月20日、かれは国民革命運動（Movimiento Nacional Revolucionario = MNR）を組織した。参加したのはオルトドクソ党員がほとんどであった。かれはバチスタに追いだされるまで、戦争高等学校（Escuela Superior de Guerra）で教員をしていた。そのため軍人の中に仲間がおり、かれらと共謀して、バチスタをクーデタで追放し、革命政府を樹立しようと計画した。4月5日にかれらに同調する将校たちが兵営を占拠し、MNRが政権を掌握する手はずであった。ところが情報が洩れて、直前にラファエル・ガルシアをはじめ、首謀者たちがすべて逮捕された。

MNRの蜂起の準備が進んでいる時、フィデルたちは、3月8日から4月5日の間に、ラファエル・ガルシアにより、蜂起への参加を呼びかけられていた。前記のフィデルの方針から、自身が主導権を取れない行動に参加することを拒否したのは当然である。とりわけフィデルは、軍部と結合したクーデタでの政権掌握を常に拒否した。

おそらくラファエル・ガルシアたちの蜂起計画に影響されて、フィデルは兵営の占拠を中心に据えた蜂起計画を考え始めたのであ

ろう。武器を獲得する資金の不足がその主要な動機であった。武器がなければバチスタには勝てないし、軍隊に対決できない。だから人民を武装させるための最初の行動は兵営の占拠だということになった。「真の民主主義革命」をめざすフィデルが、軍隊の解体を展望し始めたのはこの時だった。

　フィデルは、ホセ・ペペ・スアレスとピナル・デル・リオの兵営を調査して、首都から近い兵営は占拠できたとしても、それを維持することは難しいと判断した。ここでも浮かび上がったのが、独立戦争のマンビセスの記憶であった。1933年4月29日に、アントニオ・ギテラスがモンカダ兵営とサン・ルイスの農村警備隊の兵営を占拠し、オリエンテ州にゼネストを呼びかけようとした行動もあった。フィデルは、失敗した場合にシエラ・マエストラでゲリラ戦を展開できるとも考えた。また、バチスタがクーデタを起こしたとき、モンカダ兵営の連隊はクーデタに加わらなかったこと、サンチャゴ・デ・クバの市民がクーデタに反感をもっていたことも考慮した。

　1953年3月後半には、フィデルは、目標をモンカダ兵営攻撃に決定し、必要最小限の細胞員たちと準備を開始した。兵営を占拠し、同調する兵士等とともに、武器をサンティアゴ・デ・クバの市民に引き渡し、オリエンテ州を反バチスタ闘争の拠点にする方針であった。モンカダ兵営を占拠していれば、問題なく、バチスタを倒すことができただろうとフィデルはいっている。「運、偶然も決定的に影響した。あの計画は、構想、組織、守秘、その他の諸要因で実にすばらしいものだったが、簡単に克服可能だった些細なことで失敗した」「……失敗したのは、十分な戦いの経験を欠いていたこと、……」だ、もし、もう一度モンカダを攻撃する場合も、同じ方法をとるとフィデルは断言している[40]。

1953年2月からは、ロス・パロスとピヒリグアの2つの農場での秘密の訓練を行うだけにして、後はラ・アバナの射撃場で訓練を続けた。射撃場は、会計担当のオスカル・アルカルデが借りた。かれは狩猟クラブ（Club de Cazadores del Cerro）のメンバーになり、仲間たちと射撃場に行く際、若者たちをつれていった。

　サンティアゴ・デ・クバのレナト・ギタルト（Renato Guitart Rosell）は、サンティ

12　レナト・ギタルト

アゴの「解放行動」（Acción Libertadora=AL）に参加していた。この組織は1952年6月、反バチスタのテロ活動を展開する目的で、フアン・ミゲル（Juan Miguel Fríos）とカルロス・ロセル（Carlos Rossell Monier）博士、フェリペ・パソス（Felipe Pazos）、カルロス・マルティネス（Carlos Martínez）、30年代世代のフスト・カリジョ（Justo Carrillo Hernández）[41] らがホベン・クバの若者たちを中心に組織したものである。各州に責任者（Jefe）を置き、各地に細胞を結成して、アバナ大学の「アルマ・マテル」（Alma Máter）という雑誌に「抵抗し、拒否し、打破する」（Resistir、Rechazar、Derrotar）と題する最初の宣言を発表した。オリエンテにも総書記フアン・M・フリアス・ロドリゲス（Juan M. Frias Rodríguez）、組織担当ラウル・デ・マソ（Raúl de Mazo）らが中心にALが組織された。対外交渉の担当がレナト・ギタルトであった。ペドゥロ・ミレト、レステル・ロドリゲスも参加していた。1952年7月、8月の会合で、後に重要な役割を果たすことになるフランク・パイスやホセ・ペピト・テイ（José "Pepito" Tey）らをはじめ、サンティアゴ・デ・クバの若者たちがこれに参加してき

た。かれらはすでにチャルコ・レドンド（Charco Redondo）鉱山の労働者の協力も得て、ダイナマイトを手に入れていた。オリエンテの各地に AL は広がったが、サン・ルイス、パルマ・ソリアノ、グアンタナモで特に強力であった。

レナト・ギタルトは、1953年1月17日、ラ・アバナの青年たちとの集会にでてきて、そこでフィデルと出会った。その時、フィデルはギタルトたちが、シエラの農村で、農民協会（Asociación Campesinas）を組織していることに強い関心を示していた[42]。その後、ギタルトはフィデルの組織に参加することになり、サンティアゴ・デ・クバに細胞を結成した。また、マタンサにも一つ細胞があった。そこにはマリオ・ムニョス、フリオ・レイエス（Julio Reyes）、エルネスト・デ・アルマス（Ernesto de Armas）、ウニベルソ・サンチェス（Universo Sánchez）らがいた。

1953年4月はじめ、フィデルは、サンティアゴ・デ・クバに下見のためにでかけた。これはラファエル・ガルシアの4月蜂起計画を知っていたフィデルが、準備中の戦闘組織に影響が及ぶのを恐れて、重要人物をできる限りラ・アバナから遠方に移動させる意味もあった。フィデルはラウル・マルティネスと一緒に、自動車ででかけた。アベルとアイデエは、ラス・ビジャスの両親の家にいった。メルバは、生まれ故郷へ行き、モンタネは、ヌエバ・ヘロナへいっていた。このことから当時の戦闘組織の重要人物がわかる。しかし、メルバはモンカダ攻撃の計画を知らされてはいなかった。

フィデルたちは、サンティアゴ・デ・クバでエルネスト・ティソル、レナト・ギタルトと会った。そして4月3日、フィデルはパルマ・ソリアノを訪問し、ペドゥロ・セレスティノ（Pedro Celestino Aguilera、サンチャゴの歯医者、チャルコ・レドンド鉱山の嘱託医師）らと面会し、具体的にモンカダ兵営攻撃の話をした。ペドゥロ

は、バチスタのクーデタ後、70人のチバス信奉者の青年を組織していた。かれらは1952年12月から発電所攻撃、サトウキビ畑焼き討ち等々、サボタージュ活動を活発化させていた。キューバのこの時代のサボタージュは、現在ではテロ活動とみなされるだろう。しかし、現代のテロは、ある個人やその仲間の集団以外の外部集団をすべて加害者とみなし、無差別に暴力の対象にするのに対し、この時代は独裁者バチスタに協力するテロ集団やそれを支える集団にたいする暗殺、バチスタを支える大企業や合州国の大企業の経営活動への妨害に限定されていた。一般市民がテロ活動に巻き込まれ、犠牲になることのないように配慮して活動していたのである。

アントニオ・ニコ・ロペスがこれらのグループと連絡をとるようにフィデルにすすめた。1953年2月に、かれらはラ・アバナでアベルと会って話しあっていたが、その後、モンカダ兵営攻撃の方針が具体化してきた段階で、フィデルはサンティアゴ・デ・クバの細胞を必要としたので、1953年4月3日、ペドゥロ・セレスティノ、ニト・オルテガ（Nito Ortega）らと会い、サンティアゴ・デ・クバで戦う場合の状況を把握し、モンカダ兵営攻撃の具体的可能性について、協力体制を検討しあったと思われる。チャルコ・レドンドの鉱山労働者の協力が必要なこと、交通・通信の中心であるバヤモの兵営（cuartel Carlos Manuel de Céspedes）を占拠し、その近くの橋を爆破し、通行妨害をする必要のあること、それはオルギンとマンサニジョからサンティアゴ・デ・クバへのバチスタ軍部隊の支援を阻止するためにも重要なこと、攻撃部隊が集結するためのいくつかの宿泊所が必要なこと、そして出撃場所も必要なこと等々、綿密な打ち合わせが、この滞在中に行われ、フィデルはそれらの情報をもとに蜂起の構想を立てただろう。

フィデルたちは、4月4日にはチャルコ・レドンド鉱山にいき、

そこでの労働者の状況を学んだ。さらにバヤモの近くの労働者の革命的可能性も分析した。バヤモの兵営は小規模で、一発の発砲もせずに、占拠できるとフィデルは考えた。その後、レナト・ギタルトはモンカダ兵営の略図を手に入れ、友人の兵士を利用して、モンカダ兵営内に何回か入り、スケッチも書いてフィデルに渡した。

　フィデルはおそらく5月にはラ・アバナに戻り、ホセ・パルドと面会したり、フィデルの尊敬するラ・アバナ大学の歴史学の教員エルミニオ・ポルテル（Herminio Portel Vilá）と面会したり、さまざまなカモフラージュの行動をしながら、7月26日の蜂起の準備を着々と進めていた。フィデルがレナトと会ってから、レナトはサンティアゴ・デ・クバでフィデルの指示を実行していた。バヤモにも6回以上でかけた。この段階でも、フィデルの行動計画の対象がモンカダ兵営とバヤモ兵営だということを知っていたのは、アベル、ホセ・ルイス・タセンデ（José Luis Tasende de las Muñecas）、レナト、エルネスト・ティソル等5人程度に限られていた。5月初め、オスカル・アルカルデは、モンカダ兵営の警備状況を偵察するようにフィデルに命令された。かれはモンカダ兵営の近くに宿をとり、明け方の警備状況を偵察した。その報告を聴いて、フィデルとラウル・マルティネス、ティソルの3人が2台の車で、オリエンテに行き、レナトと4人でサンティアゴ・デ・クバを見渡せる場所から偵察し、攻撃部隊の安全な宿泊場所を探した。その後、シボネイ（Siboney）のビジャ・ブランカ（Villa Blanca）という農場を偵察した。

　その農場は、無人で、出撃基地としては、好条件をそろえていた。1898年のスペイン・キューバ・合州国戦争開始の場所のすぐ近くにあり、ホセ・バスケス（José Vázquez Rojas）が所有していた。ティソルが、養鶏業者として、かれに接近し、アベルが契約者

として、その農場を借り受けることに成功した。その手続きをレナトが1953年4月に完了した。このシボネイの農場を知っていたものはアベル、レナト、エルピディオ・ソサ（Elpidio Sosa、オルトドクソ党の活動家、バーの労働者、組合運動組織者）、メルバ、アイデエだけであった。レナトは、様々な備品、冷蔵庫、モテルの宿泊所のための寝台の用意、サンティアゴ・デ・クバの仮宿所、ホテルの予約、武器の購入とその置き場を借りるのに4000ペソを使った。これはレナト自身が集めた資金であった。

　5月21日、先に反乱計画が露顕して逮捕されていたラファエル・ガルシアの判決がでて、かれと13人が投獄された。その後MNRに参加していたマリオ・ダルマウ（Mario Dalmau）、ハシント・ガルシア（Jacinto Garcia）、アベラルド・クレスポ、カルロス・ゴンサレス（Carlos González）がフィデルの細胞に参加してきた。

　フィデルの弟であるラウル・カストロは、2月にウィーンで開かれた第4回世界青年学生祭に友人と3人で参加していた。その後、ヨーロッパを旅行し、キューバに帰国したが、共産主義の文書をもっていたため、警察に拘束された。釈放されたあと、6月に入ってから、ホセ・ルイス・タセンデに誘われて、細胞に参加した。

5　モンカダ兵営攻撃

　モンカダ攻撃についての1985年のフィデルの証言によると、かれが戦闘組織の指揮官で、アベル・サンタマリアとラウル・マルティネスが小規模な執行部の役割をしていて、3人で作戦行動を企画していたという。市民委員会のメンバーはマリオ・ムニョス、レイナルド・ボリス、ヘスス・モンタネ、オスカル・アルカルデであった。軍事委員会は、レナト・ギタルト、ホセ・ルイス、ペドゥロ・ミレト、エルネスト・ティソルで構成された。どちらの委員会

にもフィデルとアベルは入っていた。

ちょうどその頃、アウテンティコ党のカルロス・プリオ、オルトドクソ党のエミリオ・オチョアらがカナダのモントリオールのホテル、リッツ・カールトン（Ritz Carton）に集まり、反バチスタ闘争で協力することで53年6月2日に合意し、「モントリオールの文書」（Carta de Montreal）を『ボエミア』誌53年6月7日号に発表した。起草したのは上院議員だったエドゥアルド・スアレス（Eduardo Sualez Rivas）とパルド・ジャダであった。オチョア派が7人、プリオ派が10人、署名していた。

そこでは愛国的同盟と臨時政府の樹立を訴え、4項目の要求をかかげていた。第一は、キューバの危機は1940年憲法の回復によってしか解決できない。第二に、バチスタ独裁体制は、政治制度の回復のための選挙を実施できない。第三に、バチスタを排除した後、臨時政府は1943年選挙法で選挙を実施し、その中立性を保障する。第四に、個人攻撃、ギャング行為、テロリズムに反対する。オルトドクソとアウテンティコの両党は、以上の目的を果たすために協力する。

その内容には、反バチスタの武装闘争を進めるとは書かれてはいなかった。そこに集まった集団は、フィデルを無視していた。当時のフィデルの集団は、まったくの秘密組織であり、既成の政治集団には考慮する必要性を感じさせていなかったのである[43]。モントリオールに結集した勢力（モントリオリスタといわれた）は、その後、権力をめぐって対立を深め、合意した統一行動をとることはできず、逆に、キューバの政治勢力のさらなる分裂をもたらした。

アウテンティコ党のグラウ派は、プリオ派から党の指導権を奪うためにモントリオール合意に反対した。グラウは次期大統領を狙っていた。一方、オルトドクソ党の指導者の1人フェルナンデス・カ

サスとカルロス・マルケス（Carlos Márquez-Sterling）は、グラウと対抗して、次期選挙で大統領の座をそれぞれ狙っていた。アウレリアノ・サンチェス派は、オルトドクソ党との同盟を拒否し、武装闘争でバチスタ体制を打倒すると主張した。オルトドクソ党のロベルト・アグラモンテ派は、同盟を拒否し、平和的市民運動でバチスタ体制との独自の闘いを提起していた。こうして反バチスタの戦いは、同盟を結び武装闘争をも含めた闘いを模索する集団、選挙でバチスタを追いだし、大統領の地位を確保しようとする集団、反バチスタの市民闘争を進めようとする集団、革命的武装闘争を進める集団に分裂した。

　エミリオ・オチョアは、カナダから帰国後、反バチスタの軍人たちと画策し、さまざまな動きをして、バチスタの警戒を強めさせた。53 年 6 月 2 日には、ロランド・マスフェレルが発行する新聞『ティエンポ』（Tiempo）に、モントリオリスタが 7 月半ばにオリエンテで武装蜂起することで合意しているという記事が掲載された。また、ニューヨークのスペイン語雑誌『ビシオン』（Vición）は、プリオが侵攻作戦をたてていると報じた。その記事は、かつてのボンチェスの 1 人エウフェミオ・フェルナンデス（第 1 章参照）が「カリブ軍団」[44]を動員して、メキシコで侵攻の訓練をしていること、その指揮官は、これもまたボンチェスのアウレリアノ・サンチェスだと書いた。6 月中は、バチスタ政府は、この侵攻に備えて、警戒態勢をしいていた。

　このような厳しい状況下で、フィデルはモントリオリスタたちに武装闘争で先手を打たれることを危惧した。6 月に入ってから、アベルは、アイデエにも行先を告げずに、サンティアゴ・デ・クバへ向かった。この時には 7 月 26 日を蜂起の日にすることはフィデルによって決定されていたと思われる。6 月 16 日にはアベルはシボ

ネイの農場で、疑われないように、養鶏業を営むこととして、慎重に周囲の人びととの関係をつくり始め、そこに鳥小屋をつくるのも近くの住民に頼んだ。そこにはレナトもいた。鳥小屋はとても大きく、道路側から農場の中は見えない構造になっていた。

フィデルは、バチスタによる 1933 年 9 月 4 日の「サルヘントスの反乱」を念頭においていて、蜂起したとき「われわれはみなサルヘントスの服装をしていた」「サルヘントスの蜂起」のように偽装したといっている[45]。そのためサルヘントスの軍服を必要とした。その制服については繊維工場の労働者であったムニシピオ、カラバサルの細胞長、ペドゥロ・トゥリゴ（Pedro Trigo López）に相談した。ペドゥロは病院勤務の看護兵に頼み、軍服を手に入れた。さらに、フロレンティノ・フェルナンデスの父は軍人でありながら、フィデルたちに協力し、制服と武器、弾薬を横流ししてくれた。またフロレンティノは、病院の洗濯場からも制服を盗みだし、ペドゥロに渡し、農場に隠した。それがメルバの家に運ばれ、その後、アベルのところに運ばれた。こうして 100 着以上のユニフォームを獲得した。ユニフォームや帽子の足りない部分は、メルバのアパートが臨時の裁縫場になり、メルバの母の指揮の下、何人かの女性たちの協力でつくりあげた。ちなみに敵と味方の区別は、靴ですることにした。

フィデルの指示で、レナトは 5 月のはじめ、サンティアゴ・デ・クバに一軒の家（la Calle I No.218）を借りた。そしてアバナのアイデエは 6 月 16 日、メルバのアパートに移動した。7 月にはいるとアベルとレナトはサンティアゴ・デ・クバにもう一軒の家（la Calle Celda No.8）を借りた。またホテル、ペルラ・デ・クバ（Perla de Cuba）、安宿、ラ・メホル（La Mejor）、さらにはバヤモにはモテル、グラン・カシノ（Gran Casino）などにたくさんの部屋を予

約した。

　7月14日、エルピディオ・ソサも、ラ・アバナからシボネイの養鶏場についた。かれは勤務先の主人から300ペソを借り、それをフィデルに渡し、仲間に参加したのだった。アベルとレナトは、攻撃目標のサトゥルニノ・ロラ市民病院（Saturnino Lora）を偵察し、7月19日にラ・メホルの向かいにあったホテル・レクス（Hotel Rex）にもアベルは部屋を予約し、確保した。レナトはバヤモの駅でラウル・マルティネスたちと会い、鉄道で運んできた武器と軍服を、借り入れた車でモテル・グラン・カシノに運んだ。同じ細胞のペドゥロ・マレロ（Pedro Marrero）は長距離バスでサンティアゴ・デ・クバへ行き、シボネイで荷物を渡して、アバナへ帰った。

　レステル・ロドリゲスは鉄道で武器を送り、自身はバスでサンティアゴ・デ・クバへ行き、攻撃目標の裁判所の内部を偵察したが、その際、屋上は点検できなかった。その後、アバナへ帰り、フィデルに報告した。マリオによると7月22日に軍事作戦の最終的計画をフィデルは決定したという[46]。

　この間、さまざまな資金繰りで、利用した資金額は、ラウル・マルティネスによると3万5000ドル、フィデルの裁判所での証言では、1万6480ドルだった。それは武器、弾薬、制服の購入、射撃訓練費用、アバナ・オリエンテ間航空券代、サンティアゴ・デ・クバとバヤモの家賃、シボネイの大工と雑用係の賃金、戦闘員の移動のための汽車、バスの費用、攻撃の際の車のレンタル料、移動の際のガソリン代、食事代、宿泊代、武器や制服の送料等々であった[47]。

　モンカダ兵営攻撃のための出動命令は、フィデルによって、1953年7月26日の1週間前にだされた。7月19日からの1週間は、サンティアゴ・デ・クバのカーニバルの週であり、さまざまな監視の

第3章　モンカダ兵営攻撃

網を潜り抜けるのに好都合であり、モンカダ兵営の警備も手薄になると考えられたからである。しかし細胞員たちには、移動の目的地が指示されただけで、行動の目的は提示されないままであった。

　武器の量が限られていたため、各細胞長に出動する戦闘員の選択人数を割り当てた。決意の固いもの、子供がいない者を主に選出した。フィデルは、バヤモに30人、モンカダに135人、総計165人で行動することにしていた[48]。

　移動の費用は、基本的には細胞員たちによって寄せられた寄付や小切手でフィデルがだした。移動を命じられた細胞員は、知らない人と話をしない、トイレに行くときも、シャワーを浴びる時も、絶対に1人にはならない、飲酒は禁止、電話はかけてはいけないとされ、会話するときの話題も制限されていた。そして指定された行先に、指定された乗り物で行くように指示されただけで計画の全容を知る者はいなかった。したがって、訓練の一環と考えたり、カーニバル見物と考えたりしたものもいた。

　ラ・アバナでは、21日にフィデルがメルバの家に行き、アイデエにアベルに会いに行くように指示した。彼女は、アベルとまだどこで会えるかを知らされないまま、鉄道でサンティアゴ・デ・クバに向かった。22日夜、レナトとアベルがアイデエをサンティアゴ・デ・クバの駅で迎え、シボネイへ向かった。23日、ラウル・ゴメスは、フィデルの要請で、モンカダの蜂起の際に訴える「国民へ」（A la Nación）というマニフェストを書き上げた。それをタイプでコピーし、録音テープを作成したのはナティであり、それをフィデルが出発前に受け取った。

　23日夜、メルバは、銃の入った2つのスーツケースと花の箱をもって、鉄道でサンティアゴへ向かった。24日、メルバはアベルとレナト、エルピディオ・ソサにサンティアゴ・デ・クバで会い、

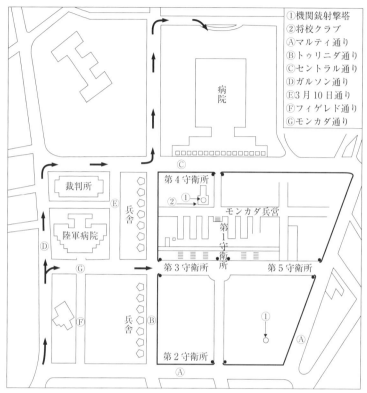

13 モンカダ兵営の攻撃（矢印は攻撃路）

Mario Mencía, *El Grito del Moncada*, vol Ⅱ, p.638 より.

石鹸として鉄道輸送された銃をもって、これもシボネイに向かった。その日、レナトは、40の折り畳みベッドを借りて、それぞれの隠れ家へ送った。アイロンとアイロン台、枕、シーツ、プラスティックの水筒、コンデンス・ミルク、食用油 卵、その他食料をも購入した。

　選抜された細胞員たちは、フィデルの指示により、24日から汽

車、バス、車でサンティアゴ・デ・クバに向かった。フィデルはオスカル・アルカルデと出発の指揮をしていた。

アントニオ・ラファエル・デ・ラ・コバの作成した出身ムニシピオ（町にあたる）の表によると、アルテミサ28人、コロン4人、サン・レオポルド3人、コトロ2人、アロヨ・ナランホ4人、アバナ18人、カラバサル10人、マリアナオ21人、ラ・セイバ11人、アルメンダレス5人、ラウトン8人、ベダド3人、ランチョ・ボイェロス1人、サンティアゴ3人、サントス・スアレス3人、エル・セロ4人、パルマ・ソリアノ3人、ハイマニタス2人、サン・ラサロ1人、グアナハイ6人、カヨ・ウエソ10人、ヌエボ・パス7人、マドゥルガ2人、ルヤノ1人となっている[49]。

それぞれがサンティアゴ・デ・クバの指定された場所へ向かったが、途中で脱落した者もいたので、実際に移動した細胞員の数は正確には分からない。アントニオ・デ・ラ・コバやマリオ・メンシア、その他の資料を総合して作成した表によると、モンカダとバヤモの兵営攻撃に168人が参加したと思われる。そのうちバヤモ攻撃へ向かったものは25人、病院の占拠に向かったものは24人、裁判所の占拠に向かったものは6人であった（巻末の表1参照）。

攻撃部隊は予定の場所へ25日昼ごろから次々と到着し始めた。バヤモ兵営攻撃部隊は、直接、モテル・グラン・カシノに結集した。ただし、25日の夜10時以前にモテルには入らないようにフィデルに指示されていた。サンティアゴ・デ・クバでは、それぞれの細胞員たちは、レナトとアベルの指示により、確保した宿泊場所へと向かった。

25日の夜8時ごろ、フィデルはバヤモのグラン・カシノに到着し、ラウル・マルティネスと26日の攻撃の打合せを15分から20分ぐらいですませ、出撃時間は26日午前5時15分と指示し、ラ

ウル・マルティネスを大佐（coronel）に任命し、オルランド・カストロに、バヤモを占拠したあとの市民行政官（administrador）になるよう指示し、午後10時ごろ、サンティアゴ・デ・クバへ向かった。

アントニオ・デ・ラ・コバによると、モンカダ兵営は、モントリオリスタの動向を踏まえ、カーニバルを利用した武装攻撃の可能性を予想して、警戒はしていた。シボネイ方面からエミリオ・オチョアの部隊がモンカダ兵営を攻撃するという噂もあり、警備強化のための補助部隊が導入されていた。しかし25日の夕方までの平穏な状況にモンカダ兵営の兵士たちもカーニバルに気を取られていた[50]。

25日、夜10時ごろから、細胞員たちがそれぞれの滞在場所からシボネイの農場への移動を開始した。真夜中過ぎまでには、ほぼ全員が結集した。ただし、出動前にシボネイ農場に集まった細胞員の数は、正確には把握できていない。

マリオ・メンシアによると、シボネイから出撃した隊員は男131人、女2人で、合計133人であった。バヤモ兵営攻撃に出動したのは25人であった。バヤモはラウル・マルティネスを隊長にして4分隊で、分隊長はアントニオ・ニコ・ロペス、オルランド・カストロ、ヘラルド・ペレス（Gerardo Pérez Puelles、歯医者）、ペドゥロ・セレスティノであった。

キューバ研究者のラモン・L・ボナチェアによると全部隊は7分隊165人から成り、バヤモへは3分隊があてられた。一方、レイセスター・コルトマンによると全体が165名で、138名はモンカダ、27名はバヤモとなっている。また1959年2月1日の『ボエミア』誌の記事では、出動した人は全体で158人、130人がモンカダ、28人がバヤモとなっている。フィデルによると120人が結集、5人が

辞退、車1台をかれらに残し、1台はパンクしたので14台で出動したという。アントニオ・デ・ラ・コバによると出動した人は160人である[51]。

モンカディスタは、全体的には収入が不安定な労働者が多かった。大学卒業者は、フィデル、メルバ、マリオ・ムニョス、ペドゥロ・セレスティノの4人だけであった。ボリス・ルイスとヘスス・モンタネ、オスカル・アルカルデ とラウル・マルティネスは専門の会計士だが、大学出の公認会計士ではなかった。ペドゥロ・ミレトも同様の農業技師であった。ラウル・ゴメスは、教員学校（la Escuela Normal de Maestro）を卒業し、ラ・アバナ大学の教育学部の履修生であった。大学の社会科学部の学生には、ラウル・カストロ、レステル・ロドリゲスがいた。アベラルド・クレスポ、エクトル・デ・アルマスは、土木工学を学んでいた。中等教育を修了したラモン・ペス・フェロ（Ramón Pez Ferro）、ウリセス・サルミエント（Ulises Sarmiento）は仕事をしてはいなかった。月収200ペソを超えている人は、20人にもたっしなかった。職業別に見てみると、レナト・ギタルト、ペドゥロ・セレスティノ、ペドゥロ・マレロ、オスカル・アルカルデはビール配達の運転手であった。建設労働者は13人、農業労働者5人、ウェイターや調理人等食堂関係労働者6人、事務職員4人　商店店員4人、運転手、靴屋、修理工、皿洗い、裁縫屋、パン屋、牛乳配達、氷配達、街頭の立ち売り2人、写真屋2人、肉屋1人、花売り2人、牡蠣売り1人、沖仲仕1人、駐車場の整理員2人、煉瓦工、流しのミュージシャン、繊維工場労働者、失業者等々がモンカディスタの職業であった[52]。

アントニオ・デ・ラ・コバによると、モンカダ兵営とバヤモ兵営の攻撃に利用された武器は、12口径と16口径の散弾銃40丁（1丁58ペソ）、22口径モスバーグ（Mosberg）とレミントン（Reminton）

のライフル35丁（1丁80ペソ）、各種ピストル60丁、さまざまな口径のライフル24丁であった[53]。

　フィデルは、国民へのマニフェストをルイス・コンテ・アグエロに託し、攻撃中にそれを放送してもらう予定だったが、ルイス・コンテはアバナにでかけていなかったので、この計画は放棄された。

　26日午前4時、シボネイでフィデルは全員に武器と制服の着用を命令した。制服のサイズが合わず、やむをえず私服で参加する者もでた。武器が不十分で、弾薬も1人60発ぐらいしか配布できなかった。

　その後、ここで初めて、フィデルは全員にモンカダ兵営攻撃計画の全容を説明した。アントニオ・デ・ラ・コバによると次のような内容の説明であった。モンカダ兵営を奇襲し、多分、容易に侵入に成功し、戦いは10分で終わる。（モンカダ兵営のスケッチを壁に貼り）前衛部隊の6人が、全部で4つある兵営への入り口のうち、第3守衛所（Posta3）の衛兵を武装解除する、ガルソン通りから右折した車の部隊がモンカダ通りに入り、第3守衛所から兵営内に突入する、各車は、それに続いて、そのまま直進し、左手に並ぶ6つの兵舎の階段の下で停車し、それぞれの階段から兵舎に突入する。そして、各兵舎に90人程度の兵士が就寝しているので、かれらを拘束するよう指示した。味方確認の合言葉は「生きているのは誰か」「チバス（かれらが支持していたオルトドクソ党領袖エドゥアルド・チバスのこと）」とすることにした。兵舎内で、兵士の抵抗があった場合、市民病院側にある兵営の庭に追い込む。病院の屋上には援護射撃部隊を配置する。第3守衛所の向かい側にある裁判所の屋上にも援護部隊を配置する。放送室を占拠し、国歌、国民へのマニフェスト、エドゥアルド・チバスの最後の演説をながす。ルイス・コンテ・アグエロが攻撃中に放送局から攻撃支持の演説をする。空

軍が攻撃する心配はない。占拠に成功したら、サンティアゴ市民に武器を渡し、闘いを続ける。バヤモ兵営も占拠し、バヤモの市民に武装を渡す。その後、各地の兵営を占拠し、アバナでバチスタ体制を打倒する。敵に対しては人道的にふるまうこと。必要不可欠の発砲を心がけること[54]。

　アベルも祖国のためのわれわれの死の決意は、キューバの若者たちの模範となるだろうと簡単に激励をした。フィデルによると、モンカダ兵営の占拠に成功したら、反乱するサルヘント（sergeants in revolt）による宣言をだし、それでバチスタ体制の支配を混乱させるはずだった。その後、真の反乱者の名前を明らかにし、エドゥアルド・チバスの最後の言葉をサンティアゴからながし、武器を市民に渡す計画だった[55]。

　フィデルは出動にあたって、短い激を飛ばした。

　　数時間以内に、勝つか負けるか決まるだろう。しかし、結果はどうあれ、良く聞いてほしい、同志たちよ、結果はどうあれ、この運動は勝利するだろう。もし今日、勝利するなら、マルティの大望はまもなく実現されるだろう。もし反対のことが生じたとしても、われわれの行動は、キューバ人民の見本となるだろう。そして人民の中からキューバのために喜んで命を捧げる若者が現れるだろう。かれらはわれわれの旗を拾い上げ、前進させるだろう。オリエンテ州の人々はわれわれを支援するだろう。全キューバもそうするだろう。100周年の青年たちは、1868年、1895年と同様に、ここ、オリエンテで「自由か死か」の最初の雄叫びをあげる。

　　君たちはわれわれの計画をすでに知っている。それは危険な計画だ。そしてわたしと一緒に今夜出動する者は喜んでそうするだろう。まだ決める時間はある。とにかく武器を充分もって

いないという理由で後に残る者もいるだろう。出動する決意のあるものは、前にでよう。モットーは、最後の場合を除いて殺すことはないということだ[56]。

アントニオ・デ・ラ・コバによると、計画について、さまざまな疑問がでて、かなりもめた。マリオ・ムニョス医師は、自殺的行為だと批判する人たちの中にいた。ディアス・フランシスコ（Angel Díaz-Francisco）とエクトル・デ・アルマス、アルマンダレス細胞の細胞長ビクトル・エスカロナ（Victor Escalona）、エドゥアルド・ロドリゲス（Eduardo Rodríguez Alemán）、オルランド・コルテス（Orlando Cortés Gallardo）、パタチュラ細胞のグループは参加しないと申しでた。マヌエル・ロレンソ（Manuel Lorenzo）（プレンサ・ラティナの名簿にはないが、アントニオは裁判にかけられたメンバーに記載している）も言われたことと違うといいだし、それに同調した者にはヘスス・ブランコ（Jesús Blanco Alba）、カルロス・メリル（Carlos Merille Acosta）、マヌエル・バスケス（Manuel Vázquez Tío）、アベラルド・クレスポ、グスタボ・アルコス（Gustavo Arcos Bergnes、ラス・ビジャスの7月26日運動の指導者）等がいた。しかし、最終的には参加したものもいた。ディアス・フランシスコは臆病者といわれて、怒り、モンカダ攻撃に自分の車で出発、それにはマヌエル・バスケス、カルロス・メリル、ヘスス・ブランコ も乗っていた[57]。

マリオ・メンシアによると、出動前に抜けたいとフィデルに申しでた者もでた。その数は10人で、フィデルはかれらを別室に隔離し、理由を聞き、攻撃部隊が出動した後、帰宅するように指示した。7人は脱落したという。アントニオ・デ・ラ・コバは全部で7人が脱落し、その後その中から2人は参加したという。レイセスター・コルトマンは2つの細胞から10人が抜けたという[58]。

ラウル・ゴメスが自作の詩「さあ、闘うぞ」(Ya estamos en Combate) を朗読し終わると「国民へ」のマニフェストを読みあげた。マニフェストの内容は具体的要求というよりは、抽象的希望の羅列であった。独裁に反対し、憲法と自由、不可侵の諸権利の回復、マルティの夢を実現する100周年の世代の青年の闘いであり、新しい革命であること、1940年に人民が獲得した憲法の絶対的尊重等々を主張していた。注目されるのは、貧しい農民労働者、学生から軍隊の司令部までの団結を呼びかけ、マルティのキューバ革命党、「モンテクリスティの宣言」(ホセ・マルティが1894年の独立戦争開始に際して書いた文書) の理想をめざし、さらに「青年クバ」、ABCラディカル、キューバ人民党の綱領の実現をめざすと明記していることである[59]。

　同じころ、バヤモのモテル・グラン・カシノでは、ラウル・マルティネスが指示をだしていた。バヤモ兵営を占拠し終わったら、ラミロ・サンチェス (Ramiro Sánchez) は、ペドゥロ・セレスティノと一緒にチャルコ・レドンド鉱山に行き、鉱山労働者の何人かとダイナマイトをもって、オルギンとバヤモ、バヤモとマンサニジョを結ぶカウト (Cauto) 川にかかる2つの橋を爆破することになっていた。

　バヤモ攻撃計画を具体的に立案したのはヘラルド・ペレスであった。かれはフィデルが出動命令をだした7月19日にバヤモのモテルに到着した。そこには25日の夜中までに27人が結集していた。

　その頃、バヤモ要塞には45人の兵士が配置されていて、7月25日の夜は、要塞にいたのはそのうち十数人だけだった。ラウル・マルティネスは出撃に際して、以下のような説明をした。細胞員のエリオ・ロセテ (Elio Rosete) はバヤモ兵営に仕事の関係で取引があり、番兵によく知られている。エリオと軍曹の軍服を着た自分が正

門から接近する。身分証明書の提示を要求されたとき、銃で正門を開けさせる。そこへ制服をきた仲間が加わる。番兵の武装を解除し、一部は、兵士が寝ている場所へ侵入する。他の一部は裏口へ行く。武装解除し、兵営を制圧する。歩哨は寝ているし、失敗することはない。しかしアントニオ・デ・ラ・コバによると、攻撃グループは、当日のバヤモの兵員が十数人だけだったことさえも知らなかった[60]。

　市民病院への攻撃部隊はアベルを隊長として25人であった。ここには医師のマリオ・ムニョスも含まれ、フィデルの指示で、医者の服を着て、アイデエとメルバを助手に、けが人を手当する任務をもっていた。また、裁判所からの狙撃手として、レステル・ロドリゲスを隊長に6人を選出した。

　攻撃部隊の車は、5時15分の攻撃開始時間に合わせて、午前4時45分、シボネイからモンカダへ出発した。1台を抜けた人たちのために残し15台であった。最初に出発したのはアベルの車とフアン・マヌエル・アメイヘイラス（Juan Manuel Ameijeiras Delgdo）の車で、市民病院へ向かった。フリオ・ロペス・トゥリゴ（Julio López Trigo、薬屋の店員）は、出発直前に喀血し、みんなに残るようにいわれ、その場に残った。続いてマリオ・ダルマウの車が6人で裁判所へ向かった。ついで残りの部隊が車列をつくり出発した。先頭はペドゥロ・マレロの車で、第3守衛所を攻撃する前衛部隊として、ヘスス・モンタネ、カルメロ・ノア（Carmelo Noa Gil、日雇い労働者）、ホセ・ルイス・タセンデ、レナト・ギタルト、ラミロ・バルデス、ホセ・スアレス・ブランコが乗っていた。

　それにフィデルの車が続き、その後に残りの車が出た。まもなく、ボリスの車がパンクして動けなくなり、搭乗者のうち、4人は

別の車に乗って出発したが、モンタネ他3人はモンカダへいけなくなった。これで車列がばらばらになったので、サン・フアン（San Juan）川の橋のところで隊列を再度整え、シボネイ・ハイウェイをサンティアゴ・デ・クバへ向かった。ルーズベルト通りを行き、ビクトリア・ガルソン（Victoriano Garzón）通りへ入り、アベルらの病院組の車はセントラル・ハイウェイに右折し、トリニダ通りに左折して、病院前で止まった。24人が病院に突入した。

マリオ・ダルマウの車は、裁判所のあるセントラル通りを右折しそこね、ガルソン通りを直進してしまった。レステル・ロドリゲスが間違いに気づき、引き返すよう指示した。ペドゥロ・マレロの車はモンカダ通りへ右折した。その後に、フィデルの車以後が続いた。数台が方向を間違えて車列から離れてしまっていた。マリオ・ムニョスは、車列の最後尾にいて、間違った道を引き返し、病院にいった。レイセスター・コルトマンによると1台、アントニオ・デ・ラ・コバによると数台の車が間違えてビクトリアノ・ガルソン通りではなく、ラス・アメリカス通りへ進んで、攻撃時間に間に合わなかったというし、エルネスト・ティソルの車は、モンカダにはいかなかった。アントニオ・デ・ラ・コバによると、モンカダに到着したのは60人から70人であった。先頭の車が、モンカダ兵営の第3守衛所近くに停車したのは、5時20分であった[61]。

このとき、モンカダ兵営内には、300人ほどの兵士が就寝していた。ペドゥロ・マレロの車が第3守衛所に向かってゆっくりと進んでいる時、兵営の周りを巡回する当番兵士3人が巡回のために第3守衛所からペドゥロの車の方へ向かって歩き始めた。この事態はまったく計画には予想されていなかった。スピードを緩めたペドゥロ・マレロの車はかれらを見て、やり過ごしながら、第3守衛所の手前10メートルほどのところに止まった。ペドゥロ・マレロたち

は、全員、車から降り、声をかけてきた2人の門兵の武器をヘスス・モンタネとラミロ・バルデス、スアレスの3人でとりあげた。側にいたもう1人の衛兵がすぐに異常に気がついて、撃たれながら、警報ボタンを押した。そ

14　現在のモンカダ兵営（今は博物館になっている）

れを契機に銃撃戦が始まった。その後、細胞員のうち何人かは兵営の事務所に突入した。計画した奇襲攻撃はこの警報で攻撃初発の段階で失敗にきした。

　フィデルは、3月10日通りにさしかかったとき、先頭の車と第3守衛所をでた3人のパトロール兵を見ていた。先頭のペドゥロの車が止まったのを確認し、3人のパトロール隊がフィデルたちの車に接近してきたのを見て、捕まえて武装解除しようと準備をし始めたとき、パトロール隊は後方の異常に気がついた。フィデルの車がパトロール隊に向かって急発進し、縁石に乗り上げて止まった。フィデルの後ろの3台目の車からの銃撃音と、第3守衛所の銃撃開始とほとんど同時であった。その時には、モンカダ兵営の警報が鳴り響いていた。この後、モンカダ通りに到着した反乱部隊の車から次々と反乱軍が降り、モンカダ兵営内部からと外からの銃撃戦になった。マリオ・メンシアによると10台の車で79人がモンカダへ到着していた。アントニオ・デ・ラ・コバによると12台目まではモンカダ通りに入っていた。しかし第3守衛所から兵営内に1台も車は突入できなかった。また、兵営や周りの状況が反乱軍に周知徹

底されていなかったために、モンカダ通りを兵営内と勘違いした隊員もいて、混乱した状況になった。陸軍病院に突入した細胞員もいた。

レステル・ロドリゲスの部隊は、裁判所の占拠に成功したが、裁判所内部に入る前に、すでにモンカダ兵営で銃撃戦のはじまる音を聞いていた。その後、事前に屋上の確認をしておかなかったために、屋上からモンカダ兵営への援護射撃は不可能であることに気がついた。援護射撃ができないうちに、フィデルたちの撤退が始まったのをラウルが確認した。その時、裁判所の前に警察の車が到着し、銃撃戦になった。警察官を捕えた後、レステルの部隊は裁判所から退却した。

アベルの部隊が市民病院に到着したとき、そこでは18人の医者と62人の従業員が働いていた。アベルの部隊は、病院からモンカダ兵営の第4守衛所に向かって銃撃を開始した。銃撃が開始された後に、方向を間違えたラウル・ゴメスの運転する車が、マリオ・ムニョス、フリオ・レイエス、メルバ、アイデエを乗せて病院に到着した。その後、喀血して部隊から外されたフリオ・トゥリゴが徒歩で病院に到着した。

モンカダ兵営では、何人かのグループが1階のバルコニーへの階段を駆け上り、兵営に入った。アントニオ・デ・ラ・コバによるとペドゥロ・マレロ、ホセ・ルイス・タセンデ、カルメロ・ノア、フロレス・ベタンコウルトの4人である。一方、モンタネの証言によるとホセ・ペペ・スアレス、ラミロ・バルデスと自分の3人だったという[62]。かれらは50人の兵士を一時、人質にした。しかし、後続部隊の支援は続かず、兵営内の兵士たちが武装して対抗し始めたため、間もなく後退せざるをえなくなった。タセンデは撃たれて動けなくなり第3守衛所の周辺の銃撃戦でレナト、マレロ、カルメ

ロ・ノア、フロレス・ベタンコウルトが死んだ。フィデルはモンカダ通りで戦闘態勢を立て直そうとしたが、兵営内からの銃撃が激しく、混乱状態の中で、立て直しは不可能になった。

　一方バヤモでは、出動待機中に、エリオ・ロセテは、一時外出したまま戻らず、そのほか3人の仲間が逃亡して、結局21人だけが残った。計画は変更され、バヤモ兵営の裏側の鉄条網を超えて侵入することになった。出発前にラウル・マルティネスが簡単に演説した。もし攻撃が失敗し退却した場合、兵営の側のバヤモ川の対岸で、モンカダの状況が分かるまで待機することとした。こうして4時45分、部隊は4台の車に乗って、出発した。

　しかし、裏門に回ったが施錠されていて入れず、鉄条網を超えて入るためのはさみも置き忘れてきたことに気がついた。どうにか、苦労して鉄条網を越えたが、そこには空き缶が積み上げられていることを事前調査で見逃していた。そのため侵入直後、空き缶の山を崩し、その大きな音に、犬や馬が反応した。兵営の衛兵が直ちに警戒態勢に入り、アントニオ・ニコ・ロペスが発砲し、ここでも奇襲攻撃に失敗した。圧倒的に武器が不足していて、バヤモの占拠は不可能であった。15分ほど銃撃戦をして、全員撤退し、午前6時にはバヤモの戦闘は終わっていた。その後の逃亡中に、10人が殺害された。

　その頃、モンカダ兵営では、内と外が混乱状態の中、銃撃戦がまだ続いていた。奇襲攻撃に失敗したことを全員が知っていた。フィデルは銃撃戦がはじまり、30分ほどすぎて、立て直しの不可能なことを知り、撤退の命令をだした。フィデルはフェルナンド・チェナルド（Fernando Chenard Piña）に市民病院と裁判所のグループに撤退を知らせるように命じた。しかしフェルナンドは、病院に到着する前に逮捕された。かれの名前は、後に死者の名簿にみいださ

れた。そのため撤退の知らせは届かなかったのである。

　病院の部隊は8時には戦闘が終わったことをしっていた。1時間後に軍隊が病院に到着するまで、病院の部隊は逃亡せずに、病院内にとどまり、患者たちのなかにまぎれこんで追及を逃れようとしていた。しかし、ホセ・F・イスキエルド（José F.Izquierdo Rodríguez）少佐がラモン・ペスとメルバとアイデエ以外を拘束して、病院の中庭に集めた。メルバとアイデエは、別の兵士に捕えられた。その後、全員、モンカダへ連行された。そこでマリオ・ムニョスが射殺されたとアイデエとメルバが証言した。ラモン・ペスは逃亡に成功したが、病院で捉えられた者は、メルバとアイデエを除いて19人は虐殺された。裁判所の部隊は、フィデルたちが撤退を開始したのを見ていて、それに同調して撤退した。命令も指示もないまま、逃亡はそれぞればらばらに行われた。

　フィデルは第3守衛所のまえのトリニダ通りにいた。リカルド・サンタナ（Ricardo Santana Martínez、街頭の物売り）が運転する車にフィデルは拾われ、さらに3人の仲間を乗せて逃げた。エル・カネイへ行くようにフィデルは指示したが道を間違え、シボネイに向かってしまった。フィデルたちが逃亡しようとしているときに、エルネスト・ティソルの車が5人を乗せてモンカダ通りに現れ、かれらはそのまま逃亡した。アントニオ・デ・ラ・コバによるとパンクして取り残されたモンタネたちとフィデルたちが逃亡の途中で出会い、かれらを乗せて、シボネイに逃げ込んだ。1953年7月26日日曜日の昼ごろ、シボネイにはおよそ40人の仲間がいた。しかし戦闘終了後、シボネイにいた細胞員の数ははっきりはしない。モンカダ攻撃の資料集の編者ラミレス・フランシスコ・サンチェスらは40人、マリオ・メンシアは20人、アントニオ・デ・ラ・コバは45人という[63]。

その後の反乱者たちの逃亡は、まったく無計画に、それぞれの判断で行われた。この闘いで亡くなったのは65人、負傷者は11人、市民でまきぞえになって死亡した人は9人、バチスタ軍の死亡者は19人、負傷者は30人であった。60余人が逃亡に成功し、オリエンテ州に散らばった。19人以上がフィデルと一緒にグラン・ピエドゥラ（Gran Piedra）の山地へゲリラ戦を戦うために向かったが、一部は途中で別れ、逃亡に成功したり、殺されたりした。8月1日には、フィデルを含む8人が、疲れ切って休憩している場で逮捕された[64]。

　こうしてモンカダ兵営攻撃は惨憺たる状況で終焉した。このような事態になることは、その計画の無謀さ、調査不足からも当然の事といえた。参加者が計画の全貌を知ったのは、攻撃の直前であった。フィデルには、モンカダ兵営の構造や武器庫の所在を全員に周知する時間も意志もなかった。衛兵がモンカダ兵営の周りを巡回していることや夜間の第3守衛所からの侵入は禁止されていたことなど、攻撃に不可欠の情報も確保していなかった。兵営全体を見下ろし、第3守衛所をはじめとして、すべての兵営への入り口を射程内に入れられるはずの第2守衛所に近いマルティ通りを挟んだ対面の建物の屋上は確保すべき第一の場所であったはずだが、そこは見逃された。

　また第3守衛所を攻撃する前衛部隊の車が障害になり、第3守衛所から後続の車列が突入できなかったのも、先頭車が後続部隊の攻撃を全く考えない無計画性から生じたことであり、これも事前の打ち合わせで避けえたことであろう。また、奇襲攻撃に失敗した場合やその他の事態で撤退せざるをえなくなった場合の対策をいっさい考慮していなかった。フィデルは「あんな作戦で撤退など考えられはしない」といい[65]、「あの計画は、構想、組織、守秘、その他の

諸要因で実にすばらしいものだった……」⁶⁶⁾といっているが、事態を検証すればそれほど「すばらしい」計画だったとはいい難い。

若者たちは、犠牲になることを恐れず、マルティの大義を抱いて、バチスタ打倒のためにフィデルとともに革命的武装蜂起に猪突猛進した。それはキューバの歴史の中に土台をもつナショナリズムの革命的燃焼であった。この闘争でフィデルがもし死んでいたら、無謀な若者たちがバチスタ打倒を掲げてモンカダ兵営を攻撃し、失敗した小さな事件として、若者たちはキューバの革命的使徒の列に名前を連ねただけで終わったであろう。

しかし、フィデルは生き延びた。鬼才フィデルを生かしてしまったことが、その後のキューバの歴史に重要な変化をもたらした。モンカダを攻撃した若者たちの中で、ラ・アバナの政界、とりわけ火のつき始めていた若者たちの革命的ナショナリズム勢力の中に、フィデルの名前は比較的に良く知られていた。フィデルは、この時期にモンカダを攻撃して生き延びたことにより、一挙に革命的ナショナリズムの先頭に躍りでることになった。当時、そのことの歴史的意味を誰もとらえることができなかった。歴戦のマルクス・レーニン主義の前衛党であったPSPですら、その機関紙『カルタ・セマナル』の10月20日号で、フィデルらの行動を「一揆主義」として非難した。アントニオ・デ・ラ・コバによると1953年8月10日の『デイリー・ワーカー』紙（New York Daily Worker）はモンカダ攻撃を批判する正式声明を発表した。「われわれは、サンティアゴ・デ・クバとバヤモで軍隊の2つの司令部を占拠しようとした冒険主義的試みであるブルジョア的政治的分派に特徴的な一揆主義に関与することはない。この行動への参加者たちの示した英雄的行為は、間違いであり、不毛であり、間違ったブルジョア的考え方に導かれたものだ」⁶⁷⁾。

ナティ・レブエルタ（フィデルの協力者で愛人）は、フィデルに指示されたように7月26日早朝、5時、家をでて、アウテンティコ党の政治家ペラヨ・クエルコ（Pelayo Cuerco Navarro）、オルトドクソ党のロベルト・アグラモンテ、ラウル・チバス（Raúl Chibás、エドゥアルド・チバスの弟）、コスメ・デ・ラ・トリエンテたちに「国民へ」のコピーを届けた。また『ボエミア』誌の編集長ミゲル・アンヘル・ケベド（Miguel Angel Quevedo）には届けられなかったが、『ディアリオ・ナシオナル』（Diario Nacional）の編集長ラウル・リベロ（Raúl Rivero）、『プレンサ・リブレ』（Prensa Libre）のセルヒオ・カルボには、ナティの夫を通じて渡された。

　こうして7月26日の午前中には、フィデルを中心とする一団がモンカダ兵営を攻撃したという知らせが、アバナの反バチスタ勢力の中に静かに広がっていた。武装蜂起のために組織された各地の細胞員たちもその成り行きに注目し、かれらを通じて、モンカダ攻撃はフィデルたちの行動だという知らせは広がっていた。新聞報道としては、サンティアゴ・デ・クバの『プレンサ・ウニベルサル』（Prensa Universal）が27日に「モンカダ攻撃、48人死亡、29人負傷」との見出しで報じたのが最初であった。そこには若者たちがモンカダ兵営を占拠しようと馬鹿な冒険をし、軍隊に被害がでていること、攻撃した若者たちが逃亡していることを報じていた。ラ・アバナでは、直ちに逃亡中の若者たちを保護する秘密の組織が結成された。

　サンティアゴ・デ・クバの全市民は何が起こったのか軍部の発表を待っていたが、軍部は26日中、沈黙していた。この沈黙が市民の疑惑をかきたてた。兵士同士が仲間割れをして、銃撃戦になったという噂が飛び交っていた。兵士や警官がサンティゴの町を戒厳下においた午前10時ごろにも、市民たちは銃撃戦の音を聞いていた。

商店は扉を下し、行事はすべて取りやめになっていた。その頃から警察や軍隊による反バチスタ派の指導者たちの拘束がサンティアゴ・デ・クバではじまっており、その後、数日間、全国でアウテンティコ、オルトドクソ、共産党の指導者、学生の指導者たちの逮捕が続いた。

26日の午後、モンカダ兵営の司令官アルベルト・デル・リオ・チャビアノ（Alberto del Río Chaviano）が記者会見を開き、カルロス・プリオ（アウテンティコ党）とエミリオ・オチョアを非難し、フィデル・カストロをも批判した。そこでは、プリオがモンカダ攻撃の計画の立案者で資金も提供し、フィデルが今回の攻撃の隊長だったと述べていた。犯罪の証拠として、攻撃者たちの死体を公開したが、写真の報道は禁止され、撮影した写真は没収された。間もなく、フィデルの部隊の拠点がシボネイであったことを軍部は発見した。またバヤモの拠点グラン・カシノも発見された。

モンカダ攻撃撤退後からすでにはじまっていた逃亡中の青年たちへの追及と殺戮が一層加速し始めた。これにより関係のない一般市民の犠牲者や拘束者もでた。26日夜には、全国で外出禁止令が敷かれ、放送局、電話局を軍部が掌握し、新聞の検閲も開始された。27日にはPSPの機関紙『オイ』が発禁にされた。この日、バチスタ政府は90日間の憲法の停止を宣言した。

27日には、サンティアゴ・デ・クバはほぼ戒厳令下に置かれ、拘束されている青年たちの名前が公表された。そこには関係のない市民の名前も見られた。公式発表の死者の数は43人に増えた。28日になってはじめて、レナト・ギダルトが死者の中にいることが明らかにされた。

29日のサンチャゴの新聞にモンカダ兵営攻撃の主犯、フィデルの写真が公表された。またアベル・サンタマリアとボリス・ルイ

ス・サンタ・コルマは殺されたとアイデエが証言したという記事が地方紙『ディアリオ・デ・クバ』に掲載された。捕えられてから殺されたというアイデエの証言は検閲で削除されていた。軍部が公表する死者の数が毎日、増加するのを知ったサンティゴ市民たちが、しだいに軍部に対して殺人をやめるようにと行動し始めた。軍部は、殺された兵士1人に対し、モンカダ攻撃者10人を殺すよう命じられて行動していたといわれる。仲間を殺された兵士の怒りをバチスタやリオ・チャビアノは利用して殺戮を展開していた。

　モンカダ攻撃者虐殺のうわさが広がり、あちこちに若者の死体が放置されている状況を知って、フィデルの妻ミルタ（Mirta Díaz-Balart、ラ・アバナ大学でフィデルと出会い、1948年10月、フィデルと結婚、男子を1人もうける。後に離婚）は逃亡中の人々とフィデルの救済のために、アバナの カルロス・マヌエル（Carlos Manuel de Céspedes y García-Menocal）司教総代理に面会し、逮捕者の殺戮をやめるように軍部に働きかけてほしいと要請した。

　一方、サンティアゴ・デ・クバでは市民たちも行動し始めた。サンティアゴ・デ・クバ市民組織委員会（Comité de Instituciones Cívicas de Santiago de Cuba）の代表がペレス・セランテス大司教（Pérez Serantes）に面会した。オリエンテ大学学長、ライオンズ・クラブ会長、ロータリー・クラブのメンバーや判事、新聞編集長、大学教授等々がその行動を支持していた。この面会で、ペレス・セランテス自身が軍隊と一緒に逃亡者たちの捜索の指揮をとることに合意した。ペレス・セランテスはアンヘル・エルナンデスをモンカダに送り、チャビアノの妻のとりなしで、7月27日朝、チャビアノと面会し、逮捕者の暗殺をやめるように要請した結果、ペレス・セランテスが逃亡者たちを引き渡すならば、弾圧をやめると約束した。

第3章　モンカダ兵営攻撃　111

市民組織委員会はペレス・セランテスと相談し、7月29日、司教教書（carta episcopal paz a las muertos）でその交渉内容を公表した。それは『ディアリオ・デ・クバ』紙に30日に掲載された。また、判事で「キューバ・ハイチ文化協会」の会長であったホセ・M・スビラッツ・デ・ケサダ（José M. Subirats de Quesada）は、サンティアゴ・デ・クバの有力者たちであるオリエンテ大学学長、『オリエンテ』紙の編集者、大学教授等々12人を集め、会合を開き、教会や政府に平和的解決を呼びかけていた。29日の夕方、この会合に参加していたカルロス・ピニエロ・デル・クエト（Carlos Piñiero del Cueto）は、バチスタに直接面会し、リオ・チャビアノにサンティアゴ・デ・クバでの殺戮をやめるよう指示させることに成功した。バチスタは、その後、もうこれ以上、殺すなという命令をだした。

　29日には、ラ・アバナの体制側の新聞『アタハ』がフィデルは軍との戦闘で死んだことをリオ・チャビアノが確認したという記事を掲載した。これはフィデルを捕えたら殺せというメッセージであった。30日には、サンティアゴ・デ・クバの『オリエンテ』紙がラウル・カストロの逮捕を伝えた。『プレンサ・ウニベルサル』は、ラウル・カストロの証言を掲載し、そこでは行動の目的は、モンカダ兵営の占拠にあったこと、フィデルは誰も殺すなといったこと、土地改革の宣言などを用意していたことなどについて語っていた。31日にはラ・アバナの『アレルタ』紙や『プエブロ』紙がモンカダとバヤモで80人の死者をだしたと報道し、それが全国に知れ渡った。ペレス・サランテスは、リオ・チャビアノに逮捕者殺害の禁止命令をださせ、フィデルたちの捜索への参加の許可えた。その他、コレヒオ・デ・アボガド（弁護士会）や「マルティ100周年女性市民戦線」（el Frente Cívico de Mujeres del Centenario

Martiano）やコレヒオ・メディコ（医師会）のような組織も逮捕者の殺戮をやめるよう声明をだした。サンティアゴの市民たちは、フィデルや若者たちが革命行動を起こしたことを確信し始め、逃亡者たちを保護する秘密細胞を組織し始めた。

　8月1日、大司教らとともに捜索中のペドゥロ・サリア・タルタブル（Pedro Sarría Tartabull）の一隊がフィデルとその仲間を発見した。ペドゥロはかれらが殺されるのを阻止するために、モンカダではなくサンティアゴ・デ・クバの野営地（Vivac）に連行した。逮捕されたのち、フィデルはサンティアゴ・デ・クバの放送局CMKRのインタビューを受け、検閲された上で、その一部が放送された。フィデルはホセ・マルティ生誕100周年を記念した革命運動だと説明した。こうしてフィデルの名前は、革命的闘志として、全国的に知られるようになった。

第4章
モンカディスタ裁判とフィデルのメキシコ亡命

1 モンカディスタの裁判

　フィデルを先頭とするモンカディスタの行動でもっとも打撃を受けたのはプリオやオチョアのモントリオリスタであった。かれらは全国的な武装蜂起を計画していたが、モンカディスタの行動は、モントリオリスタの闘いに壊滅的な打撃を与えた。かつてフィデルに反バチスタの論陣の場を提供した『アレルタ』紙でラモン・バスコンセロス（Ramón Vasconcelos）は、「キューバ人の血が政治的憎悪と個人的野心のために大量に流された。……一握りのバカ者たちを死地に追い込むことは、憎むべき犯罪だ。……」と論評した[1]。モンカディスタの中で、逃亡に成功した者達の一部はメキシコやグアテマラに亡命し始めていた。レステル・ロドリゲスはメキシコ、ニコ・ロペスやアントニオ・ダリオ・ロペス（Antonio Darío López García、街頭での物売り）、アルマンド・アレンシビア（Armando Arencibia）、マリオ・ダルマウは、1953年9月にグアテマラについた。

　グアテマラにいたイルダ・ガデア（Hilda Gadea、後にチェ・ゲバラと結婚）はフィデルの反乱に興味をもち、キューバからの亡命者と会っていた。それが後にフィデルとゲバラとの出会いにつながった[2]。

　1953年9月21日、バチスタ政府の憲法停止の下で、社会防衛法で禁じた「国家にたいして武装闘争」をしかけた罪（社会防衛法

148条違反）で起訴された122人の刑事訴訟37の緊急法廷がサンティアゴ・デ・クバの裁判所で開始された。主審はアドルフォ・ニエト・ピニェイロ・オソリオ（Adolfo Nieto Piñeiro, Osorio）であった。投獄されていたのは101人で、当日出頭したのはそのうち98人であった。アンヘル・デイアス・フランシスコ、グスタボ・アルコス、アベラルド・クレスポは病院に収容されていた。弁護人は自己弁護をしたフィデルを含め26人、被告51人はモンカディスタで、6人は行方不明のままの起訴、残りの65名は、まったく関係のない反バチスタ派の人々であった。軍隊、警察は手当たり次第、疑わしいものを捕えていた。起訴状を作成したのはマヌエル・ウルチア・ジェオ（Manuel Urrutia Lleó）であった。

　法廷の傍聴席は、被告人の関係者や報道陣であふれていた。裁判官は、被告の手錠をはずすよう指示して、通常の裁判の形式を維持した。バチスタも52年3月10日のクーデタに際して、モンカディスタと同じ法律にもとづき告発されていたが、裁判所はその告発を却下しており、その事実はこのモンカディスタへの裁判がそもそも茶番であることを示していたが、裁判官たちは、可能な限り公正さを維持し、証言を重視した。また、裁判は全て公開で行われた。

　フィデルは、裁判開始までの間に、さまざまな人びとの協力で、モンカダ攻撃失敗後にモンカディスタたちに起こった事態の情報をかなり獲得していた。かれは、モンカダ攻撃計画の首謀者であることを認めたが、その実質的計画者はかつてのキューバ独立の英雄であるホセ・マルティであると言い、武器が不足していたし、流血を避けるために、モンカダ兵営を奇襲し、武器を獲得しようとして失敗したこと、バチスタのクーデタ後、言論の自由が失われたので武装蜂起したこと、プリオやモントリオリスタとはまったく関係ないこと、蜂起が成功していたらオリエンテの革命政府が指揮をとった

こと、そして他の組織とは全く関係のない独自の組織であり、「100周年の青年」（Jóvenes del Centenario）だと主張し、戦いで亡くなったモンカダのバチスタ軍の兵士たちを称えた。当初、フィデルの弁護を引き受けたのは、サンティアゴ・デ・クバの弁護士協会会長をしていたホルヘ・パグリエラ（Jorge Pagliera Cordero）であったが、フィデルは自分が弁護士として自分を弁護することを要求して、承認された[3]。

フィデルは、バチスタ軍の軍人たちの非道を告発する機会として巧みに裁判を利用した。それにたいして9月24日、リオ・チャビアノが裁判に介入し、フィデルの出廷を阻止しようとしたのにたいし、裁判官たちは協議し、フィデルの黙認のもとで、フィデルは病気で出廷できないということで処理しようとした。しかし開廷されると、フィデルが出廷していないことに他の被告たちは異議を申し立てた。原告側はフィデルが病気で出廷できないという医師の証明書を読み上げた。これに対して、メルバが発言を求め、フィデルは病気ではないこと、不当に出廷を阻止されていること、生命の安全を保障するよう要求したフィデルの秘密のメモがあると主張し、裁判長に提出した。その写しは、アバナの最高裁にも渡された。

しかし原告側は、フィデルの出廷をあくまでも拒否し続けたため、裁判官たちは、フィデルの生命を保障し、フィデルの裁判は切りはなして行うことにした。その後、一部の無関係と断定された被告や保釈金を提出した者の釈放が行われた。フィデルの家族はフィデルの生命の保全を要求し、裁判所は医師によるフィデルの診断を行い、健康であることをかれらに報告した。

9月28日から、怪我をして病院に収容されていた2人および出廷を阻止されたフィデルを除く被告の裁判がはじまった。9月30日には、検察側の証人が喚問された。10月5日には証人喚問の終

了で合意し、検察は裁判官に58人の釈放を要求し、すでに釈放されている者も含め、71人が釈放された。

この日、検察官のフランシスコ・メンディエタ（Francisco Mendieta Hechavarría）は、次のような発言をした。

モンカダを攻撃した被告たちの目的は何なのか。その指導者たちは、マルティの思想に触発されて暴力でキューバに自由をもたらそうとしたという。しかしマルティは同胞同士の戦争をけしかけたとはわたしには思えない。マルティは戦争を進めたが、キューバ人同士の戦争ではなく、外国のくびきに対して戦争をした。今回のようなことにマルティをもちだすべきではない。わたしは被告たちの行動を正当化できない。かれらのつくりだす政府は秩序ではなく、混乱だろう。かれらの野心は仲間割れをおこし、それが国民経済に打撃を与えるだろう。懐疑的な大衆はかれらについていくだろうか。アントニオ・マセオ（Antonio de la Caridad Maceo y Grajales）もセスペデス（Carlos Manuel de Céspedes del Castillo）も独立のために戦ったのだ。それがキューバ国民を奮い立たせた。この運動はなにをもたらしたのか。キューバ人の間の憎しみの増大だろう。そんなことはすべきではない。この主張は、当時のキューバ国民の多数の常識的見解であった[4]。

こうして、31人の被告に対して、社会防衛法148条「国家の立憲権力にたいして武装蜂起を勧めたものは3年から10年の投獄」「反乱が実行された場合は5年から20年の投獄」にもとづき20年の投獄を求刑した。検察のこの求刑は、バチスタがクーデタで権力を掌握したことに対抗する蜂起への求刑としては、片手落ちであることは明らかである。しかし、弁護人17人は、検察の求刑を支持した。

10月6日、裁判長は、ペドゥロ・ミレト、オスカル・アルカルデ、エルネスト・ティソル、ラウル・カストロ、以上4人は13年、

フアン・アルメイダ、フィデル・ラブラドル（Fidel Labrador、貧しい農民の息子）、ヘスス・モンタネ、イスラエル・タパネス（Israel Tápanes、店員）、レイナルド・ベニテス（Reinaldo Benítez、店員）、フリオ・ディアス（Julio Díaz González、店員）、ラミロ・バルデス（Ramiro Valdés）、ホセ・ポンセ（José Ponce Díaz、印刷業）、シロ・レドンド（Ciro Redondo、簿記事務所員）、エドゥアルド・モンタノ（Eduardo Montano）、ホセ・ペペ・スアレス、マリオ・チャネス（Mario Chanes）、アルマンド・メストゥレ（Armando Mestre、建設業労働者）、フランシスコ・ゴンサレス（Francisco González）、レネ・ベディア（René Bedía Moralez、ペンキ屋）、アグスティン・デイアス（Agustín Díaz Cartaya、店員）、エンリケ・カマラ（Enrique Cámara Pérez）、ガブレイル・ヒル（Gabreil Gil Alfonso、日雇い労働者）、アンドゥレス・ガルシア（Andrés García Días）、ロセンド・メネンデス（Rosendo Menéndez García）、以上20人は10年、マヌエル・ロレンソ、エドゥアルド・ロドリゲス、オルランド・コルテスの以上3人は3年、メルバとアイデエは7ヵ月、フロレンティノ・フェルナンデスは無罪、仮釈放されていた71人も無罪の判決をいい渡し、結審した。

　釈放された中にはモンカディスタが19人いた。また裁判長は、反乱の指導者たちに、殺された軍人に2000ドルから5000ドルの補償金の支払いと負傷した警察官、軍人には生涯年金の支払いを命じた。裁判長はクーデタで成立したバチスタ政府への反乱であったために、量刑を軽減したと後に語った。当時、キューバには死刑はなく、30年の投獄が最高刑であった。求刑に不満を述べた被告はおらず、また弁護士たちも裁判の公正さを称えた。10月13日、27人の政治犯は、ピノス島の監獄に移送され、他の囚人とは隔離して収

監された。

フィデルは、分離裁判のためボニアト監獄に残った。10月16日、フィデルと残りの被告の緊急法廷特別セッションは、入院中のアベラルド・クレスポが動けないためサトゥルミノ・ロラ市民病院で開催された。クレスポはベッドに横になって出廷した。『ボエミア』誌の契約記者であったマルタ・ロハス（Marta Rojas）をはじめ新聞記者5人を含む、病院の患者、看護婦、職員、一般市民たちが傍聴していた。検察側の証人喚問の後、検察はフィデルに26年の求刑をした後、フィデルは2時間近い自己弁護を弁護士として行った。裁判は、クレスポに10年、フィデルに15年の投獄をいい渡して、結審した。

15　逮捕されたフィデル・カストロ

10月23日にはグスタボ・アルコスが入院しているコロニア・エスパニョラ病院でルイス・コンテ・アグウェロ、その他3人の裁判が行われ、アルコスは10年の投獄をいい渡され他の人は無罪とされた。起訴されたが逃亡中の12人は審議未了となった。10月24日、バチスタ政府は憲法保障の停止を解除した。10月17日までには、有罪の判決を受けたすべての政治犯たちは、ピノス島の監獄に収監され、メルバとアイデエはピナル・デル・リオのグアナハイ女性監獄に収容された。

2　監　獄

政治犯たちは、縦37メートル、横7メートルほどの長方形で、

第4章　モンカディスタ裁判とフィデルのメキシコ亡命　　119

両脇にベッドを並べた部屋に収容された。庭もあり、そこにはテーブルと黒板があった。収監者たちは「アベル・サンタマリア・イデオロギー・アカデミー」を組織し、その庭で学習をしていた。収監室には600冊を収蔵する「ラウル・ゴメス・ガルシア図書館」があり、夜の消灯時間まで、自由に過ごすことができた。家族やその他の支援者たちとの面会も可能であった。差し入れられた物資を利用して、自分たちで調理することもできたが、時には独房に隔離されるものもいた。

　1953年12月12日のルイス・コンテ・アグウェロへのフィデルの監獄からの手紙には、フィデルが裁判で2時間にわたって自己弁護した内容をうかがわせる記述がある。そこには蜂起が成功した場合に用意していた6つの革命政策も提起されていた[5]。この手紙はフィデルの妻ミルタが面会で受け取り、ルイス・コンテに渡したものである。フィデルは『ボエミア』誌のミゲル・アンヘル・ケベドやエンリケ・デ・ラ・オサ・イ・ペルドモ（Enrique de la Osa y Perdomo）、アバナ大学の哲学の教授ホルヘ・マニャチの支援のもとに、手紙の内容に沿って「国民へのマニフェスト」をフィデルの名前で作成し、それをミルタに渡してほしいとその手紙で、要請していた。ミルタはそれをアバナ大学の学生の発刊する『アルマ・マテル』（Alma Mater）に掲載することになっているとも書いている[6]。

　ルイス・コンテ・アグエロは、その指示に応じて、手紙の内容を参考に文章を作成し、フィデル・カストロの署名で1954年1月6日付の「国民へのマニフェスト」を発表した。「苦しんでいるキューバへのメッセージ」（Mensaje a Cuba que sufre）と題され、表紙にホセ・マルティの肖像を載せていた。この文書は、秘密の内に若者たちに読まれていった[7]。

また、53年12月19日のオルトドクソ党の活動家への手紙では、モンカディスタはエドゥアルド・チバスの思想を実践したことを強調していた。その手紙をルイス・コンテ・アグエロがカデナ・オリエンタル・デ・ラディオで読み上げ、世論を喚起した。

　また、裁判でのフィデルの自己弁護の内容は、当日、法廷にいた新聞記者たちの報道やマルタ・ロハスのメモ等でフィデルの手に渡ったらしい。フィデルの著書として有名な『歴史は私に無罪を宣告するだろう』は、裁判の自己弁護の記録といわれているが、2時間の法廷での陳述そのものではない。ピノス島に収監されたあと、フィデルが再度それを原稿にして、秘密裏に監獄の外へもちだされ、印刷されたものである。

　54年4月17日付で、フィデルは同志で弁護士のメルバ・エルナンデスに重要な内容の手紙を送っている。メルバと面会したいこと、メルバの活動の様子をきいて喜んでいることを伝え宣伝の重要性を主張し、「それはすべての闘いの核心だからだ。……ミルタは決定的に重要な冊子について君に話すはずだ。そのイデオロギー的内容と告発の素晴らしさにおいて、君は大きな関心を示してくれるだろう。それは7月26日の記憶をさらに威厳のあるものにするために価値がある」[8]といっている。ここでいわれている重要な冊子が『歴史は私に無罪を宣告するだろう』であった。アントニオ・デ・ラ・コバによるとフィデルは1954年4月頃から、法廷での自己弁護の文章化をはじめ、6月までにはその原稿を書き上げた。それは断片的に、何度にもわたりメルバによって秘密裏に監獄からもちだされ、メルバとその父が順次タイプし、フィデルの異母姉妹のリディアとジャーナリストのルイス・コンテが印刷に協力した。同じ手紙で、メルバにメキシコへいき、ラウル・マルティネスやレステルと会い、情勢を話し合い、方針を決めるよう指示している。

さらにフィデルは、1954年6月18日のメルバとアイデエ宛ての手紙で、全国に4ヵ月以内に10万部を配布するよう命じた。「この文書は決定的に重要だ。それはわれわれの計画とイデオロギーを含んでいる。それなしには大きなことは成し遂げられないし、犯罪の告発もできない。この内容はこれまで十分公表されてこなかった。われわれは死んだ人々への最初の義務としてこれをしなければならない」[9]といっている。メルバによると11月には2万部を印刷して配布した。後にフィデルに歴史的なインタビューをすることになるジャーナリストのハーバート・マシューズ（Herbert L. Matthews）によると、このパンフはあまり注目されず、やがて忘れ去られたという。現在読まれているのは1958年にだされた第2版以降のものである[10]。しかし、配布された2万部は、おそらくフィデルの組織した細胞をはじめ、そこに結集していたフィデルを支持するオルトドクソ党の若者たちの手をつうじて、秘密裏に戦闘的な若者たちの間に伝播していただろう。それはフィデルの作成した最初の革命的綱領といってよい。

　1954年11月に配布された『歴史は私に無罪を宣告するだろう』の内容は、53年12月12日のルイス・コンテ・アグエロへの手紙や『歴史は私に無罪を宣告するだろう』の普及版、1955年8月8日づけのメキシコからフィデルが送った7月26日運動の国民への第1マニフェストの内容から推測できる。

　そこでは、モンカディスタたちがバチスタ独裁政府にたいしておこなった武装蜂起の正当性を主張し、失敗して捕えられたモンカディスタに対するバチスタ政府の不当な弾圧を告発していた。そしてキューバ人民の多数の窮状を明らかにし、専制的支配者バチスタと妥協して平和的に解決する道は残されておらず、革命的変革が必要だと主張し、1940年憲法の回復はもちろんのこととして、その

他いくつか基本的政策を提起していた。土地改革、企業における利潤の労働者への分配、砂糖キビ生産高の55％を小規模砂糖キビ生産者に管理させる、電気、ガス、電話等の企業の国有化、不正を働く公務員の追放、詐取された公共財産の取戻し等々であった。

また「企業の絶対的自由」「資本投資の保障」「需要供給の法則」を尊重する自由主義経済は批判され、規制された市場経済による工業化、農業の発展、教育改革、協同組合の推進、全国の電化と核エネルギーの利用も提起されていた。バチスタ政権に反対する勢力の腐敗、堕落を暴露し、1940年憲法第40条2項の抵抗権の保障をとりあげ、個人の諸権利の擁護のために適切な抵抗は正当であると主張し、すべての権利が人民から奪われた今、抑圧と不正に抵抗する権利が残されているだけだと強調した。

この主張に見られるように、社会主義については主張してはいない。しかし当時の主要な革命的思想的潮流であったマルクス主義の階級闘争の視点で語られている。フィデルは、人民として失業者、みじめな小屋で生活する農業労働者、貧しい工場労働者（industriales y braceros）、小農、教師、小商人、専門職の人々をあげている。これらの人々を7月26日運動が指導する革命で、大地主や資本家階級の支配から解放することをめざしていた。ロシア革命、中国革命等々の継承である。

投獄されている間、フィデルの最大の関心は、バチスタ政府とそれを取り巻く政界の腐敗・堕落の告発活動にあった。ルイス・コンテ・アグエロは、フィデルの意向をくんで、積極的に協力し、監獄から送られたフィデルの手紙を公衆の前に様々な形で公開した。かれは「政治的恩赦のための委員会」（Comité para Amnistía Política）の委員長になり、モンカディスタの釈放を求めて行動した。また、刑期を終えたメルバやアイデエたちも釈放運動を各地で

組織した。

　バチスタは、権力正当化のため、クーデタ直後は、53年11月に実施するとしていた総選挙を延期していたが、モンカディスタの獄中闘争の最中、1954年11月1日にそれを実施した。この選挙への対処の仕方をめぐってオルトドクソ党もアウテンティコ党も分裂傾向を深め、力を結集して反バチスタ戦線を形成しえず、バチスタの画策に有効に対抗することはできなかった。

　大統領選では、「進歩主義的国民同盟」(Coalición Progresista Nacional)を結成したバチスタ、それに対抗するオルトドクソ党のカルロス・マルケス、アウテンティコ党からグラウが立候補していた。カルロス・マルケスは選挙運動中、2度にわたって暗殺未遂にあい、その後、バチスタと会談し、正当な選挙のための条件を話し合ったが、決裂し、かれは、事実上、立候補をとりやめた。選挙日の2日前になって、グラウも立候補を辞退した。立候補者はバチスタ1人だけのまま選挙は実施された。この選挙に参加する政治家たちの宣伝集会にモンカディスタを支持する若者たちが参加し、各地で恩赦と革命を訴えていた。しかし、それらの行動は監獄に収容されているモンカディスタにさまざまな嫌がらせをもたらした。それでも止めるなというのがフィデルの方針であった[11]。

　当時、有権者が約580万人で、そのうち276万8186人が投票した。バチスタが126万2587票獲得し、当選したと称した。立候補を取りやめたグラウに、18万8209票が投票された。この選挙で、大統領、副大統領、6州知事、54人の上院議員、150人の下院議員、125人の市長、2214人の市議会議員が選出されたとして、バチスタは政府の正当性を主張した。選挙裁判所も不正告発を迅速に処理し、バチスタ政府の正当性を承認した。1955年2月24日にバチスタは大統領に就任した。

こうしてクーデタで権力簒奪した不当性を表面的にとりつくろったバチスタ政権は、人気取りの自由化、反対運動の激化、弾圧、人気下落、人気取りの自由化、反対運動激化、弾圧をくりかえすはめになった。議会に存在した反バチスタ派は、権力におもねる自らの醜態をとりつくろうために政治犯やモンカディスタの恩赦を要求して行動した。

3　恩赦と7月26日運動の結成

　世論の動きに押されて、1955年5月15日に、アウテンティコ党のアルトゥロ・フェルナンデス（Arturo Fernandez Tellaheche）上院議員が政治犯の恩赦の動議を議会に提出し、成立した。これによりフィデルらモンカディスタも釈放され、亡命していた政治家たちも帰国し始めて活動していたが、動向を最も注目されたのはフィデルであった。ピノス島から釈放され、ボタボノ港につき、そこから汽車でアバナへ向かったが、途中の各駅でモンカディスタの釈放を喜ぶ市民の歓迎を受けていた。

　フィデルは、釈放前の1955年3月、ルイス・コンテへの手紙で次のように決意を伝えている。マルティは「避けられない戦争をしないのは犯罪だ」といった。「わたしは繰り返していう。3月10日の裏切り者のクーデタ後の恥知らずなキューバの状況を考えて、当然の反乱をわれわれが起こさないのは犯罪だと」「そしてもしわれわれの釈放に妥協が必要だというなら、われわれは声を大にしてノーという」「われわれは名誉を代償にして恩赦を望まない。堕落した抑圧者によって、さらし者にされるつもりはない。名誉を犠牲にするより、千年の監獄を選ぶ」[12]。

　しかしフィデルは、釈放された後、キューバの政治情勢を観察し、『ボエミア』誌1955年5月22日号によると、次のように語っ

た。

　憲法の保障の下での可能な限り早めの総選挙こそが問題を解決し、バチスタの復帰を不可能にする。真の平和のためには、市民への蹂躙と民主的諸権利の侵害をやめさせることが不可欠だ。部分的選挙ではなく、早期に実施される総選挙でのみ問題は解決される。チバスの党をはじめ、さまざまな党の綱領を検討したが、どれもキューバに自由と正義の体制を樹立するために政治的、社会的、経済的改革の必要性を認めていた。反対派の広範な団結こそが必要だ。チバスの思想の旗のもとに道義のある全勢力を団結させるために働く。

　ここではフィデルは、反バチスタ統一戦線を結成し、バチスタの辞任による臨時政府の下での早急な総選挙の実施を主張していた。断固として武装闘争を継続すると発言する状況にはなかったことを示している。また学生時代のフィデルの行動から、かれはボンチェス（前大統領グラウを支持するテロ集団、第 1 章 3 ―（1）参照）の仲間という印象をもつ多くの人々がいた。それを払拭する必要もかれにはあっただろう。フィデルは武装蜂起という用語をさけ、「革命的意識」「革命的運動」という用語を利用して、反バチスタ諸勢力に団結を呼びかけた。

　また、1955 年 5 月 25 日、ペドゥロ・ミレトが逮捕されたとき、モンカディスタに真の自由がないことに抗議して声明を発表した。そこでは「われわれはキューバの悲劇的状況を流血無しに気持ちよく解決するよう努力して、この国に留まるつもり」と述べた[13]。さらに、1955 年 6 月 11 日には、前日に起こったテロ事件を批判して、革命的行動と称してテロを行う連中を厳しく批判した。

　しかしラモン・L・ボナチェアは「注意深く選抜された幹部、仲間としての厳しい基準の設定、上からの規律に従うエリートの反乱

運動は、フィデルの構想する効果的組織の基本的要素を構成する」という考え方は隠されていたと指摘する[14]。それでもバチスタ政府は、フィデルの放送番組、テレビ番組を禁止し、フィデルらの集会の自由を認めなかった。釈放直後、『ラ・カジェ（La Calle）』紙にフィデルが書いた「チャビアノ、お前はうそをついている」の記事で、発禁処分にあった。

アイデエによると、フィデルは釈放されて、ピノス島からアバナに護送される船上で、アイデエとメルバを含む仲間たちと会合し、これからつくる組織の名称について議論し、フィデルの提案で「7月26日運動」（7月26日はモンカダ兵営攻撃の日）に決まり[15]、その場では、オルトドクソ党の内部に革命的組織を確立しようと相談をした。ファウスティノ・ペレスによると、1955年の中ごろアバナで7月26日運動が結成されたという。バヤモ攻撃に参加したアントニオ・ニコ・ロペスは、1955年7月半ば、オルトドクソ党の青年、学生に呼びかけて新しい組織をつくり、それを7月26日運動と呼んだという。また『ダニエル』（レネ・ラモス・ラトゥル、Rene Lamos Latourのこと）の伝記を書いたフダス・パチェコ・アギラらによると1955年6月12日にアバナで全国指導部（Dirección Nacional = DN）が結成されたともいう[16]。

フィデルは獄中で「7月26日の参加者を組織しなければならず、これらの戦士たちを亡命していようと、監獄にいようと、街頭にいようと強固な一団にしなければならない。同じ歴史と犠牲的精神を身に着けたかれら若者は80人を超える」とルイス・コンテに書いた[17]。アイデエによると、フィデルはメルバとともに2人で、モンカディスタのその後の動向と所在を確認し、『歴史は私に無罪を宣告するだろう』を宣伝するよう指示されていた。この宣伝の仕事は資金難もあり、困難を極めた。亡命した人たちにはメキシコかグ

16 アルマンド・アルト

アテマラの特定の場所に結集するよう連絡し、また国内にいた協力者たちはさまざまな組織活動をしながら『歴史は私に無罪を宣告するだろう』を宣伝していった。

　出獄後、フィデルは妹のリディアの家にいて、多くの人々がフィデルと連絡を取っていた。帰国していたラファエル・ガルシア・バルセナとも意見を交換していた。アイデエとメルバはMNRのメンバーと接触していたが、そのうちの1人、アルマンド・アルトは、1953年5月にラファエル・ガルシアの弁護を引き受けた若手の弁護士であった。1954年ごろから、かれを含むMNRの若者たちは武装蜂起の準備を始めており、その仲間にはファウスティノ・ペレス、ホセ・プリエト（José Prieto Rodríguez, "Pepe"）、アルマンドの弟、エンリケ・アルト（Enrique Hart）らもいた。かれらは各地にでかけ仲間を募った。この時期にサンティアゴ・デ・クバのフランク・パイスとも出会い、連絡をとっていた。バチスタの11月選挙の直前、10月10日、かれらは警察に逮捕されたが、メルバとアイデエが監獄にいるアルトとファウスティノに面会している。そして、アルマンド・アルトとファウスティノ・ペレスをはじめとするMNRの指導的中核は、バルセナの政治的方針に見切りをつけ、フィデルと行動を共にし始めた[18]。

　また、フィデルは1955年6月頃、プロテスタントやカトリック教徒、アウテンティコ党員、マルクス主義者等々が結成した急進解放運動（Movimiento de Liberación Radical = MLR）に接近し、共闘を画策した。この組織には、アマリオ・フィアジャオ（Amalio

Fiallao)、チャルレス・シメオン（Charles Simeón）、ペドロ・トゥリゴ、マリオ・ジェレェナ（Mario Llerena、哲学博士）らがいた。土地改革や教育改革、選挙システムの改革などを提起して、専門職、教員、医者、銀行職員、ホワイト・カラー等の支持を獲得していた。フィデルはMLRの指導者たちとの会談で、自分の組織とMLRの方針とが接近していることから、MLRを解体し、フィデルの組織との融合を提案したが合意には至らないまま話し合いは終わった[19]。

　この頃、フィデルの仲間たちは、メルバの家（107 Jovellarにあった）やオルトドクソ党の事務所（109 Prado）を利用して会合を開いていた。そこでフィデルは、蜂起のためのさまざまな方針や組織のあり方、ホセ・マルティの思想について話し、議論をしていた。アルマンド・アルトによると、フィデルがメキシコに行く数週間前、つまり1955年6月12日、ある家での集会で、フィデルは自分の組織している運動の名前を7月26日運動にするといったと指摘しており、それによるとこの集会で、7月26日運動の指導部中核ができたことになる。そこにいたのは、ペドゥロ・ミレト、ヘスス・モンタネ、ファウスティノ・ペレス、アイデエ、メルバ、ホセ・スアレス、ペドゥロ・アギレラ（Pedro Aguilera、ラ・アバナ大学卒業、父の歯医者の手伝い）、ルイス・ボニト（Luis Bonito）、アントニオ・ニコ・ロペス、それにアルトであった。そしてサンチャゴにも1人、参加者がいるとフィデルはいった。それがフランク・パイスであった。コルトマンは、ここに結集した指導的中核については民主的組織形態を提案して、フィデルに拒否されたと書いている[20]。

　ホセ・アントニオ・エチェベリア（José Antonio Echeverría）は、1955年春、正式にFEU会長に選出され、フィデルが釈放され

17　ホセ・アントニオ・エチェベリア

るとフィデルに接近しようとした。ホセ・アントニオは、バチスタ暗殺計画を実行するため、メネラオ・モラ（Menelao Mora Morales、法学博士、ABCの指導者の1人）やAAAと協力し、武器を獲得しようとした。しかしアウテンティコがこの計画を妨害し、実現することはなかった。メネラオは仲間のボンチェスを集めてエチェベリアらと相談し、バチスタ暗殺計画をねるが、これも事前に警察にも察知され失敗した。これらの経験を踏まえて、ホセ・アントニオは、FEU独自の武装闘争組織をつくる必要を感じた。

　ホセ・アントニオはフィデルと共闘でき、バチスタ打倒をめざす武装組織の結成にのりだし、56年6月に書記長と書記局員8人からなる「革命幹部会」（Directorio Revolucionario = DR）を組織する目的で、叔父のリカルド・ビアンチ（Ricardo Bianchi）の家で会合を開いた。出席者はファウレ・チョモン（Faure Chomón）、ホエ・ウェストブロク（Joe Westbrook）、レネ・アニジョ（René Anillo）、フアン・ペドゥロ（Juan Pedro Carbó Serviá）、ホルヘ・バルス（Jorge Valls）、フルクトゥオソ・ロドリゲス（Fructuoso Rodríguez）、ホセ・アントニオらであった。ビアンチの証言によると、その頃、ホセ・アントニオは、フィデルが絶対的指導権を要求したことに悩んでいた。またMLRの指導者たちとの会合でもフィデルは、それを要求したと話した[21]。

　フランク・パイスとサンティアゴ・デ・クバで活動していたア

ラウホ・レオカディア（Araújo Leocadia, Cayita、教師）、およびディック・メドゥラノ（Dick Medrano）というメキシコのプロ・レスラーと結婚していたマリア・アントニア・フィゲロア（Maria Antonia Figueroa）がメルバ・エルナンデスの家を訪問したのはフィデルがメキシコに亡命する直前であった。その会合の場で、フィデルは運動の方針について語り、メキシコへ渡るにあたっての別れの手紙を読んだ。そしてホセ・マルティに倣って、合州国へも渡り、そこでも7月26日運動を組織する方針を語った。

　7月26日運動の2回目の会議をアバナのオルトドクソ党の新事務所（24 Consulado）で開いた後、モンカディスタの暗殺の危険が迫っているとして、フィデルはメキシコに向けて出発した。1955年7月7日であった。6月17日にラウル・カストロは一足先にメキシコへ亡命し、マリア・アントニア・ゴンサレス（María Antonia González）の家にいき、そこでゲバラと会っていた。

　フィデルは出国に際し、政治指導者たちに手紙を残した。

　「平和的闘争の道は私にはすべて閉ざされたので、わたしはキューバから去る。……テロと犯罪を利用して支配し、キューバ人民の痛み……を無視して20年以上も権力を握り続ける独裁の意図をこれまでになく確信した。マルティの信奉者として、……彼らに嘆願するのではなく、……闘う時が来たと信じる。カリブのどこかに住むつもりだ。この旅からは、戻らないか、戻るとすれば専制体制が崩れ落ちる時だ」[22]。

　一方、フィデルがメキシコへ出国する直前、1955年6月3日、マンビ（キューバ独立戦争時の戦士）のひとりで84歳のコスメ・デ・ラ・トリエンテ（Cosme de la Torriente y Peraza）は、プリオが大統領時代の1948年に組織した「共和国友好協会」（the Sociedad de Amigos de la República=SAR）の会長として、マニフェストを

18 ラウル・カストロ（中央の人物，その左がフィデル，右がゲバラ）

発表し、革命的暴力ではなく、平和的に反バチスタ闘争を進めようと呼びかけた。それにはオルトドクソ党、アウテンティコ党、ホルヘ・マニャチの国民運動（Movimiento de la Nación）、民主党（Partido Demócrata）、アマリオ・フィアジョの率いるカトリック青年運動である「急進解放運動」（Movimiento de Liberación Radical）が署名していた。バチスタ打倒の暴力革命を避けるためにバチスタも協力するだろうという見通しの上の提案であった。それを支援するように8月11日にプリオが帰国した。この時期から56年3月頃までの間、反バチスタ勢力はバチスタの辞任を要求し、臨時政府を結成して、憲法保障を回復し、早期に総選挙を実施し、民政に移行することで団結して闘う可能性はあった。各地でオルトドクソ党とアウテンティコ党が合同して、反バチスタデモが展開された。

この流れに抗して、7月26日運動をはじめ、武装闘争路線の勢力は、積極的に平和闘争路線と対決して、宣伝活動を展開していた。特にプリオが平和闘争に転換したため、武装闘争を支持する勢力は、フィデルの下に結集し始めた。7月26日運動は、この時期のあらゆる集会で革命を呼びかけて活動した。

『ボエミア』誌の記者によるフィデルのインタビュー記事が1955

年7月10日の『ボエミア』誌に掲載され、そこでかれはプリオの帰国を批判した。フィデルは、自分にはどんな権利も否定されている時に、プリオがなぜ帰国できるのかと問いかけ、「われわれは人民が自由でありうるとき、人民に品格をもって生きる権利をもたらすことができるときに、独裁も飢えもないときに戻るだろう」「総選挙など信じられない、市民闘争のすべての扉が閉ざされている時、1868年の闘い、1895年の闘い以外の解決の道はない」「セスペデス、アグラモンテ、マセオ、ゴメス、マルティに見習おう、自由はお願いして得るものではない、マチェテ（山刀）の刃で闘い取るものだ」と主張した[23]。

これに続いて、フィデルは1955年8月8日、メキシコから「キューバ国民へ」と題して、キューバ人民への「7月26日運動第1マニフェスト」を送って、その組織的存在を示した。それはメキシコでマリア・アントニアの協力で2000部印刷され、秘密裏にキューバにもち込まれ、8月16日のエドゥアルド・チバスの記念日に配布された。

フィデルは、キューバの経済が一握りの腐敗した勢力の利潤獲得の場になっていることを批判し、土地を分配し、国の資源を国民のために動員し、社会的条件を平等化し、搾取を廃止する経済建設を訴えた。そしてここでも独立戦争の歴史と武力革命の記憶に呼びかけた。7月26日運動は、過去の腐敗した政治とは手を切った革命の意志をもつ新しい人びとによる組織だと宣伝し、人民の革命の15の基本政策を掲げた。その政策は、先の『歴史は私に無罪を宣告するだろう』よりもさらに具体的になっている。簡単にまとめて紹介する。

1）ラティフンディオの廃止、農民への土地の分配、国家の経済的技術的援助、減税。2）独裁が廃止した労働者の獲得物の再建、

すべての大企業の利潤の労働者への分配。3）国家による工業化の推進。そのため人的経済的資源の動員。飢餓の克服。4）すべての賃貸料の引き下げ、220万人の家賃の引き下げ。40万人のための住宅建築。280万人の電気をもたない人びとへの電気の供給。5）電話、電気、ガスの公共サービスの国有化。6）労働者や農民の子供20万人の保護施設と教育施設をもつ子供の町の建設。7）教育の拡充、教育制度の改革。8）税制改革。9）行政改革。10）軍隊内の地位の移動の公正化、軍事犯罪法における死刑の廃止、兵士の社会活動の強化。11）公務員の賃金の改善、退職者の待遇改善。12）教育や立法における人種差別、性差別の改善。13）社会保障、失業保険の整備。14）裁判制度の改革。15）不正蓄財の没収。

1955年8月15日には、オルトドクソ党全国会議が開かれ、SARの呼びかけに応えるかどうか議論が沸騰した。7月26日運動の支持者たちは、この会議で以下の内容のフィデルのメッセージを読み上げた。SARとの対話にたいするバチスタの侮辱をみれば、総選挙の平和的要求にバチスタが応えるはずはない。バチスタに即時の総選挙を要求して、拒否されたらどうするのか。バチスタの容認する部分選挙を要求する勢力がいるが、ただただ地位が欲しいだけだ。もう一方に革命勢力がいる。オルトドクソ党はこの2つの道の分岐点にいる。オルトドクソ党は官職あさりの党ではない。かつてチバスはその道を捨てた。マルティの道も同じだ。7月26日運動は良識のあるオルトドクソ党員に支持を呼びかける。われわれはチバシスモの革命的部隊だ[24]。以上がフィデルの呼びかけであった。ファウスティノ・ペレスもこの会議に参加していた。かれは、バチスタとの交渉と妥協を拒否し、武装闘争とゼネストの戦略を採用するよう主張した。

7月26日運動の提案は、全国から結集した500人の代表に一致

して支持された。これは政党として武装闘争を決定したという意味で歴史的事件であった。この日から、武装闘争路線は、はずみをつけた。しかし、バチスタとの対話路線を否決されたオルトドクソ党の指導的政治家たちは、依然として、バチスタとの和解を模索したり、平和闘争路線を主張したりして、オルトドクソ党支持者の分裂を促進することになった。メキシコからフィデルは手紙

19　ファウスティノ・ペレス

で、労働者、青年オルトドクソ、女性、戦闘グループ、地下宣伝活動、印刷組織、経済セクションの状況をつかむこと、労働組合を忘れないこと、市民運動に働きかけること、そのための活動グループをアバナに組織すること等々、さまざまな指示を毎日のようにだしていた。

　学生たちが激しい反バチスタ闘争を展開する中、SARは、バチスタに選挙による解決を呼びかけて、1955年11月19日、ラ・アバナで10万人の大抗議集会を開催した[25]。これはキューバ史上最大の集会だった。7月26日運動のアルマンド・アルトは、この集会にどのように参加するかを相談するため、フィデルとマイアミで会談した。フィデルは自分のメッセージをその集会で読み上げることを提案した。アルトは帰国して、有名な弁護士でラ・アバナ大学の法学部の教授であったSARの書記のホセ・ミロ・カルドナ（José Miro Cardona）の仲介でコスメ・デ・ラ・トリエンテと面会し、その提案をしたが、かれは拒否をして、7月26日運動の集会への参加を認めなかった。

FEUの議長に選出されていたホセ・アントニオは、集会に招待されていて、演説し、反バチスタの平和的闘争を支持するが、成功するとは思わない、武装闘争を支持する勢力が支えてこそ平和闘争は有効だ、FEUは戦争好きの組織ではなく、義務として闘う組織だ、SARの要求をバチスタが受け入れるなら、FEUはその過程を監視する、権力に居座るなら力で追いだすと演説した。集会に参加していた学生たちや7月26日運動の参加者たちは、「革命、革命、フィデル、フィデル」と連呼し、それを排除しようとするアウテンティコ党や主催者側との間で、暴力の応酬となり、混乱状態のうちに集会は終わった。

　先にも紹介したロランド・E・ボナチェアはこの時代の青年たちについて、「これらの若者たちが革命に全面的に賛成したということがあまりにも忘れられてきた。そしてフィデル・カストロが不当に評価されてきた。たしかにフィデルは、そのカリスマ性と卓越した見識によって、またその思想に魅了された多くの人々を鼓舞した。しかし、これらの青年たちは、熱狂的使命をももっていた。かれらは国民の再生を実行する尽きることのない運命をもつ男女であった」という[26]。ロランドは古い世代と新しい世代の断絶を強調しているのである。

　たしかに、ロランドのいうように、フィデルやその組織「7月26日運動」を生みだした背景に、新しいキューバを建設しようとする意気に燃えた若者たちが広範にいたことを強調してしすぎることはない。それにもかかわらず、古い世代の国民を含めて、労働者、農民、知識人、多くの失業者たち等々の中にも、バチスタ政府に抵抗する若者たちへの残虐な弾圧を経験して、若者たちの抵抗への共感は静かに広がっていた。そこには独立以来、腐敗堕落した政府とその暴力の歴史の記憶があり、フィデルの提起する革命的暴力へ共感

が、徐々に伝播していたということもできる。腐敗した政治指導者たちは、国民の中の新しい動向をまったくつかみえなかった。世代間の分裂ではなく、既成政治集団の腐敗・堕落の傾向とそこから生じるうさんくささにより、平和的対決で国民を鼓舞することはできる状況にはなかったということであろう。

　そのことを1955年12月14日の午前10時から行われた5分間のゼネストの成功が示している。ホセ・アントニオを先頭とするFEUは、SARの集会の失敗をふまえて、全国で激しい反バチスタの武装学生デモを展開し、バチスタ政府は各地で弾圧を繰り広げていた。これに抗議して12月5日、ラス・ビジャスの砂糖労働者を中心に50万人が反バチスタのストライキを開始した。FEUはかれらの闘争の支援を呼びかけ、学生たちが砂糖労働者と連帯して、ストライキを闘った。12月10日には、メキシコのナサウからフィデルは7月26日運動の第二マニフェストを送った。そこには革命は一揆とは違い「人民の事業だ」「革命を呼びかけることは、世論に平和を語ったり、秘密の陰謀を説いたりするよりも、より良い結果をもたらすだろう」と主張し、汚い政治家たちと手を切った7月26日運動への人民の募金を呼びかけていた。12日には、FEUは12月14日午前10時から5分間、反バチスタのゼネストの実施を全国に呼びかけた。このゼネストには親バチスタのCTC傘下の組合も、指導部の阻止を拒否して一部、参加した。運輸労働者、ラジオ・アナウンサー、電話会社従業員、電気会社、薬屋、ホテル、レストラン、その他、多くの労働者、市民が参加して、大成功のうちに終わった[27]。

4　7月26日運動の武装闘争開始

　フィデルは、メキシコに出発する前にマリアノ・ソリ・マリン

20　ウンベルト・ソリ・マリン

(Mariano Sorí Marín) に会った。そして彼の弟の弁護士でエコノミストのウンベルト・ソリ・マリン (Humberto Sorí Marín) にあい、彼の協力を獲得した。また、マリアノは、フィデルの希望で、革命のための資金の提供をプリオに要請する仲介も引き受けた。プリオは支援を約束したといわれる[28]。さらにフィデルはホセ・ミロ・カルドナを訪問し、革命への協力を要請した。

モンカダ攻撃後、逮捕を免れたモンカディスタやフィデルの仲間たちは、1954年の前半ごろから、ぽつりぽつりとメキシコ・シティに集まってきていた。メルバやアイデエからの連絡で、かれらは相互に連絡を取り合っていた。当時、メキシコで彼らの生活や活動に協力したのは、マリア・アントニアであった。彼女は自分のアパート (49 Calle Empará) をフィデルの仲間の臨時の連絡場所として提供していた。また、キューバ人歌手と結婚していたエンジニアのアルホンソ・グティエレス (Alfonso Gutiérrez)、印刷会社の所有者マヌエル・マチャド (Manuel Machado) らも資金援助をしていた。この頃、ベネズエラ在住のキューバ人の富豪ラファエル・ビルバオ (Rafael Bilbao) やキューバの聖職者セシリオ・アラスティア (Cecilio Arrastía) が7月26日運動の支持者から集めた募金1万ドルをフィデルに渡している。

エルネスト・ゲバラが、まだグアテマラにいたころ、その友人であったイルダ・ガデアは、エデルベルト・トレス (Edelberto

Torres グアテマラの社会科学者、ハコボ・グスマン（Juan Jacobo Árbenz Guzmán）政権を支持）の家をたまり場にして、さまざまな人びとと交流していた。キューバのモンカディスタに関心をもったイ

21　エルネスト（チェ）・ゲバラ

ルダ・ガデアは、グアテマラに亡命してきたモンカディスタと連絡をとり、かれらもトレスの家に出入りしていた。

　1954年1月3日、エルネスト・ゲバラが初めてエデルベルトの家に行ったとき、ニコ・ロペス、アルマンド・アレンシビア、アントニオ・ダリオ・ロペス、マリオ・ダルマウらのモンカディスタの亡命者と出会った。この時、ニコたちは、ゲバラにモンカダ兵営攻撃について話をした。ゲバラとニコは友人となり、ニコはエルネスト・ゲバラをエル・チェ（El Che、「やあ、君」といった呼びかけの言葉だが、これがゲバラのニックネームになった）と呼んでいた。ニコは、フィデルが釈放されたら、反バチスタゲリラ闘争の訓練がはじまるとゲバラに話していた。その後、1954年9月21日、ゲバラはメキシコへ移動するが、そこで10月末にニコ・ロペスと再会した際、ニコ・ロペスはフィデルらが間もなく釈放される可能性があるということ、武装蜂起のさまざまな準備を進めていることをゲバラに話していた[29]。

　1955年1月、モンカディスタは、メキシコ・シティに十数人いて、グテンベルグ通り（Calle Gutenberg）の下宿屋や安宿に滞在して、活動をしていた。チェ・ゲバラもニコやその他の仲間への連

絡役を務めているうち、新しく集まってくるキューバ人たちと知り合うようになった。1955年3月には、コスタリカから来たモンカディスタのホセ・アンヘル（José Ángel Sánchez Pérez）がティグレス通り（Calle Tigres）のゲバラのペンションに住んだ。かれをつうじて、マリア・アントニアの家に、ゲバラも出入りしていた。マリア・アントニアは、ニコの紹介でゲバラを信用した。

1955年6月17日に亡命してきたラウル・カストロは、マリア・アントニアの家で、ゲバラと出会った。フィデルもメキシコに到着した7月7日の数日後に、同じ場所でゲバラとあった。その後、7月下旬、イルダ・ガデアの家にフィデルが招待され、ゲバラを含む数人と長時間にわたって交流がはかられ、7月26日には、フィデルたちは、モンカダ兵営攻撃2周年記念の集会をチャプルテペック公園で、ラテンアメリカの亡命者たちと開いた。8月18日のゲバラとイルダの結婚式には、ラ・アバナから到着したばかりのヘスス・モンタネも参加していた。彼は7月26日運動の全国指導部の1人であった。ゲバラはこの時期、すでに7月26日運動の武装闘争に参加することになっていた。

このころまでには、フィデルは今後の革命の過程をより具体的に練り上げていた。独立戦争の歴史的記憶に訴えて、オリエンテのシエラ・マエストラ山でゲリラ戦を開始する。そこはキューバ第二の都市、サンティアゴ・デ・クバに近いこと、信頼に足るフランク・パイスの仲間たちがいること、上陸した後の後方支援に適していることを考慮に入れた計画であった。

フィデルは、1955年8月頃、スペインのゲリラ戦経験者のアルベルト・バヨ（Alberto Bayo Giraoud）と会い、協力を要請した。その後、資金集めと7月26日運動の組織化のために、1955年10月、テキサスの国境から合州国へ入国した。すでに9月には、

ニューヨークのキューバ市民行動（Acción Cívica Cubana）の7月26日運動への支持を確認していたフィデルは、ホセ・マルティのたどった道にならい、フィラデルフィア、ブリッジポート、コネティカット、ユニオン・シティ、エリザベス、ロング・アイランド、ニュージャージーと、キューバ人社会を精力的に回った。途中、ユニオン・シティでFBIに拘束され、活動を調査されているが、すぐ釈放され、10月23日、フィデルはニューヨークに到着した。

　そこで7月26日運動愛国クラブ（Patrioric Clubs of the 26th of July）を結成し、11月1日、ニューヨークのパーム・ガーデン・ホール（Palm Garden Hall）で、キューバ人亡命者500人の前で、フィデルとオルトドクソ党のフアン・マヌエル・マルケスが演説し、断固たる変革を訴え、1956年に「われわれは自由になるか殉教者になる」と明言した。そしてテロと暗殺を否定し、総選挙を要求した。

　パーム・ガーデン・ホールでの演説では、その場で数千ペソの募金があったこと、毎月、賃金から一定額を7月26日運動に募金する数千人の労働者がいると語っている。集会の後、ニューヨーク7月26日運動クラブ（The Club 26 de Julio de Nueva York）の結成（移民委員会＝Comité de Emigrados と民主的労働者＝Obreros Democráticos およびニューヨークオルトドクソ委員会＝Comité Ortodoxo de Nueva York とキューバ市民行動＝Acción Cívica Cubana が合同した）が決まり、この組織は、『歴史は私に無罪を宣告するだろう』を印刷して配布した。

　次いで、フィデルは、フアン・マヌエルと同行して、フロリダに行き、11月20日、マイアミのフラグラー劇場（Flagler Theater）でキューバ人1000人を結集して、集会を開催した。フィデルの妹

リディアとフィデルの子供フィデリート（ミルタとの子）もそこにいた。ここでもフィデルは演説し、資金を集めた。フアン・マヌエルもマイアミにクラブをつくり、かれはフロリダからの7月26日運動への資金管理者になった。11月27日には、キーウェストへ、12月7日にはタンパにも行き、支援組織を作り、フィデルは9000ドルの募金をもってメキシコに帰った。プエルトリコ、コスタリカ、ベネズエラからもカンパを集めた。またバカルデイ・ラム会社（Bacardi Rum Company）の社長の100万ドルの寄付をはじめキューバの諸階層からも資金を提供された。

　フィデルがキューバ国民に戦闘開始の年として予告した1956年に入ると、キューバへの侵攻部隊の要員たちがメキシコ・シティに結集し始めた。モンカダ攻撃の際の組織形態をそのままに、6人から10人の細胞を組織し、6軒の家を借りて、相互の連絡を禁止し、厳しい規律のもとに生活していた。資金と兵士を確保して、軍事指導者アルベルト・バヨの協力を得て、ゲリラ戦論とその戦闘方法が教授されることになり、マラソンや長距離行軍、体育館での身体訓練、格闘術等の戦闘訓練も開始された。ロス・ガミトス（Los Gamitos）射撃場では射撃訓練が行われ、合州国の退役軍人ミゲル・サンチェス（Miguel Sanchez）が指導にあたった。1956年2月にはキューバからさらに8000ドルの資金が届けられ、メキシコの武器商人アントニオ・デル・コンデ（Antonio del Conde）の協力をえて、武器も購入した。

　フィデルは、キューバでのさまざまな動向に常に注目し、機敏にそれらに反論したり、対策をとったりしており、それが7月26日運動の立場を国民の多くに知らせ、効果を上げた。とりわけ『ボエミア』誌はフィデルの動向に注目し、フィデルの投稿した記事やそれに関連する多くの記事を掲載した。1956年3月5日には、バチ

スタ政府と対話路線を追求し続けていたオルトドクソ党指導部が、ラ・アバナでの指導部の会合の混乱をめぐって、フィデルに釈明を求めたのに対し、フィデルは、『ボエミア』誌に7月26日運動はそれらの混乱に一切の責任はないこと、オルトドクソの指導部の路線にこそ、その根源があることを暴露した[30]。その後、オルトドクソ党の指導部とフィデルは会談したが決裂し、18日にオルトドクソ党がフィデルを公然と批判した[31]。それにたいしフィデルは19日、「7月26日運動」[32]という記事を公表し、オルトドクソ党との絶縁を宣言した[33]。

フィデルは、最初、モンカダ攻撃の7月26日の記念日に合わせて、侵攻作戦を展開しようと考えた。この頃には侵攻部隊は60人から70人程度になっていた。5月にはメキシコ・シティの郊外のチャルコにゲリラ訓練に適当なエラスモ・リベラ（Erasmo Rivera）が所有する農場（Rancho）をみつけ、その農場の買い取りを交渉しつつ、農場の補修をアルベルト・バヨが自分で雇った労働者にさせると、リベラをいいくるめて、売買の本契約まで1ヵ月8ドルでそこを借りた。

1956年5月末、ゲリラ戦士として頭角を現し始めていたゲバラを隊長とする最初のグループが農場での訓練に入った。ゲリラ訓練はバヨとゲバラの指導の下で、厳しく行われた。この訓練でゲバラは、かれをアルゼンチン人だということで拒否反応を示していた一部の隊員たちの信頼も獲得するようになった。ゲバラは、戦士のなかでは、もっともマルクス・レーニン主義的思想をもち、共産党への入党も考えており、フィデルを含め、キューバの戦士たちを共産主義革命の立場から、一定の距離をおいて観察しつつ、行動を共にしていた。フィデルたちが、ゲバラの考える革命路線を放棄する場合は、いつでも手を切る決意で参加していたのである。

キューバでは、7月26日運動がフィデルの上陸に合わせて、蜂起の準備を各地で秘密裏に展開していただけではなく、労働者の一部も含めた市民、学生たちの反バチスタ闘争はますます暴力的に展開され始めていた。1956年4月3日、ラモン・バルキン大佐（Coronel Ramon Barquin）を首謀者にして、反バチスタの下級将校たちが、政治家の一部の協力を得て、政権の民主化をめざして蜂起を準備していたが、摘発され、軍隊内から200人を超す将校の大量の逮捕者をだした。バチスタの指揮する軍隊の中の不満分子であった純潔派（Los puros）の反乱といわれた。7月26日運動の市民運動「7月26日運動市民抵抗」（Resistencia Civica del Movimiento 26 de Julio）は、軍人たちの民主化運動支持に対する声明をだした。また、ファウスティノ・ペレス、アルマンド・アルト、カルロス・フランキ、エンリケ・オルトゥスキ（Enrique Oltuski、マイアミ大学卒業、Shellの社員、ラス・ビジャスの7月26日運動の責任者）らは、『アルダボナソ』（ALDABONAZO）という7月26日運動の機関紙を5月15日から発行した。キューバの危機は、モラルの危機であると訴え、「破壊の細菌が少数の支配者の中にあまりにも深く浸透し、モラルは政治とは無関係だという人がいるほどだ」「この国は最悪の連中に支配されてきたし、支配され続けている」、泥棒、密輸業者、相場師、投機師、野蛮な人殺したちが政府の地位を占めていると告発し、4月3日の「純潔派」の軍人たちの反乱計画を支持し、「人民こそ革命の唯一の指導者である」とマルティの言葉で革命を呼びかけた。この機関紙は、その後、『レボルシオン』（Revolución）と改称した。「純潔派」事件以後、バチスタ政府の専制支配はさらに強化され、市民との対話も中止された。これで対話路線のSARの役割は終わった。

　サンティアゴ・デ・クバでは、3月12日に手榴弾の入った袋を

運んでいた2人の学生が逮捕され、4月19日、その学生の裁判があり、裁判所の周りで、学生たちが連帯の支援行動をしていた。そのとき、兵隊たちの乗った車が学生たちに無差別に発砲し、2人の学生が死亡、けが人もでて、数百人が逮捕された。フランク・パイスは、その報復戦として、銀行員カルロス・イグレシアス（Carlos Iglesias 通称 Nicaragua）を含む8人で、盗んだ2台の車に乗り、機関銃M-1で兵士3人を殺害した。翌日、4月20日、フランクは「キューバの全人民、とりわけ軍隊へ」という宣言を発表した。そこにはバチスタ軍には「目には目を」（ojo por ojo）で武装対決すると決意が示されていた。この日は、サンティアゴ・デ・クバでの7月26日運動の公然たる武装闘争開始の日となった。

学生運動とDRの指導者ホセ・アントニオの部隊がサンチャゴの闘争に応えて、フランクと共同闘争を展開し、4月20日、革命運動を誹謗中傷していたバチスタのテレビ局、チャンネル4を攻撃した[34]。さらに4月29日には、アウテンティコ党のカルロス・プリオの対話路線に反発した「オルガニサシオン・アウテンティコ」（Organización Autentica = OA）のレイノル・ガルシア率いる20余人が、政治家たちの対話路線に反対し、マタンサスのゴイクリア兵営を攻撃し、これを占拠して市民に武器を渡し、武装革命を開始しようとした。これには7月26日運動のメンバーも参加していた。しかし、バチスタ側はこの攻撃を事前に察知し、攻撃に備えていたため失敗し、6人が射殺され9人は逮捕後虐殺された。この事件で容疑者としてバチスタ政府に追及されたOAの十数人はハイチ大使館に亡命した。プリオはこの事件後、再び亡命を余儀なくされた。7月26日運動にたいするバチスタ派の追及は厳しさを増したが、バチスタも合州国も7月26日運動を、利用可能なデマゴーグの集団と、当時まだみていたとアルマンド・アルトはいっている[35]。

第4章　モンカディスタ裁判とフィデルのメキシコ亡命

メキシコでは、6月前半、フアン・アルメイダの部隊が訓練に入った。バチスタ政府は、フィデルの侵攻予告の年でもあり、7月26日運動の動向を探り、SIMは7月26日運動の活動家の摘発に努めメキシコでも捜査をし、メキシコの治安当局も協力していた。

6月10日、フィデルは、コスタリカに資金集めのためにでかけ、メキシコに戻った直後、6月20日に路上でラミロ・バルデスとともに逮捕された。そして数日のうちにすべての隠れ家が急襲され、20人を超える隊員が逮捕され、文書と武器も没収された。バヨとラウルは逮捕を免れた。イルダはフィデルとゲバラの関連文書を隠した後、逮捕され、一晩、尋問されて釈放された。かれらの逮捕の理由は、キューバ共産党とメキシコ共産党によるバチスタ暗殺計画容疑であった。バチスタは、強制送還を要求した。

ラウルたちは救済のために動いた。ゲバラは訓練農場への警察の急襲を予測して、武器の隠し場所を移動した。6月24日には、警察がゲバラと他12人を逮捕した[36]。その日の『エクセルシオール（Excelsior）』紙はキューバ人の反乱指導者20人を逮捕と報じ、次の日の記事では国際共産主義の陰謀で、ゲバラが首謀者らしいと報じた。6月22日にフィデルは国際共産主義とは全く関係ないという声明をだした。

フィデルの友人で弁護士のフアン・マヌエル・マルケスが合州国からメキシコにかけつけ、7月2日には、フィデルは釈放されることになったが、メキシコの内相がまったをかけた。フィデルはハンガーストで抗議し、7月9日、獄中で「うそはもうたくさんだ」（Basta ya de mentiras!）と題する記事を書き、15日に『ボエミア』誌に掲載された。そこではバチスタの手先たちと在メキシコのキューバ大使館がメキシコの法を破り、7月26日運動のメンバーを誘拐し、拷問し、殺戮しようとした実態を暴露していた。投

獄されている時、メキシコに在住していた作家のテレサ・カスソ（Teresa Casuso）が、新聞で反バチスタのキューバ人たちがランチョで訓練中に捕えられたという記事に興味をもち、入国者収容所でフィデルたちと面会した。彼女は、30年世代の知識人で革命家としてキューバ人に尊敬されていたパブロ・デ・ラ・トリエンテ（Pablo de la Torriente Brau）の未亡人であった。彼女はフィデルに協力し、武器・弾薬の保管や活動の場所を提供し、隣家をペドゥロ・ミレトの隠れ家として借り受けた。また、フィデルに頼まれて、彼女はマイアミにプリオを訪ね、プリオとフィデルの面会の仲介をとり、面会場所と日時を設定した。

彼らの容疑はイミグレーション法違反にすぎなかったので、7月9日から数日のうちに、フィデルとゲバラとカリスト・ガルシアを残して、全員が釈放された。7月22日、フィデルの弁護士は元メキシコ大統領ラサロ・カルデナス（Lázaro Cárdenas）を訪問し、救済を訴えた結果、7月24日、フィデルは2週間以内の国外退去を条件に釈放された。ゲバラとカリスト・ガルシアだけは、8月に入ってから釈放された。フィデルは、再逮捕を避けるために、仲間たちをメキシコ・シティの外へ分散させ、地下活動を再開した。

1956年4月頃、マリア・アントニアがキューバからメキシコのフィデルに資金をもっていったとき、フィデルはフランク・パイスのメキシコ訪問を要請していた。メキシコの同志たちの苦境を知ったキューバの7月26日運動の全国指導部は1956年7月28日にアバナで会議を開催し、対策を検討した。何人かがメキシコへ行くことになり、その中にフランク・パイスもいた。フランクはキューバの7月26日運動の組織の不備を指摘し、ロジスティクスの弱点について提起しており、そのことについて、フランク・パイスはフィデルと直接面会することになった。フランク・パイスは、8月8日、

釈放後まもないフィデルとクエルナバカ（Cuernavaca）の隠れ家で会談した。この時、フランク・パイスは18日までメキシコに滞在しているが、フランクはフィデルに、7月26日運動の闘争態勢が整っていず、年度内の侵攻に対応するのは無理だと訴えたと思われる。しかし、フィデルの意志を変えることはできなかった。そこで、フランクはサンチャゴに帰って、全国指導部の会議を招集し、フィデルとの会談の内容を報告し、年度内の侵攻に備えることにし、「7月26日革命運動の経済的主張」を起草し、直ちに印刷して少数だが配布した。

1956年7月26日、DRのホセ・アントニオは、ラテンアメリカ学生第2回会議に出席するため、ラ・アバナからチリに向かった。DRは、メキシコでフィデルたちが逮捕されたと知り、6月24日、メキシコ大統領に抗議の電報を送ったり、7月26日運動とともにメキシコ大使館に抗議のデモをしたり、フィデルと7月26日運動を支持して、共同闘争を進めていた。

チリからの帰国途中の8月28日、メキシコに寄り、フィデルと面会したホセ・アントニオは、DRの幹部会からフィデルとは組織同士の「協定」（Pacto）ではなく個人的「文書」（Carta）を作成し、DRの代表として署名するよう指示されていた。会談では、フィデルが年末までにはキューバに侵攻すると主張し、ホセ・アントニオにその際、支援するよう要請し、ホセ・アントニオは同意した。彼はコスタリカのフィゲロアの支援を受けるべきだと主張し、フィデルはプリオに資金援助を要請するようホセ・アントニオに依頼した。また、両者は30日「メキシコからの手紙」（Carta de Mexico）という文書をテレサ・カスソの家で作成した。ホセ・アントニオはDRの指示を受けていたにもかかわらず、FEUの代表として、フィデルは7月26日運動の代表として調印した。19項目にわたって列

記された合意事項で注目されるのは、社会的、政治的にキューバでは革命の条件が熟していることと、1956年の解放を人民に提起するために十分前進していること、全国のゼネストによって支援された蜂起は敗北することはないとし、フィデルたちの侵攻に合わせて、武装蜂起することで合意したことである。ホセ・アントニオの主張も入れて、ドミニカのキューバ侵略政策も批判した。フィデルはそれをすぐにUP通信社にもち込み、9月1日には、そのニュースが世界中に配信され、9月2日にはキューバでも報道され、注目をあびた。FEUが政党と共同闘争を宣言したのは、その歴史上初めての事であった。

しかしFEUの代表としての署名について、FEUの指導部は突然のフィデルとの合意文書に驚き、ホセ・アントニオの規約違反として問題になった。DRの幹部会は、検討の結果、10月10日、再度メキシコで7月26日運動との会議でつめることになり、そこにはDRからホセ・アントニオ、フルクトゥオソ・ロドリゲス、ファウレ・チョモン、ホエ・ウエストブロオク、フアン・ヌイリ（Juan Nuiry）が出席し、7月26日運動からは フィデル、フアン・マヌエル・マルケス、ファウスティノ・ペレス、カンディド・ゴンサレス（Cándido González）が出席した。

革命路線について議論になったが、合意にいたらず、7月26日運動の侵攻の時期も迫っていたので、懸案事項として残すことにし、とりあえず年末の侵攻に合わせて共同闘争をし、上陸の日にはラ・アバナでDRが武装蜂起することで合意した。

この時期には、さらに40人余の7月26日運動の戦士がキューバと合州国から到着しており、かれらはメキシコと合州国の国境の近くタマウリパス、シウダ・ビクトリア、ハラパ、ベラクルスのボカ・デル・リオ等々で訓練をした。ホセ・マルティの著作や『歴

史は私に無罪を宣告するだろう』等の学習、1933年革命、グアテマラ革命の教訓など、さまざまな政治討論も行われていた。そこでもゲバラが指導的役割をはたしていた。

　地下活動をつづけながら、7月26日運動の資金は底をついていた。9月に入ると、フィデルは川を泳いで非合法に国境を越えて、合州国のテキサスへ入り、国境近くの町マカランのホテル、カサ・デ・パルマス（Casa de Palmas）で、アウテンティコ党のカルロス・プリオと面会した。プリオはフィデルを利用できるとみて、フアン・マヌエル・マルケスを通じて5万ドルを援助し、その後も追加の援助をし、その総額は25万ドルにおよんだ。プリオ政府の際に活躍したフスト・カリジョも5000ドル、キューバ航空の社長ロペス・ビジャボイ（Lopez Villaboy）もフィデルに資金を提供した[37]。9月の後半、フィデルはアメリカ人（Robert Erickson）からトゥスパンの町で家付きの4万ドルでヨットを購入した。それがグランマ号であった。

　すでにこのころから7月26日運動の組織的な問題点が浮上していた。1956年6月に同運動の組織化の際、ラ・アバナに在住していた戦士たちを中心に全国指導部が形成された。しかし、7月26日運動はあくまでもフィデルの指揮する組織であった。しかもフィデルはメキシコに拠点を置いて、56年末までには侵攻する計画の下に準備を進めていた。ここには組織の指揮命令系統で無理が見られた。最も重要な指導者で組織の中心のフィデルがメキシコにいるため、本来なら、運動全体の方針を立て、指揮しなければならない全国指導部は、その機能をはたしえなかったのである。全国指導部の構成員たちを含め、多くの重要なメンバーがたえずメキシコに行き、総指揮者（Dirección General）としてのフィデルの指示をあおがなければならなかった。

さらに、フィデルが侵攻し、上陸をしようとしていたオリエンテ州には、フランク・パイスのような有能な組織活動者がいて、かれの支援はフィデルの侵攻部隊には不可欠であった。したがって侵攻の時期が近づくにつれて、7月26日運動の活動の中心は、オリエンテに移らざるを得ず、フランク・パイスの組織活動が7月26日運動の中心に浮上してきた。

　このような状況のもとで、7月26日運動の指導的中核が3つに分裂しているような様相を呈し始めていた。フィデルを隊長とするメキシコの侵攻部隊は、その組織形態や機能の点で、バチスタ体制への7月26日運動の戦闘部隊であり、その総指揮官がフィデルであった。それを受け入れるオリエンテのフランクを指導者とする勢力は、オリエンテを中心に、政治的役割と軍事的役割を担わざるをえなかった。そして7月26日運動の本部としてのラ・アバナの全国指導部は、全国を対象に政治的、軍事的方針を提起する立場にあった。全国指導部のもとにオリエンテのフランク・パイスの組織が行動し、メキシコの戦闘組織もその指揮のもとに行動開始するのが本来の組織系統であるはずである。しかし、7月26日運動の場合、メキシコの戦闘部隊の指揮のもとに、全組織が行動していた。しかも組織の中心である全国指導部の活動するラ・アバナは、バチスタ支配の中心でもあり、7月26日運動の組織活動がもっとも困難な場所でもあった。この組織的特異性は、やがて7月26日運動に危機的状況をもたらし、組織の改編を余儀なくされる時期が来る。

　フィデルがメキシコで侵攻の準備を進めている時、キューバの各地から指導的活動家たちが行動と方針の調整のためにフィデルに会いにいかざるを得なかったのは組織的欠陥を示していた。全国指導部の統一的指揮のもとに行なわれていた行動とは異なる。フィデル

の指示により、フィデルの上陸計画に合わせて、全国的蜂起を準備し、ゼネストで勝利するというメキシコの戦闘部隊の隊長フィデルの方針が全組織を動かしていた。

　1956年9月11日にフランク・パイスはフィデルに手紙で現況を報告し、それにたいするフィデルの返事をみて、ラ・アバナにレステル、ヘスス・モンタネらとでかけ、10月6日に7月26日運動の全国指導部の会議を開き、フィデルの上陸に際しての情勢が検討された。フランク・パイスは、再度、7月26日運動の組織がまだ小さいこと、ゼネストによるサポート体制が弱いこと、行動の指揮体制が弱体であることを主張し、57年初頭まで侵攻を延期すべきだと主張した。これは全体の革命運動を指導する全国指導部としての見解であったといってよい。10月23日、その意見をもって、フランクは再びメキシコでフィデルと会談した。フィデルは、1956年中に蜂起するとキューバ国民に約束したのだから、それは変えられないこと、さらにバチスタとメキシコ警察の追及が厳しく、メキシコでの7月26日運動の活動が困難になっており、武器を接収される可能性もあり、延期は不可能だと主張し、フランクは予定どおりの決行を受け入れた。この時に、フランク・パイスは、フィデルにより全国指導部の行動隊長に任命され、28日に帰国した。この経過は、7月26日運動の組織的特異性を示している。

　フランクやホセ・アントニオがフィデルとの会談を終え帰国した直後、DRは1956年10月28日、バチスタの軍部情報局SIMの長官であったブランコ・リコ（Blanco Rico）の暗殺を決行した。この事件で、警察長官ラファエル・サラス・カニサレスは、ハイチ大使館に主権を侵害して侵入し、ゴイクリア兵営攻撃の容疑で亡命のために待機していた「オルガニサシオン・アウテンティコ」（OA）の14人を射殺した。この警察の非道な弾圧政策に抗議して、各地

で暴力的抗議行動が起こっていた。フィデルは、『エル・ムンド』紙のインタビューに応えて、ブランコ・リコはバチスタの手先ではなく、暗殺は支持できないと主張した。また全国民の支持する大統領候補の指名、90日以内の総選挙実施、ドミニカ共和国との断交、ドミニカ共和国のキューバ侵略計画の非難決議をOASに要請すること、56年4月4日の事件での軍人の釈放、すべての社会的政治的囚人の釈放と全国民による国防を訴えることを条件に国民的団結を提起した。

ここには、フィデルが、DRと締結した「メキシコからの手紙」の内容をもりこみ、DRとの団結に配慮した提案が見られるが、7月26日運動とホセ・アントニオのDRの革命路線の違いも現れていた。

その後、メキシコではペドロ・ミレトの隠れ家が急襲され、5万6000ドル相当の武器を押収され、ミレトが逮捕された。フィデルは直ちに、仲間を別の安全な家々に移動させ、グランマ号の修復を急いだ。

出発の準備の進行中に、PSPの特使がフィデルと面会し、武装闘争を始めるには時期尚早であり、市民運動の展開から武装闘争へと発展させる方針で合意できれば協力したいと提案した。フィデルは拒否したが、上陸したときに、支援の武装闘争は歓迎すると伝えた。

11月23日フィデルはメキシコ・シティ、ベラクルス、タマウリパスの仲間たちに24日、トゥスパンの南のポソ・リコに集まるよう命令した。11月24日夜、メキシコ警察の追及をかわして、ついにグランマ号は82人を乗せて、嵐の中をキューバのオリエンテにあるニケロの海岸に向けて出航した。しかし、50人近い兵士は乗船する余地がなく、残された。兵士たちには意図的にどこへ、いつ

着くかを隠したままだった。出航してから目的地まで5日はかかるとみていたので、出航に際して、30日にオリエンテの海岸に到着するという意味の暗号電報をキューバの2ヵ所に、打電した。ところが11月30日には、まだグランド・カイマンの海域にいて、オリエンテで反乱のあったことを報じているのをグランマ号の中でラジオで聞いているという状況だった。さらに12月2日、グランマ号はベリク地区のラス・コロラダス海岸付近で座礁してしまったので、船から避難するような状態で、それぞれもてる武器だけをもって、マングローブの繁る中を疲れ果てて、上陸することになった。当然、待機していた7月26日運動の支援部隊に遭遇できなかった。また、フランク・パイスが心配したように、フィデルの上陸時には、ラ・アバナの7月26日運動全国指導部は、同時に蜂起する体制にはなかった。DRも幹部会を開き、11月29日には、ホセ・アントニオが30日の蜂起はあきらめ、大統領暗殺をめざして勢力を温存する方針を決めていた。

第5章

ゲリラ戦の開始

1　フランク・パイス

　1955年11月1日、ニューヨークで、フィデルは1956年中にわれわれは自由になるか、殉教者になるかだと公然と宣言していたが、7月26日運動の全国指導部の決定で方針を明らかにしたというよりは、フィデルの独断で行われたものである。その後、7月26日運動はフィデルの方針で行動することになった。オリエンテの7月26日運動の指導者であったフランク・パイスは、その提起された方針に異議をとなえたが、フィデルとの会談で、最終的にはフィデルの方針で、1956年末までに上陸する体制を準備する闘いに入った。

　フランク・パイスは、1934年12月7日に、教師であり牧師であったフランシスコ・パイス（Francisco País）を父にロサリオ・ガルシア（Rosario García Calviño）を母にサンティアゴ・デ・クバに生まれた。3人兄弟でその後に生まれたのがアグスティン（Agustín）とホスエ（Josué）であった。5歳の時に父を失い、その後、母、ロサリオは遺産でいくつか家を買い、貸家にして生活した。家族はサン・バルトロメの家で生活した。フランクは作詩をし、オルガンも弾く、多才な少年であった。小学校時代からかれの統率力は抜群で、成績もよかった。その後、中等学校（Instituto de Segunda Enseñanza de Santiago de Cuba）に短期間席を置き、1948年にオリエンテ教員養成学校（la Escuela Normal de

22 フランク・パイス

Maestros de Oriente）に入学した。

　バチスタがクーデタで政権についたとき、フランクは18歳であった。クーデタの当日、サンティアゴのセスペデス広場に学生と市民が7000人ほど結集し、バチスタのクーデタに抗議したモンカダの第一連隊長アルバレス・マルゴジェス（coronel Álvarez Margolles）にたいして、サンティアゴ市民は武装抵抗しようと訴え、「バチスタ打倒、武器を、武器を、武器を」と連呼した。しかし軍隊内の反バチスタ派は間もなく粛清された。その後も、キューバ各地で反バチスタ独裁闘争が展開され、サンティアゴ・デ・クバではオリエンテ大学学生連盟（la Federación Estudianil de la Universidad de Oriente=FEUO）がその闘争の先頭に立っていた。

　52年4月には、サンティアゴ・デ・クバに「革命的学生幹部会」（el Directorio Estudiantil Revolucionario）が組織され、労働者、農民、市民と協力して民主主義を守ると「原則宣言」を発表し、1940年憲法に宣誓し、バチスタの「憲法に代わる法規」（los Estatutos Constitucionales）を破棄してみせた。5月にラファエル・ガルシア・バルセナのMNRやホベン・クバの若者たちを中心に「解放行動」（Acción Libertadora=AL）が組織されたことは、すでに述べた（第3章参照）。そこには反バチスタの武装闘争に参加しようとする若者たちが結集していた。サンティアゴ・デ・クバのALの書記をしていたラウル・デ・マソによると、サンティアゴ・デ・クバにはALの36の細胞があり、一つの細胞は10人で構成されていた。そこには7月26日運動に参加することになる重要な人

物が参加していたこともすでにのべた。若者たちの反バチスタ闘争は、全国的に中等学校の学生をも含めて展開されていた。

憲法53条（大学の自治の保障）に保障された大学の自治を守ろうとする学生たちの運動にたいし、警察は52年9月21日、全国の大学に介入し、学生運動を弾圧した結果、ますます学生たちの反感を買うことになった。10月31日には、オリエンテで「学生幹部会」(Directorio Estudiantil)が結成された。そのような中でフランクは、11月8日に教員養成学校学生協会の会長に選出された。ここでホセ・テイ(José Tey, "Pepito")とめぐりあった。フランクを中核に、「教員学校学生革命同盟」(el Bloque Revolucionario de Estudiantes Normalistas=BREN)が結成された[1]。

11月にはアイダ・ペラヨ(Aida Pelayo、教員)らがマルティ生誕100周年を記念して女性の市民戦線「マルティの女性たち」(Mujeres Martianas)を組織した。ラ・アバナでは、1953年1月26日から3日間にわたり、「青年の権利を求めるマルティ会議」が開催された。このころからフィデルとサンティアゴの青年たちとの秘密理の交流が始まっていた。

1953年5月1日のメーデーは、学生と労働者が共同で闘った。5月8日のアントニオ・ギテラス暗殺記念の日も全国の学生たちがさまざまな集会を開催したが、サンティアゴでは商業専門学校の学生を中心にフェリクス・ペナ(Félix Pena)が「マルティ学生連合」(Bloque Estudiantil Martiano=BEM)を組織した。グアンタナモ、パルマ・ソリアノ、マンサニジョ、オルギンにも、そしてラ・アバナにも組織され、各州のBEMも連合組織を結成した(La Federación Provincial de Bloques Martianos)。この組織は、学生だけではなく、労働者や農民の間にも参加者を広げた。砂糖労働者の第1回砂糖労働者全国フォーラム(Primer Forum Azucarero

Nacional)に学生たちも参加していた。オリエンテ大学には、この時期にMNRも結成された[2]。

　学生たちは選挙闘争に賛成の政治指導者たちにたいし、バチスタ政権を正当化するものでしかないと批判した。オリエンテ大学の大学会議には、政治に関わることに反対する教員、選挙闘争を支持する教員もいて、学長はグアテマラの独裁者カスティジョ・アルマスを支持していた。それに対してフランク・パイスをはじめ、学生や青年たちは抗議していた。

　このような反バチスタ闘争が展開される中で、フィデルのモンカダ兵営攻撃が実行され、その実態が若者たちに知られるにつれて、フィデルの行動に共感した若者たちがさらに過激な行動にで始めた。FEUOと「オリエンテ中等学校地域連合」(la Federación Local de Centros de Segunda Enseñanza=FLCSE) も共同闘争を展開していた。フランク・パイスはそのような情勢の中で教員養成学校を1953年7月6日に卒業した。

　1953年8月頃、グアンタナモ商業学校にオリエンテ州の中等学校の学生が結集し、反バチスタの集会を開いた。フランク・パイス、ペピト・テイらも参加していた。この会議でバチスタ政府打倒の方針が採択され、教員養成学校と中等学校、オリエンテ大学の学生たちが反バチスタ闘争で共同することになった。フェリクス・ペナとフランク・パイスは、「アセシナト」(Asesinato) という文書を発表し、モンカダでのバチスタ軍部の犯罪を告発し、それにより8月12日フランク・パイスは逮捕され、初めて監獄に入ることになった。

　9月にモンカディスタの裁判がはじまると、オリエンテ大学の学生の機関紙「マンビ」(Mambí) の記者も裁判を傍聴していた。10月には、オリエンテ大学学生連盟の副議長にペピト・テイが選出さ

れた。またアバナでアイダ・ペラヨが「マルティ100周年女性市民戦線」を組織し、全国的に組織活動を展開し、サンティアゴにできたのは1955年であった。

1954年3月14日、中等学校学生大会がオリエンテ大学で、また5月7日、8日の両日、ラ・アバナ大学で第3回中等学校全国会議が開かれた。当時、学生たちはグアテマラの左派政権であるアルベンス政権を支持し、グアテマラ支持委員会を組織してもいた。当時の若者たちは新しい民主的あり方を提起し、ホセ・マルティの「われらのアメリカ」の一員となること、経済的民主制、社会的、政治的民主制、個人の福祉と共同の福祉、みんなのキューバ、みんなの幸せ、そのための武装闘争を掲げていた。

フランク・パイスは、1954年コレヒオ・デル・サルバドル（el Colegio del Salvador）の教員になると、生徒たちの人気者になり、10歳以下の子供たちと「民主的学校共和国」を組織し、憲法もつくったりしていた。フランクは、ペピト・テイに誘われて、1954年、オリエンテ大学で教育課程に登録し、1年間学んだ際、学部の学生協会の書記に選出されると同時にオリエンテ大学学生連盟の農業部局の書記の役割も担っていた。この頃、フランクは、ホルヘ・ラモン（Jorge Ramón Ibarra ラ・アバナ大学教授）らとともに「レアレンゴ18」（Realengo18）に調査のためでかけた[3]。

モンカダ兵営攻撃1周年記念では、サンティアゴのALがバチスタ暗殺計画をたて、バチスタの行進する経路を確認し、トンネルを掘り、ダイナマイトをしかけて爆発させようとしたが、SIMにトンネルを発見され失敗した。

1954年11月、フランクとホルヘ・ラモンはオリエンテ大学にバルセナのMNR支部を結成し、武装闘争路線を提起した。しかし、MNRはその方針を拒否した。そのためフランクは、MNRと

は別に、新しい革命組織として「オリエンテ革命行動」(Acción Revolucionaria Oriental ＝ ARO) を結成した。かれは強力で規律のある革命組織を望み、綱領も作成された。さらにオリエンテだけではなく、全国組織にする方針であったので、マンサニジョ、グアンタナモ、サンティアゴにも組織し、カマグエイでは、鉄道労働者も組織した。フランクは、ビルマ・エスピンとこの組織で出会っていた。

この組織は、その後、組織名を「革命全国行動」(Acción Nacional Revolucionaria ＝ ARN) に改称した。フランクは、オリエンテでの活動で AL や「マルティ学生連合」(BEM) をはじめ、青年たちのさまざまな組織に基盤をもち、武器の獲得をはじめ、武装闘争の準備を着々とすすめていた。ARO は 7 月 23 日にエル・カネイの警察署を攻撃して、武器の獲得を計画したが、フランクのこの最初の蜂起は失敗に終わった。

この時期には、バチスタ政府がキューバ島を分断する運河計画を画策[4]したが、これにたいしてホセ・アントニオ・エチェベリアの指導する FEU が全国的に反対運動を展開した。オリエンテ大学では、1955 年 1 月 28 日、フォーラムが組織され、「キューバ運河反対闘争委員会」(el Comité de Lucha contra el Canal Via-Cuba) が結成されていた。また 2 月にオリエンテ大学で開かれた中等学校全国会議では運河反対のマニフェストを発表した。

フィデルが監獄から釈放された際に、サンティアゴ・デ・クバでフランク・パイスらと活動していた「青年カトリカ」(Juventud Catolica) のメンバーでもあったフェリクス・ペナは、フィデルと面会しているがその際、フィデルは、オリエンテのフランク・パイスらの活動の情報を獲得しただろう。7 月 26 日運動の組織化が進むと、オリエンテのフランク・パイスにフィデルが注目したことは

すでに述べた。

　サンティアゴ・デ・クバでは、フランクらを中心に「独立青年」(Juventudes Independientes) を組織、後にそれは「反対派青年ブロック」(Bloque de Juventudes Oposicionistas) になった。そこには、「青年オルトドクソ」(la Juventud Ortodoxa)、「青年アウテンティコ」(la Juventud Auténtica)、「青年人民社会党」(la Juventud Socialista Popular) のメンバーも加わった。

　すでに述べたようにマリア・アントニア・フィゲロアが1955年6月18日に、7月26日運動の結成の相談が行われたラ・アバナのメルバの家で、フランクを7月26日運動の行動隊長にふさわしいと紹介していた。フィデルは、レステルからも同じ推薦を受けていた。フィデルに勧誘するようにいわれたマリア・アントニアは、サンティアゴに帰り、レステルとともに何回かフランクとあった。最初、フランクは参加する気がなかったと彼女は証言している。当時7月26日運動の活動家であったガルベス・ロドリゲス (Gálvez Rodríguez) の証言によると、6月25日、マリア・アントニアの家にフランクが行った時、レステルもいて、オリエンテの7月26日運動の指揮を執ってほしいとのフィデルのメッセージを伝えた。フランクは、その時、即答をさけたという[5]。

　またレステルの証言によると、オリエンテ州の7月26日運動の指導部を選出したとき、まだ、フランクはいなかったという。ペドゥロ・ミレトもサンティアゴにきて、レステルにフランクと会うようにいった。レステルとフランクの最初の会合は、ボニアトにある小さな農場のミレトの両親の家で行われた。7月だった。しかし、話し合いはうまくいかなかった。したがって7月にはフランクは7月26日運動にまだ入っていない。またペドゥロ・ミレトは、フィデルがメキシコへたった後、サンティアゴへでかけ、フランクとボ

ニアトの道路で夜に車のなかで話をしたのが最初で、レステルもいた。そのときもフランクは確答をさけた。レステルは、もっと情報を提供しないとだめだとミレトにいったので、次回はさらに率直に話をしようということになり、レステルがフランクと交渉したという[6]。

その他にも、フランク・パイスを説得するために、7月26日運動の全国指導部のメンバーが接触した。フランクは、自分の組織の仲間たちとも相談しただろう。ペドゥロ・ミレトによると最終的にはアルマンド・アルトとファウスティノ・ペレスと会談し、9月から10月の間にフランクは7月26日運動に自分の組織を統合する決意をしたと思われる。アルマンド・アルトはこの時期、カマグエイで7月26日運動の組織活動を展開し、中等学校学生協会の会長をしていたヘスス・スアレス・ガヨル（Jesús Suárez Gayol）や、後にシエラ・マエストラ山中で「ラディオ・レベルデ」を創設するオルトドクソ党員だったホルヘ・エンリケ・メンドサ（Jorge Enrique Mendoza、教育学博士）を獲得した。またグランマ号の戦士になったカンディド・ゴンサレスも仲間に入れ、カマグエイ市の青年たちに抜群の影響を与えた。

こうしてオリエンテ州にフランクやレステル・ロドリゲスを中心に強力な7月26日運動が出現した。その責任者（coordinador）はレステル・ロドリゲス、行動とサボタージュ担当はフランク・パイス、補佐役ホセ・テイ、財政担当はマリア・アントニア・フィゲロア、宣伝担当グロリア・クアドゥラス（Gloria Cuadras）、労働担当ラモン・アルバレス（Ramón Alvarez、店員）、規律担当バウディリオ・カステジャノス（Baudilio Castellanos、モンカダ裁判の弁護士）、青年部隊（Brigadas Juveniles）担当、フェリクス・ペナという陣容であった。

フランクをはじめ中核部隊はオリエンテ中を組織化のために回り始めた。マリア・フィゲロアの証言によると、7月26日運動への募金はマリアが個人で管理するのは難しいほど集まり、その一部は、メキシコのフィデルたちへ活動の資金として届けられた。1955年末には、7月26日運動はバチスタ体制にとって大きな脅威となり始めていた。この頃、フランクは、エル・サルバドルの教員をやめた。

　フランクは、オリエンテ中を積極的に組織して回るなかで、ピロンにいたオルトドクソ党員で、信望の厚いマヌエル・サンチェス（Manuel Sánchez）医師とその娘、セリア・サンチェスに注目した。1956年1月4日にフランクは警察に捕えられ、翌日釈放されているが、その次の日、1月6日、フランクは、セリアの家を訪問し、フィデルの上陸に備えて7月26日運動の準備活動の強化にセリアの協力を要請した。セリアとフランクが革命にはたしたその後の役割からみて、キューバ革命にとって、この日の2人の出会いは決定的に重要である。セリアは36歳、フランクはまだ21歳の青年であった。

　フランクは、ペピト・テイや全国指導部の仲間とオリエンテの各地を回り、1956年2月半ばには各地に7月26日運動の組織とその細胞が姿を現していた。グアンタナモ、オルギン、ヒバラ、マヤリ、ニカロ、クエルト、バヤモのサンタ・リタ、ミランダ砂糖工場ではオスカル・ルセロ（Oscar Lucero）が組織していたグループも傘下に入った。パルマ・ソリアノ、ピロン、ニケロ、マンサニジョ、サグア・デ・タナモ、バラコア、チャルコ・レドンド、エル・クリスト、ヒグアニ、コントゥラマエストレ、サン・ルイス、バイレ、ビクトリア・デ・ラス・トゥナスと各地に細胞を組織していった。細胞は、それぞれ5人から8人で構成されていた。

第5章　ゲリラ戦の開始

この時期には、フランクの兄弟たちは、警察や軍隊、諜報機関により絶えずつけまわされ、2月末にも逮捕されている。しかし、フランクは、注意深く、大胆に活動を続けていた。サンティアゴ・デ・クバの郊外プエルト・ボニアトの農場を借りて、そこで射撃訓練を開始した。訓練についてはペピト・テイが責任者であった。激しさを増す学生たちの反バチスタ闘争の指導、それへの7月26日運動の参加とフィデルたちの上陸に備えた準備活動の同時進行は、困難を極めた。

　武器は個人からの提供や銃砲店からの購入、グアンタナモの海軍基地での密売、狩猟クラブなどさまざまな場所から獲得した。しかし、蜂起する部隊の規模に比べ、武器は圧倒的に不足していた。手榴弾は自分たちで製造もした。獲得された武器をさまざまな場所に隠し、発見されないように絶えず移動していた。武器を使用できるように維持する手入れも大変な仕事であった。フィデルに指示された制服もサンティアゴ・デ・クバのデパートに勤務するサルバドル・パスクアル（Salvador Pascual）やエンリケ・カント（Enrique Canto Bory）の協力で、生地を獲得し、裁断され、それを細胞員が縫製した。

　ビルマ・エスピンは、バカルデイ社の重役の娘で、オリエンテ大学を卒業後、フィデルがメキシコに去ったとき、ボストンに勉強に行き、帰国の途中でメキシコに寄り、フィデルと会った。帰国した後、ビルマは自分のジープを利用して、フランクの活動を助けていた。その後、彼女は革命運動の指導部に入った。救急医療の準備はビルマが責任者であった。ラ・コロニア・エスパニョラ病院の看護師をしていたロペス・ペゴ（López Pego）らが参加して、サンティアゴの町の6ヵ所に緊急救護施設を準備し、そこでの看護体制と医者の手配もした。ラ・コロニア・エスパニョラ病院やそこの医者た

ちの協力も得て、救急医療の教室も開かれた。ロペス・ペゴが20人以上の看護士を教育、訓練し、5人の外科医が協力する体制を確立した。医薬品や医療器具も医者たちから寄贈してもらい、フィデル達の上陸の2日前には、器具の消毒も済ませていた[7]。

マリア・アントニアはサンティアゴの郊外プンタ・ゴルダの一軒の空き家に蜂起司令部を確保した。

23　ビルマ・エスピン

そこには武器も保管された。戦闘員の結集場所が確保され、攻撃場所も選定された。武器が不足しているため、モンカダ兵営にたいしては攻撃せず、レステルとホスエの部隊がモンカダ兵営内の司令部に向けて、81ミリ迫撃砲を撃ちこむことにした。それを7月26日運動の蜂起開始の合図とした。モンカダを取り巻く道路に、それぞれホセ・カラ（José Cala）、エミリアノ・アルベルト（Emiliano Alberto Fontaine Díaz）、エンリケ・エルメス（Enrique Hermes）、イグナシオ・アロマ（Ignacio Alomá）、ホセ・アルバレス（José Alvarez）らの指揮する部隊が展開し、バスや自動車でバリケードをつくり、バチスタ軍の移動を妨害する。インテンデンテの丘にある警察署本部はペピト・テイの部隊が攻撃し、オット・パレジャダ（Otto Parellada）の部隊がそれを掩護する。ミチャエルセン通りの海軍司令部の攻撃はホルヘ・ソトゥス（Jorge Sotús）を隊長とする部隊が攻撃する。エンソ・インファンテ（Enzo Infante）の部隊はドロレス広場の近くの2つの銃砲店から武器を奪い、それを蜂起司令部まで運ぶ。ボニアト監獄の解放はフェリ

クス・ペナの「青年部隊」(Brigadas Juveniles) の任務とした。監獄から解放された人びとはアグスティン・ナバレテ (Agustin Navarrete) の指揮下に入って闘う。さらにグアンタナモのエルミタ砂糖工場の2つの細胞は、サンティアゴの蜂起を支援して、砂糖工場とグアンタナモとその郊外のハマイカで蜂起する。そしてベロナ村の鉄道の橋を爆破し、グアンタナモとサンティアゴ・デ・クバ間の電話線を切断し、砂糖工場の空港を占拠し、小型トラックを奪う。もう一隊は農村警備隊の兵舎を攻撃し、砂糖工場の警備隊を武装解除し、ジープや武器を奪う。そして砂糖工場の労働者に7月26日運動の蜂起支持のストを訴える。さらにフランクは、ラス・ビジャス、カマグエイ、アバナ、ピナル・デル・リオやオリエンテのその他の地域での行動計画もたてた。また武器の配布の仕方も指示した。

なお、フランクの報告によると第二の計画があった。それは町の高い建物を占拠し、そこから軍隊、警察を狙撃するというものであった。さらに第三の計画は公務のサボタージュ、砂糖キビ畑への放火、大所有地への放火等々であった。

アルマンド・アルトによると、フィデルたちの上陸1週間前までには、キューバ全土のムニシピオ（州の下の行政組織）に、7月26日運動の組織と細胞が形成されていた[8]。アルトは、アバナとカマグエイでカンディド・ゴンサレス、ラウル・ガルシア・ペラエス (Raúl García Peláez)、カリスト・モラレス (Calixto Morales) らと連絡を取り、指揮していた。またアルトは、マタンサスの責任者をしていたレーヨン工場労働者アルド・サンタマリア (Aldo Santamaría) を指揮して、マヌエル・ピニェロ (Manuel Piñeiro)、教師のリカルド・ゴンサレス (Ricardo González) らと活動した。サンタクララでは、ラス・ビジャスのメンバーのキン

ティン・ピノ・マチャド（Quintín Pino Machado）やマルゴット・マチャド（Margot Machado）、アジャン・ロセル（Allan Rosell、医者）、ギジェルモ・ロドリゲス（Guillermo Rodríguez）、サンティアゴ・リエラ（Santiago Riera）、行動とサボタージュの担当者オスバルド・ロドリゲス（Osvaldo Rodríguez）、エンリケ・オルトゥスキと協力して準備活動をした。キンティン・ピノ・マチャドの家は活動の中心で、ここからビジャ・クララの各地の町と連絡網をつくった。アバナの郊外の田舎では、エクトル・ラベロ（Héctor Ravelo）が協力して、アルトと活動した。ピナル・デル・リオでは責任者のルイシン・フェルナンデス（Luisín Fernández Rueda）やパンチョ・ゴンサレス（Pancho González）、ホセ・アルテガ（José Artega）、フアン・パラシオ（Juan Palacio）らが活動した。

28日にはサンティアゴで7月26日運動の全国指導部が会合を開き、最終的に蜂起計画の確認を終えた。その夜、最終段階で「AAA」（Triple A＝トゥリプレ・ア）と「解放行動」（AL）、PSPは蜂起に参加を拒否した。29日、フランクは全組織に戦闘態勢に着くよう指示した。弟のホスエはボニアト監獄の仲間に面会し、計画を伝えた。

2　セリア・サンチェス

　セリア・サンチェスは、オリエンテ州の小さな町、メデイア・ルナで、砂糖工場の医師をしていたマヌエル・サンチェスを父として1920年5月9日に生まれた。6歳の時に母を失い、政治に関心をもつマヌエルにセリアは男の子のように育てられた。小学校を卒業してから、マンサニジョの私立女子学校に入ったが、トラブルがあって、卒業はしなかった。父からキューバとスペインや合州国と

24 セリア・サンチェス（左）

の戦いの歴史を教えられた。家庭教師もいたが、大学への進学は放棄した。この時期セリアは精神的に大きな打撃を受けるいくつかの事態を経験していたためである。そして一家は、1940年にピロンに移った。セリアは父の仕事を助けて、看護士の仕事をしつつ、慈善事業にも熱中した。父が留守で緊急のときには抜歯もできた。自動車や馬を乗り回し、ピロン周辺からシエラ・マエストラにいたるまで、あらゆる場所を探索して、楽しんでいた。友人たちと釣りやピクニックや山歩き等々のリクレーションを10代のときから組織して、シエラの奥地の農民をはじめ、地域の農民たちとの交流をしていた。災害が起きるとセリアは必ず支援に現れた。強姦された女性たちにもいつも寄り添い、医者の娘として、信頼され、相談にのっていた。ピロンに住み始めたときは、セリアはすでに社会の組織者としての能力を発揮していたのである。

　チバスがオルトドクソ党を組織すると、マヌエル・サンチェスは、1947年、ピロンにその支部を結成し、その時セリアもオルトドクソ党に参加した。チバスとの交流もあった。セリアはカンペチュエラとマンサニジョの2つの反バチスタの秘密組織に参加しており、1952年、バチスタのクーデタ後、危険人物のリストに上げられていた。

　バチスタの支配に対抗して、1953年5月21日、セリアと父は、

マルティの信奉者たちとシエラ・マエストラの最高峰トゥルキノの頂上にホセ・マルティの胸像を建て、マルティがそこからキューバ全体を見下ろして、支配するというイメージの計画を実行した。

1955年7月、フィデルがメキシコへ亡命する直前、セリアはラ・アバナでフィデルに会おうとしたが、会えなかった。その後、セリアは7月26日運動に参加し、その組織活動を展開し始めた。

アントニオ・ニコ・ロペスが1955年11月にバヤモ、マンサニジョと7月26日運動のすべての組織をまわり、組織状況を調査したとき、サン・ラモンやカンペチュエラ、その他の地域を回り、セリアの地域が最もよく組織されていることを確認していた。フランク・パイスは、セリアがピロン周辺で良く知られている人物であることを知っていた。一方、セリアも、フランク・パイスとペピト・テイをマンサニジョでセリアたちが組織した集会でみて、知っていた。

フランク・パイスの指示を受けて、マンサニジョのマヌエル・エチェバリア（Manuel Echevarria）がセリアと会い、フランクらとの会合を設定し、1956年1月6日、フランク、ペドゥロ・ミレト、マヌエル・エチェバリア、アンドゥレス・ルハン（Andres Lujan）の4人がセリアの家で初めて面会し、メキシコから上陸するにあたり、適切な場所を指示してほしいと書かれたフィデルのメモを渡した。セリアとフランクはこの日、相互に信頼できることを確認しあった。

会談後、セリアは砂糖工場から借りたモーターボートでピロンの東海岸エル・マチョを案内し、そこから上陸し、マシオ川沿いにトゥルキノ山の西側にすぐに入り込める最適の上陸地点として推奨した。ついでマレア・デル・ポルティジョを次の候補地として案内した。そこはエル・マチョとピロンの中間で、農村警備隊の監視

所には近かったが海岸の近くに道路があり、上陸部隊をトラックで輸送し、短時間で山岳地帯への移動が可能だった。さらにニケロのからカボ・クルスまでの沿岸も案内した。一泊して、フランクたちはセリアと別れた。この会談の結果は、直ちにフィデルに連絡され、そしてまもなくフィデルからセリアに上陸作戦の準備を推進するようにとの指示が届いた。フィデルはオリエンテの沿岸部の7月26日運動のメンバーに全力をあげてセリアを支援するように指示した。

セリアの最初の仕事は、上陸地点の海図の獲得であった。セリアの家のすぐそばに、砂糖王、フリオ・ロボ（Júlio Lobo）の砂糖キビ農園とその付属の小さなカペ・クルス砂糖工場とその事務所があった。12月から2月は、サフラの時期で、そこに農園の経営陣の1人、ラミロ・オルティス（Ramiro Ortíz）が巡回できていた。彼はセリアと仲が良く、セリアの活動を支援していた。セリアは、かれから事務所に保管されている海図を借りだした。一部の欠けている部分は、港に停泊していたポルトガル船に忍びこんで盗みだした。この船の乗組員ともセリアは友達だった。セリアは、獲得した海図をミレトに渡した。

キューバでは、年末から年始にかけて、エピファニー（Epiphany）の祭りで、子供たちにおもちゃやその他の贈り物をする習慣がある。バチスタの妻、エリサ・ゴディネス（Eliza Godínez）も、子供たちへ贈り物をして、バチスタ体制の人気取りのために活動していた。

セリアはピロンに移ると、1941年頃から、ピロン近郊の子供たちに贈り物をする活動に取り組んでいた。近隣に住む子供たちの親は、エピファニーの祭りの頃は、サフラで1年の内、もっとも忙しい時期であり、子供をつれて贈り物をセリアの家まで受け取りに来ることは不可能な状況にあることをセリアは知っていたので、各

地のプランテーションを自動車で回り、子供の名前、年齢、居住場所、衣服のサイズ等々を調べて歩き、子供たちへの贈り物のために募金を集め、贈り物を購入し、配布した。このセリアの慈善事業で、地域住民からセリアは慕われていた。セリアの調査は徹底していて、毎年、更新された。1955年頃には、1940年代にセリアから贈り物をもらった子供たちが親になり、その子供たちがセリアから贈り物を贈られていた。セリアはこの行事が近づくと、女性たちを「マリア奉仕委員会」に組織し、資金を集め、さまざまな商店所有者たちに穀類、野菜、その他を寄贈してもらい、女性たちがそれを料理した。祭りの会場には、農民も牧童たちも参加した。そしてセリアたちの組織した祭りで新年を迎えるのが習わしになっていた。後に革命に参加するギジェルモ・ガルシア（Guillermo García）とも、これらの活動の中で、すでに親しく交わっていた。セリア達は毎年1月5日までには贈り物を買い揃え、包装し、子供の住所と名前を書きこみ、6日には砂糖工場で働く労働者たちがそれをトラックに積んで、各地の子供たちに配って回った。

　セリアがフランク・パイスらと1月6日に会うことにしたのは、このエピファニーの祭りで、7月26日運動の活動を隠蔽するためでもあった。セリアは、この祭りのために、たびたびラ・アバナにでかけるのは例年の習わしであり、誰もフィデルの革命と結びつけて考えるものはいなかった。彼女は、ラ・アバナで7月26日運動のメンバーと連絡をとり、サンティアゴ・デ・クバに戻り、フランクらと連絡を取り合っていた。

　また、1956年のサフラの時期は、砂糖労働者たちがストライキを闘っており、セリアは砂糖労働者たちの窮状に鑑みて、子供たちにおもちゃの他、一足の靴を贈った。地域の子供たちの靴のサイズもセリアは調査しつくしていた。靴の贈り物は、フランクと相談し

たうえでの7月26日運動の計画の一環であったと考えられる。

　フランクとセリアは、フィデルたちの上陸準備計画を7月26日運動の仲間たちにも極秘にして、2人だけで連絡をとりつつ進めることにした。セリアは信頼できる人物からなる戦闘細胞を組織することになった。この部隊は、フィデルの上陸部隊とともに、2つの直近の農村警備隊の監視所を攻撃し、武器を奪い、バチスタ軍の支援部隊の到着を阻止しつつ、フィデルの部隊はシエラ・マエストラに移動する計画であった。フランクの部隊はオリエンテで大規模にサボタージュ行動をとり、バチスタ軍の連絡網を切断し、セリアの部隊を支援する。そのための地下秘密組織は、ピロン、オリエンテ南部海岸全域、さらに西部オリエンテ沿岸とニケロの海岸から町全体、マンサニジョにいたるまでの地域を考慮に入れていた。マンサニジョはセリアの作戦活動の拠点とされた。海岸に上陸した部隊をシエラ・マエストラに輸送するのもセリアの任務であった。フィデルたちは、メキシコから軍需物資やセリアの部隊の軍服をもって上陸すると伝えられていた。

　セリアは、フィデル達と共同闘争する戦闘部隊、およびフランクと相談した戦闘地域全体に在住する農民や牧童たちからなるゲリラ支援網の2つの組織化にのりだした。それらの農民たちはゲリラの一時的滞在を許可するという支援でもよいとセリアは考え、フランクの了承を得た。

　フランクと会う前に、セリアは、エドゥアルド・チバスが自死した後もエミリオ・オチョアを支持してオルトドクソ党の活動を続けていた。バチスタのクーデタが起こると、ピロン周辺の海岸地帯のオルトドクソ党の支持者たちの動向を調査し、ほとんどが様々な形でバチスタ打倒を考えていることをセリアは確認した。プリオ大統領が亡命すると、エミリオ・オチョアも亡命した。セリアは、オル

トドクソ党員を武装闘争も含めて戦う組織として再編成し、オチョアの帰国を待っていた。彼女の組織活動は徹底していて、ピロン、ニケロ、メデイア・ルナ、カンペチュエラ、マンサニジョと広範囲におよび、サンティアゴやアバナのオチョア派とも絶えず連絡をとり、指示を仰いでいた。しかし、オチョアは彼女の期待を完全に裏切り、セリア達の活動を一切無視して、武装闘争の意思のないことが暴露された。

彼女は自分たちの組織をオルトドクソ党の組織から独自の革命組織に変更することに決め、それをマンサニジョの革命家バルトロメ・マソ・マルケス（Bartolomé Masó Márquez）の名前を取り、秘密の地下組織「マソ革命運動」（Movimiento Revolucionario Masó）とした。それまでの経過を踏まえて、セリアは、マソ革命運動の組織を7月26日運動のフィデル部隊の上陸を支援する部隊として再編していった。フランク・パイスと初めて会った日、フランクはセリアの組織力に感服し、2人は強い信頼で結ばれた。

セリアの家族は、カンペチュエラの郊外のシエラ・マエストラのふもとサン・ミゲル・デル・チノといわれた場所に放牧を行い、果物を栽培する4万エーカーにおよぶ3つの農場をもっていて、セリアの一族はよくそこにあった家ですごしていた。セリアは、それらを利用し、いつものようにさまざまなリクレーション活動、散策をしながら、バチスタ軍に怪しまれることなく、着々とゲリラ上陸の準備活動を進めた。

こうしてセリアが最初に接触した農民がオリエンテ南部沿岸、プラタノ川流域に牧場をもつギジェルモ・ガルシアであった。ギジェルモとセリアの家族は1930年代からつきあっており、セリアの慈善事業の積極的協力者であった。かれは牛の取引をしていたため、各地を回って商売をし、知人も多かった。セリアはフィデルの部隊

の上陸に備えて、かれに協力を要請した。かれは自分の傘下の農民や牧童たちと相談し、1956年5月までにフランクとセリアの家で会い、協力することで合意をした。セリアは、ギジェルモにトロ川の河口ボカ・デル・トロからピロンの地域の協力者のネットワークをつくるよう要請した。ギジェルモは、トロ川流域をさかのぼり、ドゥラン、オホ・デ・トロ等々の農民や牧童のネットワークをも組織した。

 セリアは、クレセンシオ・ペレス（Crescencio Pérez）も仲間に入れた。かれはマンサニジョとピロンを結ぶ道路沿いのオホ・デ・アグア・デ・ヘレスに住んでいた。シエラ・マエストラのあちこちに自分の愛人をもち、彼女たちも家族の一員とし、その子どもも全て自分の子どもとして育てるドン、家父長で、農村警備隊とは犬猿の仲であった。セリアは農民たちに勧められ、かれに協力を要請すると、すぐに全面的協力を約束し、シエラ・マエストラの中腹の西から東までに散らばる自分の子ども、その隣人たち、そしてその親戚たち、仲間を組織した。

 ギジェルモとクレセンシオの2人の協力で、セリアのネットワークは、ベリク、オホ・デ・アグア、アレグリア・デ・ピオ、リオ・ヌエボ、ラス・パルモナス、サンタ・マリア、ガイマラル、セイバボ、コンベニエンシア、エル・マメイ、パルマリト、セビジャ、ラス・カハスと広大な地域を確保することになった[9]。

 クレセンシオもギジェルモもセリアに協力していることを相互には知らずにいたが、後に、セリアの計らいで、クレセンシオ一家とペレス一家とはフィデル支援で誓約を交わした。セリアは、1956年の半ばまでには、砂糖労働者の労働組合の組織者で、クレセンシオの息子イグナシオ・ペレス（Ignácio Pérez）、クレセンシオの弟ラモン・ペレス・モンタネ（Ramon Pérez Montane、通称モンゴ

"Mongo")をも仲間に獲得した。モンゴの家の場所は、シンコ・パルマスと呼ばれていて、5本のヤシの木があり、ゲリラの目印としても役に立つとセリアは考えた。ニケロから農場や道路を経由してほぼ直線で行けるシエラ・マエストラのプリアル・デ・ビカナの近くにあり、穀物倉やコーヒー園や馬をもち、商取引も行われる場所であった。セリアは全く疑われずに、そこへ接近できた。コーヒー園は、ゲリラ兵士たちの絶好の隠れ場所としても利用でき、セリアはここを上陸した部隊の結集場所にすることにした。

シエラ・マエストラには、人里離れた場所を不法占拠し、そこで自給自足で生活する農民家族が5万人ほどいた。かれらはサフラの時期には、サトウキビ農場で労働者として働き、「死の季節」（P.42参照）には戻って、自給農業で暮らしをたてていた。バチスタ軍や農村警備隊は、かれらをいつでも好きなときに追いだすことはできたが、貧しい農民に寄生して、金品を巻き上げる場としていた。とりわけ、農村警備隊はシエラの農民たちにカスキトス[10]と呼ばれ、毛嫌いされていた。

セリアは、フランクの指示により、海岸沿いの町から細胞員を選抜し、ネットワークをつくり始めた。そして「ビヒルス」（Vigils）とセリアがいっていたバチスタ軍、農村警備隊の監視システムをつくり、ピロン、ニケロ、メディア・ルナの兵営の偵察を開始した。兵営に出入りする兵士の名前、その日程や交代日、巡視経路、所有する武器の種類、兵営の弱点等々を調べ上げた。

セリアは攻撃部隊の人選も行った。ユニフォームや兵器も準備した。トラックで兵営にのりつけ、兵営を夜間に攻撃し、武器を奪い、トラックで撤退するという奇襲攻撃の部隊を想定して準備したのである。その撤退経路と援護部隊の配置も考えた。56年の夏までには、セリアの部隊は、ピロン郊外の地主から借り受けた山地

で、基本的軍事訓練を終えていた。

　さらにセリアは、モンカダ兵営の司令官チャビアノのパイロットをしていたランドル・コシオ（Randol Cossío）を協力者に獲得した。かれは56年6月からサンティアゴの港の船舶の出入りを記録し、とりわけ沿岸警備隊（Guardacostas）の行動に注意を払った。かれの協力でオリエンテ南部沿岸、サンティアゴからニケロまでのバチスタ軍の海上警備の状況を7月26日運動は把握した。かれらはサンティアゴ・デ・クバからカボ・クルスまで、幅13マイルの沿岸を飛行機で偵察しており、それ以外は偵察をしていないことも明らかになった。それらの情報をもとに、セリアとフランクは、フィデルに上陸に最も適切な場所と時期を連絡していた。

　前述のようにセリアは、ピロンの近くマレア・デル・ポルティジョか、シエラ・マエストラのアルト・デル・マチョへすぐに入り込めるエル・マチョが上陸地点として最適と考えていた。ピロンも候補地であったが、農村警備隊の兵営があった。ギジェルモの住んでいるボカ・デル・トロも候補地の一つであった。ここからもすぐにシエラ・マエストラに入り、モンゴの家まで近かった。最終的には、フランクと相談し、ラス・コロラダスに決まった。ここにはほとんど住む人はおらず、砂糖キビ畑と植林地が広がり、そこを抜けるとシエラ・マエストラの西側の麓にいたる。ラス・コロラダスとその北にあるベリクのあたりに住む貧しい人びとは、炭焼きをしたり運び屋をしたりして自給生活をしていた。クレセンシオもギジェルモもそこには近づかなかった。セリアはおそらく1956年8月、ここへ釣りをするふりをして入り込み、住民たちと話をしたと思われる。

　ラス・コロラダスへ上陸するとなると、カボ・クルスの灯台の光が目標になり、夜間であればニケロの灯台の光を利用できた。上陸

した部隊を、海岸でセリアの部隊が出迎え、用意したトラックに乗り、モンゴの家まで輸送する。一部はセリアの部隊とニケロの兵営を奇襲し、武器を奪ってモンゴの家まで移動する。これが上陸計画であった。

　この上陸計画を携えて、フランクは8月8日にメキシコへ飛んだ。セリアとも協議してフィデルたちの出発の延期を要請したが、フィデルは56年末までに上陸する方針を貫くよう命令したことは、すでにふれた。

　セリアは、ピロンの病院を妹のアカシア（Acacia）にまかせ、マンサニジョでフィデルの上陸の準備活動に邁進し始めた。マンサニジョの裕福な家庭のミカエラ・レイラ（Micaela Riera）が7月26日運動の資金担当になった。若い銀行員エンリケ・エスカロナ（Enrique Escalona）の協力も得て、銀行労働者を含む支援のネットワークが形成された。また医者のレネ・バジェホ（Rene Vallejo）は野戦医療の訓練に協力し、セリアの部隊は全員、その訓練を受け、添え木の仕方、松葉づえの作り方、担架の作り方と運び方、注射の仕方、包帯の取り扱い方、応急治療の仕方等々であった。医師たちの協力を得て集められた医薬品は、戦場に予定される場所へ隠した。マンサニジョの女性たちは生地を集め、軍服やナップザック、弾帯をつくった。靴も集められた。エルサ・カストロ（Elsa Castro）は父の商店を利用して、さまざまな物資の収集と発送の仕事を引き受けていた。

　9月半ばにセリアはピロンに戻り、新年のエピファニーの祭りの準備をしながら、7月26日運動の活動を続けた。10月23日、フランクは再度、メキシコでフィデルと会い、上陸時期の延期を要請したが、メキシコにおけるフィデルたちに対するバチスタ政府の追及も厳しさを増し、フィデルは延期はないと決意を伝えた。フランク

は帰国して、上陸に備えた準備活動を強化した。10月29日の『アレルタ（Alerta）』紙は、バチスタが3週間以内に辞任しないなら、キューバに上陸するとのフィデルの主張を掲載した[11]。

　セリアはアバナにでかけ、アルマンド・アルトとアイデエに面会し、メキシコからフィデル達とともにグランマ号に乗る部隊にセリアも参加すれば上陸部隊の案内役として、部隊を有利に展開できると主張した。アルマンドはフランクと相談し、フランクはメキシコでセリアの考えをフィデルに伝えた。フィデルは迷っていたが、フランクは、上陸部隊を現地で待つ部隊をセリアは指揮すべきだと主張し、それに決定した。

　11月23日、グランマ号が出航したという知らせを受け取り、フランクは11月29日に到着すると判断し、7月26日運動は戦闘態勢に入った。

第6章
グランマ号からの上陸

1 サンティアゴ・デ・クバの蜂起

　サンティアゴ・デ・クバでフランクとともにオリエンテのAROに参加し、その後そこでの7月26日運動の財政担当をしていたアルトゥロ・ドゥケ（Arturo Duque de Estrada）宛てに、1956年11月23日、出版社エディトリアル・ディブルガシオ（Editorial Divulgacio）から「注文の本は絶版」という電報が届いた。これはグランマ号の出航の合図であった。その知らせは、直ちにフランクに伝えられ、7月26日運動は、フランクの司令の下に、戦闘態勢に入った。フィデルとの約束では、電報が届いてから3日後に蜂起することになっていた。

　フランクは、上陸準備に集中し、サンティアゴ中をまわり、行動部隊と連絡をとり、町と州全体の蜂起の準備にとりかかった。その間、サンティアゴの7月26日運動の指揮は、レステル・ロドリゲスがとっていた。レステルは、全戦闘員に配置につくよう指示をした。

　一方、1956年末までにはキューバで戦いを始めると宣言していたフィデルの侵攻を警戒して、サンティアゴ・デ・クバには、バチスタ側の警察、軍隊、SIMの監視体制が厳しくしかれていた。MSRの組織者で、上院議員のロランド・マスフェレルは、その後、バチスタを支持し、準軍事組織「ティグレ」（Tigre）を率いて、サンティアゴ・デ・クバを拠点にして、バチスタの暴力支配に加担

し、これも7月26日運動への攻撃態勢を整えていた。

　市民たちの間でも、年末が近づくにつれて、フィデルの上陸のうわさが飛び交っていた。政府側も軍隊、警察の士気を高めるために、さまざまな情報操作をおこなっていた。そのような厳しい監視のなかでも、フランクは警察や情報機関の網をかいくぐり、大胆に街中を走り回り、7月26日運動の組織活動をし、武器を集め、配布して回っていた。フランクは、さまざまな情報を基に、グランマ号は11月30日に到着すると踏んで、その日の早朝を蜂起の時と決定した。フランクはプリオの「オルガニサシオン・アウテンティコ」（Organización Auténtica = OA）とも連絡をとり、武器の提供とアバナでの11月30日の蜂起を要請した。しかしOAはどちらの要請も無視した。

　アルマンド・アルトによると、11月27日にフランクはフィデルが出発したという知らせをもってきたという。アルマンドは、フランクに放送局を占拠し、7月26日運動の声明を読み上げようと提案し、かれも同意した。その後、サン・ヘロニモ通りのビルマ・エスピンの家が蜂起計画のセンターになり、そこでフィデルが到着したことを知らせ、国民にゼネストを呼びかける声明を作成し、録音して、放送局の仲間に渡した。しかし、その放送は実現できなかった[1]。

　11月28日、フランクは、ニケロやラス・コロラダス海岸に近い主要な町々の部隊にそれぞれのもち場の確認を要請した。セリアも攻撃する兵営の確認をし、サボタージュ部隊は、電線と電話線の切断の体制を整えた。

　29日夜、セリアは、車でマンサニジョをでて、メディア・ルナに向かった。そこでは夕食会を主催し、セリアの指示を受ける兵士たちが出入りしていた。この夕食会はフィデルの上陸歓迎会の第1幕でもあった。セリアは、夜中にクレセンシオ・ペレスのいるオ

ホ・デ・アグア・デ・ヘレスに行き、フィデルが到着すると伝え、シンコ・パルマスのモンゴの家がセリアの司令部になった。そこはラス・コロラダスとニケロへの道、ギジエルモ・ガルシアのいるボカ・デル・トロとピロンへの道、メディア・ルナとカンペチュエラへの道へとつながっていた。フランクとセリアの組織した部隊は、沿岸地帯の全域、南西オリエンテの山岳地帯で配置についた。サンティアゴ・デ・クバでも7月26日運動の隊員により、警察署、ハイウェイ、海岸の監視が行われていた。到着したフィデルの部隊の輸送担当は、砂糖工場の労働者たちで、海岸地帯の道路でゆっくりとトラックを運転して、待機することになっていた[2]。

30日の夜が明けた。しかしフィデルの到着の合図はなかった。セリアはクレセンシオ・ペレスの家で、フィデルの到着をいらいらして待っていた。

フランクは、29日中、サンティアゴ・デ・クバを走り回り、夜中にプンタ・ゴルダの司令部へ帰った。そこには7月26日運動の指導部が集まっていた。30日、朝5時オスカル・アセンシオ（Oscar Asensio Duque de Heredia）、ビルマ・エスピン、アルマンド・アルト、アイデエ、フランクが一緒に車に乗りプンタ・ゴルダを出発し、サンタ・ルシアとサン・フェリクス通りのスセッテ・ブエノ（Susette Bueno Rousseau、この夫婦は7月26日運動の支持者）の家の前で、マリア・アントニア・フィゲロア、グロリア・クアドゥラス、ラモン・アルバレス、ルイス・クレルゲ（Luis Clerge）、エンソ・インファンテらと落ち合い、スセッテの家を革命司令部とし、その家の向こうにあった3階建ての建物も占拠した。その頃には、すでにサンティアゴの町では、自由キューバ万歳、フィデル・カストロ万歳、バチスタ打倒と叫ぶ声が聞こえ、7月26日運動の行動が開始されていた。

第6章　グランマ号からの上陸

追撃砲をモンカダ兵営に撃ちこんで、出撃合図とするはずであったレステル・ロドリゲスは、追撃砲を設置した場所へ向かう途中で警察に逮捕されたため、出撃合図の追撃砲を撃てなかった。予定の合図がなかったために、行動部隊に混乱をもたらしていた。また、モンカダ周辺の道路を封鎖する部隊も一斉には行動できず、いくつかのポイントで道路を封鎖しようとする7月26日運動の部隊とモンカダの兵士の間で銃撃戦が展開された。モンカダ兵営のなかでは、出動命令に背いて、革命を叫ぶ若者たちとの戦闘を拒否する兵士も現れた。後に67人が逮捕され、裁判にかけられている。

　エンソ・インファンテの部隊は、ドロレス広場で1000枚のビラをまき、2つの銃砲店を攻撃する予定であった。かれらは6人でプンタ・ゴルダの司令部から出発し、インファンテとホセ・カウセ（José Causse、教員学校の職員）のそれぞれの部隊が2つの銃砲店を攻撃した。ホセ・カウセの部隊だけが侵入に成功し、武器と思われたものを奪って、本部へ帰還することに成功した。かれらは周りの市民たちに「自由キューバ万歳」「7月26日運動万歳」「フィデル万歳」「バチスタ打倒」と呼びかけた。しかし、奪ったものは武器ではなかった。

　ホルヘ・ソトゥスの部隊は、ソリベ地区の家から17人で午前6時30分に海軍司令部に向けて出撃した。10人は軍服、7人は私服だった。15丁の武器しかなく、弾薬もわずかしかなかった。6人は目的地にバスで向かい、目標近くの鉄道駅へ結集し、そこから攻撃開始と同時に、目標に爆弾を投げつける役割を担っていた。2台の車に乗った残りの部隊は、警備のポストの兵士たちを武装解除する予定であった。

　攻撃合図の追撃砲の音を待ったが、結局ないので、かれらは7時ちょうどに行動を開始した。ここを守備していたバチスタ側の兵士

たちは、ほとんど抵抗せず、7月26日運動に同調する姿勢を見せ、攻撃は成功し、20丁のライフルと弾薬を奪うことができた。モンカダ兵営からの70人の増援部隊が到着し始めたのをみて、1台の車に奪った銃と弾薬を積み込み、8人で無事逃亡し、フランクのいる本部に9時には帰還していた。残された隊員のうち、1人は逮捕されたが、残りの8人は、徒歩で脱走した。

　ペピト・テイの部隊は、29日にペピトの家に結集し、そこがペピトの部隊の司令部となった。ペピトの部隊を支援するオット・バレジャダのグループは、エミリアノ・コラレス（Emiliano Corrales）の家に集まった。30日早朝、ペピトのグループは、これも合図を待っていたが、聞こえなかったため、午前7時には国家警察署の本部に向かって20人が出撃した[3]。警察署の正面と背後からペピトの部隊、近くの学校の屋根からはパレジャダの部隊が攻撃する計画であった。しかし正面から攻撃する部隊の隊長は、前夜に逮捕されていた。ペピトの部隊が警察署の背後に到着したときには、すでに銃撃戦がはじまっており、80人を超える警察と軍隊を相手に戦いは展開された。結局、攻撃部隊は警察署には入れなかったが、警察署の内部から火災が起こり、前夜から収監されていた青年たちを意図的に放置して警察署員が逃亡したため、焼死寸前に消防署員に救出されるという事態も起こっていた。ここの闘いでペピト、パレジャダら3人の仲間が死亡し、武器を奪うことに失敗し、撤退した。

　フェリクス・ペナの部隊は、モンカダ兵営の周辺で火炎瓶やその他のわずかな武器で、サボタージュ活動をした。しかし、かれらの多くは合図の迫撃砲の音を待って待機していたがなかったので、それぞれ撤退をした。一方、ボニアト監獄の攻撃はうまくいき、6時には監獄に収監されていた者達は逃亡に成功したが、かれらを迎え

るトラックが現れず、自動車を奪って逃げた。

　これにたいしバチスタ軍は緊急体制を整え、アバナには外出禁止令がだされ、オリエンテは、作戦地域（Situación de Operaciones）に指定された。サンティアゴ・デ・クバの第一連隊長ディアス・タマヨ（Díaz Tamayo）将軍が指揮をとり、30日、参謀部に電報で「何らかの上陸作戦を待つ」ための攪乱だと思われると連絡していた。タマヨはフィデルたちが南部海岸に上陸したと確信していた。一方、メキシコのバチスタの情報網は、グランマ号がオリエンテに向かったこと、セリア・サンチェスが重要な役割を果たしていることを通知した。12月1日にはセリアに対し、フィデルたちの上陸を支援した廉で逮捕状がでていて、逮捕されると殺される可能性が高かった[4]。

　グアンタナモ地区ではフリオ・カマチョ（Julio Camacho Aguilera）の部隊がサン・ルイスとの電話線の切断をし、その後、家畜を載せた貨車を脱線させ、鉄道連絡を不能にし、7月26日運動の旗を掲げ、革命万歳と市民に呼びかけた。またエリアの砂糖工場では農村警備隊の兵舎を占拠し、そこに収監されていた人びとを釈放し、市民たちに革命的スローガンで呼びかけながら、グアンタナモ兵営を攻撃して、農村に撤退した。グアンタナモの町はゼネストで7月26日運動の行動を支援し、いくつかの高台を占拠し、警察活動を阻止し、軍隊の出動をみて、撤退したが、翌日14人が逮捕された。

　アルマンド・アルトによると、30日正午までには、撤退したほうが良いとフランクは判断し、どのように撤退するべきか相談し、シエラ・マエストラへ行くという選択は困難だということになり、ばらばらにそれぞれが友人たちを頼りに逃亡することになった。スセッテ・ブエノの家を最後にでたのがビルマ・エスピンとアイデエとアルトであった。かれらはビルマの家に向かった。スセッテ・ブ

エノの家にフランクといたアグスティン・パイスによると、最後の指示を終えて、アグスティンと2人で、フランクは徒歩でビスタ・アレグレに向かい、そこでフランクの甥の家に隠れたという。サンティアゴ・デ・クバで軍隊が秩序を回復したのは、午後3時ごろで、町はより厳しい弾圧体制の下に置かれた。裕福な家族はサンティアゴから国外へ脱出し始めていた[5]。

12月1日、ビルマ・エスピンの家に午後3時ごろ、フランクがあらわれた。その時までには、フィデルの到着がまだ確認されていなかった。30日の午後6時以降も、サンティアゴの町の各地で銃撃やサイレンの音が鳴り響き、飛行機が低空で飛び回り、7月26日運動のメンバーたちの叫び声やそれに応える市民の声が聞こえていた。それは第2、第3の計画にもとづく闘いであった。第2の計画は12月2日まで続いた。市民たちは、7月26日運動の蜂起に協力的で、けが人を保護し、警察や軍隊に追及されている人びとをかくまっていた。

ラ・アバナでも11月30日に7月26日運動の部隊がいくつかのサボタージュ行動をおこなったが、アントニオ・エチェベリアのDRは、武器の不足のために支援の行動を起こすことを見合わせた。

2　グランマ号の到着

11月30日、ニケロでグランマ号の到着に向けて待機していたラロ・バスケス（Lalo Vásquez）は、明け方になっても何の知らせもないため、セリアの本部に次の行動を打ち合わせるためにでかけた。セリアはラロからフランクたちが蜂起したという報告を受けた。セリア達の問題は、グランマ号の到着に備えて、いつまで待機すべきか、いつまで待機できるかということであった。フランクが蜂

25　グランマ号

起したということは、フィデルが到着したからではないかとも考えられたが、セリアが張り巡らした情報網からは、どこからもフィデルの到着の知らせは届いていなかった。セリア支配下の若者たちは29日から仕事を休んで、配置についており、12月1日土曜日朝まで到着しなかった場合、作戦を中止すると指示をだした。

　しかし、12月1日になっても、グランマ号の所在はつかめず、セリアは作戦の中止命令をだし、配置された部隊は、それぞれ日常生活に戻った。セリアはこの日一日、司令部でフィデルの情報を待ちつつ、安全な撤退のための指示をだしていた。この時、グランマ号は、ラス・コロラダスの港からそんなに遠くない、ロス・カユエロスにいた。2日午前5時、船は砂に乗り上げ、止まった。そこはセリアが後に、全キューバの海岸で最悪と評した場所であった。

　グランマ号からの上陸開始は、セリアとアダルベルト・ペサンテ（ベト）（Adalberto Pesanteo "Beto"）、セサルがクレセンシオの家からジープに乗ってマンサニジョに向い、撤退による打撃をかわすための行動に移った時間だった。その時、すでにセリアを逮捕せよという命令がでていて、バチスタ軍の1人の将校がメディア・ルナに住んでいた司祭にその情報をひそかに知らせた。かれはメディア・ルナに住んでいたセリアの弟マヌエル・エンリケ（Manuel Enrique）に連絡した。かれはすぐにセリアを探しに車ででた[6]。

　その時、セリアはメディア・ルナにいて、さまざまな情報を得

て、仲間たちに指示をだし、カンペチュエラへ向かっていた。そこでも事態を確認し情報を獲得し、ラロと会う約束のマンサニジョに1人でジープに乗って向かった。ジープから降りて、7月26日運動のメンバーがいるはずのバーに入った直後、2人のSIMがジープできて、セリアを逮捕した。しかし、セリアはすきを見て、バーから飛びだし、追及を逃れ、マラブ（marabú 棘のある木）の茂みに危険を冒して隠れ、怪我をしながらも逃亡に成功した。セリアを取り逃がしたSIMの1人は、その後、セリアの家を訪ね、セリアの父にかつて世話になったことがあり、セリアの家族を尊敬していること、セリアの殺害命令がでていることを知らせた。

12月2日夜、セリアは逃亡途中に再会したベトと2人で、マンサニジョの郊外の砂糖キビ畑に日中は隠れ、夜、7月26日運動の支持者の家に到着した。3日の午前1時、2人は歩いてマンサニジョの仲間の家に向かい、さまざまな危険を無事乗り越えて、5日の午前中、親友シラ・エスカロナ（Cira Escalona）の家にたどり着いた。シラは、すぐに医者を呼び、破傷風予防の注射をした。その後高熱と頭痛に襲われたが、レネ・バジェホ医師が呼ばれ、治療を受け、セリアの体調は回復に向かった。サンティアゴの町では、セリアによるフィデル上陸支援活動の話題でもちきりであった。

回復するとセリアは、危険を冒して、フランクに会うため、妊婦に変装し、7月26日運動のメンバーのエウヘニア・ベルデシア（Eugenia Verdecia）と2人で朝6時のバスでサンティアゴに向かった。乗客は2人だけで、途中、軍の検問に何度も遭ったが、兵営でコーヒーまでサービスを受ける大胆さであった。おそらく7日から10日の間での行動である。そしてサンティアゴでフランクと会い、30日のサンティアゴ・デ・クバの闘いの様子を聞いた。フランクは、フィデルが上陸したらモンゴ・ペレスの家に行くようにと伝

えてあるから、腰を据えてモンゴからの連絡を待つようにと指示した。フィデルたちが生きているとの確実な知らせをフランクがいつ誰から受け取ったかは、はっきりしない。セリアは16日にモンゴから連絡を受けることになる。

　12月2日の午後、オリエンテの司令官ペドゥロ・ロドリゲス（Pedro Rodríguez Avila）将軍がフィデルを含む7月26日運動の40人を殺害したと声明を発表し、いくつかの遺体は粉砕されていて、氏名は確認できないとしていた。グランマ号も軍に確保され、その中にセリアが送った海図があることも確認された。

　しかし、12月2日朝5時ごろ、フィデルたちは、上陸予定のラス・コロラダスの南、ロス・カイウエロスのマングローブの生える最悪の地点から上陸をしていた。そこはセリアのつくりあげたネットワークの中で、ギジェルモの担当区域であり、1時間後には全員上陸した。だが、マングローブの密生する湿地を通るため、隊列を組んでは上陸できず、ばらばらに上陸することになった。その後、全員が一地点に集合はできず、相互の連絡も取れないまま彷徨うという最悪の状態に陥った。そのような状態をバチスタ軍が発見もできずにいたということ自体が、バチスタ軍の危機意識のなさを示して余りある。これが政権の崩壊につながった。

　午前7時、フィデルのグループにいたルイス・クレスポ（Luis Crespo）が木に登り、一軒の家を発見し、8人がその家に1時間後に到着した。それはアンヘル・ペレス（Angel Pérez Posabal）の家であった。しかし、かれはセリアのネットワークには入っていない人物で、フィデルの名前も知らなかった。この時、フィデルたち8人は、沿岸警備隊の飛行機の音を聞いた。

　フィデルたちは、シエラ・マエストラへ向かって2日朝11時にアンヘルの家をでた。間もなく、別の何人かのグループと遭

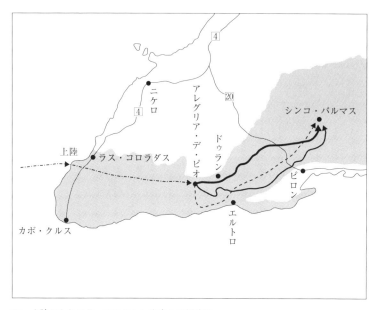

26 上陸からシエラ・マエストレ山中への経路図
- ·-·-·▶ グランマ号での上陸からバチスタ軍の攻撃を受けるまで
- ━━▶ フィデル・カストロのグループ
- ━━▶ ラウル・カストロのグループ
- ----▶ ファン・アルメイダのグループ
- —4— 国道
- アミ部分はシエラ山中を示す

遇した。昼ごろ、小さな牧場で、ペドゥロ・ルイス（Pedro Luis Sánchez）とフアン・エレラ（Juan Herrera）という2人の農民に会った。ペドゥロはその日、そこへ来たゲリラたちにすべて水を与え、シエラへの近道を教えた。

　12月3日、フィデルのグループは、エル・ミヒアルへ向かっていた。しだいに山岳地帯に入りつつあるところで、ソリオ・ペレス（Zolio Pérez Vega）の家にたどり着き、その家族から水と食事を提供された。その後、ソリオの兄弟とその息子の道案内で、シエラ

へ向かった。この時には、3つの小隊で行進していた。先頭にホセ・スミス（José Smith）の部隊、次にフィデルの部隊、後衛がラウルの部隊であった。その後、アグア・フィナという村につき、ここでも3人の炭焼きの協力で、食事ができた。フィデルたちは5ドル支払い、3日の夜は無事にそこで過ごした。4日は、炭焼き農民たちの道案内で移動し、砂糖キビ畑で4日の夜を過ごした。

1956年12月5日の午後、フィデルのグループがアレグリア・デ・ピオの砂糖キビ畑で、休息している時、数百人の農村警備隊の待ち伏せ攻撃にあった。その時に、グループは何人だったのかははっきりしない。警備隊は、サトウキビ畑に火をつけ、ゲリラをいぶりだそうとした。この日、待ち伏せ攻撃で死亡したのは2人で、19人は捕えられたのち殺害された。他の19人はばらばらに逃亡して、ゲリラから脱落し、21人は逮捕されていた。結局、残ったのは21人であった。ゲバラによると、待ち伏せから5人で逃れて、彷徨っている時に、9日に3人の仲間と出会っている[7]（グランマ号乗り組隊員については巻末の表2参照）。

フィデル自身は、フアン・マヌエル・マルケスと2人で逃げた。しかし砂糖キビ畑で2人ははぐれてしまい、フアン・マヌエルは、10日間1人で彷徨い、その後捕えられて殺された。一方、フィデルはファウスティノ・ペレスと出会い、さらにウニベルソ・サンチェスと3人になった。

ウニベルソの証言によると砂糖キビ畑で休息中だった午後4時15分ごろ、飛行機が10機以上飛んできた。ラミロ・バルデスが敵だと叫び、アルメイダがあきらめるなと叫んでいた。自分はラウルの指揮するグループで、シロ・レドンド、フリオ・ディアスその他が一緒に焼夷弾で攻撃され、靴も弾帯もその他の荷物もみな置いて逃げた。途中でフィデル、フアン・マヌエル・マルケスと出会った

が、その後、フアン・マヌエルとはぐれた。フィデルと2人で逃げている時、ファウスティノ・ペレスと出会った。3日ぐらい、砂糖キビ畑で過ごし、数日して、農家についた。その後、リモネスの村について、1人の農民に出会った。クリスマスの少し前までに合流したゲリラは、ラウル・カストロ、ゲバラ、フアン・アルメイダ、フリオ・デイアス、シロ・レドンド、カミロ・シエンフェゴス（Camilo Cienfuegos）、カリスト・ガルシア、フアン・マヌエル・アメイヘイラス、ルイス・クレスポであった[8]。

12月5日のアレグリア・デ・ピオでの動きが伝わると、牧童のマヌエル・ファハド（Manuel Fajado）とクレセンシオ・ペレス、ギジェルモ・ガルシアは、フィデルたちの所在を探って、可能性のある場所を徹底的に探索していた。一方、バチスタ軍も5日から15日まで4万の兵士を投入し、捜索していたにもかかわらず、上陸した部隊を殲滅しえなかった。これはバチスタの軍隊の士気・機動性の低さとともに、セリアの用意した上陸部隊の支援網の強固さを示していた。

1956年12月12日、フィデルとウニベルソとファウスティノの3人は、ダニエル・イダルゴ（Daniel Hidalgo）の家についた。かれらはセリアのネットワークに入っていなかったが、7月26日運動の支持者で、ルベン・テヘダ（Ruben Tejeda）がセリアのネットワークに関係していると聞いていた。フィデルたちは、ダニエルの案内で12月13日、ルベンのところへ到着し、かれはセリアの指示どおり、3人をマルシアル・アレビチェス（Marcial Areviches）の農場へつれていった。こうしてフィデルらは、ついにセリアのつくりあげたネットワークの中に入り、12月14日、ギジェルモは3人と歴史的な挨拶をかわした。ギジェルモはこの時、ゲバラのグループとも接触しており[9]、ゲリラたちをラ・マンテカの砂糖キビ畑に

移動させ、12 月 15 日の夜までそこにいた。

　1956 年 12 月 15 日、バチスタ軍は、フィデルの上陸部隊を壊滅させることができないまま、ニケロとピロンの警戒線を解いた。16 日明け方、ギジエルモは、ゲリラたちをモンゴに渡した。モンゴはすぐにアンヘル・ジョピス（Angela Llópiz）の家に隠れていたセリアにフィデルが生きていると連絡した。

　フィデルら 3 人は、16 日、ラウルと他の 5 人は 18 日、他は 19 日、アルメイダと他の 7 人は 21 日にモンゴのところへ着き、生き残ったゲリラは 12 月 21 日までにモンゴの家に再結集した。ラウル・カストロとフアン・アルメイダは、それぞれ 5 人からなる小隊の隊長になった。フィデルは、ファウスティノ・ペレスを 12 月 23 日、マンサニジョに派遣することにして、15 人が山に残り、これが反乱軍の核になった。

3　フィデルは生きている

　マンサニジョでセリアはフェリペ・ゲラ・マトス（Felipe Guerra Matos）の協力をえて、米生産業者から 1000 ドルの寄付を集めた。彼女はフェリペとラファエル・シエラ（Rafael Sierra）、エンリケ・エスカロナ、エウヘニア・ベルデシアをモンゴの家に派遣し、集めた 1000 ドルを届けるとともに、エウヘニアはペチコートの下に弾薬とダイナマイトを隠して運んだ。その帰り、フェリペ・ゲラは、ファウスティノ・ペレスをマンサニジョに案内し、かれはセリアにメキシコから上陸までの部隊の動きを伝えた。12 月 24 日にはフェリペ・ゲラとファウスティノはサンティアゴ・デ・クバに行き、フランクと面会し、その後、ラ・アバナへ向かった。

　ゲリラたちは 25 日までモンゴの農園にいた。フィデルとウニベルソ・サンチェス、クレセンシオ・ペレス、チェ・ゲバラが司令

部を構成していた。チェ・ゲバラの日記には、27日にカリスト・ガルシア、カルロス・バルムデス（Carlos Bermúdez Rodríguez）、フリオ・ディアス、ルイス・クレスポ、ホセ・ロレンソ・モラン（José Lorenzo Morán Losilla）、ギジェルモ・ガルシア、マヌエル・ファハド、セルヒオ・アクニャ（Sergio Acuña）、ラモン・トレス（Ramón Torres）、フアン・トレス（Juan Torres）、アンヘル・マレロ（Ángel Marrero）が新たに加わったと記している。12月25日、18人のゲリラ部隊が、シエラへ入った。ゲバラは「とうとうロス・ネグロスへの行軍を開始」と記している[10]。

　バチスタの軍隊と警察は12月2日から弾圧体制を強化し、とりわけ12月23日から26日の間、オルギンの第8連隊の指揮官フェルミン・コウレイ（Fermín Cowley Gallegos）による7月26日運動のメンバーの追及は厳しかった。フランクの組織した仲間やアウテンティコ、オルトドクソ、PSPの活動家たち、23人が殺された。それに反撃する7月26日運動のテロ活動も展開されるとともに、バチスタ側の殺戮にたいするサンティアゴ市民の抗議も再開された。

　そのような中でセリアは、地下活動を続け、アンヘラ・ジョピスの家に隠れた。兄のエクトル・ジョピスは不動産管理の仕事をしており、セリアの隠れ家を探すのに最適の人物であった。バチスタの追及が厳しい中でセリアが生き延びたのは、ジョピスの家族やマンサニジョの裕福な人びととの協力のたまものであった。一つの隠れ家が危険になると、エクトルがセリアの次の隠れ家を見つけてくれた。セリアをかくまうという富裕層の申しでがマンサニジョで絶えることはなく、全部で25軒にも達したという。マヌエル・サンチェス医師の娘、金持ちのスペイン人商人だったセリアの祖父（Juan Sánchez Barro）の孫だったからでもある。しかもセリアは、マン

サニジョの裕福なクラブの主催で、町の美人女王に選ばれていた。サンチェスの家族の娘の１人が、フィデルとなにか企んでいるということが富裕層のなかで話題にもなっていた。

　また、セリアは、独自に自分の支援者のネットワークを７月26日運動の外にもつくっており、連絡係や手紙の代筆等々、セリアの地下活動の手足となって協力した。マンサニジョからフランクのいるサンティアゴ・デ・クバまでは、シエラを通過するので、いくつもチェック・ポイントを通らざるをえなかった。ネットワークはマンサニジョの女性たちの間に複雑にはりめぐらされていて、サンティアゴのフランクと秘密裏に実に見事に連絡をとりあい、革命勝利まで、このネットワークの秘密はたもたれた。

　さらにセリアは友人の電話交換手リリア（Lilia Ramírez）にも助けられた。AT&T（電話会社）の２階の電話交換所から警察の本部が良く見えたので、リリアは警察のシフトを調べ、誰が任務に就いているか、誰がランチに何時行ったか等々、情報をエクトルに伝えた。そして警察の異常な動きは直ちに知らされた。リリアも他のオペレーターも警察と軍隊の電話での会話を聞いていたので、なにがはじまろうとしているか正確に知っていた。

　セリアは、フィデルの部隊を増強するためにアダルベルト・ペサンテの小グループをマンサニジョから山へ送った。ゲバラの日記の１月６日の記述にモンゴの家に「アクニャとレネが会いに行き、夜、９人を連れてきた」と書かれている。武器ももたずに来たと批判的にかかれているが、セリアは武器については手配していたはずである。クレセンシオの仲間の農民たちも協力していた。しかし、11日にはそのうちの４人が離脱して、マンサニジョに戻っている。ゲバラは、新たに増強されてくる人員の質の悪さを苦々しく見ていた[11]。

1957年1月7日夕方、シエラの農民エウティミオ・ゲラ（Eutimio Guerra）の牧場をゲリラがみつけ、立ち寄ると、エウティミオの家族は歓待し、その後、エウティミオはゲリラの世話役になった。ゲリラは13日にラ・プラタに向けて行軍を開始した。部隊は32人だった。

　彼らは、1月17日、午前2時40分、ラ・プラタ兵営を攻撃し、最初の勝利をあげた。兵営の兵士2人が戦死し、5人が重軽傷、3人が捕虜になった。ゲリラがいつの時点でラ・プラタ兵営を攻撃すると決めたのかははっきりしない。しかし、57年の1月3日、ゲバラは日記に「夜になって食事をし、ラ・プラタに向けて出発」と記している。セリアとクレセンシオが準備したネットワークの中にはラ・プラタも含まれており、クレセンシオの情報に基づいて、最初の絶対に負けられない戦闘の攻撃目標をラ・プラタに設定したものと考えられる。スプリングフィールド銃8挺、トムソン型機関銃1挺、1000発の銃弾、弾丸ベルト、燃料、ナイフ、衣類、食料等々を獲得した。この事実にもかかわらず、バチスタ政府はフィデルが死んだとする宣伝をやめなかったし、厳しい検閲が行われており、フィデルたちの動向についての記事はまったく読むことができない状況であった[12]。

　フィデルが生きていることを示すために、かれは新聞記者によるインタビューを実現しようと企てた。1957年2月2日、フランクはサンティアゴからレネ・ロドリゲス（Rene Rodríguez）をラ・アバナに派遣して、その計画の実現を命じた。レネはファウスティノ・ペレスに会い、フィデルの意向を伝えた。ファウスティノは、ハビエル・パソス（Javier Pazos、フェリペ・パソスの息子。1940年代に、父が米州開発銀行で働いていた時、ワシントンで高校に入る。バチスタのクーデタ後、7月26日運動に参加）に適当な通信

社を探すよう依頼した。ハビエルはニューヨーク・タイムズ社しかないことを確認した。自分の父、フェリペ・パソスが『ニューヨーク・タイムズ』のキューバ特派員ルビー・ハート（Ruby Hart Phillip）と交流のあることを知り、父にルビーとファウスティノとの会談の仲介を依頼し、フィデルが生きているというスクープ記事の売りこみをはかった。『ニューヨーク・タイムズ』もフィデルは死んだという記事をだしていたが、ルビーは会談に同意した。

　レネとファウスティノの2人でルビー・ハートに面会した。会見はキューバ国立銀行総裁フェリペ・パソスの事務所で行われた。会談後、ルビーはタイムズの編集者エマヌエル・R・フリードマン（Emanuel R. Freedman）に連絡し、2日後、ハーバート・マシューズ（Herbert Matthews）がキューバに派遣されることになった。

　2月4日にはマシューズが来るという知らせをフランクが確認し、マシューズを山へ案内し、再び連れ戻す役をセリアに命じた。2月9日、マシューズは妻とラ・アバナに休暇で滞在するという口実で到着すると、ファウスティノがすぐにセリアに連絡した。マシューズは、前もって、在キューバ・アメリカ大使館の情報官やその他から、オリエンテで生き残っているゲリラの状況について、情報を獲得していた[13]。

　フィデルは2月13日、シエラからフアン・フランシスコ（Juan Francisco Echevarria）にメッセージをもたせてマンサニジョのセリアのもとへ派遣し、マシューズと2月17日にシエラの西側の山、ロス・チョロスにあるエピファニオ・デイアス（Epifánio Díaz）の農園で会うと連絡した。その際、7月26日運動の指導部の全員集合も命じていた。フェリペ・ゲラがフアンを車にのせて、マンサニジョへ向かった。

セリアは、7月26日運動の指導部全員がシエラに結集することに危惧を感じたが、直ちに行動を開始し、マンサニジョの7月26日運動の指導者であったラファエル・シエラ、エンリケ・エスカロナ、サンティアゴの銀行員カルロス・イグレシアがマシューズを案内することに決定し、ラ・アバナの7月26日運動の指導者たちにマシューズとともにシエラに結集するように連絡をした。マシューズはアバナで9日から待機していた。

フランクの代理としてカルロスが飛行機でラ・アバナへ飛び、エンリケはサンティアゴへいき、フランクと打ち合わせた。アルマンド・アルトとアイデエは、カルロスの指示でアバナから飛行機でサンティアゴへ向かった。2人を飛行場で迎えたビルマ・エスピンがフランクとアルトとアイデエを車でマンサニジョへ運んだ。

15日の午後5時30分、ハビエル・パソスがラ・アバナのセビジャ・ビルトゥモア・オテル（Sevilla Biltmore Hotel）に電話し、15日夜、出発するとマシューズに連絡した。午後10時ハビエルがロビーに迎えにいき、ホテルには釣りをしに行くと説明し、車に乗ると、すでにファウスティノが乗っていた。運転手は、富裕層だがフィデルの支持者であったリリアム・メサ（Lilliam Mesa）であった。一晩かけて500マイルほど走り、目的地に到着してから、最後の20キロは徒歩でいかなければならなかった。2月16日午前5時ごろ、マシューズを乗せた車は、カマグエイについた。

その頃、フェリペ・ゲラが一足先に車でセリアとフランクをフィデルの指定した場所に運び、すぐにマンサニジョへ戻った。セリアとフランクは、エピファニオ・デイアスの2人の息子に案内されてエピファニオの農園に向かい、途中で、到着を確認に来たシロ・フリアス（Ciro Frías）と会った。かれの案内でセリアとフランクは、フィデルの部隊の待つ場所へ案内され、フィデルは、そこでセリア

と初めて会った。セリア・サンチェスの伝記を書いたナンシー・スタウトは「フィデルがライオンだとすれば、セリアは豹」と評した2人の歴史的な出会いの瞬間であった。その日、夜まで、フィデルとセリアとフランクは3人で話しあった[14]。

16日夜、フィデルは、セリアをゲリラのキャンプに連れて行き、ラウル、アルメイダ、ゲバラ、カミロその他に紹介した。そこにはセリアの古くから友人、アルベルト・ペサンテ、マヌエル・ファハルド、ギジェルモもいた。その後もフィデルとセリア、フランクの情報交換の時間はつきなかった。とくにセリアとフィデルは2人だけで長時間、情報交換をした。

カマグエイからリリアム・メサがマンサニジョ郊外の米生産業者の家にマシューズ夫妻を運んだ。そこには7月26日運動の指導者たちが集まっていた。フェリペ・ゲラが再度、ファウスティノ、ビルマ・エスピン、アルト、アイデエを車に乗せて、ロス・チョロスへ向かった。ハビエル・パソスとマシューズ夫妻は残った。途中、何度も農村警備隊の検問を通り抜けたが、バチスタの警備陣は7月26日運動の指導者たちを1人として捕えることができなかった。

夜7時、フェリペ・ゲラがマシューズを迎えに行った。妻は残り、マシューズだけロス・チョロスに向かった。フェリペは、ハビエルと相談し、危険性の高いヒバコアの道を避け、遠回りしてヤラ、エストラダ・パルマ、カネイ、カヨ・エスピノからプリアルに入ることにした。この道でもいくつものチェック・ポイントを通過せざるをえなかった。フェリペ・ゲラは工場の監督官、マシューズはアメリカ人ルイス・ゴメスの農場で米を買いつける業者、ハビエル・パソスは通訳ということにした。ナンシー・スタウトはこの車にはフランクの指揮下にあるレネ・ロドリゲスもカメラをもって

乗っていたといっている。回り道をしたために、エピファニオの家に午前2時に着く予定が5時になった。エピファニオの息子が山に案内し、17日金曜日、午前7時、ゲリラのキャンプに到着した。

フィデルとセリアはインタビューの準備のために夜

27　ハーバート・マシューズ（左）とフィデル・カストロ（Fidel Castro, *La Victoria Estrategica* より．以下，*Victoria* と略す）

明け前に起きた。ハビエルが通訳するのを補佐するためにビルマ・エスピンが同席し、4人でインタビューは開始された。ラウルが芝居監督のようにインタビューの周囲を演出し、マシューズに実際よりも多くの小隊がいると思わせるため、何度もインタビューの現場に小隊を出入させていた。フアン・アルメイダだけがマシューズに本名を公表してよいと許可した。セリアはハムとクラッカーのサンドイッチやトマトジュース、ホットコーヒーを用意し、インタビューは3時間だった。マシューズの要求で、フィデルが、マシューズのノートに日付を書き込み、サインをした。フェリペ・ゲラとハビエルとエピファニオの息子たちがマシューズの下山を案内した。フェリペはマンサニジョまでマシューズを運び、夫妻を空港につれていき、ハビエル・パソスがマシューズの息子として、サンティアゴまで飛行機で同行し、そこからアバナへ3人で飛んだ。

マシューズの去った後、フィデルは指導者たちを集め、会議を開いた。アルマンド・アルトによるとフィデルは、アルトとラウルとアイデエ、ビルマ、ファウスティノにたいして、前日フランクとセリアと話し合った内容の概要を話した。その時、フィデルは、メ

第6章　グランマ号からの上陸　　199

キシコを出発したときの82人の規模までゲリラを増強する提案をした。また、ナンシー・スタウトによると、フランクは、フィデルが7月26日運動にとって鍵になる人物であり、失うことはできないし、マシューズのインタビューでフィデルの生存は確証される事態になったことに鑑みて、この機会にフィデルは前線から退き、その上でバチスタ軍の予想される反撃にシエラと都市で対処する体制を立てるべきだと主張したという。フランクは、ゲリラのキャンプの状況を見て、ゲリラの武器の扱い方、規律のなさに不満をもった。それは司令官としてのフィデルに対する不満でもあった。それにたいしてフィデルは、山での闘いについて、かなり自信をもっており、勝てる見通しを話したに違いないとナンシー・スタウトはいう。

ちょうどその時期、1月7日からゲリラの信用をえて協力してきた農民のエウティミオが、バチスタ軍への通報者になっていることが判明し、それがもとでゲリラの場所を正確に把握したバチスタ軍の攻撃がなされたことが確証されていた。会議中にゲリラの場所に戻ってきたエウティミオを逮捕し、裁判の後、処刑した。この事件についても、7月26日運動に参加して以後、仲間に厳しい規律を要求して行動してきたフランクには、フィデルの注意不足と見えただろうとナンシー・スタウトは指摘している。

エウティミオの処刑は、ゲリラ戦を開始してから初めて行われた裏切り者の処刑であった。ゲバラの研究書の著者ジョン・リーによると裁判後、刑を執行したのはチェ・ゲバラであった。ここには暴力による社会変革の矛盾が象徴的に現れている。バチスタ独裁に対して、新たに生じつつある自由のため、民主主義のための対抗暴力による「法措定的暴力」が台頭していることが分かる。革命的正義としての暴力の肯定である。ここに20世紀の革命の暴力の問題が

あった[15]。

　シエラ・マエストラには6万人近い貧しいグアヒロ（guajiros）と呼ばれる人びとが散在していた。フィデルたちはシエラ・マエストラを拠点として、社会変革を目的としたゲリラ戦を開始したが、それはグアヒロたち全員の合意を獲得して開始されたものではなかった。フィデルたちが一方的に場所を選択し、ゲリラ戦を開始したにすぎない。それを包囲殲滅しようとするバチスタ軍とゲリラの戦闘にいやおうなくグアヒロたちは巻き込まれていった。相いれない敵対する軍隊同士の生死をかけた排他的戦闘に中立はなかった。また、革命成功後、革命に反対したり、不満をもったりした多くの人たちが合州国のフロリダへの亡命を選択したが、そのような選択肢もこの時期のシエラでは機能はしてはいなかった。貧しいグアヒロたちは、フィデルのゲリラ側につくか、政府軍側につくか、狭い限られた領域で生死の選択を迫られた。エウティミオの事件はそのはざまで生じた。

　グアヒロたちが、物質的刺激や恐怖で政府軍への協力を選択すると、ゲリラは反革命としてかれらを殺すことになった。ゲリラを支援したり、支援していると疑われたりした者は政府軍に殺害された。グアヒロたちは、いずれを選択するにしろ、死を覚悟せざるをえない厳しい条件に置かれていた。ゲリラは戦闘で捕虜にしたバチスタ軍兵士を釈放することにしていた。しかし、ゲリラに協力したり、参加したものが、途中で脱落したり裏切った場合、裁判の上、死刑を宣告された。ゲバラは57年1月29日にフィデルが「以下の3つの犯罪者は死刑に処せられると警告。すなわち、不服従、脱走、負けを認めること」と書いている[16]。ゲリラのラ・プラタ攻撃後、バチスタ軍の勧告で避難のためにシエラからでていった農民もいたし、残ってゲリラに協力した者もいた。

セリアがフィデルらの上陸に備えて、農民たちのネットワークを組織したとき、このような法措定的暴力は機能していなかった。このネットワークは、農民や牧童たちの合意の上に、独裁者の国家権力の解体の作業を開始していた。この延長線上に、ベンヤミンのいう「神的暴力」(göttliche Gewalt)、つまり正しい行為を自らの責任において選択する精神的・道徳的力＝正義によって、物理的強制力、ベンヤミンのいう「法維持的暴力」を解体する作業への道はあっただろう。しかし、セリアやフランクを指導者として形成されたこのネットワークは、フィデルらの暴力組織を迎えるためのネットワークとして形成されていた。だからそのネットワークもフィデルたちのゲリラの法措定的暴力に組み込まれる運命にあった[17]。

　エウティミオの処刑後、さらに会議は続き、結局、フランクはフィデルの主張を尊重し、フランクの選択した人材で、フィデルの部隊を増強することになった。セリアに選抜した人材の訓練を頼み、フランクは武器とユニフォームをそろえ、それらの部隊をセリアがシエラへ届ける、フィデルはこれらの新兵がくるまで、もちこたえる、フランクは都市の戦線を指揮するということになった。これがこの２日間で得られた結論であった。

　ジョン・リーによるとこの会議で、フィデルは「キューバ人民へのアピール」を作成したという。ゲリラは絶滅されていないこと、近代兵器をもつ圧倒的な敵兵と80日間にわたり勇敢に戦っていること、シエラ・マエストラの農民によってゲリラが補強されていると強調した。そして砂糖キビ刈り、公共事業、輸送、通信を妨害するためにサボタージュをしよう、革命家に拷問し、かれらを殺戮するバチスタの取り巻き達を直ちに処刑しようと提案した。このような状態にしたのはバチスタ独裁の責任だとし、キューバ全土に「市民抵抗」を組織すること、7月26日運動への資金の提供を呼びか

け、革命的ゼネストを頂点としてバチスタを打倒しようと主張していた[18]。

アルマンド・アルトによると、この2月17日、18日の2日間の7月26日運動の指導部の会議が行われた時期について「当時、シエラ（Shierra＝シエラ・マエストラのこと）とジャノ（llano＝平地のこと）の2つの決定的戦場は、はっきりと区別され始めていた」[19]とのべている。この指摘は重要な意味をもっている。上記のフィデルとフランクの意見の違いもその一つの現れである。ナンシー・スタウトは、フランクとフィデルの意見の相違に7月26日運動の他の指導者たちが固唾をのんで2人を見守ったとき、その対立が表面化しないようにとりなしたセリアの役割は大きかったのではと想像している。

この頃、シエラ山中のゲリラは、フランクを先頭とするセリア、その他の7月26日運動の細胞員たちの献身的活動に支えられて生き延びていた。だからフランクが全体の組織の指導者であらざるをえず、シエラのゲリラは7月26日運動の全国的活動の一部という様相を呈していた。フィデルが、いかにすぐれた指導者であったとしても、フランクが革命全体の指導者として行動せざるをえず、フランクはそれに応えられる優れた才能をもっており、サンティアゴ・デ・クバだけではなく、全国各地の7月26日運動の組織者としてセリアも認めるほど圧倒的指導力を示していた。特にフィデルたちが上陸し、11月30日蜂起の後の厳しい弾圧の網の目をくぐって、ファウスティノと共に、全国各地の組織を再編していった努力には、目を見張るものがある。その中でゲリラの必要とする武器、弾薬やユニフォーム、リュック、資金集め等々にも怠りなかった。しかし、アルトは2つの戦場がはっきりと区別され始めていたことが対立的要素をもっていたというようには見ていない。

第6章　グランマ号からの上陸

ゲバラはマシューズとのインタビューに合わせて行われた指導部の会議には参加してはいなかったが、その討議の内容を良く知っていて、ジャノとシエラはやがて対立すると予測していたとジョン・リーは書いている。たしかにゲバラは、7月26日運動の指導部のメンバーに初めて出会った2月16日の日記に「彼らの大半は反共産主義の組織に属していることがはっきりとわかる。とくにアルトはそうだ」[20]と書いている。ジョン・リーは次のように評価する。
　「……ゲバラはフィデルの中間階級、教育のある仲間たちをみて、かれらの戦いが達成することになることは、どうしようもない消極的なものだろうとみた。そしてかれは自分の考えとはまったく違う考えをかれらがもっていると考えたことは正しかった。かれのような根本的社会的変革のマルクス主義的考えをもたず、腐敗した独裁を追いだし、西欧の伝統的民主制で置き換えるために、大部分は闘っていると思っていた。都市の指導者たちとのチェの最初の出会いは、かれの否定的思い込みを強化した」[21]。
　このようなシエラとジャノの対立を強調する立場からみると、この2月の全国指導部の会議で、フィデルと他の指導者たちが対立し、フィデル以外の指導者たちの提案は拒否され、フィデルの方針が決定されたということになっている。
　ジョン・リーは、7月26日運動はゲリラを支え、強化する運動にするべきだとフィデルが主張し、ファウスティノ・ペレスのエスカンブライ山に第2戦線を開く提案やフランク・パイスによるフィデルの国外での活動提案も拒否し、フィデル以外の主張は否決され、フィデルの考えが押し通されたかのように書いている。さらにかれによると「フィデルは、とりあえず、生き延びるためにやむを得ないこととしてシエラを優先するように認めさせた。しかし戦争が拡大するにつれ、この分裂は左翼と右翼のイデオロギー的対立と

して公然化した。そしてジャノのリーダーたちとフィデルの指導権争いとなった」ということになる[22]。

しかし、アルトはジャノとシエラの2つの戦線の指導者たちの会議が行われた事の重要性を指摘し、その他に「サンティアゴ・デ・クバの市民抵抗運動の開始、7月26日運動の全国的再編とその任務の開始の構想、フランクとファウスティノによる首都における7月26日運動の再編と前進のための努力、フィデルがシエラでゲリラ戦を開始したという情報の広報活動、エスカンブライ山にゲリラ戦線を開くファウスティノの構想、後にラウルの指揮下に東部第2戦線になる地域におけるゲリラ戦を展開しようというフランクの構想、最後に、もっとも緊急のものとして、11月30日の戦闘員からなる武装グループのシエラ・マエストラへの派遣」等々について決定されたと主張している。そして「われわれジャノにとって、シエラを維持することが重要であった。それが第一に考えられ、それがわれわれの基本的革命的義務であった。革命の勝利は、山岳地帯で行動するゲリラの核を維持することにかかっていた。……歴史が示すように、ジャノとシエラの関係において鍵になる役割をセリアとフランクの2人が果たすことになった」[23]のである。これが実体であったと思われる。

つまりフィデルを防衛するため、フィデルが国外にでて宣伝と資金集めの活動をしたほうが7月26日運動の組織を維持するために重要だろうという、フランクの主張は認められず、フィデルはシエラでゲリラ戦を続けながら、7月26日運動は全国活動を展開すること、当面、ゲリラの補強を最優先することが確認されたということである。この経過からジャノとシエラの対立やフランクとフィデルの指導権争いを主張することはできない。その後の経過はそのような対立の主張がフィクションであることを証明している。

指導者たちは、19日まで、ゲリラとともにいて、フェリペ・ゲラが、20日、セリアをマンサニジョへ送った。マシューズは、もう一日ラ・アバナにいて、作家のヘミングウェイを訪たり、「革命幹部会」（Directorio Revolucionario = DR）のホセ・アントニオ・エチェベリアらにインタビューをして、19日にニューヨークへ帰った。

　こうして2月24日、『ニューヨーク・タイムズ』に「キューバの反乱軍の隠れ家訪問――カストロは山でまだ生きて、戦っている」と報じたマシューズの記事が掲載された。ニューヨークで印刷された最初の版には、フィデルの写真だけが掲載されていた。しかし、マシューズは、確実な証拠とするために、次の印刷からフィデルの署名を写真の下に添付した。マシューズは、7月26日運動は「自ら社会主義的と称する革命運動である」「また一般的にラテンアメリカでは反ヤンキーという意味で、ナショナリスティックでもある」が、反共産主義であると記している。また、フィデル・カストロの人柄は圧倒的威力（overpowering）をもち、「かれの部下たちがかれを崇拝するのは分かるし、キューバ全国の若者の心をとらえるのもわかる。教養があり、献身的で、熱血漢で、理想主義者であり、勇気の人であり、指導者としての素晴らしい資質をもつ男がここにいた」と書いた。バチスタ軍の捕虜は釈放していること、カストロ氏は軍事的というより政治的信条をもっていること、自由、民主制、社会正義、憲法の回復の必要性、選挙の実施について強い意志をもっていること、経済問題にはあまり精通していないことなどの特徴を指摘した。カストロ氏は「民主的キューバのために、独裁を終わらせるために戦っている。……軍隊に憎しみをもってはいない。兵士たちはみな善良で、将校の多くもそうだ」と語ったことを伝え、3000人のバチスタ軍と200人部隊で闘っていること、ゲリ

ラは4000ドルぐらいのペソをもっていたことを報じた。25日の記事は「キューバの反乱軍の力増大　バチスタは支配を維持」との見出しで、各地で爆弾の破裂音がし、爆弾テロがあいついでおり、それに対するバチスタ側の報復が激しく、26人の若者の死体が街頭に放置されて、新年を迎えたこと、それにたいして1月4日800人のサンティアゴの女性たちが「私たちの子どもたちを殺すな」と抗議のデモをしたことが報じられた。

28　『ニューヨーク・タイムズ』の記事

　2月26日の3番目の記事は「内部の反乱軍に脅かされるキューバの旧秩序　伝統的に腐敗した体制はバチスタ独裁に挑戦する改革諸グループにより最初の試練に直面」との見出しであった。マシューズは秘密裏にアントニオ・エチェベリアを含む5人のDRメンバーとも会っていた。記事によると、「メキシコからの手紙」（Costa de Mexico、第4章 P. 148参照）はあるが、「同じ目的に向かって、同時に、独立して闘っている」とかれらは主張し、警察はDRを反乱分子として追及しており、大学はかれらの画策を恐れて、閉鎖の状態を望んでいた。ホセ・アントニオは市民運動を支持しており、自分たちも街頭にでて、革命に参加する機会をうかがっていると話した。さらにかれらは独立戦争と同じ理想に向かって闘っており、反共産主義であり、民主制を支持していた。若者たちは死ぬことを恐れていなかった。今やキューバにはフィデルを代表する若者たち、政界、財界、専門職の市民的抵抗、愛国的軍人の3つの反バチ

第6章　グランマ号からの上陸　207

スタ勢力がいた。以上のように報告していた[24]。

　バチスタの実施していた検閲により、キューバ国内では『ニューヨーク・タイムズ』のマシューズの記事が読めないことを予想して、フェリペ・パソスは、マリオ・ジェレナと相談し、ニューヨークでコピーをとり、キューバの知名人たちに郵便で送付する計画をたてた。マリオはすぐにニューヨークへ飛び、マシューズの記事がでると、それを4000部ほどコピーし、キューバの人名事典を利用して、直接、居住場所に郵送した。はたしてキューバで売りだされた24日付の『ニューヨーク・タイムズ』のマシューズの記事は検閲で白抜きにされていた。しかし合州国との行き来の激しいキューバでは、合州国からもち込まれた検閲なしの新聞の記事があっというまにアバナ中に知れ渡った。キューバの国防相サンティアゴ・ベルデハ（Santiago Verdeja）はマシューズの記事はでっちあげだと非難した。7月26日運動は機関紙『レボルシオン』にコピーして掲載した。ジェレナの送付したコピーも人々に届いた。また、マシューズとフィデルが並んですわり、2人で煙草を吸っている写真もマシューズによって公表された。こうしてアバナ中でフィデルは生きているというニュースが話題になった。これは7月26日運動の攻勢の決定的転機となった。

第7章

1957年2月全国指導部会議

1　ゲリラの増強

　1957年2月のシエラ・マエストラでの7月26日運動の指導者会議から帰ると、フランクもセリアも新兵の組織化にとりかかった。アルトによると、サンティアゴではアルトゥロ・ドゥケの家がフランクの活動の拠点であった。アルトゥロはフランクの秘書のように協力していた。フランクは、その時期、ビルマ・エスピンをはじめ、さまざまな仲間たちの家を移動して、指揮をとっていた。

　フランクは、厳しい基準で増強部隊を選抜した。地下活動で活躍し、危険な任務をこなしてきた者、政治的にも洗練された者、バチスタ政府による追及で生命の危険にさらされている者、シエラのゲリラとして厳しい条件をまっとうできる者を選抜した。

　一方、セリアはエクトル・ジョピスの保護のもとに活動を続けていた。エクトルの兄弟のレネが支配人をしているマンサニジョの米生産農場フィンカ・ロサリア（Finca Rosalia）に、軍事訓練に最適の場所があることをセリアは知った。この農場はマンサニジョでは良く知られた優良企業であった。それはマンサニジョとバヤモを結ぶ幹線道路のそばにあったが、そのあたりに人はほとんど住まず、近づく人もあまりなかった。道路を通るのはトラックがほとんどだった。道路の脇に稲田があり、その近くにサッカー場ほどの広さのマラブサルの繁る林があった。マラブサルは、棘のあるマラブの一種で、一般のマラブよりは背丈が高く、10メートルぐらいに伸

び、葉が茂り、その林の下は絶好の隠れ場所になりえた。その場所から稲田の向こうに、道路を挟んで農村警備隊の兵営があった。セリアはこのマラブサルの林の下を軍事訓練の場所として整備したいとジョピス兄弟に提案し、了承をえた。点検した結果、獣道を利用して、林の中に馬車も入れる通路や兵士の休息する小屋やカフェテリアもつくることができた。訓練の空き地も確保し、シートをはって雨も防いだ。こうして2月24日には、新兵訓練基地が完成した。兵士の食料供給はレネの妻が協力し、夫の昼食をコンテナで運ぶのを利用して、兵士の食糧も運ぶことになった。この場所は、革命成功まで発見されることはなかった。現在、ここはセリアがつくりあげた新兵の訓練場所「マラブサル」として歴史的記念の場所に指定されている。

　セリアがゲリラ訓練基地を作り上げた日、1957年2月24日、『ニューヨーク・タイムズ』にマシューズのシエラ訪問記事がでた。その2日後、セリアのゲリラ訓練基地にフランクが11月30日蜂起の戦士たちから選抜した最初の新兵が到着した。ビルマ・エスピンとフランクの協力者アセラ・デ・ロス・アンヘレス（Acela de los Angeles）が運転して、2、3人ずつマラブサルへ運んだ。かれらのためにマラリアやその他のワクチンもセリアは用意していた。新兵たちは、セリアから、マシューズの記事とは全く違うシエラの現実を知らされ、シエラでの活動の注意事項を教育された。フランクは、まもなく新兵に必要な諸物資、武器、ユニフォーム、リュックサック等々を積んでマラブサルに現れた。セリアが新兵を連れて、山へ入ることを決定し、彼女を含めるとゲリラは83人になるように準備した。

　マシューズのインタビュー以後、バチスタはセリアの暗殺を命じ、7月26日運動の弾圧体制を強化していた。3月9日、フランク

は、マラブサルから1人でトラックを運転し、サンティアゴへ帰る途中で、農村警備隊に逮捕された。そのためセリアは、フランクの支援を得られなくなり、アンヘラ・ジョピスやエルサ・カストロとその女性の仲間たちが、兵士の必要な物資を入手し、エクトル・ジョピスやフェリペ・ゲラがマラブサルに運搬する仕事を手伝った。

こうして3月15日、アイデエとアルトとセリアがマラブサルにきて、ホルヘ・ソトゥスをリーダー（Capitan）として、5つの小隊を編制し、それぞれの小隊長（Teniente）にレネ・ラモス・ラトウル（第4章P. 127参照）、エミリアノ・アルベルト、エンリケ・エルムス（Enrique Ermus Glez）、ギジェルモ・ドミンゲス（Guillermo Dominguez）、ペドゥロ・ソト（Pedro Sotto Alba）を任命した。称号と任命は全国指導部の決定であった。さらにグアンタナモ基地から密かに抜けだし、7月26日運動のゲリラへの参加を申しでてきたアメリカ人の若者3人も含めた。これはマスコミの注目を引くことが目的であった[1]。

マラブサルから2台の材木運搬トラックにマラブサレロス（マラブサルで訓練された新兵のこと）53人が乗ってシエラに出発した。無事、カソンにつき、そこでトラックを降り、徒歩でモンテ・ラ・オ[2]に行き、そこからエピファニオ・デイアスの農園のあるロス・チョロスに向かった。エピファニオの農園には、フィデルの命令でゲバラが迎えにきていた。ゲバラはフィデルにいわれたように、新兵部隊の隊長は自分が勤めると主張した。それにたいして、ホルヘ・ソトゥスはフランクが自分を新兵の隊長として任命し、フィデルに渡すようにと命じられていると主張して譲らなかった。ホルヘ・ソトゥスの率いる新兵たちには、厳しい規律を要求するフランクに選抜されたという強い誇りがあった。フランクの命令こそ、か

れらには至上のものであったろう。

　ゲバラは妥協して、ホルヘに隊長を任せていたが、2人の関係は気まずいものになった。これは新兵としてのゲリラたちにとっては不幸な事態であった。3月末、新兵はデレチェ・デ・ラ・カリダに到着し、そこでフィデルと対面した。その際、ゲバラはソトゥスが命令違反をしたと事態を説明した。フィデルがゲバラの言い分を聞き、裁判を開いた。このときフィデルはソトゥスの主張も聞き入れ、命令違反としては処分せず、小隊の隊長に任命した。エロイ・ロドリゲス（Eloy Rodríguez Téllez、労働者）は、この措置は適切だったと証言している。

　ゲバラはこの裁判について、特に日記に記録してはいない。しかし新兵を率いてきたホルヘ・ソトゥスにたいするゲバラの日記の評価は非常に厳しい。「ソトゥスにしてから、もうだめだといっていた」、新兵たちは「軍隊並みの規律の感覚を欠き」満足に食事もできないことに「不平を垂れる」と書いている[3]。また24日に新兵たちは「ホルヘが命令を下すそのやりかたに不平を垂れていた。少しはわかる気がする」[4]とも書いている。ゲバラは、グランマ号から上陸したばかりの自分たち自身の過去の姿とも重ねあわせて、その事態を理解しようとはしていた。

　革命後出版された『革命戦争回顧録』で、この事件についてゲバラは次のように書いている。「私が隊の統括を命じられていたが、このことでソトゥスと話し合いを持とうとすると、彼は、自分にはフィデルに隊員らを引き渡す責務があり、指揮官は自分である以上誰にも隊員を託す訳にはいかないとの一点張りであった。その頃の私には、まだ自分が外国人であることに複雑な思いがあり、極端な措置を取りたくなかった。しかしソトゥスについては隊全員が当惑しているのが感じられた」、「ラ・デレチャに着くと、ホルヘ・ソ

トゥス——隊員らの思いやりに欠けたワンマン——と隊員らの間で摩擦が絶えなく、そのため隊内に緊張が高まった」5)。ゲバラによるとそのためにソトゥスはマイアミに派遣され、その後、反革命に加担し、合州国へ亡命したことになっている。

　この部分でもラ・デレチャの裁判については触れられていない。些細な事件ではあるが、ここにも全国組織を統括するフランクとゲリラの関係のあいまいさが象徴的に現れていた。ゲバラの意識では、フィデルが全体の運動の指導者であった。しかし、ソトゥスには、フランクの指揮系統を尊重する理由は現実にあった。これらの混乱が、ソトゥスに精神的な影響を与えたということは否定できない。その上、ソトゥスの率いた新兵の部隊は、フィデルの指揮する部隊の実態をみたうえ、裏切り者は死刑だということも知らされ、マシューズの記事とのあまりの違いに、大きな失望を感じていた。

　新兵が到着し、ゲリラ部隊は次のような編成になった。参謀部、司令官（comandante en Jefe）フィデル・カストロ、ウニベルソ・サンチェス、シロ・レドンド、マヌエル・ファハド、ルイス・クレスポ、ゲバラ。3つの小隊（Peloton）の第1小隊、隊長（Capitán）ラウル・カストロ、中尉（teniente）としてフリオ・ディアス、ラミロ・バルデス、エミリアノ・アルベルト以下隊員18名。第2小隊、隊長はホルヘ・ソトゥス、中尉としてレネ・ラモス、シロ・フリアス、ギジェルモ・ガルシア以下隊員18名。第3小隊、隊長はフアン・アルメイダ、中尉としてギジェルモ・ロペス・ドミンゲス（Guillermo López Domínguez）、エンリケ・エルムス（Enrique Ermus González）、フェリクス・ペナ以下隊員18名、前衛部隊は、隊長がカミロ・シエンフエゴス、補佐として地域の農民4人、後衛部隊は、隊長がエフィヘニオ・アメイヘイラス、補佐として地域の農民3人であった6)。

2 革命幹部会の大統領官邸攻撃

 革命幹部会（DR）が大統領官邸を攻撃したという知らせは、このような時期にゲリラたちのもとに届いた。フィデルの7月26日運動とDRは、「メキシコからの手紙」（第4章参照）で共闘を宣言していた。しかし、DRはゲリラ戦では政権は取れないとみた。とりわけグランマ号の上陸とサンティアゴ蜂起を失敗とみて、DRはバチスタに正面攻撃をかけて暗殺し、政権を奪取する上からの革命路線[7]を志向した。

 マシューズのインタビューの後、ファウスティノ・ペレスに託して、DRのホセ・アントニオに手渡されたフィデルの手紙では、ブランコ・リコ（SIM長官）の暗殺（P. 152参照）には賛成できないことやグランマ号の上陸に際し、共同の蜂起をしなかったことについて、裏切り者と批判をし、DRを臆病者の組織と主張していた。これにたいしてホセ・アントニオは激怒して、返事の手紙をファウスティノに渡し、批判は受け入れられないこと、フィデルは革命の指導者（Jefe）ではないと主張し、抗議していた[8]。このような状況の下でDRは「メキシコからの手紙」での取決めの実行として、DRの大統領官邸攻撃計画をたてたといってよい。キューバ史研究者ジュリア・E・スウェイグによると、DRがバチスタ暗殺に成功した場合、7月26日運動は独自にオリエンテに臨時政府を樹立する計画だったともいう[9]。

 大統領官邸攻撃の中心にいたのは、30年代世代でABC、アウテンティコ党、AAAなどの組織に参加して独裁と闘ってきた歴戦の闘士メネラオ・モラ・モラレスである。かれはプリオがバチスタと断固として対決しないのをみて、アウテンティコから離れ、革命的な学生たちに注目し、息子のアルベルト・モラ（Alberto Mora）

を通じて、FEU の指導部に接近した。かれこそが「上からの革命」の主張者であった。FEU の代表とメネラオ側の代表カルロス・グティエレス・メノヨ（Carlos Gutiérrez Menoyo）があい、大学の近くのバジェ通り

29　大統領官邸の攻撃（搬送されている負傷者）

の隠れ家で官邸攻撃計画の立案がはじまった。やがてホセ・アントニオやファウレ・チョモンらも参加し、計画が練り上げられた。

この計画には、かつての UIR や MSR、「青年クバ」に関わった人たちが参加し、それらの参加者を通じて集められた武器には、ドミニカ経由でプリオが提供した武器、トルヒジョの提供した武器、さらに AAA の武器、アウテンティコ党員がドミニカからサンティアゴに送った武器等々があった。さらに軍事委員会が結成され、ファウレ・チョモン、アルマンド・ペレス・ピント（Armando Pérez Pintó）、カルロス・グティエレス・メノヨで構成された[10]。

カルロス・グティエレスを隊長とする官邸侵入部隊はオペラシオン・コマンドとして50人で構成された。イグナシオ・ゴンサレス（Ignacio González = Marcelo Manet）を隊長とする100人余の支援部隊、ホセ・アントニオを隊長とする CMQ 放送局占拠部隊と合わせ3つの部隊で作戦を展開した。作戦本部はアバナ大学に置き、ベダドに2つの拠点を設け、バチスタの日常行動を綿密に調査し、2月20日のオスピタル通りの会議で検討を深めた。この計画は、当初、バチスタがクーデタで政権を取った3月10日に決行する予定

で進められ、3月9日には実行部隊が配置につき、7月26日運動にも連絡し、参加を呼び掛けた。

ただ、3月10日の攻撃の日になっても、官邸内にバチスタが入ったことが確認できず、そのまま確認するまで緊張の内に待機していたが、3月13日にバチスタが官邸に入ったことが確認され、13日午後3時、攻撃開始の命令がホセ・アントニオによってだされた。官邸攻撃部隊は、邸内に突入したが、幸運にもかろうじてバチスタは暗殺を免れ、逆に突入側は出動したバチスタ軍に包囲され、30分ほどで鎮圧された。

CMQ放送局では、3時21分に官邸が攻撃されていると放送し、3時22分、アナウンサーが、参謀部によるとして「公式コミュニケ」を読み上げ、コルンビア兵営で将校たちが指揮権を掌握し、タベルニジャ将軍が逮捕され、バチスタ支持の将校たちは拘束されたというものであり、3時23分、同じ内容が再度、放送された。そして広告が流れたあとの3時25分、ホセ・アントニオが「独裁者、バチスタに革命的正義は下された、大統領官邸では銃撃戦が起こっている、それはわれわれが行っていることだ、革命幹部会はキューバ革命の武装部隊であり、恥知らずなバチスタ体制を打倒した」と放送した。

官邸では、バチスタ側の3階の守備隊が強固に反撃したため、そこへの突入は阻止され、3階にかろうじて逃れたバチスタの行方をつかめなかった。その頃には、すでにバチスタの増援部隊が官邸に到着したので、カルロス・グティエレスは失敗したことを確認し、撤退を命じたが、すでに包囲されていて、カルロス・グティエレスを含む多くの仲間たちが倒れ、かろうじて逃れた人たちは、さまざまな人びとにかくまわれた。ホセ・アントニオは攻撃が失敗したと知って、CMQ放送局から撤退の途中、大学の壁の外で殺害され

た。

　3月24日、DRの執行部の生き残りの会議が開かれ、そこにはホエ・ウェストブロオク、フリオ・ガルシア・オリベラ（Julio García Olivera）、フルクトゥオソ・ロドリゲス、ファウレ・チョモン、エンリケ・ロドリゲス（Enrique Rodríguez Loeches）が参加し、「国民への宣言」を発表することを決定して、執行部の立て直しをはかり、武装闘争の継続も決めた[11]。

　4月2日、さらにDRの執行部の会議が開かれ、そこでホエ・ウェストブロオクは「DRからキューバ国民へ。大統領官邸の攻撃」[12]と題する宣言を読み上げた。その中で、攻撃の失敗は仲間の任務放棄に原因があると一部の参加者たちを批判した。

　しかし、キューバ史の研究者ラモン・ボナチェアは作戦そのものに問題があったこと、使用した武器の不備を指摘し、計画した指導者たちの責任だと主張している[13]。政権を取ったあとの方針を全くもっていなかったことも、この武装蜂起の無計画性を示していた。DRの創設者の1人であったホルヘ・バルス（Jorge Valls）は、DRの理論的支柱であったが、ホセ・アントニオらの上からの革命の方針には反対していた。大統領官邸の攻撃にも賛成できず、計画が具体化されるとともに、ホルヘ・バルスを支持するグループは、DRの活動から手を引き始めていた。そして、攻撃失敗後のDR執行部は、ホルヘ・バルスらを追放した。

　またこの声明は、「メキシコからの手紙」についても次のように述べた。

　7月26日運動との協定が結ばれたとき、「その際、体制を打倒する方法の判断をわれわれは変更した。われわれはそれが上からであり、下からではないと結論を下した。体制の弱点は、1人の独裁者を中心とする政府にある。われわれはその男にあらゆる打撃を集中

すべきであり、それにより政府は粉砕される」。さらに協定の調印者たちは「最終的目的に合意した。しかし、われわれはわれわれ自身の戦略を取り続けることにも合意した」という。一方で、7月26日運動の計画は「展開された。そしてわれわれは、首都全体でさまざまな行動で参加したのは事実であるが、それに断固として介入しなかった」。

これはフィデルがDRを裏切り者と批判したことに対する回答でもある。そして「メキシコからの手紙に掲げられた諸原則は、独裁者が倒れていない以上、新しい世代全体の導きの火として有効であり続けるだろう」[14]と主張した。また、エチェベリアが死の直前に書いたマニフェストが残されている。そこには次のように書かれていた。

「キューバ人民へのわれわれの約束は、「メキシコからの手紙」に示されていた。われわれは行動で若者たちと団結した。しかしそこで割り当てられた役割をわれわれ学生たちが実行するのに必要な機会は現れなかった。われわれの約束を果たす時期を延期せざるをえなかった。われわれはその時期が今来たと考える。わが祖国に正義の支配を獲得するために、われわれの動機の純粋さは神の恵みをもたらすであろうと確信する」[15]。以上のことは、まさにフィデルの批判に対する回答として大統領官邸攻撃計画が実行されたことを示している。

前述のようにDRは官邸攻撃の直前、7月26日運動のファウスティノ・ペレスに参加を呼びかけた。しかし7月26日運動はその要請に応えなかった。ラモンはDRの声明の主張は、官邸攻撃に7月26日運動の支持をえられなかったことに対するDRの不満の現れであるという[16]。

DRにとって、さらに不幸なことに、生き残った者のなかで指

導的立場にあった4人が、ウンボルトにあったアパートの隠れ家を急襲されて暗殺され、DRの組織は壊滅的な打撃を受けたことである。この急襲にはPSPのマルコス・ロドリゲス（Marcos Rodríguez）による警察への情報提供があったとされている。当時、PSPは「一揆主義」に反対の立場をとり、学生運動の主導権をDRから奪還するためにさまざまな画策をしていた。そのため反共産主義のDRとPSPの対立は激しかった。1959年の革命政権成立後、マルコスはこの事件で逮捕され、有罪として、死刑を執行されている。

　官邸攻撃後、バチスタを支持し、暴力に反対するデモが各地で起こった。知識人や弁護士、有名人、政治家、宗教関係者、そしてエウセビオ・ムハルの傘下の労働組合、各地の農民、砂糖キビ刈り労働者、サンテリア（Santería、西アフリカのヨルバ人の民俗信仰とカトリック教などが混合して成立したキューバ人の民間信仰）を信仰する貧しい黒人たちも含めて、バチスタ支持を表明し、そのカリスマ性は依然として維持されていることを示した。ラモン・L・ボナチェアはこの事件の時期のキューバについて、次のようにいっている。「「大衆」は全体的に独裁に反対していると考えるのは大きな間違いであろう。ましてキューバ人民の多数派が反バチスタの蜂起に参加しているということはない。独裁者を支持してデモをした農民数千人、労働者、中間階級が蜂起主義者と少しでも協力していたら、体制はすぐに崩壊していただろう。そうはならなかった」[17]。

　しかしこの時期に生じたバチスタ支持の意思表示は、単純にバチスタ独裁そのものへの支持とみなすことはできないだろう。暴力にたいする嫌悪から生じた行動といえる。にもかかわらず、官邸攻撃後、バチスタ政府は、学生や若者たち批判者を大量に暴力的に弾圧していることにたいして暴力をやめるようにと行動したといえる。

市民たちは、7月26日運動の暴力か、バチスタの暴力か、二者択一を迫られ始めた。この時期を転換点として、全土でシエラ・マエストラの農民と同じ状況に市民たちはおかれたわけで、そのような事態にいたることに対する反発がバチスタ支持のように現れたのだといってよい。

さて、フィデルはシエラ・マエストラから、DRの官邸攻撃は無駄な流血であり、独裁者の命などは全く問題ではない、蜂起を支持するものはシエラ・マエストラで体制と闘うべきだとし、テロリズムは何も解決しないと厳しく批判した[18]。ゲバラも4月14日の日記に「どうやらテロリストの一団は大統領官邸の1階と2階を占拠したらしいが、……」と書いている[19]。

この批判は、矛盾している。7月26日運動はサンティアゴ・デ・クバを中心に、全国各地でDRの官邸攻撃と同じ「テロ」行動をしていた。フィデルのモンカダ兵営攻撃も理念の違いはともかくとして、政治的行動においては官邸攻撃とそれほど違いはない。その後のさまざまな行動が、シエラ・マエストラのゲリラ戦と連携した行動であるという理由で、正当化できるとすれば、DRの官邸攻撃も「テロリスト」の行動として無駄な流血だと一方的に批判することはできまい。ましてDRの官邸攻撃はバチスタ暗殺に失敗したとはいえ、バチスタ政府の中枢を脅かした政治的効果は大きく、7月26日運動を支持する武装闘争派の人々には大きな効果を与えた。ラ・アバナでもフィデルたちと呼応して反バチスタの武装闘争の強力な基盤があるという現実をバチスタ体制に知らしめたからである。

官邸攻撃後、4月20日のDRの生き残り幹部暗殺事件の数日前、アルマンド・アルトとアイデエはサンティアゴからラ・アバナに着いた。そこで7月26日運動による市民運動の推進と宣伝活動を開始した。その時、ベダド通りのある建物でDRのファウレ・チョモ

ン、フリオ・ガルシア、フルクトゥオソ・ロドリゲスその他と会談したが、かれらは、官邸攻撃を「メキシコからの手紙」の実行だったと主張したとアルトは書いている[20]。

3 ロバート・テイバー

　一方、セリアは3月9日にフランクが捕まったため、新兵と一緒にシエラへは行けなくなった。彼女はマラブサルに留まり、フランクが逮捕される前に選抜した新兵の第二陣と待機していた。フランクが逮捕された後、さらにフェリペ・ゲラもロス・チョロスからの帰途、逮捕されたが、富裕層に属する人物であったため、直ちに釈放され、厳しい監視の下におかれ、活動を制限された。なお、フランクが逮捕されると、サンティアゴの7月26日運動では、アルトゥーロ・ドゥケが中心的な連絡係になっていた。

　その頃、ニューヨークでマシューズの記事のコピーを送付する仕事を終えたマリオ・ジェレナのところに、マシューズのスクープに興味を持ったCBSのドキュメンタリー写真家のロバート・テイバーが、フィデルとの面会という企画をもちかけてきた。すぐにジェレナはアバナに戻り、ロバート・テイバーもアバナに飛んだ。しかしこの時はシエラ山中のゲリラとは連絡がとれなかったが、その後、シエラでの指導者会議を終えたアルマンド・アルトがラ・アバナにきて、市民運動の組織化について相談するため、マリオ・ジェレナと会った。そのときにジェレナは、CBSのロバート・テイバーがシエラでの取材を望んでいることを告げ、それを実現しようということになり、シエラのフィデルにCBSが取材を希望していると連絡をした。一方でジェレナはすぐにニューヨークに飛び、ロバート・テイバーと連絡をとった。ロバート・テイバーはキューバのプレスビテリアンの学校のドキュメント取材という口実で、カ

30　マリオ・ジェレナ

メラマンのウェンデル・ホフマン（Wendell Hoffman）とアバナへ飛んだ。フィデルからこのインタビューを実現するようにとの命令を受けたセリアは、フランクもいない大変な困難な事態の中でその仕事に取り組むことになった。

そして、テイバーがアバナについたのは、4月15日であった。アルトとアイデエはフリオ・マルティネス（Julio Martínez Páez、医者）が運転する車で、18日の夜、バヤモ行きのバスの切符を買いに行った。アイデエが車を降りて、切符売り場に行った直後、バチスタの情報局の隊員が現れ、車の中にいたアルトとフリオ・マルティネスの2人を逮捕した。アイデエはその現場を見て、すぐにアルトの家族にアルトらが逮捕されたことを知らせ、アルトの家族は、直ちに2人が殺されないよう行動し、それで2人の命は助かった。そして、アイデエがテイバーたちをホテルに迎えに行き、マンサニジョにかれらを車で運んだ。一旦はマンサニジョに着いたが、迎え役のフェリペ・ゲラが逮捕されたことを知り、アイデエはテイバーたちを乗せてバヤモに引き換えし、知人の歯医者にテイバーたちを預かってもらって、再度、マンサニジョへ向かった。

セリアは、マンサニジョのセスペデス公園の近くに住む米生産業者パンチョ・サウメル（Pancho Saumell）の家にいて、カルロス・イグレシアスと一緒に、テイバーの一行が到着するのを待っていた。カルロスは、監獄にいるフランクからシエラへの武器の輸送について、フィデルと相談する任務を与えられていたのである。そし

て、アイデエは、どうにかそのセリアの居場所にたどり着いた。

　一方、フェリペ・ゲラが逮捕されたことを知ったマンサニジョの7月26日運動の指導者の1人、ラファエル・シエラは、すぐにフェリペ・ゲラに代わる協力者を探し、コーヒー生産地主のラロ・サルディナス（Lalo Sardinas）の協力を得て、ラロの車でアイデエは、セリア、カルロス・イグレシアスと一緒に、バヤモに行き、セリア、カルロス、アイデエ、ラファエル、ラロ、ロバート・テイバー、ウェンデル・ホフマンの一行は2台の車に取材機器を積み、エストラダ・パルマの砂糖工場へ到着し、そこから徒歩でドス・グルアスを通り、悪路にもかかわらず重い荷物を担いで、真夜中の行軍をし、プロビデンシアをとおりチチェ・ラストゥレ（Chiche Lastre）の家にたどり着いた。

　その頃、フィデルの陣地では、バチスタの軍隊が2人の女性と2人のアメリカ人、その他2人を探しているという情報をえ、フィデルは心配し、カミロ・シエンフェゴスにどんなことがあってもかれらを救う部隊を編制するよう命じた。

　テイバーらのグループは、チチェの家で休み、暗くなってから、ヤラ川に沿って、川床を歩き、朝までにラロの農場に着いた。そこにフィデルの命令によって、このグループを救けに来たカミロ・シエンフェゴスらが到着した。

　1957年4月23日、カミロの案内で、ロバート・テイバーたちはゲリラ・キャンプに到着した。フィデルは、最高峰のピコ・トルキノのセリアたちが建てたマルティの胸像の前でかれらのインタビューを受け、ここまで奮闘したセリアに敬意を表した。この日、セリアはゲリラに正式に入隊した。女性では最初の正式隊員であった。ちなみにアイデエはこの時、隊員にはならず、そして体調が良くない上に喘息がひどかったので、5月7日に彼女は山を下りた。

革命幹部会の大統領官邸攻撃の際に、7月26日運動の手に残された武器をシエラに送ることについて画策していたフランク・パイスは、その後逮捕され監獄にいたが、その件について、フィデルと打ち合わせをするように監獄からカルロス・イグレシアスに命じていた。そのときフランクは、この武器の一部を利用して第2戦線を結成することもフィデルに提案し、フィデルはそれは承認し、フランクに伝えられた。これらの武器は、アバナから秘密裏にフランクのもとへ運ばれ、フランクはそれをエル・カニョンのサン・イシドロにあるフアン・ホセ・オテロ（Juan José Otero）所有の農園の穴倉に隠していた[21]。

　カルロス・イグレシアスは、ロバート・テイバー一行をシエラに案内し、フィデルと面会した後、そこでの話し合いの結果とシエラへの武器の輸送、第2戦線の結成についてフランクと打ち合わせるため、シエラからジャノへと下った。

　アバナではさまざまな組織が7月26日運動に武器を提供しており、それらの配分についてもフランクはカルロスに指示をしていた。しかしその活動中、ラス・トゥナスでカルロスは警察に逮捕された。

　5月7日、フィデルたちはラジオでカルロスが逮捕されたことを知った。かれが送ろうとした武器を受け取るため、フィデルはアイデエのところにルイス・ペニャを派遣したが、うまくいかず、フィデルはさらにレネ・ラモスをフランクのもとへ派遣し、ウベロ経由で武器を運ぶ計画の打ち合わせをしたのが5月13日であった。

　5月16日、さまざまな情報を取得したうえ、フィデルはエル・ウベロの船舶会社（Empresa Relánpago）の所有者テオフィロ・バブン（Teófilo Babún）の協力をえて武器を運ぶことにして、レネ・ラモスと船舶会社のエンリケ・ロペス（Enrique López）がエル・

ウベロの海岸に向かい、武器輸送の段取りをつけた。16日の午後、レネ・ラモスは船でフランクに会うためサンティアゴ・デ・クバへ向かい、5月10日に監獄から釈放されていたフランクに報告し、エル・ウベロ経由の武器輸送に了承をえた。

テオフィリオ・バブンは、ウベロの事業家ギルベルト・カルデロ（Gilberto Cardero）の協力を得て、軍部のチャビアノの動きを抑える画策もした。フランクは花屋を経営するルイス・フェリペ・ロセル（Luis Felipe Rosell）の協力をえ、かれがフアン・ホセ・オテロの農園に行き、武器をトラックに積み、それをカルボン（Carbón）埠頭まで運び、マリベル（Maribel）号という船に積み、それでエル・ウベロへ運ばれ、さらにウベロからは車でシエラへ運んだ。この時期にはゲリラは120人になっていた[22]。

ちょうどその頃、7月26日運動は、1957年5月24日、「コリンサイア」（Corynthia）号に乗ったアウテンティコ党の27人がオリエンテ州北部、マヤリのカボニコに上陸し、武装闘争を開始したというラジオ情報をえた。かれらはシエラ・クリスタルに向かっていた。この上陸は、7月26日運動に有利になるとフランクは考え、それを利用して、シエラ・クリスタルに第2戦線を開こうとした[23]。

武装を強化したフィデルの部隊もまた、バチスタ軍の分散化のためにウベロ要塞攻撃を計画した。5月28日、ウベロ要塞の攻撃は成功したが、その日、ブラソ・グランデにおいて、コリンサイア号で上陸したアウテンティコ党の戦士は全員戦死した。

フィデルはエル・ウベロの戦いの様子と獲得した武器について、フランクへ5月31日付の手紙で報告しており、そこに「これは第2戦線の絶好の機会だと思う」と記していた[24]。

一方、5月18日、テイバーたちの撮ったドキュメンタリー「シエラマエストラの反乱者たち　キューバのジャングルの戦士たちの

物語」が合州国で放映された。フィデルの他にゲリラの中にアルゼンチン人（ゲバラのこと）がいること、2人の女性も参加していることも報じられた。テイバーはセリアを「野生のガーデニア」だと映像を紹介した。当時、キューバでは ABC、CBS、NBC の番組をテレビを持つどこの家庭でも見られた。セリアの水辺の姿、滝の側のポートレイトも放映された。1860年代にはじまり1890年代に終わった独立戦争時の記憶を甦らせるガーデニアの花はキューバ人には有名で、その花と一緒にいるセリアを独立戦争の女戦士としてアピールするのに効果満点であった。ナンシー・スタウトは「5月18日、セリアは医者の娘からフィデルを支援する女に変った」と書いている[25]。

　なお、テイバー達が取材に入る前、マシューズの新聞記事をみたグアンタナモ基地にいたアメリカ人の3人の若者がゲリラ戦士として参加していたことは前述したが、テイバーは、アメリカ大使館で、ゲリラに入った3人の若者を連れ戻すよう要請されていた。結局、2人は戻ることになり、チャック・ライアンだけは残った。

　この番組でテイバーは最後にフィデルにマイクを渡し、アメリカ人へのメッセージを語らせた。フィデルは、英語で合州国はバチスタへの武器援助をやめるべきだと訴え、マシューズの記事にふれ、バチスタはシエラの真実を認めるべきだと主張した。テイバーの番組は30分であったが、その後、60分の番組として再編集されて、放映された。さらに雑誌『ライフ』にもテイバーの記事が掲載された[26]。

4　第2戦線

　マシューズのインタビューに合わせて開かれた7月26日運動指導部のシエラでの2月会議の終了後、1957年2月20日にジャノの

指導者たちはマンサニジョに戻り、会議で決まった内容の実現のために、各地で活動を開始した。7月26日運動にたいするバチスタ体制の弾圧は一層激しさを増しており、2月23日には、アバナの警察が7月26日運動の隠れ家をつきとめ、隠していた武器を押収し、その後の3月9日、フランクが逮捕され、第一陣のゲリラ増強部隊が送られた後、3月19日、ファウスティノが逮捕された。そういうなかで、4月なかば、セリアを通じて、アルマンド・アルトはフィデルから手紙を受け取っているが、そこでフィデルは、7月26日運動の全国指導部をわれわれは信頼している、情勢に応えて全力で行動すべきだ、いろいろな問題で、適宜、相互に相談することは困難である、困難を解決するアルトの才能を信頼している、全国指導部は運動の代表として行動してよいと伝えていた[27]。

さらに、グランマ号から上陸した者、11月30日の各地での蜂起に参加した者という理由で、ボニアト監獄に収監されていた226人が2月21日に起訴され、4月22日から裁判が開始され、拘束者たちは裁判所まで厳重な警戒のもとに護送されたが、その中には、3月になって逮捕されたフランク（3月18日にボニアト監獄に収監）、ホスエ、レステル・ロドリゲスもいた。4月15日には、アルマンド・アルトも逮捕された。アルトたちは監獄で革命幹部会の生き残りの指導者たちの虐殺に抗議した。

4月22日、裁判所は、威嚇する警官と軍人、被告の家族、それを支援する市民でいっぱいであった。被告たちは裁判所で国歌を歌い、自由キューバ万歳と叫んだ。マヌエル・ウルチア（Manuel Urrutia Leo）が裁判長を務め、15人の弁護士がいた。軍は市民の傍聴を認めないように主張したが、裁判官は拒否し、市民の傍聴のもとで裁判は始まった。そして、5月10日に判決をくだされ、グランマ号で上陸した者と11月30日にエルミタ砂糖工場を攻撃した

者26人は、1年から6年の禁錮となったが、残りの者たちは証拠不十分でフランクも含めて釈放された。アルトは2年の刑を宣告されたが、7月4日、監視のすきを見て、脱獄に成功した。この裁判の経過を見るとバチスタ政府の調査能力や管理体制がいかに杜撰なものであったかが明らかになるとともに、バチスタ政府の無法にたいして、1940年憲法に掲げられた理念を、困難な中で果敢に堅持しようとする姿勢を示す弁護士や裁判官たちがいたことを示している。

監獄の中でフランクは、規律のない7月26日運動の組織的立て直しをすでに実行に移し始めていたが、5月10日、釈放されると、アルトゥロ・ドゥケの家にかくまわれた。その後、エンリケ・カント・ボリ（Enrique Canto Bory）の協力で提供された隠れ家、バレリーナであるクララ・エレナ・ラミレス（Clara Elena Ramírez）のビスタ・アレグレの家にレステル・ロドリゲスと一緒に移った[28]。

この家でフランクは、7月26日運動の組織の再編と新しいゲリラ戦線を開く計画を実行に移し、その改組の相談にはレステル、アイデエ、アルトなどのこれまでの全国指導部の役割を担ってきた中心人物が参加していた。この時期にフランクは「諸戦線の確立」と題する回状を配布した。

フランク・パイスは、この後、8月に暗殺されるまでに、ほぼ全国の地下運動を再編した。シエラの反乱軍を強化し、第2戦線のための兵士を集め、訓練し、武器を集めた。一方で、メキシコからの第二弾の遠征隊を派遣するという危険な計画を中止させた。そしてキューバ軍内の不満分子との会談を計画し、7月26日運動を支持する政治的に重要な人物を組織し、シエラ・マエストラに送ったりもした。同時に公共施設、砂糖工場その他の経済的政治的目標へ

のサボタージュを実行するなど、まさに超人的活動だった[29]。5月15日、フランクは7月26日運動の全国指導部を改組し、フランクが全国指導部総責任者（Coordinador general）、レステル・ロドリケスが副責任者、エンソ・インファンテは宣伝担当、エンリケ・カントは財政担当、アントニオ・トレス（Antonio Torres）は労働担当、サントス・ブキ（Santos Buch）は市民抵抗担当、アグスティン・ナバレテはサンティアゴ・デ・クバの行動担当、アグスティン・パイスはオリエンテの行動担当、シエラ・マエストラの代表はセリア・サンチェスとなっていた。

　フランクは7月7日のフィデル宛ての手紙で「メキシコで最後に話し合ったとき、わたしはキューバの組織を信頼していないとあなたにいった。ゼネストのために労働者と協同する場合にもそうだ。行動の中核も無防備だし準備不足だし、調整も取れていない。11月30日の事態は、われわれに恐るべき状況の現実を知らしめた。われわれの組織はぼろぼろになった。目標を見失い、闘えなくなった」と指摘していた[30]。

　1957年5月17日付の7月26日運動の全支部長（director）へのメモには、新しい全国指導部はサンティアゴ・デ・クバに置かれることと、先述の指導部の構成が明記されていた。そして有効性と重要性から考えたさらなる戦線をいくつか急いでつくっていること、将来の戦線として利用できるすべてのプロビンシア（州あるいは県にあたる）やムニシピオ（町にあたる）と共同し、そこを調査し、連絡をとっていると書いていた。土地の地理状況、アクセス・ルートの研究、新しいゲリラの増強ルートの地図、人材の確保、バラコア、グアンタナモ、マヤリ・アリバ、ミランダのロケーションリストの作成等々も行っていた。

　フランクは、バチスタ軍を混乱させ、フィデルの部隊への攻撃集

中をそらすために、第2戦線を創設するのであり、フィデルの部隊に変わるものではないとし、そのことを公然と支部長たちにもいっていた。同じメモでフランクは、スパイ活動には、死を持って報復すると警告し、細胞の民兵たちも厳しく規律と沈黙と組織を守り、間違いや軽率な行為をした者は死をもって罰せられるとしていた。逮捕されて情報をもらしたものも処罰され、監獄で処刑するとし、われわれのサボタージュの機構は完全でなければならず、間違いは許されないと書いた[31]。

　フランクが全国指導部を再編するに当たり、7月7日のフィデルへの手紙の中で、3つの注目すべき主張をしている。第一は、フランクもフィデルと同じように「行き過ぎた民主制」に反対していることである。革命運動のなかでは、いわゆる「民主集中」が不可欠との考えが、フィデルの行動原理であった（第3章参照）。フランクも同様の原則にもとづいて組織改革を展開していた。アルマンド・アルトと相談し「少数の手にリーダーシップがはじめて集中されることに」なったとフィデルに伝えている。第二は、フランクもゼネストを革命運動の勝利のために決定的に重要だと主張していることである。全国労働者指導部はガイドラインをつくらなければならず、ゼネストの日も決定しなければならないと提起した。第三は、ゼネストの成功のために、7月26日運動と市民運動の統一戦線路線を提起したことである。そして、ストライキのために専門職、ビジネスマン、産業家も含める組織化にのりだし、市民抵抗の指導者を指名し、各州の核もつくられている。加えて、執行委員会の仕事はすべての州の組織を団結させ、市民抵抗全国指導部を形成することとした。カマグエイ、サンタクララ、ピナル・デル・リオ、アバナ、マタンサスと、それぞれ異なった歩みではあるが、各地に市民抵抗の指導部ができ、たくさんの人たちが、その活動に取

り組んでいた。革命にあらゆる社会レベルを結集するわれわれの努力は結果を示し始めたとフランクは書いている[32]。

革命の最終的勝利をゼネストの実施に置く戦略は、キューバの革命運動に一貫していた。それはキューバの独立運動や労働運動におけるアナキズムやアナルコ・サンディカリズムの影響と1930年代のマチャド打倒の際のゼネストの経験の記憶が深く革命運動に影響を与えていたことを示している。

1957年3月以降と思われる時期にマリオ・ジェレナ（ニューヨークでマシューズの記事の送付を担当した）はメキシコに亡命した。そこではフィデルの姉妹リディアとエンマの2人がペドゥレガルを拠点にフィデルの支援活動をし、資金集めをしていた。彼女らはテレサ・カスソの支援を受けていたペドゥロ・ミレトやグスタボ・アルコスたちを裏切り者と批判し、2つのグループは、お互いに批判し合う事態になっていた。ちなみに、ミレト達はリディアのグループをペドゥレガル・グループと呼んでいた。両グループともがマリオに接近したが、マリオによるとかれらの言動やモラルの違いから、7月26日運動の代表はミレトに違いないと確信したというが、組織はなお混乱していた事をこれは示している[33]。

そこで、ミレトはキューバの全国指導部と連絡を取り、57年6月21日、フランク・パイスからマリオ・ジェレナ宛てに2通の手紙を受け取った。その手紙はフランク・パイスが組織の指揮系統を明確にする作業の一環であった。そこには、ミレトとグスタボ・アルコスをキューバ国外の7月26日運動の代表に任命すること、マリオを広報担当にすると自書されていた。

ミレトとマリオは相談して、マリオの作成していた7月26日運動の綱領草案を検討した。これはマリオが亡命する前に、アルマンド・アルト、カルロス・フランキ、エンリケ・オルトゥスキ、

ファウスティノ・ペレス等がフェリペ・パソスやレヒノ・ボティ（Regino Boti、経済学者）等の協力も得て、当時の7月26日運動の全国指導部の大多数の見解をまとめたものであった。そこでは、バチスタ体制の歴史的背景をのべ、政権獲得後に経済的・政治的改革、農業改革、教育改革を実施するとし、民主的体制への再編、公共施設の国有化、農業・工業開発、外国貿易の新しい政策を実施するとし、外国の経済支配を告発した。そして、シエラ・マエストラの闘いは、革命の前哨戦で、これに勝利して、新しい革命的社会を建設するとあった。そして7月26日運動は民主的であり、メンバーはナショナリストであり、社会正義を追求すると主張した。さらに、ホセ・マルティの思想を継承し、キューバの主権を強調し、教育改革を重視するとした。外交ではすべてのラテンアメリカの共和国の同盟を主張し、合州国主導の米州関係を批判しながらも、合州国とは、建設的友好関係を樹立するとし、帝国主義はアメリカの現実にはあわないとした。ラモンはこの草案が1934年のアントニオ・ギテラスの「青年クバ」の綱領と似ており、民主主義としてはジェファーソン主義、リンカーンの主張の系譜をでていないと評価している。

　そして、完成原稿の表題は『われわれの主張』（Nuestra Razón）とされ、メキシコのフィデルの協力者マヌエル・マチャドのところへ持ち込まれ、32ページのブックレットとして、出版された。発行年は1956年（La Habana, Cuba, Noviembre de 1956）とされている。1957年6月末から7月初めにラテンアメリカ諸国はもちろん、ヨーロッパにも送られた。マリオによるとカールトン・ビールズがそれを読み、すでに『ザ・ネーション』誌に発表していた論考の中の「カストロ集団はイデオロギーを持たないピストレロだ」という内容は間違いであったとマリオに連絡してきたという。『われ

われの主張』が出回り始めたころ、シエラ・マエストラ宣言が公表された（後述）。全国指導部は、綱領的文書が2つあっては困るとして、『われわれの主張』はキューバではほとんど配布されることはなかった[34]。

その後、1957年10月15日付でアルトからのレステルとミレトとグスタボ・アルコス宛ての手紙に『われわれの主張』はマニフェストだが、最終文書とはしないと書かれており、最終文書には、われわれの指導者たちの政治的考えを入れるとされていた。さらに1957年12月17日付でシエラにいたアルトからミレトらへの手紙が来て、「政治的、社会的、経済的路線は全国指導部ではなくフィデルの署名で、まもなく発表される……7月26日運動はその政治哲学の正確で完全な規定を獲得している」と書いてあったが、それはその後、発表されてはいない[35]。

さて、第2戦線樹立の計画は、クララ・エレナの家で練られ、6月半ばまでに戦線を開くことが決定され、タラス・ドミトゥロ（Taras Domitro）とアセラ・デ・ロス・サントス（Asela de los Santos）に準備資金が渡された。フィデルはこの時期、フランクの生命の危険を心配し、シエラに入るよう勧めていたが、フランクはジャノでの活動を続けており、6月30日にサンティアゴのセスペデス公園でロランド・マスフェレルが開催することになっていたバチスタ支持の集会への妨害工作についても計画が練られた。

6月4日頃、フランクはオスカル・ルセロを第2戦線開設の調査のために、サンティアゴの北部に派遣した。6月中旬、シエラ・クリスタル山中にあるミランダ（Miranda）砂糖工場の近く（パルマリト・デ・カウト、現在のフリオ・アントニオ・メジャと呼ばれる場所）にエル・カウチャルという農園があり、そこを出発のためのベースキャンプにすることを決めた。フランクの計画では、7月26

日運動第2戦線部隊が、ミランダ工場を守っている近くの兵営を攻撃して、武器を獲得し、シエラ・クリスタルに入る予定であった。フィデルは6月4日、レネ・ラモスをフランクのもとへ派遣し、第2戦線結成を承認したと知らせている（1957年6月4日のフィデルのフランク宛てメモ）。そこには第2戦線での武器の利用について、25人から30人規模にすること、レネ・ラモス・ラトウルを第2戦線の結成のために派遣すること等が記されていた。レネはカピタン（隊長）の称号でシエラから降り、フランクは第2戦線の隊長にレネを任命した。武器はフランクが保管していたエル・カニョンからルイス・フェリペ（Luis Felipe）とその他の仲間たちによってエル・カウチェル農場に運ばれた。しかし、6月9日、オスカル・ルセロ、タラス・ドミトウロの2人が逮捕されたため、フランクは計画の延期を決定した。

　1957年6月23日、フランクとレステルはエンリケ・カント・ボリの勧めで、サンタ・ロサとレロフ通りの角のオフェリア・ディアス（Ofelia Díaz）の家に移動した。

　セリアは6月にマンサニジョにいた。6月15日付フィデルのセリア宛て手紙には以下のようなことが書かれていた。シエラから君がいなくなってとてもさみしいと述べ、セリアとフランクに感謝していること、「君とダビド（フランクの偽名）はわれわれの柱だ。君と彼が元気だと、すべてが元気になるし、われわれも安心する」として2人の生命の危険を心配していた。「第2戦線の知らせをどんなに心待ちにしていることか」とも書かれていた[36]。

　当時、マンサニジョにいたセリアには2つの問題があった。1つは、シエラから怪我をして下山し、セリアの近くにいたホセ・モラン（Jose Moran Lesille "Gallego"）の行動であった。かれはメキシコと合州国へ行くようにというフィデルの命令を実行せずに、マ

ンサニジョで7月26日運動の仕事をし、勝手にシエラへ行ったり、サンティアゴへいったりして不審な行動をしており、フランクはラファエル・シエラにモランを監視するよう警告していたが、ラファエル・シエラも彼を放置していた。

　もう一つは、ラファエル・シエラがかかわった、シエラ山中へ送る新兵たちの規律の問題であった。この新兵の派遣の準備はラファエル・シエラの発案で、フランクの許可のもとに行われていたが、セリアはラファエル・シエラの上官として責任をもっていた。ラファエル・シエラはマンサニジョ、バヤモ、オルギン、カマグエイ等々、広範囲の地域から若者たちを集め、全部で90人を超えたらしい。しかし、フランクによると武器は20丁ぐらいしかなく、装備もない、靴もユニフォームもないという状況で、不十分な訓練の下、案内もなく40人がシエラ山中に向かい、途中で道に迷ってしまった。セリアはフェリペ・ゲラをかれらの救出に派遣し、クレセンシオ・ペレスとも連絡をとりながら、かろうじて救出し、無事に解散させたが、その新兵たちは、規律に欠け、行軍の途中で武器、弾薬を放棄し、食料は1日で食べつくしてしまうという状態だった。ナンシー・スタウトによると、セリアはフランクに自分の指揮下で集めた新兵の訓練のこの失敗について、長文の報告を提出したという[37]。

　これについてフランクは、1957年6月26日付のフィデルへの手紙で、「6月22日のあなたの手紙を受け取った。40人に起こったことをすでに知っていると思うが、最悪だった。ラファエル・シエラが何人かの若者たちを加入させたが、最後には規律も何もあったものではなかった。さらにきちんとしたガイドもなく、12日間も道に迷っていた。これはもう我慢ができない。……この手紙が着く頃、全国計画のナンバー1と第2戦線の計画は実現されているだろう。

2つとも成功したという知らせを待っていてください。第2戦線のカギになる同志は、緊急法廷で釈放された。これはわれわれの大きな仕事を前進させるだろう」[38]。

ミランダにいたレネ・ラモスは、フランクに第2戦線に参加する追加の兵士をすでに送ることができるようになったと知らせた。第2戦線の部隊は50人から60人であり、さまざまなムニシピオ（町にあたる）の7月26日運動から選出され、2人の医者も参加していた。ミランダの兵営への攻撃は、サンティアゴ・デ・クバのセスペデス公園で開催されるバチスタの手先ロランド・マスフェレルの集会を妨害する戦いと合わせ、6月30日の夜明けと決定された。兵士たちは、ばらばらにエル・カウチェル農場に結集した。

フランクは、レネ・ラモスを隊長、オスカル・ルセロを副官に指名し、「補給担当」（Cuartel Maestre）はタラス・ドミトゥロ、小隊長はラウル・ペロソ（Raúl Perozo Fuentes）、ミゲル・A・マナルス（Miguel A.Manals）、医師はホセ・R・バラグエル（José R. Balaguer）、その他ハビエル・ゴメス（Javier Gómez）、ルイス・クレルゲ、アグスティン・メンデス（Agustín Méndez Sierra）、セサル・ララ（César Lara）等がおり、さらにニカロの7月26日運動は、シエラ・クリスタルへの補給体制の確立に努力していた。

かれらは、24日からミランダのベースキャンプにそれぞれの場所から移動を開始した。ミランダにいたレネの部隊が最初にベースキャンプに到着し、ミランダの兵営の監視を開始した。6月28日、後続の兵士たちはサンティアゴ・デ・クバをミランダのベースキャンプに向けて、汽車で出発した。タラス、ルイス・クレルゲ、ハビエル・ゴメス等はミランダの駅で降り、他はバヤテ駅で降りた。かれらをベースキャンプへ案内する連絡係を待っていると、仲間が馬に乗って現れ、かれは農村警備隊がミランダ、バヤモに展開されて

いると知らせ、そこに近づくものたちをことごとく逮捕しているという農民の情報もあるとつげた。そこで、見つからないように砂糖キビ畑を通ってレネのいる場所へ行くように指示され、農園に着くと、事態をレネに報告した。

レネは、一緒にいた13人で砂糖キビ畑に直ちに逃亡した直後、農村警備隊が到着し、隠していた武器やその他の装備を押収した。レネたち13人は、カウト川をいかだで渡り、アントニオ・トゥルという農民の家にたどりつき、そこで休息し、パルマ・ソリアノの7月26日運動に連絡をつけるとともに、ルイス・クレルゲをサンティアゴ・デ・クバに派遣し、フランクと連絡をとった。

フランクは前日、弟のホスエが殺されており、連絡がとれなかった。しかしレステルとは連絡がつき、レネとオスカル・ルセロはパルマ・ソラリオへ留まり、残りはサンティアゴ・デ・クバに帰るように指示された。パルマ・ソリアノには、ルイス・フェリペ（Luis Felipe Rosell）がサンティアゴから派遣され、レネとルセロをラモス神父にかくまってもらったが、その後、フランクの工作で、2人はサンティアゴ・デ・クバに無事戻った。

バヤテのグループは無人駅で1時間待っても誰も来ないので、通りかかった人の車に乗せてもらってミランダに移動し、ベースキャンプへの連絡係を探した。しかし見知らぬ運転手が彼らに、バチスタの兵隊がおまえたちを捕まえようとしているとの情報を提供したので、グループは2つに分かれ、1つは近くの墓地に隠れようとしたとき、発見され、その際の銃撃戦で、レネ・メディナ（Rene Medina）が戦死した。残りは山へ逃亡した。

こうして第2戦線結成はまったく失敗に終わった。この失敗には、セリアの指揮下にあったラファエル・シエラの集めた規律のない集団やセリアの周辺にいたホセ・モランらによる密告が関係して

いたことは確実である。ホセ・モランが警察に逮捕された後、マンサニジョの7月26日運動の支持者たちが大量に逮捕された。

セリアはフランクの支援を受けながら、エルサ・カストロの家にいた。7月5日付のフランクのフィデル宛ての手紙には、マンサニジョの事態はよくない、先週の事態には恐ろしさに手が震えると、第2戦線の失敗、武器の喪失、弟たちの死について報告した。すべてを詳細に計画し、すべての手配が完了していたにもかかわらず、すべて失敗した。次々と最悪の事態が起こった。細心の注意を払ってつくった時限爆弾も爆発しない。手榴弾も爆発しない。第2戦線は失敗し、2万ドルに相当する武器と機材を失った。1人の仲間が死んだ。さらにホスエを含む3人の若者たちはデリケートな作戦を実行している時に突然殺された。かれらは逮捕されるより、戦って死ぬのを選んだ。かれらの死にがっくりきていると嘆いていた。またホセ・モランが警察に密告している。セリアとラファエル・シエラにモランを殺すように命じたが、ラファエル・シエラは優柔不断でできない。ダメージが広がっている。ラファエル・シエラは運動から追放すべきだ。それはセリアの責任だとも書いていた[39]。

フランクはセリアに、このような事態に至らしめたラファエル・シエラとホセ・モランを処刑するように命じ、そのための助手も送っていた。しかし、セリアは、処刑を避けていたように思われるが、1957年11月に入って、グアンタナモの7月26日運動のメンバーがホセ・モランの処刑を実行した。

7月7日から16日にかけて、セリアは4通の手紙をフィデルに書いている。彼女は第2戦線の失敗により1万ドルを失ったこと、フランクとセリアがその原因を調査中であること、ロランド・マスフェレルが、シエラ・マエストラに7月26日運動の腕章をつけた民兵を偽のゲリラとして送り込んでいること、フランクの集めた銃

と弾薬を送ること等々についてである。さらに11日付の手紙には、モランを殺すことができなかったと報告している。また、7月14日付レネ・ラモスのフィデルへの手紙には、第2戦線を短期間のうちに再度試みたい、今度は失敗しないように取り組む、武器を失ったことは残念だが、克服すると記されていた。

5　シエラ・マエストラ宣言

　フランク・パイスは、合州国のバチスタ支援をやめさせるために、サンティアゴ・デ・クバの合州国領事館員との意見交換も辞さなかった。彼は1957年7月5日のフィデルへの手紙で、非常に役に立つアメリカ大使館員がきて、グアンタナモ基地からの武器の盗みだしをやめるのと交換に支援をしたいと提案してきたこと、レステルへの2年間のアメリカ行きビザの発行と引き換えにそれに合意したこと、そして彼らがレステルを合州国に安全に連れて行くという約束が実行されたことを報告している。アルマンド・アルト、アイデエ、ビルマ・エスピン、ルイス・ブキらも、サンティアゴのアメリカ領事館で、CIAの分析部門のオスカー・ゲラ（Oscar Guerra）やウイリアム・パターソン（William Patterson）らと連絡をとっていたとジュリア・E・スウェイグはいっている[40]。

　ウイリアム・パターソンらとの会談により、フランクはフィデル・カストロがより柔軟な人物であるという印象を強化する必要があると考えるようになったとジュリアは指摘している。フランクが心配したのは、7月26日運動が権力を掌握したとき、現在のような孤立した状況では、安定した政権を維持できないのではないかということであった。フランクは当時、クーデタと逆クーデタを繰り返しているハイチの政情をみていた。反バチスタ派に協力を求めようとしても、分裂と対立を繰り返しているような勢力では、あてに

31　ラウル・チバス

はできないし、それに軍部が絡んだら、どうしようもないと考えた。ジュリア・E・スウェイグの紹介する7月11日の手紙でフランクは次のようにいっている。

「われわれはある人達がわれわれとシエラ（シエラ山中のゲリラのこと）に好意的意見を持っていることを知った。かれらに打診し、一押しするのはいい考えかもしれない。もし必要なら、微妙なことではあるが、この決定はかれらがだしたという印象をつくりだすのもいい考えだ。わたしはアイデエとその他の若いグループをこの仕事に派遣した」[41]。

フランクが打診しようとした人物は、ラウル・チバス（オルトドクソ党）、フェリペ・パソス、ロベルト・アグラモンテ・Jr.（キューバのコンクリート会社のエンジニア、父はオルトドクソの大統領候補だった）、エンリケ・バロソ（Enrique Barroso、オルトドクソ党青年部の指導者）、マルティネス・パエス（Martínez Paez）、フスト・カリジョ（AAAのメンバー、「プロス」（Pros）の反乱に参加。1956年5月3日の蜂起の指導者。「モンテクリスティ組織」の指導者、バチスタを打倒し臨時政府を樹立して、大統領の座をねらっていた）らであった。

アイデエとハビエル・パソスをフランクはかれらのもとに派遣した。フランクがこのような計画を実行しようと決意したのは、6月25日以前で、おそらく第2戦線の結成準備と同じ時期であったと思われる。それは接触した人物のなかのフスト・カリジョが6月

25日付でアイデエ達の工作にたいして、フィデルに手紙を書いているからである[42]。

フランクは、アウテンティコ党、オルトドクソ党の指導的人物や、当時、中間階級の人びとに一定の影響力を持っていた「市民団体連合」(Conjunto de Instituciones Cívicas = CIC) の有名な人びとの支持を獲得することは、キューバの政治的経済的エリートや合州国政府にたいする7月26日運動のイメージを変え、安定した政権を樹立するために必要不可欠だと考えた。

1955年6月にコスメ・デ・ラ・トリエンテが中心になり結成した反バチスタの市民組織「共和国友好協会」(la Sociedad de Amigos de la República=SAR) の試みが失敗した後、7月26日運動の武装蜂起にも一定の理解を示す市民組織として 市民団体連合 = CIC が組織されていた。キューバ・メディカル協会のラウル・デ・ベラスコ (Raúl de Velasco) が会長で、書記がラウル・フェルナンデス (Raúl Fernández Ceballos) 神父であった。ハバナ弁護士協会の会長、ホセ・ミロ・カルドナらの有名な専門家たちも参加していた。およそ30万人に及ぶ医者、弁護士、会計士、エンジニア、教師、慈善団体、カソリック、プロテスタント、バプティスト、フリーメーソン、ライオンズ・クラブ、ロータリアン、ナイツ・オブ・コロンブス、カソリック青年、カソリック教師連盟、司教座聖堂参事会等々の関係者が参加していた。

57年7月7日以前に、アイデエとハビエル・パソスは、ラウル・チバス、フェリペ・パソス、エンリケ・バロソ、ロベルト・アグラモンテ・フニオル、フスト・カリリョらを訪問し、「革命政府に参加の可能性」を打診した。フランクのフィデルへの57年7月7日の手紙はラウル・チバスがフィデルに会うためにシエラを訪問した際に、フランクからフィデルに手渡すようにと託されたものであっ

た。だから7月7日の前に派遣したことがわかる。フスト・カリジョ以外はフィデルとシエラ・マエストラで会談することを受け入れた。その合意は6月25日以前におこなわれた。アメリカ大使館もその情報をつかみ、フィデルと「反対派の指導的知識人」の同盟のうわさについて報告していた。

　フランクからの情報を得て、フィデルはセリアにかれらをシエラ・マエストラに連れてくるように依頼した。しかしセリアはこの時期に、先にも述べたような新兵の派遣をめぐって非常に困難な事態に巻き込まれており、フィデルによる突然の勝手な要請に不服の手紙を書いている。それはジャノでの命がけの活動にたいして、シエラの部隊があまりにも理解に欠けていることに対する不満であった。しかし、セリアもフランクとともに、これらの重要人物をシエラに無事に送るために最善を尽くした。こうして7月5日、チバス、アグラモンテ、エンリケ・バロソとフィデルによるシエラ山中での歴史的会談が実現された。フェリペ・パソスは、一足遅れ7月10日にシエラに到着した。

　ジュリアの指摘によると、彼らの訪問はフィデルにとっても、セリアにとっても予定外のことであった。フランクがラウル・チバスに託した7月5日付のフィデル宛の手紙には、フィデルたちが「そのグループが到着することを知らされていなかった」事情が説明されていた。そこにはフランク・パイスがイニシャチブをとってチバスらのシエラ訪問を計画した理由が述べられ、フィデルに対して「一定の留保の目」を持っている国民のなかの一部の人々に、大きな影響力を持つ何人かの人びとがフィデルの周りにいるということを宣伝することは「われわれの運動に権威」を与え、市民革命政府を樹立するために有利になるからだとされていた[43]。

　その2日後の、先にも紹介した7月7日のフランクのフィデルへ

の手紙には、フィデルとチバスやフェリペ・パソスらとの会談の内容について、シエラに革命政府を樹立するとして、直ちに公表するか、あるいは外国や国内の雑誌や新聞に、最初は会談に参加した人々のインタビュー記事をフィデルと並んだ写真とともに公表し、その後で宣言を公表し、最後には市民政府の樹立へと続くか、その選択はフィデルに任せると提案されていた。そしてフランクは革命政府の宣言をする時期は、ゼネストの最後の段階と一致すべきだと勧め、数ヵ月以内にその準備は完了する予定だとも知らせていた。ただ、この部分は公開されている7月7日のフランクの手紙からは削除されている。

こうして1957年7月12日、シエラ・マエストラ宣言にフィデル、ラウル・チバス、フェリペ・パソスが調印した。その内容はおおよそ以下のようなものであった。

「平和と自由のもとに生活する権利を持つわれわれ」が独裁から救われるべき時が来た。われわれの最大の弱点は団結していないことだ。革命勢力は力を増しているのに、独裁はそれを潰そうとしている。バチスタは茶番選挙を狙っている。しかしキューバの国民生活に現れている2つの勢力、つまり「新しい革命世代」と「市民諸組織」を無視しているため、うまくいくはずがない。シエラの戦士たちは、投獄、亡命、殺戮のような条件下では対話を受け入れない。団結こそが唯一の愛国的道である。反対派の諸政党、革命的諸派、市民諸組織は独裁を終わらせ、平和をもたらすことを共通の目的とし、「民主的で立憲的な道」を尊重する。「シエラ・マエストラの反乱者たちは自由選挙、民主的体制、立憲政府を望まないか。これらの権利をわれわれから奪ったから、3月10日以来われわれは闘ってきた。われわれは他の何よりもそれを望むからここにいるのだ」「われわれは自由と民主主義そして正義のキューバという美し

い理想のために戦っている」選挙は臨時の中立的政府により、全員の支持のもとに行われるべきだ。その政府は独裁を平和に変え、国を民主的立憲的な正常状態にするだろう。そして7つの要求を掲げた。1. 共通の闘争戦略を持つ市民革命戦線の創出、2. 臨時政府を主導する人物の指名、その選出は市民組織に任される、3. 独裁者は辞任するしかない、4. キューバの国内問題にどんな種類の他国による仲介や干渉をも拒否し、受け入れないと市民革命戦線は宣言する、5. 市民革命戦線は、どんな軍事評議会による臨時政府も受け入れない、6. 市民革命戦線は軍隊の政治から分離を計画し、軍隊を非政治化することを保証する、7. 臨時政府は、1940年憲法と1943年選挙法にもとづき、国家の全機構での、プロビンシア（州）での、ムニシピオ（町）での、総選挙を実施する。選出された代表たちにただちに権力を与える。

そして臨時政府の政策を掲げた。1. すべての市民、軍人の政治犯の釈放、2. 憲法の保障する新聞・ラジオ報道・著作の自由、個人的、政治的権利の完全な保障、3. 地域の市民組織と相談して、すべてのムニシピオへの臨時市長の任命、4. あらゆる公金横領（peculado）の処罰、5. 生涯にわたる市民サービス（la Carrera Administrativa）の確立、6. すべての労組と労組連合における自由な選挙の推進による労働組合政治の民主化、7. 非識字撲滅運動の即時開始、市民権と義務を強化する市民教育の実施、8. 放置された土地の分配による土地改革、土地所有者に保障をともなう個人や国家の土地の分配、9. 健全な金融政策の実施、通貨の安定をはかり生産活動に信用を提供する、10. 工業化の推進と雇用の創出。

最後に、臨時政府を主宰する候補者の指名について次のように提案している。キューバには公平で、統括力のある、有能な、良識的な人物がたくさんいる。主宰者はすべての市民組織により任命され

なければならない。完全に公正な選挙を実施する人を選ぼう。

　そして市民戦線を支持することは、バチスタの辞任を要求するということであり、シエラの武装蜂起を支持することを強制はしないと、統一戦線の姿勢を明確に主張した[44]。

　シエラ・マエストラ宣言の特徴は、フィデルたちがバチスタのクーデタ以来、一貫して自由選挙、民主的体制、立憲政府を求めて行動してきたと断言し、「民主的で立憲的な道」を尊重すると主張したこと、そのために反対派の諸政党、革命的諸派、市民諸組織により臨時政府を樹立し、公正な選挙により選出された政府に権力を移譲するとしたところにある。

　この主張で、フィデルが一定の譲歩をしていることが分かる。かれはこれまで一貫して、反対派諸政党とは一線を画し、独自の武装闘争を進めてきた。しかしここでは軍事クーデタによる政府の樹立と合州国やその他の政治的仲介を拒否することを条件として、反バチスタ派の諸政党との統一戦線を土台として、臨時政府を樹立すると宣言した。この譲歩で、チバス、アグラモンテを中心とするオルトドクソ党の分派「イストリコス」および「棄権主義派」（abstencionistas）と 7 月 26 日運動は共に、バチスタの辞任を要求して市民社会に呼びかけ、戦いをすすめることになった。当時、すでにシエラのゲリラ部隊のコマンダンテ（comandante＝少佐）の地位にいたチェ・ゲバラは、「兄（エドウアルド・チバス）の名声をくいものにしているだけ」のラウル・チバスと「うぬぼれの強い」「マキャベリの小型版」のパソスらの作成した文書だとし、最終的には反対する姿勢を示しはしなかったが、この宣言を保守派だけが受け入れる妥協の産物とみなし、一時的なものになるとみていた[45]。ゲバラの疑問はともかくとして、この宣言がキューバ国民の世論に与えた影響は非常に大きいし、ゲリラ戦の勝利にも大き

32 シエラ・マエストラ宣言を発したフィデル・カストロとオルソドクソ党有力者

な影響をあたえたともいえる。

このような革命の前進にリーダーシップを発揮したのは若干23歳のフランク・パイスであった。そしてかれの指揮のもとにアイデエやハビエル・パソスが行動し、ラウル・チバス、アグラモンテ、フェリペ・パソスらの民主主義の回復を願う人びとがリーダーシップを発揮し、この時期のキューバ国民が直面している問題解決のための一定の指針が提起された。ジュリア・E・スウェイグはこのマニフェストの特徴を次のように主張している。

バチスタのもとでの選挙は拒否すること、軍隊や合州国の介入を拒否すること、臨時政府の樹立を目標とし、市民組織を基盤にすること、「体制側と革命側に暴力をやめるように呼びかける平和主義を超えて」市民諸組織に政府を指名する権限を与え、「市民社会を政治化し、伝統的政治を非政治化し」キューバ独特のポリティケリア（第3章 P. 56参照）たちを排除し、新しい革命世代には政府への参加の扉を開いている。そこには平和的な変革さえ、可能性としては含まれていた[46]。

フランクの提起した第一の提案であるシエラ・マエストラでの臨時政府の即時樹立は退けられ、第二のよりゆっくりとした移行の提案が選択された。フィデルは、会談に参加した人々と撮影した写真をセリアに送り、『ボエミア』の編集者に渡すように指示した。翌週の『ボエミア』で2ページにわたりオルトドクソ党の指導者たち

とフィデルが一緒にいる写真が公表された。ボエミアはラウル・チバスを「今週の人物」としてとりあげた。そしてフィデルとのかれの会談は「反対派は腐った野望と小心な利己主義のための焦点であるにすぎないとわれわれに確信を与えてきた人びとには打撃」であろうと伝えた。フィデルはセリアに7月5日付の手紙で「ラウル・チバスによって率いられた革命政府をつくるために、とても有利になる」とこの会談について書いた[47]。

シエラ・マエストラ宣言の全文をフィデルは最初に『ボエミア』に発表しようとしていた。しかし、その要点をサンティアゴの新聞がスクープした。そしてアバナでの放送があり、その後、1957年7月28日、『ボエミア』に全文が公表された。フィデルは宣言のコピーをセリアに送り、彼女経由でアバナに送るつもりであった。それが事故にあったときを考えて、フランクにもコピーを送った。このフィデルの行動に対して、セリアは苦情の手紙をアイデエ宛てに書いている。そこにはこのような重要な任務を負わせるためのフィデルの人選のいい加減さにより、セリアの周りの7月26日運動の活動家たちを危険に陥れていることにたいする不満であった。フィデルの不用意な行動の結果が、『ボエミア』での公表に先だつ、サンティアゴでの情報の漏えいとなったことがセリアの不満であった。

一般的には、シエラ・マエストラ宣言は、ジャノでのフランク・パイスの指導権を奪うためにシエラのフィデルが仕掛けた指導権争いであり、フィデルが勝利したと論じられている[48]。先に指摘したゲバラの批判的見方もその主張を裏づける根拠にされている。

しかし当時、フィデルはシエラ山中にいて、フランク、セリア、その他全国指導部の指揮する7月26日運動に支えられていたからこそ、シエラでのゲリラ戦を継続できたのであり、基本的にシエラ・マエストラでの地域的戦闘活動に集中せざるを得ず、全国的に

問題を解決する政治的指導権を掌握できる立場と環境にはいなかったことは、これまでの説明からも明らかである。

ジュリア・E・スウェイグによると、フィデルは7月21日付でフランクに42枚にわたる手書きの手紙を書いている。そこでフィデルはフランクに革命政府にたいして、とりあえず選挙とそれを主張するポリティケリアたちの信用をどうにかして貶めるための革命戦線を呼びかける自分の決定を説明していた。そこには次のように書かれていた。

「諸政党にたいして、わたしは幻想をもってはいない。しかし諸政党が独裁者の同盟者になっていることを国民の目にさらしてやる。その独裁者の退陣をわれわれは要求している。一方かれらはその同じ独裁者が公正と民主主義の保障者でありうるというような馬鹿げたことを受け入れている。そして市民組織から見れば、理論的には反対できないただ一つのやり方（バチスタの提起する選挙というやり方）を拒絶することによって、この闘争の決定的要素として前述した市民組織を位置づけた。さらにマニフェストにおいて、われわれはこの時期の多くの問題に応えている。わたしは行為（deed）と主張を同時に一致させることができないことだけは残念に思う」[49]。

この「行為」とは、シエラ・マエストラ宣言の公開と同時に「決定的闘いを開始する」という計画が実行できていないことについての言及であった。ジュリアはこの手紙のこのくだりを正確な内容で示すのに苦労したという。理由はこの手紙の日付が、シエラとジャノの関係を考えるうえで非常に重要で、日付を脱落させるとシエラとジャノの関係、フィデルとフランクの関係の説明を歪めるからだという。この手紙は日付のない一部分がカルロス・フランキとローランド・E・ボナチェアによって利用されている。ジュリアによる

と、かれらの利用しているその文書は、この手紙をかなり編集して1ページ程度に短縮して提示し、フィデルがパイスの生命の危険を心配しているだけの内容になっているという。それは『グランマ』紙1968年に掲載されたものであった。フランキもロランドもこの手紙で、パイスの運動の諸計画にたいし、フィデルも同調している回答が含まれていることを知らなかったと指摘している[50]。

　つまり、フィデルはこの手紙で、フランクの提案に基づいて、自分が選択した革命政府樹立の道を説明しているのであり、フランクとフィデルが指導権争いをしているなどという主張は、これによって完全に否定される。

　合州国大使館は、「オルトドクソ党の勢力を団結させる最強の」ラウル・チバスが、政党ではなく、市民組織を基盤に政権構想を提起したことに注目した。ポリティケリアたちは、シエラ・マエストラ宣言に対抗し、選挙闘争のために団結を強めているが、バチスタの支配の前に、その実現可能性は少ないとし、シエラ・マエストラ宣言の方針が諸政党の信頼性を奪い始めたと報告した。

　フランクはシエラ・マエストラ宣言を掲げて、市民組織に土台を置く臨時政府の樹立と、労働者を中心とする市民の全国的ゼネストでそれを支え、バチスタ政府を解体する闘いに邁進し始めた。しかし、1957年7月30日、フランク・パイスはバチスタ政府の手先たちにより暗殺され、23歳の短い革命的人生を終える。

第8章

マイアミ協定

1　フランク・パイスの暗殺

　フランク・パイスが1957年5月に監獄から釈放され、暗殺されるまでの2ヵ月間に、7月26日運動の革命方針の確立と革命的基盤の拡大、その組織的強化に果たした役割は非常に大きかった。とりわけ全国的ゼネストの準備のために、フランクはオリエンテでのゼネスト実施体制の確立に取り組んでいた。労働者をストライキ委員会に組織し、「全国労働者戦線」（Frente Obrerao Nacional = FON）を結成した。ゼネストを支える市民民兵ミリシア（Milicia）の武力サボタージュを実施し、市民組織がそれらの行動を支援できる態勢を整えるためにも全力をあげていた。しかもフランクは、シエラ山中のゲリラを7月26日運動全体の運動を支える存在として認識し、それに対する武器、兵士、食料その他の補給体制の強化も怠らなかった。オリエンテでは、労働者による小規模なストライキや職場放棄が7月26日運動の指導の下で、すでに実行され始めていた。フランクは「今や情勢は変わった……ゼネストは可能であることはあきらかだ。それは行動として必要だし、それに取り組むことはとても大事だし、すでになされている。今、労働者プロビンシア指導部（Dirección Provincial Obrera）が存在し、ムニシピオの指導部とともに全力で機能していて、その組織は経済的にも、宣伝活動でもかなり自立している。同じ取り組みは全国で実現する必要があった。「労働者全国指導部」（Dirección Nacional Obrera）もつ

くられ、模範を示した。ゼネストの日を決めようとしてきた」[1]とフィデルに書いている。フランクは、オリエンテのモデルをカマグエイ、サンタクララ、アバナ、ピナル・デル・リオ、マタンサスにも広げ、全国ゼネスト態勢の確立をねらっていた。

7月26日運動が全国の反体制運動の指導権を掌握しながら、労働者のストライキ委員会、労働者全国指導部も「抵抗全国指導部」(Dirección Nacional de Resistencia) も7月26日運動からは独立した自律的組織として活動する方針をフランクは追求した。この組織方針は、コミンテルン時代の革命運動、とりわけコミンテルンの指導した統一戦線における前衛党と大衆組織の関係と同じである。この時期には、すでにソ連共産党20回大会（1956年）でスターリン批判が行われ、世界的には、共産主義や共産党組織、前衛組織等の見直しがはじまっていた。しかし、前衛党の指導する統一戦線方式による大衆運動は依然として世界各地で展開されていた。キューバにはラテンアメリカでももっとも強力といわれたPSPが存在しており、7月26日運動はそれに対抗して、前衛党の地位を争っていたのが現実である。

フランクは、「ストライキ委員会」(Comite de Huelga) の細胞長にすべて7月26日運動のメンバーを任命し、細胞にはPSPのメンバーであろうとも排除せず、多様なメンバーを組織する方針であった。武装し訓練された7月26日運動のミリシア（民兵）による工場、農場、その他の職場での武装サボタージュで労働者や市民のゼネストや市民活動を支える戦略を考えていた。先にもとりあげた57年7月7日のフィデルへの手紙でフランクは次のように述べていた。

　　蜂起の状態を維持するように命令がだされたとき、かれらに
　　経験をさせて、ゆっくりと全国における緊張を沸騰点に達する

まで強化するように命令がだされたとき、そのときは市民組織とわれわれのストライキ委員会に参加する全グループが一斉にバチスタ退陣の緊急要求をする瞬間になるだろう。この情勢を解決しようと体制がそれに対応する時間を持たせずに、すべてのキューバ人はバチスタが退陣するよう要求し、まだ強力で大胆で全国的宣言のようなものが不確かなうちに、すべてのキューバ人は労働者、ホワイト・カラーのゼネストを実施し、かつてなかったような革命的サボタージュを実施する[2]。

フランクはこの手紙で、ミリシアのサボタージュに支えられた市民の反バチスタ戦線を形成し、時期をみて、一斉にゼネストで立ち上がる計画を11月から12月までにはつくりだすための全国計画第二号（Plan Nacional No.2）について説明し[3]、このジャノの闘いを、シエラでのゲリラ戦を補完する闘いと位置づけていたのである。当時、シエラのゲリラ戦を含めて、形式的には全国指導部が指導する方針にはなっていた。しかし、ジャノはシエラの戦闘を支えるためにロジスティクスの役割を担うとともに、シエラに全国指導部での発言権を保障していた。そして、ジャノで活動していた全国指導部は、シエラのゲリラ戦については徹底的に発言を控えていた。57年7月21日づけの42枚にわたるフィデルのフランクへの手紙には「これから数ヵ月の間に展開される計画について、あなた（フランク）が求めていることについての意見」が述べられていた。そこでフィデルは「あなたがこの件について大変な仕事をしたと心から思っている」とフランクの方針に承認を与えていた。一方でフィデルは第2戦線のために利用を許可した武器の損失とゲリラの武器の利用の仕方を反省しながら、シエラのゲリラが革命の「軸」であることを主張し、シエラへの武器の供給の重要性を確認させてもいた。フランクは、シエラへの武器と物資の供給を強化することを

フィデルに保証した[4]。

モンカダ兵営攻撃4周年の日、フランクは「ついにあなたに頼んだテーマについて考えてくれたことをとても良かったと思う。わたしは全てに心を配り、すみやかに可能にするよう試み

33 暗殺されたフランク・パイスの遺体

る。今月からわたしがあなたをサポートする責任を持つ」と連絡した。そして武器や弾薬を送り始め、少なくともフィデルが要求した兵士30人を送った[5]。

しかし、1957年7月30日、フランクはバチスタ政府の手先たちにより暗殺され、この計画は中断された。オリエンテの7月26日運動の指導部は、7月31日、サンティアゴのサン・バシリオ通りのアルトゥロ・ドゥケの家に、ビルマ・エスピン、アグスティン・ナバレテ、アロンソ・イダルゴ（Alonso Hidalgo Bebo、フランク・パイスの協力者）、エンソ・インファンテ、ルイス・フェリペが集まった。フランクの代わりをすぐに決める必要があった。ビルマ・エスピンは、フランクが監獄から解放されて以後、重要な仕事を共にしてきたレネ・ラモスをとりあえず、全国指導部の「アクシオン」（acción＝行動）の責任者に推薦し、認められた。レネはアバナに行き、そこにいた全国指導部のファウスティノ・ペレス、アイデエ、アルマンド・アルト、マルセロ・フェルナンデス（Marcelo Fernández、ファウスティノの逮捕後1958年3月から全国指導部のメンバーとして、アバナ担当指導者。マサチューセッツ工科大学卒）の承認もえた。そして1957年8月11日付のフィデルのセリアへの手紙にはレネの就任を承認したと記されていた[6]。

フランクの暗殺がサンティアゴ市民に知れ渡ると、8月1日、すぐに市民たちは抗議の行動をさまざまな形で展開した。レネはセリアへの手紙で、フランクがサンティアゴ市民たちに階級の壁を超えて敬愛されていて、自然発生的に「大規模なデモ」が起こり、国歌を歌い、「レボルシオン（革命）」「独裁者に死を」と叫び、サンティアゴ市民が全体として7月26日運動を支持していると知らせた[7]。当時、16万余のサンティアゴ市民のうち6万人がフランクとラウル・プホル（Raúl Pujol、フランクとともに暗殺された）の葬列に参加した。墓地には禁止されていた7月26日運動の旗も翻った。町全体がゼネスト状態になり、2日には、オルギン、カマグエイ、サンタクララ、マタンサスにも広がっていった。このような事態になったのは、フランクが生前にサンティアゴに組織した労働者と市民団体連合（CIC）によるストライキ委員会と15分間のゼネストの計画の実施で合意に達しており、その計画が進行していたからでもあった。

　8月1日、レネは7月26日運動の各地の指導者にフランクの死について回状を送った。バチスタ政府の暴力的弾圧にもかかわらず、フランクの暗殺に抗議するストは、サンティアゴで5日間続き、アバナでもストに参加するものもいた。サンティアゴ市民の抗議の状況をみて、レネはフランクの活動を引き継ぎ「行動とサボタージュの全国計画 No.3」を各地の指導者たちに送り、全国ストへと発展させようとした。

　しかしアバナの労働者はほとんど動かず、それを見た市民団体の動きもにぶく、7月26日運動は、8月5日、弾圧による犠牲者の増加をさけるため、スト中止を呼びかけた。だがフィデルはこのストライキ闘争に関して、「大規模に組織された圧倒的ストライキを準備する」ことは、……「それは人民の武器になる」とセリアに手紙

で書いた[8]。

1957年8月10日、レネは、ラ・クエバの支援者の家に移動した。そこにはサンティアゴの7月26日運動の行動の責任者アグスティン・ナバレテがいた。そこに電話会社の7月26日運動の労働者が秘密の電話をつけ、こうしてラ・クエバは、一時、全国指導部の司令部になった。

8月14日にレネは、アバナへでかけ、アイデエ、アルト、ファウスティノ・ペレスと会談し、オリエンテの行動隊長として承認された。そこではフランクの推進していた方針とミリシアの組織化、さらに海軍の蜂起計画について継続も承認された。海軍内の7月26日運動のメンバーと不満分子たちの蜂起計画については、すでにフランクが1957年7月17日と20日のフィデルへの手紙で、海軍将校と会談した内容を詳しく報告していた[9]。

つづいて、7月26日運動の全国指導部は、フランク暗殺抗議行動や、海軍やその他の軍部、警察等々の不満分子の反バチスタ行動の進展を踏まえて、シエラ・マエストラ宣言では明確に拒否していた軍隊との協力による政権奪取の計画を進めることで合意した。アルトとファウスティノは軍隊内の不満分子が市民団体やその他の勢力と結合した政府を形成できるときにのみ、蜂起に参加するとし、その方向でフィデルの承認をえるつもりでいた。

レネがアバナに行ったとき、医者フランク・ムステリエル（Frank Mustelier）の家で、レネ、アイデエ、アルト、ファウスティノら、海軍の蜂起の責任者オルランド・フエルナンデス、フアン・カスティニェイラス（Juan Castiñeiras）が会談をしていた。またレネはファウスティノと一緒に海軍蜂起に関わっていたOAのテオバルド・クエルボ（Teobaldo Cuervo Castillo）、「4月4日組織」（la organización 4 de Abril、56年4月のプロスの反乱を記念する組織。

第4章P. 144参照)のガビノ・ロドリゲス(Gabino Rodrígues Villaverde)、国家警察のルイス・サカリア(Luis Sacarías Trujillo y Castro)、フアン・デベソ(Juan Debeso Piñeiro)とも会談した(ヌエボ・ベダドのノルテ42通りで行われた)。そして1957年8月30日、レネとファウスティノ、ドミニシオ・サン・ロマン(Dominisio San Román)、フアン・カスティニェイラスとで最終的に合意し、蜂起の日を9月5日と決定した。シエラとの合意をえないままに事態は進展した[10]。

　しかし、この蜂起は失敗に終わった。9月5日の午前6時45分と決められていた蜂起の時間が、海軍の仲間たちにより、1日延期されたが、なぜかシエンフエゴス市の同志たちには伝えられなかった。そのためシエンフエゴスの7月26日運動の戦士たちは予定どおり、5日の朝に蜂起を開始した。シエンフエゴスの海軍の仲間は7月26日運動の支援の下にカヨ・ロコの海軍区域を占拠し、そこの武器を奪取して、7月26日運動のメンバーと市民に分配した。国家警察署や海上警察署も占拠してシエンフエゴスの街を制圧したが、軍隊の兵営の占拠には失敗した。この蜂起に呼応するはずのアバナでの蜂起は起きず、バチスタ軍はシエンフエゴスに弾圧部隊を集中した。空軍はカヨ・ロコを爆撃し、サンタクララやマタンサスからバチスタ軍が出動し、徹底的に弾圧した。この蜂起の失敗により、軍隊内の7月26日運動の組織は壊滅した。またさまざまな都市やアバナでは、7月26日運動の地下組織が破壊され、「とてもひどい状態」になった。失敗の責任は全国指導部にあるとその地のメンバーは主張した[11]。

　この事態は、フランクが立て直したばかりの7月26日運動の全国指導部の指揮体制を混乱させた。フランクを失い、軍隊内の7月26日運動の組織も壊滅し、革命は長期にわたると覚悟をきめ、そ

のための組織の立て直しをはかった。全国指導部のメンバーを再確認し、役割分担をし直し、フランクが望んだ各州の代表制を廃止し、アバナ代表、オリエンテ代表、シエラ代表だけを残した。さらに組織、行動、サボタージュ、宣伝、労働、財政担当も任命した。そして、ビルマ・エスピンがオリエンテの組織の責任者になった。セリア・サンチェスはシエラの代表、ファウスティノ・ペレスはアバナの責任者になった。レネは、オリエンテだけではなく、全国の行動とサボタージュの責任者になった。アルマンド・アルトは、アバナからサンティアゴに移り、組織の全国指導者となり地下活動と亡命者の組織を監督することになり、アイデエは財政担当、マルセロ・フェルナンデスは宣伝担当であった。

　シエンフエゴスの反乱の後、バチスタ側は反体制派を厳重に取り締まり、海軍、陸軍、空軍、その他の反バチスタ派の数十人が逮捕された。しかし戒厳令と市民権停止は中止し、バチスタ政府は1958年6月選挙キャンペーンを続けていた。

　シエラ・マエストラでは、フランクの死後、ジャノからの物資の供給や資金の提供が一時途絶えたため、フィデルはフランクの後を引き継いだレネ、アルト、セリアたちの全国指導部の行動に不満を持ち、ホルヘ・ソトゥスをジャノの行動の調査のために派遣した。ホルヘ・ソトゥスにたいするゲバラの評価は低かったことはすでにふれたが（第7章 P. 212参照）、ゲバラによるとホルヘはこの時、「フィデルの推薦状を懐に中隊長の地位を離れてマイアミへ発った。現実問題としてソトゥスはシエラ・マエストラの生活にどうしても順応できなかった上、部下たちは彼の横暴な性格に嫌気がさしていた。彼の仕事ぶりは浮き沈みが多かった」と記している[12]。しかしこの時期のセリアは、ホルヘとレネをフランクの部下として信頼していた。

第8章　マイアミ協定

フランクが暗殺されてまもなく、すでに57年8月11日のセリアへの手紙で、フィデルは「適切な命令は、今や、シエラへすべての銃、すべての弾丸、すべての補給であるべきだ」「わたしはサンティアゴの同志たちはフランクの仕事を継続できると信じている」と書き、さらに8月14日にもセリアに対して、同じことを主張し、16日にはセリアに歯医者を早く送れと催促していた。ナンシー・スタウトによると、フィデルがフェリペ・ゲラを通じてセリアに送った手紙があり、そこにはたぶんセリアがフィデルに手紙を書かないこと、2ヵ月間も資金が届かないこと、フィデルのためにも、アバナの全国組織のためにもセリアが責任のある仕事をしていなかったことを非難していたと書いている[13]。

　さて、ホルヘ・ソトゥスは、サンティアゴに着いて、厳しい弾圧の下で活動するセリアやレネ、7月26日運動のメンバーの現実を知った。1957年9月15日にレネは、フィデルのジャノにたいする不満にたいして、次のような手紙を送った。

　「けっしてシエラを軽視してはいない。戦いは山にだけ限定されるべきではない。あらゆる戦線で体制と闘う必要がある。しかしわれわれはシエラで必要とされる資金、武器、弾薬、衣服、食料をけっして自由に使ったりしてはいない。残すようにいつも努力している。われわれの最初の砦であり、それを支えなければならないと思っている」[14]。

　セリアは、フィデルがジャノの厳しい弾圧の中での活動を理解せず、あまりにも勝手な連絡をジャノにつきつけてくることにたいして、フィデルに忠告したのもこの時期であった。

　この頃、SIMの追及で砂糖工場の海図を盗みだしたのはセリアであることが確認され、7月26日運動の指導部とセリアは直接関係があるとして、セリアの父、マヌエル・サンチェスの家族が監視

体制のもとに置かれた。9月1日、マヌエル・サンチェスが、マンサニジョの家族とともにアバナに行く途中、軍部警察に逮捕され、マラブサルの近くの兵営に監禁された。しかし、医師組合やその他の人

34　シエラ山中のフィデル・カストロとゲリラ兵

びとが抗議し、まもなく釈放された。この知らせはその日のうちにシエラのフィデルのところに届き、フィデルはセリアの生命の危険を察知し、セリアをシエラ・マエストラに案内する任務にラファエル・カストロ (Rafael Castro) を指名し、マンサニジョに派遣した。

　セリアはラファエル・カストロを信頼し、一緒にシエラに向けて出発した。シエンフェゴスの反乱の直後だけに厳しい監視をかいくぐり、フィデルが何度もキャンプしたシエラの暗号名ラ・マエストラ (La Maestra) という場所に9月5日に到着した。そこには隠れるための洞窟があったが、監視が厳しく、それ以上動きがとれなくなった。セリアはフィデルがそこへ迎えに来るものと信じて待ったが、ラファエル・カストロはそこにセリアを置いて、どこかへ連絡を取るためにその場をはなれたまま、帰ってはこなかった。軍隊の追及を逃れたシエラの他の住民たちもそこに集まり、18人の集団になった。周囲では銃撃の音や爆撃の音が続き8日から17日まで、セリア達は死の恐怖を感じつつ、そこにいた。セリアは、フィデルが来ないので意を決し、サンティアゴへ戻ることにし、19日にサンティアゴに着いて、これまでの仲間たちに連絡をつけようとした。

一方、フィデルはラファエル・カストロがレネとサンティアゴの7月26日運動のメンバーにセリアを探すように指示しているのを知った。レネたちは八方手を尽くして探し、ついにセリアと連絡をつけ、落ち合うことができた。セリアはフィデルの派遣したラファエル・カストロの無責任な行動にたいして、憤慨していた。それを逆なでするように、フィデルは再度、ラファエル・カストロを派遣して、セリアをシエラに呼び寄せようとした。ナンシー・スタウトによるとセリアはこの行動に不信感を募らせたという。彼女はラファエル・カストロを信用せず、レネとホルヘ・ソトゥスとセリアの3人の連名で苦情の手紙を書いて、ラファエル・カストロに持たせて、シエラに帰した。その手紙には、ラファエル・カストロは「あなたのところに最初に連れて行かなかった。どうして今度は、彼を信用しろというのか」と批判し、フィデルの些細な行動で重大な事態がジャノでは生じていると訴え、シエラの部隊に対して、次のような6つの問題点を改善するよう提起し、全国指導部として、改善の措置を訴えた。

1. 「われわれのシエラの軍隊への兵士採用の組織と監督は全国指導部による。」……「反乱軍の総司令部が、必要な肉体的道徳的資質に欠ける多くの個人を受け入れて、われわれが維持しようと努力してきた規律の重大な破たんをもたらしてきた。フランクとセリアはあなたの承認のもとで、これからは最高指導部がシエラへの兵士の送りだしを厳しく管理すると合意した。シエラのわれわれの兵士の質を厳しく監視していかなければならない。」……「現在、われわれは全国からきた60人を超える兵士をサンティアゴに抱えている。かれらは待たされて、不満を抱いている。大部分は3ヵ月も待たされている」。
2. 「7月26日運動の正式のチャンネルが、シエラから発信され

るすべての種類の交渉や任務に使われるべきである」。

　われわれの考えでは、革命の前進のため組織を通じて、……責任を示してきた人びとの中にあなたの信念を置くことが、規律を無視し、無責任に行動すること……よりは、より理に適っていると思われる。だから交渉や特別な任務をもって派遣されるすべての個人は、全国指導部にたいして派遣されるように要請する。
3. 正式のチャンネル以外の文書のやりとりは、避けるべきだ。……すべての手紙は、間違いを広げたり、間違ったニュースを広げたりするのを避けるために、われわれの手を経由すべきである。シエラからのすべての通信には、厳重な管理がなされなければならない。
4. シエラの参謀部により解任されたものと脱落者とを区別できる正式の報告書をだすべきだ。
5. 脱落者の名前は、……いっそうの打撃の原因にならないように、直ちに報告されなければならない。
6. たいして重要でもない書類で……フィデル・カストロの……サインをみせびらかすためだけに、無責任な一部の人たちが利用している[15]。

さらにセリアは10月1日付で、フィデルに長文の手紙を送り、8月から2ヵ月間にフィデルの不注意で生じた資金や武器の喪失、その他の打撃について書いている。この日は、フィデルがセリアをシエラに呼ぶために派遣したフェリペ・ゲラがマンサニジョに現れた日で、セリアは手紙の最初のページに、フェリペ・ゲラから2ヵ月も金を受け取っていないときいて驚いたと書いている。そしてこの2ヵ月間に資金が6000ペソも送られているが、フィデルの派遣した受け渡し人がいかに無責任な行動をとり、それを渡していなかったかということを指摘した。それはセリアが資金の行方と連絡

文書、その他の補給物資がどこに放置されているかを調査し、フィデルの派遣した人物たちが、任務を途中で放棄していることを確認したうえでの警告であった。「わたしは一週間ごとに雑誌やあなたの関心を持ちそうなその他の記事などを送り続けている。それらすべてを良く考えてみると、この2ヵ月わたしがしてきた努力はなんの役にも立っていなかったと思っている。ただ混乱状態を作りだしただけであった」とセリアは書いた[16]。アルマンド・アルトも10月16日、シエラを軽視していないとフィデルに手紙を書いている[17]が、セリアが、フィデルは人物の評価もできず、手紙を運ぶ人材さえも選べず、金を運んだり、セリアを救出したりする人材も選べないと判断したのも無理はないとナンシー・スタウトはいう。このセリアの手紙はフェリペ・ゲラがシエラへ運び、その2週間後、セリアはシエラの部隊に戻った。

　シエラとジャノの7月26日運動のメンバーが置かれていた状況の違いや当時の通信手段の性格がもたらした混乱ともいえるが、先にも指摘したように、シエラでのゲリラ戦とジャノでの闘争の性格がまったく異なり、全国指導部にはシエラの闘いの状況を把握できず、シエラの戦闘指揮部隊にはジャノの闘いの全貌をつかめないという困難な状況にあった。そのため形式的には全国指導部がシエラとジャノを視野に入れた革命の展開を進めていたが、実質的には、シエラとの地理的人的関係でさまざまな離齬が生じざるを得なかったのである。その上、フランクの死後、革命運動がより一層全国的性格を持つにつれて、ジャノでのバチスタ政権の弾圧体制が強化され、ジャノの闘いの維持と増強が全国指導部の重要な課題になっていた。それにもかかわらず、シエラとジャノの闘いは連携して進む以外になかった。とりわけシエラのゲリラ部隊は、この時期、ジャノのロジスティクスに依存する以外に生き延びる道はいまだなかっ

た。このような状況の中で、ジャノとシエラの2つの闘いの連携の在り方が大きな問題になってきたということができる。

　レネを中心とする全国指導部は、フランク亡きあと、シエラへ派遣する兵士の世話、武器その他の物資の調達とシエラへの輸送、全国ゼネストに向けてのストライキ委員会の全土での組織化、それを支えるミリシアの組織と武装、サボタージュ活動の指揮、組織の規律と指揮系統の整備等々の課題をこなして、全力で戦っていた。そして、2つの戦線の闘いについて調整するために、10月15日、レネはシエラに向かった。

2　マイアミ協定

　フランクの死後2ヵ月間に、合州国のマイアミでは革命の進展におおきな影響をもたらしかねない事態が進行していた。レステル・ロドリゲスは、フランクの指示でアメリカ領事館の外交官と7月上旬にメキシコ経由で合州国へ出国し、亡命キューバ人たちの組織に働きかけ、7月26日運動の指導権のもとに団結を確立すること、反乱軍のための資金や武器、その他の物資等のロジスティクスの確立をめざした。だが、レステルの行動は、合州国の情報機関や国務省の関係者を通じて監視されていたことはまちがいない。

　なお、メキシコでは、ペドゥロ・ミレトとグスタボ・アルコス、フィデルの姉妹のエマやリディアとレステルは協力し、資金、武器の獲得に奔走したが、フランクが7月26日運動から追放するようにと指示していたエマやリデイアの協力はやはりあてにならず、ほとんど成果を挙げずに、レステルは合州国へ渡ったのであった。キューバ人の亡命者のいるシカゴ、ブリッジポート、ニューヨーク、マイアミ等々の多くの場所に7月26日運動の正式代表部をつくったが、その活動中にフランクの死を知った。レステルはフラン

クの意を継いで、あらゆる同盟の可能性を探った。全国指導部に宛てた8月19日の手紙で、市民団体連合が臨時政府の構成を指名するという方針にもとづく同盟を追求すべきとも連絡していた。

レステルは9月9日に、全国指導部による国外亡命者の組織方針について、レネに問い合わせたが、返事がこないまま、亡命者たちによる同盟の動きは急で、独自の判断で対処せざるを得ない状況になった。レステルはこの手紙で、さまざまな傾向を持つ亡命者たちを7月26日運動の方針で組織することに疲れ、帰国して国内での闘いに参加したいと訴えていた。一方、同盟協定を結ぶ場合、「われわれは、戦いのこの時期、われわれの道を保障し、利益になる限りで、ただ戦術的協定だけを結ぶ」[18]とも連絡した。しかしそれに対する全国指導部からの回答は遅れていた。

このような状況の中で、フェリペ・パソスは、7月26日運動の正式の代表として行動していたし、レステルもそれを承認していた。フェリペ・パソスはシエラ・マエストラ宣言に署名しており、フランクが7月26日運動の穏健性を示す重要人物として獲得した人物であり、合州国への亡命者たちにも圧倒的影響力を持つうえ、もう1人の署名者ラウル・チバスは投獄され、当時、合州国にはいなかったため（10月15日ごろには釈放され、合州国に亡命した）、7月26日運動の代表としてのかれの行動には、正当性があった。

フィデルがオルトドクソ党と明確に絶縁を声明してはいなかったので、フェリペ・パソスはフィデルがオルトドクソ党員だと考え、7月26日運動はオルトドクソ党の軍事部門であるという位置づけで、マイアミの亡命キューバ人たちとの同盟を組織し、バチスタ打倒の臨時政府を樹立し、その臨時大統領か閣僚に自分が入ることを条件として精力的に働きかけていた。しかも、フェリペ・パソス

は、シエラ・マエストラ宣言の調印の際、市民団体連合を支持基盤にすることには疑問を呈し、フィデルの主張をしぶしぶ認めて承認していたこともあり、7月26日運動が拒否していた軍事クーデタによる政権の獲得も視野に入れた交渉になっていた。また、パソスは、マイアミに到着してまもなく、ファウスティノ・ペレス宛ての10月20日付の手紙で、マイアミの亡命者による同盟組織、「キューバ解放会議」（Junta de Liberación Cubana= JLC）との同盟を拒否した場合、反対派の団結とシエラの生き残りを危機にさらしただろうと書いていた[19]。

フェリペ・パソスの交渉経過は、マリオ・ジェレナがファウスティノ・ペレスとアルトへ10月5日付の手紙で詳しく伝えていた。マリオは、7月26日運動はオルトドクソ党との関係を明確にすべきだと主張していた。またアルトはワシントンからオルトドクソの棄権主義派の会計士エルネスト・ベタンコウルト（Ernesto Betancourt）のレポートをも受け取り、亡命者たちの間で進行している政治的状況や情勢をつかんではいた。

キューバでは、レネが10月3日付で、面会に来たカルロス・プリオの2人の特使からプリオの書簡を受け取り、プリオたちが「協定」（Pacto）を望んでいるとフィデルに知らせている[20]。この日付をみれば、マイアミでの事態の進行に比して、キューバでの対処が遅いことが分かる。10月15日のアルマンド・アルトのフィデルに対する手紙でも、シエラとジャノの闘いの連携の強化の方策について意見を述べるのが主で、ついでにキューバ解放会議（JLC）の動きとして、亡命キューバ人たちが亡命政府を形成しようとしており、それにたいしてアルトが長文の手紙で回答を与えたと報告している。

アルトは、JLCの動きについての手紙での指示で、シエラ・マ

35　カルロス・プリオ

エストラ宣言にもとづき JLC によって支持され、憲法に基づく正当性をもつ亡命政府の樹立に反対する理由はないし、われわれに有利とも思えるので賛成だとしたが、いくつかの党派の抱き合わせではなく、独立した、非政治的精神の政府であるべきだと回答していた。また、フィデルがマイアミのプリオからの武器提供をすでに期待していないことやオルトドクソ党についても次のように指摘していた。

「われわれの最良の同盟者としておいたほうがいい。……組織（7月26日運動のこと）のシンパだけにしておこう。……7月26日運動はけっしてオルトドクソ党のイストリコ派の一部などではありえない。……われわれの義務は、われわれの革命的世代の思想で新しい政治路線を創りだすために3月9日のすべての政治的領域を解体することである」[21] つまり7月26日運動は、シエラ・マエストラ宣言にもとづいて、市民団体連合（JLC とは異なるキューバ国内で組織されていた市民組織のこと）が新しい臨時政府のメンバーを指名するのではない限り、反対派との同盟に同意しない方針だと伝えていた。

しかし、アルトのガイドラインがマイアミに着いた時には、すでにマイアミ協定は調印されていた。レステルは、7月26日運動が武器を獲得することによって軍事的に優位な立場に立てば、政治的指導権を失うことはないと考え、オルトドクソ党のマヌエル・ビスベ（Manuel Bisbé）、革命幹部会のファウレ・チョモンをも説得し、この協定に調印させた。

キューバでは、アルトがマイアミに指示をだした10月15日に

なって、レネはさまざまな事態についてフィデルと打ち合わせをするために、ようやくシエラへ向かった。しかし、この時期では情報不足もあり、レネとフィデルがマイアミ協定の問題で特別な対策をとることはできず、アルトがマイアミ協定についてだした指示を確認しただけであった。シエラからレネが戻ったのは11月3日であった。

　10月15日に合意し、元議会議長リンコルン・ロドン（Lincoln Rodón）の家で11月1日に調印されたマイアミ協定（Pacto de Miami）は、JLCの名前で公表された。中心人物はアウテンティコ党の代表であるカルロス・プリオであり、署名したのは、同党からトニー・バロナ、オルトドクソ党からロベルト・アグラモンテとマヌエル・ビスベ、「アウテンティコ組織」（OA）はカルロス・マリスタニ（Carlos Maristani）、「革命労働者幹部会」（Directorio Obrero Revolucionario）は、アンヘル・コフィニョ（Angel Cofiño）、マルコス・イリゴイエン（Marcos Irigoyen）、「革命幹部会」（DR）は、ファウレ・チョモン、ラモン・プレンデス（Ramón Prendes）、フアン・ヌイリ（Juan Nuiry）、大学学生連盟（FEU）はオマル・フェルナンデス（Omar Fernández）であった。7月26日運動はフェリペ・パソスとレステル・ロドリゲス、ファウスティノ・ペレスであった[22]。

　マイアミ協定は、シエラ・マエストラ宣言の核心であるキューバ国内の市民団体連合にはいっさい触れなかった。そのかわり、市民、専門家、宗教家、共済組合、文化団体、労働団体、経済団体に支持を呼びかけた。シエラ・マエストラ宣言と同じようにOASと国連でバチスタの人権侵害を告発すると主張し、合州国のキューバへの武器輸出を批判した。しかし、シエラ・マエストラ宣言とは異なり、外国の干渉を明確には拒否せず、また、軍事評議会による

クーデタでのバチスタ打倒についてもあいまいのままにした。JLCの指導権についても、バチスタ追放後の政権のあり方についてもあいまいだった。

しかも、マイアミ協定には、公表されない秘密協定があった。ジュリア・E・スウェイグによると「秘密の中心的協定」は次のようになっていた。

オルトドクソ、アウテンティコ、7月26日運動、学生革命幹部会（Directorio Revolucionario Estudiantil = DRE）、大学学生連盟により構成されるJLCの中央委員会が「参加諸組織を団結させ、臨時政府の大統領を任命し、大統領の任命した閣僚を承認したり、否決したり……危機の場合には改組したり、……臨時政府の下での立法機能を決定したり、臨時政府の期間の知事や市長の任命の仕方を決定したりして、反独裁闘争を指導する」権限をもつ。

これはJLCの中央委員会が反バチスタ闘争を指導し、臨時政府のあらゆる行動にたいして拒否権を持つということを意味し、反共産主義の立場も明確にしていた。そして、その下に3つの分化委員会が組織された。革命共同作戦委員会、財政委員会、広報委員会である。それぞれの委員会にJLCを構成する組織が対等の代表権を持ち、それぞれの組織は独自に蜂起の活動を展開し、革命的総合計画と緊急政策を実施する。それはシエラの作戦、サボタージュ、その他の作戦を強化し、バチスタの選挙闘争や最大の外貨獲得産品である砂糖の収穫を阻止する。またJLCのメンバーは、戦争を遂行し、公然と大義を推進するため人的、物的寄与をする。最後に、政治から軍人を追放するとしたシエラ・マエストラ宣言とは異なり、秘密文書は、戦争後、「革命勢力はその武器とともに共和国の正規軍に統合される。それを望まない者は、武器を返還し、市民生活に戻る」と、革命成功後のシエラのゲリラ部隊の解体をも提案してい

た[23)]。

　アルマンド・アルトは、マイアミ協定が成立したことを 10 月 15 日段階では連絡を受けていなかった。アルトによると、アイデエとサンティアゴの隠れ家にいた彼を、市民団体連合のルイス・ブキが訪ねてきて、マイアミ協定が結ばれたらしいと知らせた。その後、アルトはラジオ・ニュースでそれを確認し、10 月 18 日の『ニューヨーク・タイムズ』の報道のコピーをルイス・ブキから手に入れた。

　アルトは 10 月 26 日付で、フェリペ・パソスとレステル・ロドリゲスへの手紙で、キューバの 7 月 26 日運動の指導部がこのような重大な問題について、知らないでいるということに驚いたと書いている。そしてキューバ在住の 7 月 26 日運動の全国指導部の許可なしに協定を結ぶ権限は与えていないと抗議し、マイアミ協定には賛成できないと表明し、パソスとレステルを叱責した[24)]。

　また、アルトはその手紙の核心で、マイアミ協定は反対派の政治的リーダーたちが革命を阻止するための可能な政治的策略を表しているとし、「マイアミ協定」が樹立する臨時政府は、反対派の政治家たちにテーブルの椅子を与え、歴史的革命的プロセスにおいて一瞬間をしめるに過ぎないと主張した。アルトはこの段階で、12 月までにキューバ国内の市民団体連合の政治的支持のもとで全国ゼネストを組織し、革命の最終的勝利を展望し、市民団体連合と臨時政府についての合意文書も準備しており、マイアミ協定が市民団体連合との信頼関係に打撃を与えることを恐れた。この事実は、この時期、アルトもフランク・パイスの全国行動計画 No.2 にもとづいて行動していることを明らかにしている。

　しかし、バチスタ政府の 7 月 26 日運動にたいする厳しい追及のため、アルマンド・アルト自身はサンティアゴからでることができ

なかったため、市民団体連合のルイス・ブキをマイアミに派遣し、マイアミ協定には関係ないと表明させ、パソスとレステルには、シエラ・マエストラ宣言の内容に沿って、マイアミ協定を修正するよう要求し、それに失敗した場合、マイアミ協定を全国指導部は支持しないと告げた。ファウスティノ・ペレスには、この協定への調印を取り消し、マリオ・ジェレナとラウル・チバスにはオブザーバーとしてだけJLCに留まるように指示し、公式の拒否声明はフィデルにしてもらうと告げた。これはシエラ・マエストラ山中にいるゲリラとの合意の上での指示であった。

一方、フィデルは全国指導部との合意にもとづき、10月30日付でマリオ・ジェレナに手紙を書き、ポリティケリアたち（第3章 P.56参照）を批判し、われわれはかれらを亡命させることに成功し、それは少なくとも一歩前進だと書いていた。そして10月15日の全国指導部の指示を確認したことを告げ、亡命委員会からパソスとレステル・ロドリゲスをはずし、新しい任務分担を指示していた。宣伝広報はマリオ・ジェレナ、組織はカルロス・フランキ、軍事問題はレステル・ロドリゲス、財政はラウル・チバスとし、全体の責任者としてマリオ・ジェレナを推薦していた。そしてマイアミ協定の動きから脱退すべきではなく、とどまるべきだと指示していた。全国指導部との合意のうえとはいえ、全国指導部としての指示ではなく、フィデル個人の指示であった。ここにも当時の組織的な特徴が現れていた[25]。

いずれにせよ、一連の混乱から、キューバ国内の7月26日運動の動きは、合州国での亡命者の動向に遅れをとっていることがわかる。当時の通信手段から考えれば当然の事であろう。しかし、亡命者たちのこの時期の動向にたいして、7月26日運動は、組織全体の統一した方針さえ確認し合えば、特に急いで対処する必要に迫ら

れてはいなかったともいえる。

　アルトはシエラから戻ったレネからフィデルの意向を確認し、11月3日付のカルロス・フランキ、マリオ・ジェレナ、レステルへの手紙で、できるだけ早くごたごたから抜けだすように対策を取れと再度、指示している。その上でそれまでに獲得したマイアミ協定をめぐる情報をアルトの手紙と共にフィデルに送った。そこにはマイアミ協定がキューバの国内運動に悪影響を及ぼしているとして、市民団体連合がJLCとの関係で動揺し始めたことを報告していた[26]。

　マイアミ協定に対抗して、7月26日運動が革命の指導権をさらに明確にするには、市民団体連合を土台とする臨時政府の大統領を人選する必要がある。そのため、アルトとヘスス・ブキ（Jesús Buch Portuondo)、ルイス・ブキの3人でオリエンテの裁判官であったマヌエル・ウルチアに面会して交渉したのは10月15日以降である。マヌエル・ウルチアはその任務を引き受け、アルトはその結果もシエラに報告した。

　また、フィデルへのアルトの報告はラウル・カストロにも伝えられており、ラウルは57年11月20日のフィデルへの手紙で、フェリペ・パソスとレステル・ロドリゲスを裏切り者と糾弾し、アルトのかれらに対する対処の仕方が、革命的ではないと批判していた[27]。

　ジュリア・E・スウェイグによるとセリアは、11月末ごろ、アルトとレネが国内外で問題の処理に失敗しているとフィデルに報告しているが、この手紙は公表されていない。その批判に対して、アルトがセリアに書いた手紙は公表されている。それを読むとジャノのサボタージュの失敗がシエラ・マエストラの戦闘に打撃を与えていること、アルトが指導しているJLCとの関係の扱いに同意できないことがフィデルからセリアを通じて連絡されていたことが分

かる[28]。

　57年12月6日のアルトのセリアへの手紙は重要な内容を示している。アルトはフィデルの意向をふまえて、「革命的」にふるまっており、プリオたちの陰謀に巻き込まれたりはしていないとし、今はシエラ・マエストラ宣言の枠を超える時期だとも主張した。一方で、12月5日付でレネもセリアに手紙を書き、マイアミ協定にはきっぱりと拒否の態度でアルトとともに行動していると書いている[29]。

　アルトはあらたに書いた提案をもって、シエラの誤解を解くために、12月初旬、サントス・ブキとシエラへ登った。その提案の内容はフィデルたちの考えていることと一致していた。この時、アルトは1ヵ月近く、シエラに留まったとされるが、そこでシエラの仲間たちとマイアミ協定やその他の情勢、ジャノでの闘争戦略を話し合っている。フランク・パイスの全国行動計画で提起されたミリシアの組織、サボタージュの強化、ゼネストへ向けての労働者の組織化等も検討されたと思われる。なお、実際にはアルトは1ヵ月以上にわたって、シエラに滞在し続けたのではなく、おそらくシエラとサンティアゴ・デ・クバの間を何回か往復していたと思われる。

　また12月に入ってアルトは「JLCに出席している運動の代表たちへの提案」も発送していた。ルイス・ブキは57年12月11日以前に、アルトの意を受けてマイアミに行き、フロリダのジャクソンビルに臨時政府をつくるよう指示されていた。そして、新しい政府はマヌエル・ウルチア、フェリペ・パソス、ラウル・デ・ベラスコ（Raúl de Velasco、キューバ医師会長）、フスト・カリジョ、ホセ・ミロ・カルドナの5人により構成されるとJLCに伝えられた。そしてキューバで闘っている組織のみがそれを支える基盤を構成するとしていた。

JLCはこの提案を拒否したが、7月26日運動の支持のないJLCは何の力も発揮することはできなかった。一方、アルトが期待していた市民団体連合によるジャクソンビルの新臨時政府への支持はえられなかった。

　ジャノは、弾圧が厳しい中、あまりにも過大な任務を背負い込んでいたため、武器、弾薬その他のシエラへの補給態勢の強化を、シエラが期待したようには強化できていなかった。その上、シエラの指導部は、マイアミの亡命者たちとの関係にはすでに見切りをつけていた。しかしジャノの指導者たちは、JLCにはまったく期待をしていなかったものの、それに代わる市民運動や労働者の組織化との関係で、亡命者たちとの連絡を取り続けざるを得ない状況にあった。そのためアルトはシエラ・マエストラ宣言を軸にして、市民団体連合を基盤にした臨時政府の樹立を亡命者たちに「マイアミ協定」の代案として提示し、それが12月の初めごろ、マイアミの亡命者たちの間で議論されていたのである。これらの動向も当時の通信状況から生じるシエラとジャノの行動の齟齬と見ることができるし、シエラとジャノの活動範囲の違いから生じた運動の直面する課題のずれとみることもできる。しかし、シエラとジャノの指導権争いなどではないことに注意しなければならない。

　この時期の状況について、マリオ・ジェレナは7月26日運動の方針が一貫していなかったと指摘している。57年12月上旬でさえ、JLCと7月26日運動の代表たちとの交渉は続いていた。マリオは「マイアミの誰も実際に何が起こっているのかはっきりとしたことは分からなかった。歴史は亡命者たちの限られた世界よりもはるかに速い速度でキューバでは動いていた。行動の力量においても心理的にも革命は革命家たち自身の期待をはるかに超えて進展していた」と書いている[30]。

こうしてシエラで、ラウル、ゲバラ、レネ・ラモス、フィデル、アルトが協議して、マイアミ協定から脱退する文書が書かれた。それが「国民へのマニフェスト・マイアミ協定への回答」（この文書に記載された日付は 1957 年 12 月 14 日）であった。しかし、起草したのはフィデルであり、緊急に集まれる戦闘員すべてが結集し、フィデルの草案が読み上げられ、全員が承認した。その文書をサントス・ブキがジャノに運び、印刷して 12 月 26 日に一部の人々に公開された。検閲が一時解除された折に、それは『ボエミア』1958 年 2 月 2 日号の付録として掲載され、50 万部が印刷された[31]。

ルイス・ブキは、それを持って、1957 年のクリスマス直後にマイアミへ行き、レステル・ロドリゲス、マリオ・ジェレナ、ラウル・チバス、ホルヘ・ソトゥスらと会って手渡した。レステルはそれを読んで泣いたといわれている。

アルトは、その後、ルイス・ブキに 12 月 19 日付で手紙を書いている。「フィデルは徹底的にラディカルな見解に賛成した。それにもかかわらず、かれはウルチアを指名することにした。そして政党に関わりのない政府をわれわれが指揮するようにするためのいくつかの提案をした」[32]。

「国民へのマニフェスト」によるとフィデルはマイアミ協定とその秘密協定についての「驚くべきニュース」を 11 月 20 日に知ったと書かれている。そこにはおよそ次のようなことが記されていた。

国内問題への外国の干渉を拒否すると明確に宣言しないのは臆病だ。またいかなる軍事評議会もみとめないと書かれていない。汚れた政治家は必要ない。政治家は革命家になれ。

さらに秘密協定第 2 項の JLC が大統領の政治に干渉する権限を認めないことと、また第 8 項の革命勝利後の革命軍の解体には同意できない。無秩序と闘うことが基本だ。厳しい秩序のもとでのみ正

義はある。7月26日運動は公共の秩序の維持と共和国の軍隊を再編することを要求する。組織された規律のあるミリシアが必要だ。われわれの戦士はそれに適している。

　全国民がたちあがっている。弾圧も厳しい。しかし誰もかれらに武器を与えない。そして隠されている武器がたくさんある。何のために、いつまで隠しているのか。われわれは最後の血の一滴まで闘う。

　革命の指導権はキューバ国内にあるべきだ。国外から革命を指示すべきではない。7月26日運動はゼネストで勝利するために市民と労働者とともに準備をしている。

　新しい政府は1940年憲法で統治される。1943年選挙法で総選挙をする。シエラ・マエストラ宣言の10項目の最小限綱領を実施する。最高裁は解体し、再編される。政党は人民のためにその綱領を掲げる自由を持つ。憲法の枠の中で市民を組織し、動員することができ、総選挙に参加できる。臨時政府の大統領としてオリエンテの裁判官マヌエル・ウルチアを推薦する。

　われわれは、敵からの武器で、人民の支援で、自分たちの考えで闘い続ける。闘っているのは7月26日運動だけだ。サボタージュ、暗殺、砂糖キビの焼き討ち、全国での労働者の組織化も、ストライキ委員会の結成も、市民抵抗運動の組織化も、その他の革命的行動をしているのも7月26日運動だけだ。7月26日運動は官僚的ポストなどいらない。地下活動で、シエラで、墓場で人民を導く。

　以上がおおまかな内容である[33]。

　マイアミ協定を批判し、独自の革命闘争を進めることにした7月26日運動の全国指導部は、シエラ・マエストラのゲリラ戦を強化し、その支配地域を拡大しながら、シエラ周辺の町々、オリエンテ州をはじめとして、全国の各州でのサボタージュ闘争を強化し、市

民団体連合の支援を拡大し、ストライキ委員会を組織し、最終的にはゼネストで革命を勝利させる方針を確認し、推進することにした。シエラ・マエストラにおけるアルトを含めた7月26日運動の指導者たちは、この路線を全面戦争（gerra general、レネは gerra total とも表現している）と規定した。これはフランク・パイスの構想した革命路線の発展的実践であった。

1957年12月24日付のアイデエのレネへの手紙には、アルトが JLC との関係を切り、革命の見通しがたったといっていることを伝え、アルトが全面戦争について主張していると報告している。

全面戦争についてふれたこのアルトの手紙は、おそらく12月17日頃シエラからアイデエにだされていた。そこにはシエラで「非妥協的な政治的路線を提示する準備」ができたこと、「われわれは将来のたくさんのことを話し合った。あらゆる意味で正確な計画をたてた。われわれは組織について話し合った」ことが報告され、「そこでレネとアロンソ・イダルゴが完全に意見が一致した。全面戦争のテーゼは発展させられるべきだとわたしは信じている」と書かれていた。したがって、フィデルも全面戦争を承認していたが、この用語がどこからどのようにしてでてきたのか、今のところ不明である。アイデエも全面戦争の意味について、レネに12月28日に問い合わせている[34]。

アルトは、57年のクリスマスをシエラで過ごし、新年を迎えてから、ハビエル・パソス、サントス・ブキ、農民のエウラリオ・バジェホ（Eulalio Vallejo）とともにシエラ・マエストラから下山した。ところがマンサニジョからサンティアゴへ汽車で行く途中、パルマ・ソリアノ近くで列車が故障して停車したとき、軍人たちが入り込んできて、4人とも逮捕されてしまった。アルトによると、かれは58年1月23日にはサンティアゴの古い要塞の監獄にいて、彼

は結局、革命の勝利まで投獄されていた。

　この時期の情勢について、これまでの研究では、先にも指摘したように、シエラとジャノの対立を強調する傾向が強い。シエラ・マエストラのフィデルの率いるゲリラ部隊とジャノで地下闘争をする7月26日運動とがイデオロギー的に対立していたという物語である。しかし、事実はこれまで見てきたとおりである。当時の通信手段に影響されて、シエラとジャノの活動には多少の齟齬はあったとしても、フィデルを先頭とする7月26日運動は、ジャノの全国指導部の指揮のもとに、可能な限り闘いを調整して展開していた。しかもその闘争は、国内だけにとどまらず、メキシコや合州国の亡命キューバ人をも含めた闘いであった。それにも関わらず、7月26日運動の指揮命令系統は、ほぼ一貫していた。これはフランク・パイスがいかに有能な組織者であったかを示して余りある。

　ゲバラは、当初、フィデルをブルジョア的革命家であり、政権を取れば、堕落するとひそかに考え、その観点から、7月26日運動の仲間たちを観察していた。アレグリア・デ・ピオの敗北から生き延びて、シエラに入ってからも、ジャノから送られてくる7月26日運動の新しい仲間たちにたいするゲバラの評価は厳しかったことについてもすでに触れた（第6章3節、第7章1節参照）。

　ゲバラは『革命戦争回顧録』でも「運動内にもそれぞれシエラとジャノと称される……2つの対立する勢力が存在した」ことについて書いている。それによると以下の通りである。

　　ジャノは、一見、より革命的な態度をとった。つまり全都市で武装闘争を展開し、ゼネストに打ってでて最高潮にして、バチスタ政権を転覆させて短時日で支配権を掌握する。

　　この態度がより革命的だとしてもそれは見せかけに過ぎなかった。当時のジャノの同志たちは政治的に成熟しておらず、

第8章　マイアミ協定

ゼネストに対する考え方も狭量であった。

さらにゲバラは当時の7月26日運動の指導者たちを紹介し、「ご覧の通り、この頃はジャノの同志が多数を占めていた。彼らは政治背景からすると、革命の過程において実際面での影響を直接蒙っていなかったために、一定の「市民」活動にしがみつく一方で彼らが軍事指導者とみなすフィデルと、シエラ・マエストラでわれわれが実施する「武装闘争派」の活動に一種の抵抗を示すようになった。考え方の相違はすでに歴然としていたが、当時はまだ彼らも、革命戦争の2年目を特徴づけたあの大嵐のごとき大討論を自分達の側からしかけてくるほどの力を持ち合わせていなかった」[35]。

当時の7月26日運動にたいするゲバラのこの評価は、適切ではないことが、これまで論じてきた内容をみれば明らかである。「全都市で武装闘争を展開し、ゼネストに打ってでて革命状況を最高潮にして、バチスタ政権を転覆させて短時日で支配権を掌握する」という方針は、ジャノの「一見」革命的な勢力の方針ではなかった。この方針は、フィデルを含め、当時の7月26日運動の指導部全体に合意された方針であった。フランクとフィデルが協議し、シエラの闘争を全力で支えながら、ゼネストへ向けて、ジャノでもミリシア（民兵）を動員し、サボタージュ闘争をすすめ、早期の内に全国的ゼネストと蜂起の結合を実現するということで合意していたのである。

マイアミ協定がつくりだしつつある事態を7月26日運動の指導力の危機としてフィデルの指導部はとらえ、その指導権を主張しながら、1958年4月頃にゼネストを実施する方針で、全組織をあげて「全面戦争」の闘いを進めることになった。

しかし、4月9日に実施されたゼネストは失敗に終わり、7月26日運動は危機的状況に陥ったのである。その事態を分析し、その

後、どのように闘争を進めるかということについて、ゲバラのいう「大嵐のごとき大討論」をシエラ山中のロス・アルトス・デ・モンピエで行い、方針の転換がはかられた。そこでの意見の対立は、シエラとジャノの闘いではない。7月26日運動が全体として、4月9日にゼネストを決行し、革命を勝利に導くとした方針の問題点をめぐる「大議論」であった。シエラで闘ってきた闘士とジャノで闘ってきた闘士たちの経験、またゲリラ戦を戦う戦士と都市その他でサボタージュ活動を展開する闘士たちの直面する問題の性格は全く異なっており、むしろそこに意見の相違や対立はあって当然であり、そのために激論になったにすぎない。

しかしゲバラは、それをシエラの革命的戦士にたいするジャノの「一見革命的」勢力、経験のない未成熟な闘士たちの挑戦と捉えていた。その観点によれば、ゼネストを中心に据えて、革命の勝利を急いで失敗したジャノの未熟な革命家たちの指導権をフィデルは排除し、シエラの真に革命的な勢力が指導権を奪取し、ゲリラ戦を中心に据えた革命戦争を強化し、革命を成功に導いたということになる。その見解は、その後、キューバ革命の経過に対する歪んだ説明を生みだした。それはまたフィデルの役割の評価にも影響し、かれのカウディージョ(独裁権を掌握した政治・軍事指導者のこと)的性格を強調し、共産主義的独裁者の革命であったという主張とも結合していくことになる。

第 9 章

全面戦争

1 ゼネストへ

　マイアミ協定が締結された経過をみれば、キューバには反バチスタ民主主義革命のための広範な国民戦線を形成する基盤が存在していたことが分かる。当時の用語でいえば民族的・民主的反バチスタ統一戦線の可能性は十分にあった。しかし、キューバのポリティケリアたちの老獪な指導権争いを制して、7月26日運動が統一戦線での指導権を掌握せざるを得ない事態もあり、反バチスタ勢力を有効な統一戦線に結集するには大きな困難があった。

　マイアミ協定には賛成できないとフィデルが「国民へのマニフェスト」で明確にする以前、57年11月頃から、7月26日運動の全国指導部は、指導権を掌握する市民運動の組織化とゼネスト準備の運動を推進し始めていた。その方針は元々、フランクとフィデルの合意の下で進められてきた路線であり、フランクが第二全国行動計画として提起していた路線でもあった。

　シエラ山中の反乱軍が、フランクとその死後の後継者たちによるロジスティクスの強化により、当初の5倍に成長し、革命軍が一定の支配地域を統治し、そこの農民たちを軍事的に組織し、強固な足場を築いたという自覚の上に、自信を持った全国指導部は、シエラのゲリラ戦とジャノでのミリシア（民兵）のサボタージュ闘争、市民に支えられ労働者を中心としたゼネスト闘争で、早期の内に革命の勝利を迎える方針であった。それは、レネ・ラモスが57年10月

中旬にシエラに入り、11月3日にジャノにもどるまでの間、フィデルらのシエラの指導部と話し合った戦略でもあった。それが全面戦争であった。しかし、その場にはゲバラとラウルはいなかった。

この戦略の決定に際し、フィデルは、7月26日運動全体に対して、あくまでもシエラの指導権を明確に主張していたわけではない。フィデルはシエラでのゲリラ戦の強化を任務として受け止め、レネと全国指導部はゲリラの増強とそのための補給、その上にジャノでのミリシアの組織によるサボタージュの全国的展開、労働者のゼネストのための全国的組織化を念頭において行動することになっていた。そのことは、1957年11月3日以降、レネがフィデルと連絡をとりながら、この路線に沿って様々な行動を展開していたことを見れば明らかである。くり返すが、シエラとジャノの指導権争いなどは存在していなかった。

そもそもミリシアの組織化はフランクの構想であった。フランクの暗殺後、レネがその組織化を引き継ぎ、まもなくミリシアが結成されると8月10日にレネはセリアに手紙を書いている。

ミリシアは、5人のメンバーからなる分隊（escuadra）が基礎組織で、1人の隊長（cabo）を置き、3つの分隊で小隊（Peloton）を構成する。その指揮官はサルヘント（sargento）と呼ばれる。4つの小隊で中隊（compañia）を構成し、その隊長はテニエンテ（teniente）とした。各プロビンシアにヘフェ・マクシモ（jefe maximo、司令官）がいて、ムニシピオではカビタン（capitán＝大尉にあたる）やテニエンテ（teniente＝中尉にあたる）が指揮した。さらに全国のミリシアを統括する参謀部（Estado Mayor）があった。ミリシアに入るには宣誓書に署名する必要があり、そこには7月26日運動のイデオロギーと綱領を学び、規約を厳格に守ると書かれていた[1]。

1957年9月27日「7月26日運動の行動責任者全員への指示—行動とサボタージュの全国計画 No.4」をレネは全国のミリシアにたいして送り、革命的裁判（裏切り者の暗殺）を実施すること、バチスタの選挙活動の妨害をすることを含む10月に決行する詳しいサボタージュ計画を指示していた。

　シエラから戻って1週間後の11月20日に、全国指導部の行動部門隊長（Jefe Nacional de Acción）としてレネは「各州、各ムニシピオの行動の隊長へ、中隊、小隊、分隊の隊長へ」向けた重要な内容の回状を発した[2]。

　その文書の「組織」の項では、革命の目的を「社会正義、清廉な行政、経済的進歩、古い腐敗した政治家の公的な場からの根絶、公金横領者や殺人者の懲罰、自由な国民・主権・独立にもとづくわれらの共和国を強固にする民主制と自由のための保障」と明記し、8月の半ばから、組織の再編をしてミリシアも創設したこと、シエラの部隊と連帯して闘うことを掲げている。「規律」の項では、規律を厳格に守ること、ミリシアの1人1人が武器をもって戦うことの重要性を強調している。そして独裁者に最終的打撃を与えるために、「「バチスタにサフラ（砂糖きび刈り）はさせない」というわれわれの決意を行使するため、わが国の砂糖キビの大部分を焼き尽くさなければならない」と砂糖キビの焼却とゼネストを提起した。

　さらにゼネスト実施の1週間前、レネは12月2日付で「各州の組織、行動、労働者の責任者へ」と題する回状を送った。そこに4つの行動計画を提起していた。1. 労働者を5人ずつの組織にし、1人の責任者を決める。各ムニシピオにムニシピオの戦争責任者（Responsable Municipal Bélico）を置き、活動を統括する。革命的ゼネストにむけて労働者を組織する。2. 各地の労働者のエセ指導者の処刑、それには労働者のサボタージュ・ムニシピオ指導部（los

Responsables Municipales de Sabotaje Obrera）と労働者組織指導部（Los Responsables de Organización Obrera）の協力をえること、12月9日から19日の間に実行する。3. ゼネストにむけ、交通妨害、電気の切断を準備せよ。4. 12月20日までに、各州、ムニシピオの情勢を報告せよ。

　以上の指示をみれば、12月9日にゼネストを実施する方針は、この段階では決定されていなかったことが分かる。

　レネは、全面戦争の進展を監督するため、12月に入るとアバナにでかけた。そこでミリシアの部隊長、アグスティン・ナバレテと会談し、ファウスティノ・ペレス、マルセロ・フェルナンデス、マヌエル・スサルテ（Manuel Zuzarte）、オスカル・ルセロ、さらにピナル・デル・リオの責任者たちであるフランシスコ・ゴンサレス、パンチョ・サウメル、オルランド・ノダルセ（Orlando Nodarse）と会談をした。なお、58年1月初め、レネはアバナからサンティアゴへ戻り、1月13日、アルトの逮捕の情報をフィデルに手紙で連絡している。

　12月末、フィデルによるマイアミ協定の拒否の知らせがマイアミに広がると、オルトドクソ党、アウテンティコ党、DREは公然とJLCから脱退し、オルトドクソは7月26日運動を支持すると声明をだし、フェリペ・パソスは、7月26日運動を裏切らないと約束した。DREのファウレ・チョモンはレステル・ロドリゲスに不信感を持ち、フィデルにも反感を持った。チョモンは、1958年1月には、フィデルに対抗して、エスカンブライに独自のゲリラ戦線を開くことになる。

　バチスタは全国で7月26日運動への弾圧を強化しながら、1958年1月25日、オリエンテ以外の戒厳令と検閲を一時、解除し、6月1日の選挙実施を宣伝した。この選挙闘争にはPSPも含め、7

36　マルセロ・フェルナンデス

月26日運動以外の諸政党が参加を表明していた。それにたいしてレネは、2月1日付のアロンソ・イダルゴへの手紙で、選挙による和平をあらゆる犠牲を払って排除し、憲法を放棄させ、検閲を再導入するようにさせなければならないと主張し、それにより、体制側が事態を治めることができていないという事を内外に、とりわけ合州国にたいして示そうとした。

　レネが全面戦争を推進し、ゼネスト準備のために全国各地で奔走していたためもあり、一方でシエラへの武器やその他の物資の補給が、その期待に応えられない状況がでていた。そのため1月13日にフィデルはサンティアゴのリーダーたちに武器を送れと怒りの手紙を書いている。セリアも同じ日付でレネにフィデルの怒りを伝えていた。それにたいしてレネはシエラの要求に可能な限り応えるはずだとアイデエが回答している[3]。だがこれも、シエラとジャノの対立などではないことが、その後の経過をみれば分かる。

　全国指導部は、さまざまな問題を調整するため、58年1月26日、サンティアゴで会議を開催した。逮捕されたアルトに代わって、マルセロ・フェルナンデスが全国指導部の責任者に就任した。そこで全部で15条からなるミリシアの規約も検討されたはずである[4]。

　そのうえで、2月4日、「7月26日運動のミリシアの各州コマンダンテへ」として発送された文書で、この日をもってミリシアの規約が効力を発すことになったと伝えた。その文書に署名したのはコ

マンダンテ（Comandante en Jefe、司令官）の称号でレネ、情報隊長（Jefe de Información）の称号でカルロス・チャイン（Carlos Chain）の２人であった。

　1958年２月４日付のフィデルへの手紙で、レネはファウスティノ・ペレスを含むジャノの指導者たちが数日間会議を開き、新しい課題、情勢分析、直ちに可能なこと等について検討したと伝え、7月26日運動が革命行動で体制に混乱をつくりだすことが大事であるとしている。さらに再び憲法を停止させ、検閲をせざるを得なくさせること、国民、合州国、世界にバチスタの無能を知らしめ、それで選挙を不可能にすること、集会の妨害、選挙委員会への放火、政府高官、反対派指導者への攻撃、サフラの妨害、砂糖工場へのサボタージュ、砂糖キビへの放火、さらに大企業への攻撃、とりわけ外国企業への攻撃を展開し、内戦状態をつくりだすとしている。

　同じ日付で、「7月26日運動のプロビンシア・ミリシアのコマンダンテへ」の回状には、この日をもって、ミリシアの全国司令部（Cuartel Maestre Nacional）が機能を開始し、その隊長にタラス・ドミトゥロを任命したと記されていた。また7月26日運動の腕章に隊員の階級を表す記章も制定され、行動を起こす時は、それを腕に装着するようにと通知されていた[5]。

　しかしこの頃から、ジャノの指導部の間に、労働者をゼネストに組織することの困難な状況があきらかになりつつあった。レネは２月４日、フィデルにゼネストに労働者を参加させるのは難しいと報告しており、「全国労働者戦線」（FON）の責任者であったダビド・サルバドル（David Salvador、労働組合運動の指導者）も、労働者たちはストライキの準備ができていると主張しながら、しかしミリシアの蜂起があるという条件の下でのみストは可能だと全国指導部に説明していることをレネはフィデルに伝えていた。このときレネ

は、7月26日運動のストライキ委員会は、「全国に異常な状態があるという状況があるときにだけ、街頭で武装闘争が維持されている時だけ、労働者を動かすことができる」と書いた[6]。

　かれは、工場や公共施設、輸送機関へのミリシアのサボタージュは、労働者が職場へ出勤しない口実をつくりだすと主張していたが、これはすでに労働者のゼネスト参加の組織化の課題が放棄され、労働者の職場への出勤妨害の闘争に変化していたことを示している。7月26日運動の指導部は、この段階でただちにゼネストの中止、あるいは延期の方針を検討するべきであった。それにも関わらず、シエラのフィデルとジャノの指導部は、ゼネスト決行に向けて邁進する方針を取り下げることはなかった。

　そもそもこの戦略は、バチスタ体制を維持する勢力として存在するCTCのムハル体制を掘り崩し、反バチスタ運動の側に労働者を獲得し、ゼネストへと発展させる方針と一体のものでなければ成り立たなかった。それにはCTCへの指導権を取り戻そうとするPSPと共闘する必要もあった。PSPは58年2月、カルロス・ラファエル（Carlos Rafael Rodríguez）をシエラに送り、フィデルに統一戦線の結成を呼び掛けたが、それにはフィデルは応じなかった。そのため、当面はCTCの解体をめざして、PSPと指導権争いを展開せざるをえなかった。58年1月、そのPSPの傘下にある「労働者の要求防衛とCTCの民主化のための全国委員会」（Comité Nacional de Defensa de Demandas Obreras y por la Democratización de la CTC = CNDDO）はバチスタに憲法体制への復帰を呼びかけていた。

　CTCの組織労働者を含む、キューバの民衆は、バチスタ政権の失政のもたらした社会的混乱と一向に改善されない経済情勢に不満をつのらせてはいた。サフラの終わった後の死の季節といわれた時

期の失業者は40万人にも達する状況にも変りはなかった。中間階級の実質賃金も停滞したままであった。

そのような状況下で、7月26日運動は積極的に労働者へゼネスト参加の呼びかけをしたが、オリエンテやマタンサスの労組を除いて、7月26日運動が組織労働者に食い込むことは難しかった。CTCの指導部は、政治ストを禁止し、参加したものは経営者と協力し、直ちに解雇すると脅迫し、7月26日運動に協力する可能性のある労働者のリストを警察と雇用主に提出していた。とりわけアバナの労働者の統制は厳しい状況下に置かれていた。ロランド・マスフェレルの準軍事組織「ティグレ」も反体制派の暗殺に繰りだしていた。

1958年2月4日にレネがフィデルに宛てた手紙の中で、「もう一つ話したい計画がある。われわれがオリエンテの全面戦争と称していることについてである」として、オリエンテの闘いの特徴とそこで反バチスタの戦闘行動をしている向こう見ずな青年たちをミリシアとして規律ある部隊に組織し、サボタージュ闘争、小さな兵営の攻撃等々をしていることについて述べている[7]。

なお、2月ごろには、サンティアゴ・デ・クバには4つの分隊からなるミリシアができていた。それぞれの分隊は、「ホスエ・パイス」(Josué País)、「エルマノス・ディアス」(Hermanos Díaz)、「アルマンド・ガルシア」(Armando García)、「ミジャン・カスティジャ」(Millán-Castilla) と命名されていた。さらに、ミリシアはカマグエイ、ラス・ビジャス、マタンサス、ピナル・デル・リオ、ラ・アバナにもつくられた。しかし、アバナで厳格な規律を持つ戦闘部隊としてのミリシアを形成するのは非常に困難だとレネやファウスティノ・ペレスは感じていた。

問題は武器の不足にあった。1958年2月なかばまでにドミトゥ

ロはレネにピナル・デル・リオのミリシアは14丁のライフルを持っているが、弾丸がない、革命の時期は近づいているのに武器がないと、多くの犠牲者をだすことになるとレネに訴えていた。レネは海外の仲間と連絡をとり、武器の獲得にも奔走していた。

こうして、選挙実施を宣伝し、国民の不満を解消しようとするバチスタにたいし、サボタージュとテロ活動でバチスタ体制に混乱をつくりだそうとする7月26日運動の活動、それにたいするバチスタを支える軍隊、警察、テロ集団による弾圧、殺戮は全国的な内戦状況をつくりだそうとしていた。

一方で、ラス・ビジャスのエスカンブライ山では、1958年2月、3つのゲリラが活動していた。1つは、7月26日運動のビクトル・ボルドン（Victor Bordón）の指揮するサグア・ラ・グランデのゲリラ、もう1つは、OAのエロイ・グティエレス・メノヨ（Eloy Gutierrez Menoyo、DRの官邸攻撃で死亡したカルロスの弟）の指揮するシエンフエゴスの近くの部隊、もう1つは、ファウレ・チョモンの指揮する部隊であった。

また、2月24日にはシエラで、ラジオ放送「ラディオ・レベルデ」が開始された。同日、ファウスティノ・ペレス、オルギンのミリシアであるオスカル・ルセロ、宣伝担当アルノルド・ロドリゲス（Arnold Rodríguez）は、アルゼンチンの自動車レースのチャンピオン、フアン・マヌエル・ファンヒオ（Juan Manuel Fangio）を誘拐した。バチスタは、世界的に有名な選手を集めて自動車レースを実施し、キューバの平穏を世界に訴えようとしたのに対して、キューバは、現在そのような事態にはないと7月26日運動が宣伝するための誘拐であった。そのため自動車レースは中止に追い込まれ、ファンヒオはその後、アルゼンチン大使館にゲリラたちによって引き渡された。

同じ時期に、シエラを訪問し、フィデルと面会したホーマー・ビガート（Homer Bigart）による「バチスタにキューバの反乱終結計画を反乱の首謀者が提案」と題する記事が、2月26日の『ニューヨーク・タイムズ』に掲載され、オリエンテから政府軍を撤退させることを条件に、フィデルはOASの選挙監視のもとでバチスタの提起している総選挙に同意すると述べたと書かれていた。そして6月1日の総選挙の実施は無理で、1年か6ヵ月は延期すべきだとし、シエラでフィデルと会談した政府与党である自由党の国会議員でマンサニジョ出身のヘスス・レオン（Jesus León Ramírez）もそれを確認したと書いていた[8]。また3月1日には、アバナの大司教マヌエル・アルテガ（Manuel Artega y Betancourt）と5人の司教が内戦状態で死者が続出していると危機を訴え、暴力をやめ、平和を回復し、国民統一政府をつくろうと呼びかけた[9]。この呼びかけを4つの反バチスタ政党、市民団体連合、アクシオン・カトリカ（Acción Catorica）、青年カトリカ、共和国友の会が支持した。これらの動向は、全面戦争を展開していた7月26日運動、とりわけジャノの指導部に混乱をもたらした。

　そのため1958年3月7日、7月26日運動の指導部は、シエラ・マエストラのロス・アルトス・デル・ナランホで、シエラとジャノの行動を調整することとゼネストの実施のための会議を招集した。参加者はフィデル、セリア、ジャノの指導部メンバーのレネ、ファウスティノ・ペレス、アイデエ、マルセロ・フェルナンデス、ビルマ・エスピン、労働担当のダビド・サルバドル、ルイス・ブキ（市民抵抗運動の責任者）、ホセ・アントニオ・アギレラ（José Antonio Aguilera Maceira、市民抵抗運動の組織者）らであった。ラウルとアルメイダは新戦線の確立のために移動していて、そこにはいなかった。ゲバラも不在であった。

第9章　全面戦争

この時、ラウルの部隊は懸案になっていた第2戦線をシエラ・クリスタルに開き、フランク・パイス第2戦線と称した。アルメイダの部隊は、シエラ・マエストラの東部、エル・コブレ周辺にマリオ・ムニョス東部第3戦線を確立した。これによりシエラ・マエストラの山岳地帯はほぼゲリラの支配するところとなった。

　この会議で決まったことについて、58年3月18日付でレネが第3戦線のアルメイダへ宛てた手紙が参考になる[10]。その手紙では3月15日にシエラから帰ったこと、シエラでのフィデルと全国指導部の集会の結果と合意について知らせている。その手紙の目的は、ストライキにむけて第3戦線がなすべき支援について、行動を調整することにあった。

　シエラの会合の成果として簡潔に4つにまとめて、レネは報告している。a) シエラとジャノの活動の統合と調整の進展。b) マニフェストの作成と公表。和平についての対話路線（ホーマー・ビガートの記事の件）で市民を混乱させていた動きを終結させたこと。c) 組織の全般的報告と7月26日運動の各セクションで展開されている活動の報告。全国でのミリシアの結成、とりわけ2月以降のジャノにおけるミリシアの強化の報告。7月26日運動の活動の全国での展開。FONの結成と最近の数週間の高揚、宣伝活動の強化。とりわけ部数5万部の週刊の2つの会報の発行。7月26日運動に支えられた「学生革命幹部会」（Directorio Revolucionario Estudiantil = DRE）と「全国学生戦線」（Frente Estudiantil Nacional = FEN）の結成、かれらは無期限のゼネストができるということ（当時、学生組織はバチスタの選挙攻勢で、大学再開派とスト継続派とで対立し、混乱していた。PSPの学生は大学再開を主張していた）。7月26日運動の武器購入資金として、労働者の1日分の給料の寄付（Salario de la Libertad）キャンペーンの成功で資金が集まってい

ること。社会のすべてのセクターへの市民抵抗運動の発展とそのバチスタの政策への対決とゼネストの支持。d）蜂起の最終段階の計画。メキシコのペドゥロ・ミレトからの武器が届きそうだということ。

マルセロ・フェルナンデスは3月18日、各州の7月26日運動の責任者に回状を発送し、『ニューヨーク・タイムズ』へのフィデルのコメントは戦術的ゼスチュアであり、自由選挙の約束をしたとしても、バチスタ

37 ラウル・カストロ（左端，第6部隊司令官）とフアン・アルメイダ（中央，第3部隊司令官）

は平和的解決などするはずがないということを証明しようとしたのだとフィデルが主張したことを明らかにした。

3月7日の会合は、ジャノの混乱を解消した。レネは、われわれは1年以上、山に残っていた人びとの心にジャノの闘いの重要性を持ち込むことができたこと、ジャノでの武器の必要性とミリシアの強化の必要性を知ってもらったこと、われわれはフィデルに完全に考えを変えさせることができたと3月15日付アロンソ・イダルゴへの手紙に書いている[11]。

このシエラにおける指導部の合意の上で、1958年3月12日、フィデルとファウスティノ・ペレスは連名で21ヵ条の提起をして、全面戦争とゼネストを呼びかけた。それが「人民への7月26日運動のマニフェスト」であった[12]。

そこでは、労働者はFONに、専門職・商人・工業主等を含む市民は「市民抵抗運動」（Movimiento de Resistensia Cívica ＝ MRC）に、学生は全国学生戦線に結集するよう呼びかけられた。第20項

目目では、ラウル・カストロの指揮する第6部隊はシエラ・マエストラからオリエンテ北部に侵攻し、フアン・アルメイダの指揮する第3部隊はオリエンテの東部に侵攻し、反乱軍のパトロール隊がオリエンテだけではなく、さらに全国でも展開されるとし、21項目で、3月12日から全面戦争に入ると宣言した。さらに3月26日、「ラディオ・レベルデ」でフィデルはゼネスト成功のための反バチスタ勢力の団結を訴えた。なお、ゼネスト開始の日時は、ジャノの指導部が決定することになり、この文書には決行の日は明記されなかった。

シエラでの会議からレネは3月15日にもどり、15日、16日にジャノの指導部は、サンティアゴ・デ・クバのラ・クエバで会議を開いた。参加者はレネ、ファウスティノ・ペレス、ダビド・サルバドル、アグスティン・ナバレテ、ベラルミノ・カスティジャ（Belarmino Castilla Más、ホセ・テイ部隊の隊員）、ルイス・クレルゲであった。そこでフィデルの方針とゼネストへの取り組み開始を確認した。そしてファウスティノ・ペレスはラ・アバナへ、FON担当のダビドは、各地の労働者組織と連絡をとり、ストへの参加を訴えるために出発した。レネはサンティアゴで全国ミリシアの副隊長アグスティン・ナバレテ、サンティアゴの行動隊長ベラルミノ・カスティジャ、オリエンテの他の地域のミリシアの行動隊長ルイス・クレルゲらと行動計画を練った。こうしてゼネストをめざして、7月26日運動は全面戦争に全力をあげた。これはシエラとの合意の上での、バチスタの選挙宣伝の拒否、教会の和平提案の拒否の明確な意志表示であった。

一方、PSPもバチスタ政府による激しいテロの対象になり、しだいに7月26日運動のゲリラ戦に共感するようになっていた。PSPは58年3月12日、『カルタ・セマナル』紙（Carta Semanal）で7

月26日運動のゲリラ戦とゼネストを支持すると表明し、13日には「大衆行動とゼネストで独裁を直ちに打倒しよう」と「PSPのマニフェスト」を発表した。PSPはこの時期、7月26日運動にたいして、慎重に接近を試みていた。7月26日運動の反共産主義の傾向が非常に強かったためである。一方、フィデルもPSPの7月26日運動への接近を許容していた[13)]。

　ゲバラは、7月26日運動の指導部が反共産主義であり、自分の思想とは異なると認識しており、ゲリラたちに共産主義を吹き込む必要性を感じていた。PSPの指導部にいたパブロ・リバルタ（Pablo Ribalta）は1957年夏、ゲバラの部隊に密かに参加した。パブロはゲバラの承認の上で、ゲリラ組織に共産党員を潜り込ませた

　さらにゲバラは、57年の秋には、パブロをゲリラの根拠地の一つミナス・デ・フリオに送り、そこに学校をもつ後衛基地をつくり、かれはPSP党員ということを隠して、教師になった。フィデルもそれを承認していた。このように、PSPも注意深くフィデルや他の指導者と接触していた。

　ジョン・リーによると、57年10月、フィデルとPSPの党員で砂糖労働者組合の指導者ウルシニオ・ロハス（Ursinio Rojas）が会談をし、そこで2つの組織の共闘についてとジャノの指導者たちやFONの7月26日運動グループの反共対策を話し合ったという。フィデルは一定の共闘には賛成し、予定されているゼネストでも協力の必要を認めていた。しかしフィデルも慎重にならざるを得なかった。その頃には、かれの信頼を得て、ゲバラはマルクス主義者として公然と行動しており、自分の指揮下にある兵士を共産主義化するように慎重に画策しており、ゲバラの部隊員たちは、ゲバラが共産主義者だと理解していた。こうしてPSPと7月26日運動は、共闘体制を模索し始めていた[14)]。

一方で、アルトが支持を獲得しようとして成し遂げられなかった市民団体連合に替わり、46組織20万人を結集した「市民抵抗運動」(MRC)が3月15日、「キューバ人民へ」として「重大な危機」を終わらせようと宣言を発表し、バチスタの退陣と臨時政府への権力移譲を要求した。

　翌3月16日の夜は、アバナのミリシアがアバナ・ビエホからルヤノ、ベダドまで各地で爆弾テロを実施し、「100発の爆弾の夜」といわれた。カマグエイ、ラス・ビジャスでは砂糖キビ畑を焼き、ピナル・デル・リオではタバコ工場を爆破し、サンティアゴ・デ・クバでは16歳の学生が警察により殺害され、サンティアゴの市民団体が抗議のデモを実施、学生たちの抗議のストが全国に波及し始めた。

　バチスタ政府は、3月20日、ついに6月選挙の実施を延期し、検閲の開始と憲法の停止を宣言し、ストライキに参加した労働者や市民にたいし、懲罰すると政令をだして脅迫した。

　レネは20日から、また各地を回って指揮をとっていた。カマグエイでは、7月26日運動の責任者カルロス・チャインやその他の指導者と会うが、カマグエイの仲間たちは、武器がなく、サボタージュとストライキを闘う情勢にはないと説明した。レネはカマグエイからサンタクララへ、さらにマタンサスへ行き、3月25日、26日にはラ・アバナにもいき、ファウスティノ、マルセロ、ダビドやその他と打ち合わせをした。この時もダビドはゼネストの情勢にはないと主張していた。

　オリエンテに戻った3月28日、レネは仲間とフランク・パイス第2戦線に向かい、グアンタナモへ行ってプリアレスデ・カウヘリ地区でラウルたちと会い、ゼネスト支援で行動を調整した。レネはシエラの会議の内容や各地をまわったときの状況を報告し、コスタ

リカから第 2 戦線への武器の到着の可能性を伝えた。ラウルはさまざまな軍事行動を含む「オメガ作戦」（Operación Omega）と名づけた作戦をグアンタナモで展開することを約束した。このことからラウルもゼネストに異議を唱えてはいなかったことが分かる。

　レネがサンティアゴに帰り、全国指導部は 3 月末、ゼネスト決行の日を決めるために集まった。決行の日時をめぐって、指導部の意見が対立した。レネとマルセロ・フェルナンデスは、国外からの武器を獲得してから、ストライキの日時を決めようと提案したが、ラ・アバナのファウスティノ・ペレスは、3 月 31 日開始を主張した。

　全国労働者戦線（FON）は 33 の産業と連盟で、それぞれ活動を強化しなければならず、ムハル支持者の支配する CTC の職場での闘いは困難を極めており、さらに PSP の指導する労組、独立の労組もあり、それらの反体制運動も徐々に広がってはいたが、レネ、マルセロ、ビルマ・エスピンは調整の時間の必要性と国外からの武器の到着を待って、4 月 9 日にゼネストを開始することを主張していた。しかし、アバナのミリシアへの武器補給担当だったタラスは、武器がないのに勝てるのかと動揺し、レネに「次の 2、3 ヵ月のあいだに蜂起するように」と延期を勧めた[15]。

　一方、PSP は、3 月後半、オスバルド・サンチェス（Osvaldo Sánchez Cabrera）をシエラに派遣し、フィデルに 7 月 26 日運動のストライキ戦略、FON の反共産主義について苦情をのべ、FON の今の組織状況のもとで、ゼネストは無理だとの情勢評価を連絡した。とりわけ「国民への 7 月 26 日運動のマニフェスト」の第 6 の提案「労働者セクターのストライキの組織と指導は FON の任務であり、革命的臨時政府ではプロレタリアートの代表となる」という主張はセクト主義だとし、さらにモンカダ兵営の攻撃と同様、労働

者のストライキの協力を得ずに武装蜂起をするのは冒険主義だと批判した。PSP はゲバラにもジャノの 7 月 26 日運動の行動の問題点を伝え、ゲバラを通じて、フィデルにも伝えられていた。ゲバラはその仲介をして、ジャノの問題点をフィデルに忠告するのは自分の義務だと考えていたのであった[16]。

　ジュリア・E・スウェイグによると、3 月末、フィデルは第二マニフェストをだした。それはゲバラと PSP の提案を受け入れ、7 月 26 日運動による FON の組織方針に警告を発していた。7 月 26 日運動はどんな排除もしないし、すべてのキューバの労働者、どんな政治的・革命的心情を持っていようと、その職場のストライキ委員会に参加する権利を持つと主張した。そして FON はセクト的組織ではない、それは独裁者との闘いに労働者を結集する組織と考えている、FON の指導部はあらゆる政治的革命的労働者セクションと協力するだろう、そしてさまざまな階級の経済的・政治的要求のために戦っているあらゆる核と協力するだろう、愛国的努力には排除される労働者はないと警告した。この方針にオリエンテでは特に問題はなかったが、アバナのダビドは激しく反発し、この宣言はアバナの 7 月 26 日運動のメンバーには配布されなかった[17]。

　問題は、フィデルも含め、7 月 26 日運動の指導者たちが誰 1 人、ゼネストを含む全面戦争の再検討を提案していないということである。第二マニフェストは、戦略全体を再検討する絶好の機会を逃したことを示している。

　第二マニフェストによるフィデルの指示もあり、4 月初め、武器の不足を補うためにも、ファウスティノ・ペレスは、あまり乗り気ではなかったが、PSP のアニバル・エスカランテ、ウルシニオ・ロハスと会談し、ゼネストへの支持を要請した。PSP はそれには、まず、共同のストライキ委員会をつくるべきだと主張したが、すで

にゼネスト予定は決まっていたので、ファウスティノはそれを拒否した。その結果、PSPはストを支持するが、それぞれ独立にストを行うことになった。ファウスティノは、正確なスト実施の日を知らせなかったし、フィデルの第二のマニフェストもPSPに渡さなかった。それにもかかわらず、PSPはストライキを支持し、7月26日運動のゼネスト決行日に共同でストライキを実施する準備を進めた。

　この頃、7月26日運動は武器を獲得するためにできる限りの努力をしていた。マイアミから飛行機で武器が到着することになっていて、そのためにラウルたちは滑走路を用意していたが、結局、届かなかった。合州国は、バチスタへの武器輸出を停止すると同時に、国内でのキューバ人の革命運動を厳しく取り締まる方針に転換しており、58年2月には、カルロス・プリオ他8人が不法に武器輸出をしたとして逮捕され、告訴されていた。このとき、7月26日運動の支持者が送ろうとしていた武器も押収された。レステルたちがプリオからの資金で獲得し、合州国のテキサス州ガルヴェストンの町、バディ・ディ（Buddy Dee）に確保していた武器もFBIに押収されてしまっていた。さらに合州国沿岸警備隊はキューバへ向う武器輸送船の監視を強化していたので、7月26日運動の活動家たちも逮捕を恐れ、中米のニカラグアやコスタリカに逃れ、そこで武器の獲得に努力していた。

　またメキシコからヘスス・スアレス・ガヨル（Jesús Suarez Gayol、カマグエイの学生運動指導者であった）と12人の仲間がコロホ（Corojo）号に評判の悪いチェコの武器を積んでメキシコを出発し、ストの前日にピナル・デル・リオの南部海岸に上陸したが、この部隊は、仲間たちと連絡も取れず、実戦力になることはないまま、バチスタ軍の包囲を恐れ、散開していった。

一方、成功した例もあった。3月30日には、シエナギヤあたりに、ペドゥロ・ミレト、ペドゥロ・ルイス・ディアス・ランス（Pedro Luis Díaz Lanz）その他の人々が、ウベル・マトス（Huber Matos）により、コスタリカのホセ・フィゲロア大統領の協力で用意された武器を積んでコスタリカから飛行機で到着した。機関銃2丁、十数丁の小銃、10万発の弾丸、その他を積んでいた。

　7月26日運動の全国指導部責任者としてマルセロ・フェルナンデスは、近々でのゼネスト呼びかけに疑問を持ちながらも、「ゼネストの組織と発展のための計画」を起草し、フィデルに届け、スト直前に11部だけコピーをとり、全国スト委員会の5人のメンバー、6つの地方のスト・コーディネーターへ配布した。しかしその内容は、まったく現実の進行を無視した机上の空論であった。だが、フェルナンデスは、革命成功後のFONや市民組織の役割まで提起し、スト成功後に配布する最初のビラまで用意していた。

　現実には、スト前夜、革命家たちの武器は不足し、アバナのミリシアの指導部の一部は暗殺され、PSPとDREとの協力も不十分であり、FONの反共・セクト主義は、労働運動の消極性を変革することもなく、バチスタの弾圧の強化に直面しており、ゼネスト実行の情勢にはなかったのである。ジャノの個々の指導者たちは、ゼネストの実施に疑問を持ちながら、誰もそれを止めるものはなかった。

　全国指導部は、そのような情勢を無視して、4月5日ごろ、ストライキ決行の日を4月9日と決定した。しかも、弾圧を警戒して、ストライキ開始の午前11時の2時間前まで、指令を控えさせ、秘密裏に準備を進めていた。その連絡も不行き届きで、FONの活動家たちはストライキ突入の72時間前に、スト開始の連絡がくると信じていた。こうして、当時、7月26日運動が組織可能な力を充

分発揮する体制を整えられないまま、4月9日午前11時、ゼネストは決行された。

この時期、ゲバラは7月26日運動の指導部全体から、意図的に情報を切断されており、4月3日、ゲバラはカミロ・シエンフェゴスに「君の知っているニュースを知らせてくれることが重要だ。……軍的観点からだけではなく、輸送の切断とゼネストについてもだ。わたしはまったく情報を持っていない」と書き、4月7日には、フィデルに対しても不満をのべていた[18]。

2 モンピエ会議

全面戦争によるゼネスト戦略は、完全に失敗に終わった。

1958年4月9日、7月26日運動のミリシアはアバナとサンティアゴで放送局を占拠し、全国にゼネストを呼びかけた。しかし、アバナでは、短時間のゼネスト呼びかけの後、放送は通常放送に戻った。アバナでは、ごく少数のストライキ支持の動きはあったが、軍部の出動の必要もなく、警察だけで対処し、ほとんど影響はなかった。ミリシアの隊長たちの多くは行方不明になり、スト支持の行動を起こした市民、200人余が殺害された。

一方、オリエンテでは大規模にストライキが展開され、レネとルイス・クレルゲの指揮下のミリシア、ラウルとアルメイダの反乱軍、フィデル指揮下の部隊は各地の目標を攻撃した。それでも正午にはストライキは終わった。グアンタナモでは、ミリシアが警察や市長の家に放火し、ラス・ビジャスではサグア・ラ・グランデをミリシアが翌日まで占拠した。しかし、カマグエイ、マタンサス、ピナル・デル・リオでは、散発的な行動がみられただけであった。

全国各地で、統制のとれた指揮命令のないまま、7月26日運動は、一時、混乱状態に陥った。レネはオリエンテのラ・グラン・ピ

エドゥラにいて、新しいゲリラ戦線をつくろうとしていたが、サンティアゴの7月26日運動の責任者ビルマ・エスピンからサンティアゴへ戻るようにとの要請をうけ、レネは戻って4月21日には全国行動隊長として、「ストの概要」（Resumen de la huelga）を各プロビンシア（州）の7月26日運動責任者に送った。

そこでは「4月のはじめから、7月26日運動のミリシアと反乱軍は、より大きな英雄的ページを開いた」と主張し、われわれは引き続き戦いを続ける必要があると、以下のような提起していた。

人民はゼネストで期待したようには応えなかったことは確かだ。しかしもっともっとわれわれが頑張れば応えてくれるだろう。もしかして革命の戦士たちの勇気がたりなかったのかもしれない。……ゼネストの失敗にもかかわらず、独裁体制は9日よりもさらに弱体化しており、革命勢力はオリエンテ、ラス・ビジャス、ピナル・デル・リオで力をつけ、数も増加していること、全国では戦いの精神が強固に維持されていることが理解されていないかもしれない。7月26日運動は3月12日のマニフェストに示されたあらゆる課題をさらに拡大して道路封鎖をし、とりわけオリエンテ、ラス・ビジャス、ピナル・デル・リオでサボタージュを展開することを断固として確認する。われわれの反乱軍は、より多くの武器を持ち、より多くの兵士を持ち、兵営、トラック車両、兵士たちをどこでも攻撃できる。われわれのミリシアは大規模工場に大規模にサボタージュ攻撃できる。独裁者を支えている経済を破壊できる。軍隊を緊張の中に置くことができる。全面戦争をさらに展開する[19]。

ゼネストの呼びかけに市民は応えなかったが、21日の段階では、各地での7月26日運動の活動は強化されており、引き続きゼネストに参加できるように攪乱活動を強化せよと呼びかけ、その立場から4月22日には「プロビンシア、ムニシピオの全行動責任者へ」

として、ストライキに市民をさらに参加させるために、8項目にわたるサボタージュの強化をレネは訴えていた。

しかし、全国指導部のさまざまな指導者たちの混乱と独断は、各地のミリシアやその仲間、地下の活動家や市民組織、山岳地帯の反乱軍指揮者たちの間の混乱と不満として表面化し始めていた。タラス・ドミトゥロは絶望しながらも、4月末には再

38　エンリケ・オルトゥスキ

度のゼネストを決行する準備をしていたが、まもなく警察に逮捕された。アバナのミリシアは敗北感と無気力に陥っていた。マルセロ・フェルナンデスは、フランク・パイスから始まった市民と労働者の組織に土台を置く革命路線が、4月に入ってからゼネストと結合した一揆主義の犠牲になったと批判した手紙を4月21日付で、各プロビンシアの責任者と全国セクションのチーフへ宛ててだしていた。

ラス・ビジャスの7月26日運動の責任者であったエンリケ・オルトゥスキは、決行前からストライキには準備不足だと主張していたが、4月30日付で全国指導部へ注目すべき手紙を書いている。その中でスト失敗の5つの要因を指摘した。人民の支持を正確にはかる能力の欠如、組織の貧弱さ、武器の不足、首都であるアバナに大きな力を集中しないようにした決定、政治に無関心な労働者階級を動員する7月26日運動の試みの不適切さと弱さ。

オルトゥスキは、以下のようにも言っている。PSPの労働者への浸透で、キューバの労働組合指導者たちは労働者の真の要求に答

えていない。マキアベリ的指導者たちは常に腐敗した政府の支援をあてにし、結局独裁の力に依存している。賃金の増加だけを勝利とする階級を7月26日運動は理想主義で獲得しようとした。7月26日運動がかれらに働きかけて6ヵ月では、この国の30年間の腐敗した歴史がつくりだした労働者組織を変革することは不可能だ。加えて、このような労働者にゼネストを呼びかけること自体をも批判した。そしてキューバの頭部にあたるアバナでバチスタやムハルの暗殺を含めてサボタージュ活動を展開し、それによって麻痺した身体にあたる地方各地で解体のサボタージュとゲリラ戦線の拡大を提起した。ゼネストを目標にするのは間違いで、われわれの「頭部と身体としての地方」で大規模に軍事活動を展開してこそ、労働者のゼネストを実施することができると主張した[20]。

　このようなゼネスト失敗の後の混乱状態をフィデルは直ちに察知して、7月26日運動の危機に対処し始めていた。4月16日にセリア・サンチェスに書いた手紙の中に、自分は7月26日運動の指導者であり、仲間の犯した愚行にたいして責任を取ると書き、自分がカウディリョではないとして行動してきた結果、地下活動に戦略展開の先導的役割を与え、蜂起でミリシアが主要な役割を果たすことに自分が合意していたことで、自身を厳しく責め、これから全体の諸問題に注意を払っていくとし、7月26日運動の中に「亀裂」があるとは考えてはいないと主張している。ここからも進行していた事態が、シエラとジャノの指導権争いではないことがわかる。ゼネストを目標とする全面戦争を7月26日運動は全組織をあげて戦ったのであり、その観点からの総括が求められていた。

　4月21日以降、マルセロ・フェルナンデスはシエラに入り、フィデルと会い、5月の初めにシエラとジャノの指導部の会議を開催することを決めた。こうして1958年5月3日、11人の7月26日運

動の指導者たちが、シエラのモンピエにあった家で会合した。参加者はフィデル、ゲバラ、ファウスティノ・ペレス、レネ、ビルマ、セリア、マルセロ・フェルナンデス、アントニオ・トレス、アイデエ、ダビド・サルバドル、ルイス・ブキ、エンソ・インファンテであった。ゲバラは全国指導部のメンバーではなかったが、レネとファウスティノが参加を求め、招待された。

ゲバラは『革命戦争回顧録』の「決定的な集会」でモンピエ会議の内容を伝えている。先にもゲバラのジャノ評価の間違いを指摘したが、ゲバラはこの会議でシエラとジャノの2つの対立する概念に決着がつけられ、「ゲリラの概念」が勝利をおさめ、フィデルの権威が勝利したと捉えた。ゲバラは「シエラとジャノの間の分裂は事実であった」とし、シエラの戦士が成熟度を増したのにたいして、ジャノの戦士はそれほど成熟しなかったとし、敗北に責任があるのは労働者の代表であるダビド・サルバドル、アバナの責任者ファウスティノ・ペレス、ジャノのミリシアの指揮官レネだと断定している。またPSPにたいするダビドらの意見に疑問を呈している[21]。

しかし、このゲバラの評価の内容には大きな欠陥がある。全面戦争の展開には、フィデルを含めて、全指導部の責任が問われていたのであり、フィデルだけが権威を高めたとする評価は間違いである。また、当時のPSPにたいするゲバラの評価についても問題がある。キューバの30年代からのPSPの行動を無視して、7月26日運動のメンバーがPSPを同盟の相手として直ちに受け入れる状況になかったことは確かである。この問題をゲバラのように単なる反共産主義の問題としてかたづけることはできないだろう。先のオルトゥスキが提起した問題は現実にあった。フィデルがPSPとは無関係を誇示して武装闘争を展開し始めた根本には、PSPを含めた当時の共産主義活動への批判も含まれていた。そのことをゲバラ

は過小評価している。

モンピエ会議で、労働者担当のダビドは激しく批判され、最終的には解任され、アントニオ・トレスが労働者担当に就任した。そしてこの会議では、フィデルはPSPも含めた闘いを主張し始めていたが、アントニオはフィデルの指揮には従うが、PSPとの協力はどんな成果ももたらさないと主張して譲らなかった。

ゲバラによって、この会議で徹底的に批判されたレネ・ラモスは、会議の様子をゲバラとは違った目で見ていた。フィデル上陸から18ヵ月で世論を変えたこと、ジャノはシエラの重要な後衛であることがモンピエで確認され、ジャノはさまざまな妨害活動に成果をあげてきたことも会議は認めたとレネは主張している。フランク・パイス死後の国民動向を検討し、ゼネストが可能だという方針を全体で確認し、その方向で闘いを進めてきたし、その間の反乱軍の前進とその後の各地の戦いの前進にともなう市民の自覚の前進を評価したこと、またミリシアがオリエンテであげた大きな成果、カマグエイの大部分であげた成果は、この時期に革命的ゼネストが可能だということを確信させたともいっている。それに、当時のPSPもゼネスト勝利の可能性はあるとみていた[22]。

またファウスティノ・ペレスは、モンピエ会議の4ヵ月後、10月3日付で、監獄にいたアルマンド・アルトに手紙を書いている。そこではゼネスト失敗後のシエラに対するバチスタ軍の侵攻とそれを撃退したシエラの戦果とレネの戦死を伝えていた。そこでゼネストの失敗についてふれ、3月31日に公然と全面的に国民にゼネストを呼びかけ、ミリシアのサボタージュとともに一斉に蜂起すれば勝利の可能性はあったが、その絶好の機会を逃し、4月9日の最悪の時期に、しかも、直前まで秘密裏に行動し、ゼネストを呼びかけたため、呼びかけそのものが国民の間にまったく伝わらなかったこ

とにより、ゼネストは失敗したと言っている。ファウスティノ・ペレスはこのような革命の時期と宣伝の不備で、仲間の大量の血が流されたことに、深い反省を述べていた。そこには、ジャノの未熟さ等々の批判があったという記述はない。

　さらに、ファウスティノはその手紙で、ゼネスト失敗後のシエラへのバチスタ軍の侵攻に、フィデルは天才的指導性を発揮し、バチスタ軍を撃退していることに触れて、興味のある主張をしている。ファウスティノは、シエラのフィデルのゲリラを革命の象徴と考えていたとして次のように述べていた。「実際のところ、わたしは今見ていることを可能性としてまったく信じていなかった。それは評価においてわれわれの重大なまちがいであった。つまりシエラをまったくシンボルとしての重要性をもつ反乱の大きな核と考えていて、その軍事的可能性を過小評価していた」[23]。

　ゲバラのいうようなシエラとジャノの対立はなかったとしても、シエラで闘うゲリラとジャノで闘う7月26日運動の地下運動との闘いの課題と環境は全く異なっていた。その上、7月26日運動の指導部としては、シエラもジャノも含めて方針を検討し、行動をしていたが、当時の通信手段の制約もあり、双方が連携した戦いは非常に困難であったことについてはこれまで度々触れてきた。さらに、シエラはジャノの補給に依存して闘いをすすめていた。このような状況がシエラを7月26日運動の革命の「象徴」とするような認識をジャノの革命家たちに持たせていたとしても不思議はない。革命成功のために、シエラのゲリラ部隊は絶対に消滅してはならない「象徴」であった。ジャノはシエラのロジスティクスを強固に維持しながら、革命の成功のために多くの困難な課題を背負って、全力をあげて戦っていた。その状況を7月26日運動の指導部全体が承認していたとしても、シエラとジャノの間の意思疎通による齟齬

が生じていたこともまた事実である。

　以上のような組織指導上の問題があったとしても、7月26日運動の指導部全体が、ゼネストの実施に大きな疑問をもちながら、フィデルをはじめとして、誰も止めるものがなかったという点に、最大の組織的欠陥、情勢把握での不備があったといえるだろう。これは当時の指導部全体が、7月26日運動の活動はシエラでもジャノでも着実に前進しており、マイアミ協定を拒否しても革命が進展し続けているという判断から生じた自信過剰がもたらした組織的な油断から生じた敗北といえるだろう。

　レネとゲバラの激しい対立が生じたとき、フィデルが仲裁に入り、事態を収拾し、それぞれ責任を取りながら、新たな前進をめざして、新しい体制をつくりあげたところに、モンピエ会議の意義があった。

　こうして、5人のメンバーからなる革命の執行部がシエラにおかれることになった。フィデルが書記長になり、財政担当、政治問題担当、労働問題担当が置かれ、カルロス・フランキは「ラディオ・レベルデ」の責任者としてシエラへ入った。通信は、ベネズエラ経由で暗号を用いておこなわれることになった。ファウスティノ・ペレスはアバナ担当を解任され、デリオ・ゴメス（Delio Gómez Ochoa）が就任し、ミリシアの指揮はフィデル自身がとり、レネはそのもとで活動することになった。アイデエは特別エージェントとしてマイアミに送られ、資金調達の任務についた。ルイス・ブキがカラカスに派遣され、反バチスタ勢力との交渉を担当することになった。

　こうして7月26日運動は、シエラに全国指導部を置き、ゲリラ戦をシエラとジャノで展開する方針を確立し、バチスタのゲリラ包囲作戦に向けて、組織が一丸となって闘う準備を整えた。モンピエ

会議以降、7月26日運動はシエラに指導部を置き、全国で全面戦争を展開するゲリラ部隊に変化した。

第10章

革命の勝利へ

1 バチスタ軍の大攻勢

　モンピエ会議において、7月26日運動の指揮命令体系が変わり、フィデルを司令官とし、書記局をシエラ・マエストラに置き、そこから全国のゲリラ運動としての7月26日運動への指令が発せられることになった。当面は、バチスタ軍がゼネストの失敗による状況を利用して、シエラ・マエストラのゲリラの中枢撲滅の攻撃をしかけてくることを予想し、それに対抗する戦闘準備を全国の組織をあげて取り組んだ。

　一方、ゼネスト失敗前の1953年3月21日、バチスタ軍の参謀本部会議が開かれていた。しかし、その会議は、7月26日運動の全面戦争の決意にくらべて、緊迫感に欠けていた。全部隊の結集により、圧倒的戦力でゲリラ部隊を殲滅できるという自信が強かったためである。そのため新兵の教育を終えて、4月後半に部隊編成をし、大規模な殲滅作戦を展開する予定であった。4月9日、7月26日運動の呼びかけたゼネストの失敗が明らかになり、バチスタ軍はさらに自信を強めていた。そのため、ゼネスト失敗による7月26日運動の混乱の時期に、一気に大攻勢をかけることもなく、ゆっくりとゲリラ鎮圧の態勢を整えていた。この戦略がバチスタの命取りになった。

　3月25日、予備役から4000人の増員が行われ、歩兵隊から新しい中隊が5個、砲兵隊から1個、技術将校団から2個、空軍から2

個、士官学校から1個、農村警備隊から9個、合計20個の部隊が編成された。部隊が展開され始めた後も、中隊がさらに追加され、総計55中隊に増加した。こうして編成された1万人余の兵士がわずか300人程度のシエラのゲリラ討伐のために投入されることになった[1]。

バチスタは、1958年4月16日、国家緊急事態を継続すると布告し、これ以後、バチスタの国外逃亡まで、45日ごとに憲法停止を延長することになる。警察と軍隊による体制の維持強化をはかり、シエラ・マエストラのゲリラ包囲殲滅作戦にのりだした。7月26日運動はそれに対抗し、全面戦争で展開した各地でのサボタージュ闘争を立て直し、警察・軍事施設等、バチスタの権力維持装置にたいするテロ活動を強化した。7月26日運動の指導部は、ゲリラ戦を全国的に展開し、最終的には労働者、市民のゼネストによる革命の勝利という路線をこの時期にも放棄はしていなかった。フィデルは58年7月初旬、バチスタ軍との戦闘の最中、ベネズエラの記者団と「ラディオ・レベルデ」を通じて行われたインタビューでゼネストについて、次のように言っていた。

> 人々をストライキに動員するには、適切な手法が必要で、その手法に合わせなくてはならない。また、それは武装闘争で必要とされる秘密、厳格さ、不意打ちとは相容れないものだ。武装闘争が成功するかどうかは多くの予測不能な要因に左右されるが、国民の動員は、革命的自覚があり、正しい方法で実行されたならば、絶対に失敗することはなく、不測の事態に左右されることはない。

ゼネストは途方もない空気を醸していた。しかし、ストライキ委員会は、大衆動員よりも武装民兵の奇襲作戦を尊重するという根本的な過ちを犯した。この虚をついた行動を成功させる

ために、国民の動員を犠牲にした。

　革命において、ストライキは民衆の最もすばらしい武器だ。武装闘争はストライキよりも下に見なすべきだ。民衆を戦場に送ることはできない。行動のために適切に動員しなければ、軍隊でさえ戦場に送れないのと同じだ。まさにそれが4月9日に起きたことだ……間違いはもう繰り返さないだろう。

　圧政に抗する戦いの決定的な武器として、われわれはゼネストを諦めてはいない[2]。

バチスタ軍がのんびりとゲリラ撲滅の態勢を整えている間、シエラ・マエストラでは、バチスタ軍の攻撃に対抗する態勢の準備を進めていた。その際に、セリア・サンチェスのはたした役割を忘れてはならない。彼女は57年10月17日、マンサニジョからシエラに入り、フィデルのゲリラ部隊に参加して活動を開始していた。そこでセリアは、強靭な精神で、さまざまな才能を発揮した。彼女は、フィデルがグランマ号で上陸する際にも、その受け入れ態勢を整備するうえで、重要な役割を果たしていたことについてはすでに述べた（第5章参照）。彼女は、その際に形成した独自のネットワークを維持しており、ゲリラ戦展開の条件整備に大きな力をはたすことになった。そのネットワークの連絡には農民たちの馬を利用し、その利用に際して、規律を守り、農民からけっして奪ったり、借りたものを返さなかったりすることのないように、ゲリラたちに厳しく要求していた。その上58年4月までには、セリアはロバによる山岳地帯の物資の分配網を確立し、この運搬チームはセリアに忠誠をつくしたので、このチームによりゲリラたちは、戦闘中も基本的な必要物資をほとんど手に入れていた。セリアはこれらの物資の調達者であり、保管者であり、分配するために保管している民間の倉庫の管理責任者であった。これは革命の成功に大きな役割をはたした。

フィデルは「敵の攻撃が始まる前の数週間、われわれの兵站活動はますます盛んになり、必要な条件を満たしつつあったことはいっておくべきだろう。この活動の心臓部は、誰よりもセリアだっ

39　ラ・プラタ司令部前のゲリラ部隊（右から2番目がフィデル・カストロ、*Victoria* より）

た。その好条件から彼女の作戦本部のあったラス・ベガス・デ・ヒバコアから、兵站活動を組織し、促進したのは彼女だった。もっぱら彼女の努力のおかげで、必需品の供給は滞りなく継続し、少量の備蓄も蓄えることができたのだった。これは後に攻勢の重要な時期に決定的な役割を果たすことになる。塩の生産も、チーズ生産や菜園、農園の開墾、豚や鶏の飼育も、セリアが責任をもって組織した。反乱軍の組織と管理にかかわる仕事の増大、塹壕を掘るための道具の入手、情報、資金、その他のサービスを入手するための外部との連絡など、彼女がすでに果たしていた仕事に、これらすべての新しい仕事が加わったのである」とフィデルはセリアの果たした重要な役割について述べている[3]。

　2月はじめ、フィデルはセリアにきわめて重要な軍事的任務を命じた。それはバチスタ軍が侵入してくる可能性の高い場所に陣地をつくることであった。その一つがラス・ベガス・デ・ヒバコアの村に近い場所で、セリアはそこに塹壕と武器庫をつくった。彼女は、塹壕を掘るための道具、地雷製造のための物資、起爆装置、弾薬、ケーブル等々を、独自の連絡網を通じて確保し、塹壕を掘り、地雷を製造し、周辺に設置した。倉庫を確保し、貯蔵もした。これら

の陣地は、バチスタ軍が7月攻勢をかけてきたとき、決定的な役割をはたした。またヒバコアには7つの学校がつくられ、午前40人、午後40人、夜は成人の教育をしていた。

さらにセリアは、ゲリラの活動領域の医療活動を大幅に改善した。負傷者をジャノの医者に引き渡し、薬品を手に入れたり、シエラへ医師を呼び寄せたりした。そのためゲリラ支配地域に生活していた貧しい住民たちは、ゲリラのキャンプに治療を求めて訪れるようになった。セリアは診察能力も持っていた[4]。

「われわれが最初に建設したいくつかの病院と学校も、ラ・プラタで始まった。3月の終りごろから、ラ・プラタ川のそばのカマロンシトに病院の建設が始まった」とフィデルは書いている[5]。

セリアは、敵に発見されにくい場所に病院を設置した。薬局もつくられ、そこでは、後に、敵の兵士も治療を受けることになった。金属のベッドもあった。病院名は「マリオ・ムニョス」といった。同じような病院が、ラ・プラタ川の西側、アバニタにもつくられ、名前を「ポソ・アスル」(Pozo Azul) といった[6]。

さらには、民政用の建物やその他のいくつかの施設もつくり、農民たちから税金を集めたり、司法関係の仕事をしたりしていた。弁護士のウンベルト・ソリ・マリンがそこにいた。58年9月には、それがファウスティノ・ペレスの指揮する市民行政機関に発展し、ラ・プラタの総司令部内に置かれ、8つの省が設けられ、農地、農業、教育、衛生、社会福祉、司法、振興、産業、社会事業、供給、財政等の業務をしていた。「その仕事の中でも傑出していたのは、医療支援、学校教育の整備、識字教育、食料生産のための基盤開発、そして35もの農業協同組合の創設だった」とフィデルは書いている[7]。対抗暴力による新しい国家機構の芽生えであった。

また、シエラの農民たちの居住地には教会がなかった。セリア

は3人の神父の協力を得て、住民たちに結婚式や洗礼の儀式を提供した。サンティアゴのチェラ（Chela）神父、リバス（Rivas）神父、ピノス島からシエラに入ったギジェルモ・サルディニャス（Guillermo Sardiñas）神父が協力した。これもシエラの住民のゲリラへの支持を広げた。

「食料供給の基礎をつくる方法の一つとして、できるだけ自給自足に努めることがある。……このころまでには、われわれ反乱軍の指導者たちと、農民の協力者たちすべてが、山間部にいる牛と、平野部から連れてこられる牛について、何をしなければならないか、正確な指示を受けていた」とフィデルは書いている[8]。

ゲリラとシエラの住民の食糧確保についても、セリアは並々ならぬ才能を発揮した。その活動は、バチスタ軍の包囲により、ジャノからの補給の切断を考慮に入れて計画されたものである。セリアは自分の家族の、その4万エーカーの牧場の牛をゲリラのために供出させたが、その際、勝利後補償するというフィデルの借用証書を渡していた。その上で、彼女は知り合いの牧場主を軒並み訪問し、牛の提供を交渉し、それらの牛をシエラの農民に預け、飼育を依頼し、繁殖もさせていた。また、シエラの農民たちに、タロイモ、トウモロコシの栽培や豚、鶏、七面鳥、鳩などの飼育を勧めた。そして食糧その他物資の倉庫をつくり、貯蔵された物については公平な分配を指揮していた。フィデルは「セリアが糧食を管理し、正確かつ整然と手配してくれたおかげで、われわれのきわめて乏しい物資は、そのときどきの優先順位に応じて配給された」と書いている。バチスタ軍の大攻勢の最中は、煙をだせないので、料理することができなかったが、セリアは、タンパク質を補給するために、ネットワークを利用して栄養補給の錠剤を獲得し、ゲリラ戦士に配給した[9]。

「もう一つの死活問題は塩だった。……セリアの勧めで、4月中旬に」海水を天日乾燥させる伝統的な方法で、生産にとりかかったとフィデルは書いている[10]。

セリアは、これらの活動を指揮する司令部をラス・ベガスにあったビスマルク・レイナ（Bismark Reyna）の家に置き、何人かの協力者グループと活動していた。

1958年4月前半、フィデルはバチスタ軍との戦闘に備えて、移動しない恒久的司令部の建設を決定した。そのために、発見されにくく、全部隊に指示をだすのに適切な場所を探しだす構想を立てたのはセリアであった。こうしてラ・プラタ司令部がセリアの指導で農民やピロンの造船業者たちの協力で建設された。1958年11月までには、この司令部の場所に16の建物ができた。モンピエには倉庫がつくられた。しかし、それらはバチスタ軍に発見されることはなかった。

セリアは、ゲリラ部隊の連絡網の組織化にも才能を発揮し、ほとんど女性からなる、山の中を縫って歩く連絡員の部隊を組織した。彼女たちは、山を下りてジャノの情報収集もした。フィデルにはクロドミラ・アコスタ（Clodomira Acosta Ferral）、ゲバラにはリディア・ドセ（Lydia Doce）という勇気と才能を兼ね備えた連絡員が付いて、情報収集やその他の任務で重要な役割を果たしていたが、革命勝利の直前、2人ともバチスタ軍に捕らえられ、行方不明となり、まだ遺体さえみつかっていない。

さらにセリアが取り組んだのは、電話システムの導入だった。フィデルは本部から前線へ電話で連絡できるようにしたいと望んでいた。それに必要な機材をセリアは、多分、個人的友人たちを通じて集め、彼女の指揮・監督のもとで電話は設置された。バチスタ軍の攻勢のとき、この電話が重要な役割をはたした。

フィデルは、戦闘に備えて「ラディオ・レベルデ」をゲバラのキャンプからラ・プラタ司令部に移した。それは他の部隊に暗号メッセージを伝えるためであった。ラジオの弱い電波がベネズエラに行き、強い電波でキューバに戻ってきた。5月1日からラ・プラタで放送を開始し、さまざまな番組を提供し始めた。日曜日には、フィデルの提供した戦争ニュースを放送し、その放送はいくつかの放送局に拾われて、周辺地域で再放送されていた。島の半分は、「ラディオ・レベルデ」を聴けたし、この放送局を通じて、他の戦線とも交信できた。

　さらに、セリアは6月ごろから、反乱軍のさまざまな文書の保管を開始した。それがバチスタ軍の手に入ることを心配し、反対するものも多かったが、セリアは独特の方法によるそれの保管を譲らなかったといわれている。その文書をわれわれは今、見ることができる。

　こうして抗戦準備を整えていた5月25日、ラス・ベガス・デ・ヒバコアの反乱軍の基地で、シエラの最初の農民会議が開かれた。まさにその日、会議が行われていたすぐ近くで、バチスタ軍は大規模なゲリラ討伐戦を開始した。2ヵ月でゲリラを制圧すると豪語し、「フィデルの終焉作戦」（Opelación Fin de Fidel）といわれた[11]。

　当時、シエラ・マエストラのゲリラ部隊は、ラ・プラタに司令部を置き、その周辺を重点防衛地区（Territorio vital a defender）とし、オリエンテ南部海岸のウベロの西に位置するオクアルからマル・ベルデ、ブエイ・アリバを結ぶ線の西部一帯、エル・カネイからピコ・カラカスの線の西側の一部も含めた線の東側の範囲の山岳地帯を波状的抗戦地区（Territorio de resistencia escalonada）と定めていた。カミロ・シェンフェゴスの第2部隊、フアン・アルメイダの第3部隊、ラミロ・バルデスの第4部隊、クレセンシオ・ペ

レスの第7部隊と各地で闘っていたゲリラ部隊が、バチスタ軍の総攻撃に対処するためラ・プラタ司令部の周りに結集し、波状的抗戦地区の各地に分散、展開されていた。だがフィデルは「われわれ反乱軍の武装兵力の総数は、攻撃が始まった時点で、230名を超えなかった」といっている[12]。

バチスタは、5月から開始した大攻勢作戦の司令官にバヤモのエウロヒオ・カンティジョ（Eulogio Cantillo）を採用した。カンティジョの作戦は統合参謀本部で議論され、承認された。しかし、オリエンテ軍管区の司令官タベルニジャ・ドルツ（Tabernilla Dolz）とその背後にいるバチスタの側近、アルベルト・デル・リオ・チャビアノ将軍との指導権をめぐる対立から、オリエンテでバチスタ軍が全面的にゲリラ討伐の力を発揮することは最初から不可能になっていた。カンティジョは精鋭部隊を投入できず、士気の低い新兵を含めた部隊を編成して攻撃を開始した[13]。

バチスタ軍の一部、第17大隊は作戦基地の一つセロ・ペラドからラス・メルセデスへと討伐部隊を58年5月25日に侵入させ、それを反乱軍のアンヘル・ベルデンシア（Ángel Verdencia、農民出身）ら十数人の部隊が迎え撃ち、戦闘が開始された。この日からすでにバチスタ側の発表する虚偽の情報にたいする「ラディオ・レベルデ」での「真実に迫るニュース」による情報合戦が展開された。5月26日に第17大隊は、ラス・メルセデスに到着した。

戦闘が激化する直前の5月29日、「ラディオ・レベルデ」の責任者に任命されたカルロス・フランキがマイアミからディアス・ランスの操縦する飛行機に地雷用の信管、イタリア製カービン銃、2万発の弾丸を積んで、反乱軍が用意したマナカスの滑走路に到着した。

第17大隊は、6月11日にはラス・メルセデスからラス・ベガス

へ移動し、6月20日にはラス・ベガス・デ・ヒバコアからサン・ロレンソを占領、ラ・プラタを西側から脅かした。

カンティジョの主力は、アンヘル・サンチェス・モスケラの指揮する第11大隊を中心に編成され、5月25日よりも前にミナス・デ・ブエイシトを占拠して、そこからシエラ・マエストラの尾根をめざした。6月10日には、ラ・エストゥレジャから進軍を開始し、7月19日にサント・ドミンゴを占拠、ラ・プラタに北側から迫った。

さらに、ラ・プラタ南側のラ・プラタ川河口付近からはホセ・ケベド（José Quevedo）の率いる第18大隊が上陸し、6月10日には、パルマ・モチャからラス・クエバスに向かい、6月26日にはヒグエに到着し、7月11日、反乱軍と第18大隊とのヒグエの戦いが開始された。

こうして、ラ・プラタは3方から包囲攻撃されたが、フィデルはこの包囲を打破するために少ない兵力を有効に配置し、ゲリラ戦で対抗、7月21日には、南部から攻撃をしかけたケベドの指揮する第18大隊を包囲、孤立させ、その日、ヒグエでケベドの部隊は降伏した。7月28日には、モスケラの指揮する第11大隊を中心とする主力部隊はサント・ドミンゴを放棄して、撤退し、ついで8月6日には、第17大隊がラス・メルセデスから撤退した。こうしてバチスタ軍の攻勢は、8月6日に終わった。この間の戦闘で、ゲリラ側は35人余の戦死者[14)]と48人の負傷者をだした。ゲバラは「攻撃戦は、既定路線を辿り、2ヵ月半に及ぶ激戦の末に敵軍は死傷兵、捕虜、脱走兵を数えると総勢1000人以上の兵を失った。かれらはわれわれの手中に戦車1台、追撃砲12門、三脚台付き機関銃12門、軽機関銃を200挺以上、また無数の自動装置付きの武器を含む600の武器を残してくれた。その他膨大な量の弾薬とあらゆる

第10章　革命の勝利へ　317

種類の軍備品、そして捕虜450名。捕虜は交戦が終わったところで赤十字社に引き取られた」と書いている[15]。

　8月5日、バチスタ軍司令官エウロヒオ・カンティジョの命令でカルロス・ピナ（Carlos Pina）中尉がフィデルと交渉し、さらにバチスタにも停戦交渉の伺いをたてた。バチスタはフィデルとの交渉にフェルナンド・ネウガルテ（Fernando Neugarte）中佐を指名した。かれは8月6日、ラス・メルセデスのコーヒー園でフィデルと会い、交渉の結果、カンティジョは戦闘中止の命令をだした。

　8月7日に第2回会談、その後第3回会談が行われ、交渉役フェルナンド・ネウガルテは軍事評議会（Junta）による政府樹立の中止、シエラ・マエストラでの戦闘中止、総選挙を支持するように要求したが、フィデルはそれを拒否した。8月8日、かれはバヤモに戻ってカンティジョに報告し、さらにアバナへ行ってバチスタに報告した。このころまでには国民にバチスタ軍によるカストロ攻撃がうまくいっていないというニュースが知れ渡っていた。

　1958年8月18日、19日、フィデルは、「ラディオ・レベルデ」で戦果を公表し、独裁者バチスタに協力した政治家、私服を肥やした者、戦争犯罪者、不当に利益を得ていた将校たち等々の逮捕と引き渡し、裁判を要求し、選挙を速やかに実施するため大統領職の引き渡しを要求し、軍隊は政治に関与すべきではないとし、主権を守り、憲法を守るべきだと主張した。

　このような、バチスタ軍のシエラでの大攻勢が展開され始めた6月末、ラウル・カストロの率いる第2戦線はどうなっていただろうか。まず、6月28日にラウルは軍事命令第32号をだしていた。そこでは、政府軍が合州国のグアンタナモ基地を利用して、合州国の提供した武器で民間人爆撃をしていることをアメリカ人や合州国の軍人に検証させるために、グアンタナモ基地に帰還する兵士や合州

40　グアンタナモ基地（1962年）

国の大企業で働くアメリカ人を待ち伏せし、人質として確保せよと命じていた[16]。

　最初、6月26日にモア・ベイ鉱山会社から12人を人質として確保し、食料、医薬品、医療器具、ベッドなどを奪った。27日には、グアンタナモ基地に休暇から帰隊する24人の軍人とカナダ人3人を200人のゲリラ部隊が奇襲し、人質とした。さらにニカロ・ニッケル会社、ユナイテド・フルーツ砂糖会社、その他のプランテーションからも人質をとり、全部で49人を確保した。人質を山岳地帯の各地に分散させ、バチスタ軍の空爆の跡をかれらに視察させ、合州国の武器が利用されている証拠を確認させた。アメリカ大使館はパーク・F・ウォラム（Park F. Wollam）を人質解放のためにシエラに派遣した。ラウルはかれに5月8日付の米海軍の書類を提示し、武器がバチスタ軍に手渡されている証拠とした。

第10章　革命の勝利へ

この人質事件をバチスタ軍の大攻勢と闘っていたフィデルは7月2日まで知らなかったといわれている。その知らせを受けて、フィデルはただちに人質全員を解放するようにと「ラディオ・レベルデ」でラウルに伝えた。当時、「シカゴ・トリビューン」紙の特派員であったジュール・デュボアによるとラウルはフィデルの命令を無視し、重要な命令は、ラジオではなく、書類でするようにとフィデルに手紙で要求したという。フィデルはそれを了承した。そのためフィデルとラウルの間の通信は、時間がかかったが、どのような事態がその後、進行したかは明らかではない。しかし、ゲバラは人質事件が解決した後、7月11日の日記に「ラウルの隊列の検査官をひとり連れてモンピエに来たのだが、彼はラウルの署名のある、全世界に向けてのある宣言を携えていた。宣言はとても強烈なもので、北米兵士49人を捕虜にしたことと合わせて考えると、危険な「過激論」の音調があるように思われる」[17]と書いている。これは、ラウルの人質事件はフィデルの周りでは、たいして問題になっていなかったことを示しており、その戦線は独自に行動をしていたことを示している。

　なお、デュボアはなぜ人質をとったのかとラウルに質問している。それに対してラウルは、1）バチスタの犯罪とそれに武器を渡す合州国の告発と全世界へのアピール、人質は国際的な証人。2）犯罪的爆撃を中止させる。3）物資を奪ったのは自由地域（シエラの「解放区」のこと）の建設のため。合州国がバチスタに軍事援助するなら、われわれも合州国から支援を受けてもいいから奪う。それに、もう奪わないと通告したし、勝利したら支払うとも伝えた。使わないものは返却もした。アメリカがこれ以上バチスタに武器を渡さないなら、合州国企業の通常の営業は妨害しない。われわれはこれを喜んでやっているわけではない。徐々に解放しているのは、

参謀本部からの命令に従っているからだ。わたしは共産主義者ではない、7月26日運動のメンバーだ。ホセ・マルティの信奉者だ。彼のやり残した仕事をしている。われわれの闘いは、今日のためでも、明日のためでもない、未来のためだ。以上のように答えたという[18]。

7月17日、ラウルはグアンタナモ海軍基地将軍のエリス（Ellis）にあてて、人質をすべて解放すると書簡をだした。なお、人質たちは拘束中、人道的に扱われた。

この事件は、バチスタ軍の大攻勢に大きな影響を与えた。バチスタ軍がシエラのラ・プラタに集中することを阻止し、ラ・プラタとモンカダ周辺とにバチスタ軍を分散させる役割を果たしており、バチスタ支援の方針をめぐって、合州国政府内部に混乱を与えることに成功していた。そして全世界にバチスタを支援する合州国の政策への批判を強めてもいた。

2 カラカス宣言

これまで叙述したように、7月26日運動のゼネスト失敗は、運動の内部にさまざまな動揺を呼び起こしてはいたが、フィデルはシエラ・マエストラに運動全体の指導部を置き、ゲリラ戦を強化することで、国内のさまざまな勢力の動きを牽制しつつ、7月26日運動の指導的地位を確立すると強調し、7月26日運動の力をシエラに向けて結集した。

一方、7月26日運動の危機を利用して、反対派のポリティケリアたちも画策を強めた。DREのファウレ・チョモンは、ストライキ失敗後、「4月9日の事態にたいする革命幹部会のマニフェスト」を発表し、DREの指導のもとに反対派の統一を呼びかけた。これらの情勢をみて、フィデルはマイアミのマヌエル・ウルチア（7月

26日運動が大統領として推す人物。第8章参照）と連絡をとり、シエラ・マエストラにウルチアを首班とする臨時政府の結成を呼び掛けた。しかし、ウルチアは、フィデルへの58年5月14日の手紙で、マイアミ協定のような強力な反対派の統一を要求し、その提案にはのらなかった。一方、合州国の国務省の役人もさまざまな要人と会談し、画策していたが、その中にはホセ・ミロ・カルドナやマイアミ協定に名を連ねたアウテンティコ党のトニー・バロナもいた。

しかし、フィデルは、シエラのゲリラが強化されれば、しだいに7月26日運動を中心にした統一の時期が来ると判断し、シエラでの臨時政府樹立は放棄して、予想されるバチスタ軍の攻勢に備えて、武器調達の任務を持つ7月26日運動のメンバーを各地に派遣していたのであった。

また労働者の支持を固めるために、アントニオ・トレスとマルセロ・フェルナンデスはFONの執行部を指導し、新しい同盟戦略をもってアウテンティコ党、オルトドクソ党、DRE、教会、PSP、その他の支配下にある労働者、さらにFEUにも呼びかけて会合を開き、ゼネストの失敗を7月26日運動におけるミリシア中心の軍事重視構想にあったと反省し、大衆闘争と統一された労組の建設を提起し、新しい統一組織の名前やPSPを含めるかどうか等々を議論した。そしてCTCの一部を除いた勢力がPSPも含めて「統一全国労働者戦線」（Frente Obrero Nacional Unido = FONU）を結成することになり、最終声明にそれぞれの組織の労働部門が調印した。その後FONUは正式には結成されるまでにはいたらなかったが、1958年11月までは活発に活動していた。

ところで、1958年1月22日にベネズエラで起こった政変（ウォルフガング・ララサバル将軍の指揮する軍部の蜂起で、ペレス・

ヒメネス長期独裁政権が崩壊した）は、7月26日運動にとっても、その他の反バチスタ派にとっても、あらたな行動の場を提供していた。たとえば、DRE、革新的軍人と結合したキューバのエリート組織「アグルパシオン・モンテクリスティ」（Agrupación Montecristi）、ラモン・バルキンとむすびついた革新的軍人の「プロス」（Puros）のメンバーがベネズエラに集まっていたし、とりわけ7月26日運動は、ラジオ設備や無線通信といった情報伝達の面で、ゼネスト失敗以前とは質・量・スピードにおいて格段の発展をとげ、ベネズエラに無線基地をおいていた。ルイス・ブキはカラカス（ベネズエラの首都）の7月26日運動の責任者として、サンティアゴから家族ぐるみでベネズエラに渡り、キューバ人亡命者の組織化や資金や武器集めなどで活動し、シエラ・マエストラと絶えず無線で連絡をとっていた。

この頃、4月27日から中南米諸国を友好訪問し始めた合州国（アイゼンハワー政権）のニクソン副大統領一行が各地で反米デモに会い、とりわけベネズエラのカラカスでの反米デモは、ニクソン救出のためグアンタナモ基地から米軍出動もしかねないような事態に発展した。グアンタナモ基地をそのような事態に利用する米軍にたいするキューバ国民の反発も激しかったため、バチスタを支える合州国の政策への反感も強まり、反バチスタ勢力を勢いづけた。他方、バチスタ側も共産主義の脅威を合州国に訴え、バチスタ政府への支持を強固にする機会として利用しようとした。

アイデエ・サンタマリアは、モンピエ会議の後、シエラからマイアミへ派遣されていた。マイアミに着くと、彼女は7月26日運動の何人かの代表を更迭した。マリオ・ジェレナが査問にかけられ、激しく抗弁して、亡命者たちによる7月26日運動の代表を辞任し、その後、7月26日運動と手を切った。そして、アイデエの指導の

41 カラカス宣言が署名されたホテル・エル・コンデ

下にホセ・ジャヌサ（José Llanusa）が亡命委員会の委員長に就任した。5月から、アイデエとジャヌサ、ブキは、絶えず連絡を取り、慎重に亡命者たちの組織化、資金、武器集めに取り組んだ。亡命者たちの協力を必要とはしていたが、7月26日運動は政治的、戦略的、作戦的独立を維持することを基本とし、けっしてそれを踏み外すことのないよう慎重に行動していた。

アイデエは、再度プリオと面会し、以前の失敗を考慮し、7月26日運動の指導権を失うような言質を取られないよう注意しながら、さまざまな支援を要請した。プリオは1ヵ月もアイデエとの会談を続け、1958年6月末、武器提供の具体的提案をだす約束をしたとアイデエはフィデルに手紙を書いている。彼女はこの交渉で、亡命者たちの間に再度、同盟について検討すべきであるとする環境をつくりだし、フィデルが統一協定の条件になる文書を作成すべきだと主張しているとフィデルに7月10日に連絡した。その後も革命の勝利まで、合州国でのアイデエの武器調達と資金集め、その他の組織活動は続いた。

一方、ベネズエラの7月26日運動の責任者はブキであったが、アイデエからの情報をつかんでいたフィデルは、カラカスのドス・インデイオス・ベルデス（Dos Indios Verdes）の放送局を利用して、ベネズエラにいたアウテンティコ党のトニー・バロナと無線会談し、直接に同盟の話を進めた。その交渉の結果、フィデルは同盟を呼びかける文書を自ら書き、それをトニー・バロナに送ることに

同意した。

　また、バチスタ軍の大攻勢にたいするシエラのゲリラの勝利が「ラディオ・レベルデ」によって明らかにされ、宣伝工作も成功、7月26日運動を中心とした同盟の機運が急速に盛り上がった。さらにトニー・バロナからミロ・カルドナやその他の亡命中の人たちにも連絡がとられ、オルトドクソ党員、アウテンティコ党員、OAのメンバー、DRE、FEU、モンテクリスティ・グループ（DREや革新的軍人と結びついたエリート階層の組織）、ラモン・バルキンのプロス・グループ（革新的軍人のグループ）、その他がカラカスに結集し、7月26日運動と協議した。

　かつてのマイアミ協定の失敗をくりかえさないために、フィデルとカルロス・フランキ、ファウスティノ・ペレスが協議して、協定の核心部分の文章を慎重に書き、7月19日にその文書「シエラ・マエストラの統一宣言」をフランキとペレスが「ラディオ・レベルデ」で流した。翌日の7月20日、ベネズエラのホテル・エル・コンデ（Hotel El Conde）で新しく結成された「市民革命戦線」（Frente Cívico Revolucionario = FCR）がその宣言を受け入れた。これを「カラカス宣言」という。署名者は、7月26日運動からフィデル、OAからカルロス・プリオ、革命幹部会からエンリケ・ロドリゲス・ロエチェ（Enrique Rodriguez Loeche）、労働者の統一組織からダビド・サルバドル、オルランド・ブランコ（Orlando Blanco）、パスカシオ・リネラス（Pascasio Lineras）、ラウロ・ブランコ（Lauro Blanco）、アンヘル・コフィニョ、アウテンティコ党からトニー・バロナ、民主党からリンコルン・ロドン、FEUからホセ・プエンテ（Jose Puente）、オマル・フェルナンデス、モンテクリステイ・グループからフスト・カリジョ、市民抵抗運動からアンヘル・マリア・サントス・ブキ（Angel Maria Santos

Buch）、書記としてホセ・ミロ・カルドナであった。

　カラカス宣言は、シエラ・マエストラ宣言やマイアミ協定とは異なり、反バチスタ勢力にたいし、団結して戦いを呼びかけるだけの文書で、武装闘争でバチスタ政府を倒し、短期間の臨時政府の樹立により民主化を実現しようという以外に具体的取り決めは、いっさいしていないところに特徴があるが、その主な内容は以下のようなものであった。

　バチスタのクーデタは通常の民主的過程を妨げた。すべてのキューバ人がバチスタと闘ってきた。最近はサント・ドミンゴでバチスタは厳しい敗北をきっした。反乱は全国に広がっている。シエラでも自由地帯は一歩も譲らない。フランク・パイス第2戦線はオリエンテの3分の1を支配している。オリエンテのジャノでは第2部隊がマンサニジョからヌエビタスに進出した。サンタクララでは革命幹部会がエスカンブライで闘っている。そこではアウテンティコも7月26日運動もゲリラで闘っている。シエンフェゴスとヤグアハイでも革命的ゲリラ部隊が闘っている。ピナル・デル・リオやマタンサスでもゲリラの小部隊が闘っている。国外では亡命者たちが自由キューバのために戦っている。

　すべての市民、政治的、革命的諸勢力が広範な市民革命同盟に参加するよう呼びかける。

　そして第一、「共同の戦略」は武装闘争でバチスタを倒すこと、それは市民戦線の大規模ゼネストで終わる。その際、軍事行動は全国で連携して行う。第二、バチスタ追放後、短期間、臨時政府が正常化のために働き、憲法にもとづく民主的手続きを確立するために働く。第三、最小限の政府綱領として、犯罪者の処罰、労働者の権利の保障、国際協定の尊重、公共秩序、平和、自由、経済的社会的政治的革新を掲げる。

合州国のバチスタへの軍事援助、その他の支援の中止を要求する。国民主権と非軍事的共和的伝統を再確認する。兵士はバチスタを支えるのをやめよう。労働者、学生、専門職、財界人、砂糖プランテーション所有者、農民、宗教、イデオロギー、人種に関わりなく解放運動への参加を呼びかける。すべての革命家、市民、政治勢力にこの宣言に参加するよう呼びかける。後日、できる限り早期に、われわれは公約を議論し承認するため、全代表の会合を持つだろう[19]。

この宣言について、マルセロ・フェルナンデスは、全国の7月26日運動の指導者たちに手紙を書き、カラカス協定に署名した勢力が、フィデルとシエラ・マエストラで直接会合し、政策を決定するまで、どんな政治綱領も含まないとみなすとした。

一方で、マイアミのJLCが、カラカス宣言発表の直後にFCRと宣伝、募金、国際関係の委員会をつくり、最高会議を組織しようとしたが、それはキューバでの7月26日運動の指導権と衝突する可能性があった。そこで、マルセロ・フェルナンデスは7月26日運動のメンバーにたいし、愛国会議とか統一委員会のような団体に入ったり、つくったりしないようにと指示をした。さらに8月1日、フィデルは「ラディオ・レベルデ」で、亡命している7月26日運動の指導者たちのあいだに、カラカス協定とマイアミ協定とどこが違うのかという動揺をもたらした点について放送し、闘っているすべての勢力の代表たちが早期に結集し会議を開き、臨時政府の臨時大統領を指名しようと呼びかけた。

このカラカス協定は、その後、反バチスタ勢力が、武装闘争でバチスタ体制を打倒するために、短期間ではあったが、力を結集するための緩い同盟として大きな役割をはたした。

3 革命の勝利

フィデルは、この頃バチスタ軍の大攻勢撃退について次のように書いている。

> 74日間もの休みなき戦いの後での、敵の攻撃の失敗は、戦いの戦略転換を意味した。そのときから、軍事的崩壊の切迫が明らかになるにつれて、圧政側の運命の賽は投げられていた。……
>
> 1958年夏の敵の大規模攻勢にたいする勝利は後戻りすることのできない戦争の方向転換になった。勝利した反乱軍は押収した大量の武器で、武力を強化し、戦略的攻撃の最終段階を開始する条件を整えた。
>
> これらの事項をもって、解放戦争の新たな、そして最終の段階が始まった。それは国の中心部への侵攻、東部第4戦線ならびにカマグエイ戦線の創設が特徴となっている。闘争は国中に広がった。反乱軍の大規模最終攻撃はオリエンテとラス・ビジャスの電撃的方面作戦をもって、圧政政府軍の決定的敗北につながり、その結果としてバチスタ政権の崩壊、勝利した革命勢力の政権掌握にいたった[20]。

バチスタ軍の大攻勢の失敗直後、8月20日には、フィデルの指揮する部隊はバチスタ軍支配体制に3ヵ所から攻撃を仕掛ける最終計画をたて、実行に移した。第一は、サンティアゴ・デ・クバの制圧、第二は、ラス・ビジャスを制圧し、キューバを二分する、第三は、ピナル・デル・リオを制圧し、バチスタ体制を西から攻撃するという戦略であった。これをフィデルは戦略的攻撃の決定的段階として、バチスタ軍が大攻勢の失敗で、意気消沈している時期に、間髪を容れず実施に移し、その決断力が革命の勝利をもたらした。

まず、第一の計画は、フィデルとラウル・カストロの第２戦線が実現させ、続いてゲバラとカミロ・シエンフェゴスの部隊（アントニオ・マセオ部隊）が第二の計画を見事に成功

42　カミロ・シエンフェゴスとチェ・ゲバラ

させた。ピナル・デル・リオでも７月には、デルミディオ・エスカロナ（Dermidio Escalona Alonso、ニカロのニッケル工場の労働者）がフィデルに指名されて、20人の仲間たちを組織し、シエラ・デ・ロス・オルガノスでゲリラ活動を開始しており、11月には、この地域でも７月26日運動の支配が確立していく[21]。

　８月21日にはカミロの部隊が、８月31日にはラス・メルセデスからゲバラの部隊もラス・ビジャスへ進軍を開始した。この２つの部隊は島の両端を結ぶ連絡線を組織的に寸断すること、とりわけゲバラは、ラス・ビジャスの山岳地帯で活動しているゲリラの全政治組織との連絡網を構築する任務を持っていた。ラス・ビジャスの７月26日運動はエンリケ・オルトゥスキの指揮下、同地で島を分断する活動を強化し、エスカンブライ山ではビクトル・ボルドン（Víctor Bordón Machado、労働者）の指揮するゲリラ、ヤグアハイではレヒノ・マチャド（Regino Machado）の部隊、海岸地帯ではフリオ・チャビアノ（Julio Chaviano、労働者）の小部隊も活動していた。またカイバリエンの漁民たちの協力も確保していた。フィデルは、ゲバラに「任務地を軍事的に統括するために広範な権限を付与」していた。ゲバラの部隊は、カマグエイの南部をほとんど徒歩で行軍したが、靴が不足していて、素足で行軍する戦士も含んで

第10章　革命の勝利へ

いた。十分な食料もなく、敵軍との遭遇戦を闘いながらも、各地で農民たちの支援を受けつつ、10月16日にゲバラの部隊はエスカンブライ山に到着した。一方で、カミロの部隊はラス・ビジャスの北部へ向かい、11月から12月にかけて、この2つの部隊は、幹線道路を次々に封鎖していった。こうして「島は2つに分断された」。この分断はバチスタ体制の急速な崩壊をもたらすにいたった[22]。

　ゲバラとカミロの部隊によるキューバ島中央での分断に呼応して、ジャノでは、各地で激しくサボタージュ闘争が繰り広げられた。これらの部隊は、フランク・パイスの活動した時期から組織されていた7月26日運動の各地の細胞とミリシアであった。また9月には、ファウスティノ・ペレスが、シエラから手紙を首都の労働者の仲間に送り、反乱軍を支持して、再度、ゼネストの組織化を呼びかけるまでになっていた。11月3日には、バチスタが延命のために画策した選挙にたいする妨害闘争も各地で展開された。

　続く12月1日には、エスカンブライ山中でゲリラ戦を展開する革命幹部会、アウテンティコ党のゲリラ、PSPのゲリラが一連の合意に達し、ラス・ビジャスのすべての勢力のゲリラの総司令官として、ゲバラが承認され、「いくらか共同戦線を張ることが可能になった」とゲバラは書いている。ただし、エロイ・グティエレス・メノヨの率いる「エスカンブライ第2国民戦線」とは、ゲバラは関係を絶った。

　しかし、エスカンブライでの最強の勢力を維持していたエロイ・グティエレスが7月26日運動との会談を希望しているという情報を、武器獲得のため訪米していたエンリケ・オルトウスキがアイデエから得て、その指示で帰国後の9月ごろ山に入り、エロイ・グティエレスと会談、フィデルの全国的指導権を承認するとする協定を結んでいたのであった。だがその後も、エロイの部隊は、7月26

日運動やDRの部隊と衝突を繰り返していた。エンリケ・オルトゥスキはラス・ビジャスに到着したゲバラと会談した際、ゲバラはジャノの指導者たちの活動を冷ややかに批判し、ラス・ビジャスの7月26日運動によるゲリラへの支援がPSPの支援よりも少ないなどと批判した。また土地改革の方針などをめぐって、オルトゥスキと激論を交わした。ゲバラは11月17日の日記に「われわれは夜通し議論した。かれ（マルセロ・フェルナンデス）の他に参加者は、労働者組織委員カルロスと州組織委員のシエラ（オルトゥスキ）、それにセラフィンと宣伝委員のデメトリオだ。われわれは相互に非難し合った。かれらは私を共産主義者となじり、私は帝国主義者と応酬した。……議論が尽きるころには、われわれは以前にも増して分離していた」と書いている。さらに資金難から銀行襲撃を計画していたゲバラにたいし、その方針に疑問を持ったオルトゥスキは、活動のために集めていた資金を手渡すことにして、その計画を思いとどまらせた。なお、その資金を11月上旬にゲバラに届けたのがアレイダ・マルチであった[23]。

　この頃、ゲバラは、ラス・ビジャスのさまざまなゲリラ勢力を指揮下におき、協力体制を作り上げるために多くの困難に直面した。この地域の7月26日運動の指導者たちとさえもさまざまな意見の対立が表面化していた以上、当然の事態であった。しかし、地域の7月26日運動の協力とゲバラ、カミロ・シエンフェゴスのゲリラ勢力の圧倒的力が、ゲバラの指揮権確立に寄与した。DRとはエル・ペドゥレロ協定（Pacto de El Pedrero）に調印した。そこでは、ラス・ビジャスの革命闘争で協力体制をとること、それぞれの部隊が解放した自由地帯をそれぞれの部隊が管理すること、農業政策の実施と正義の政府の樹立で合意し、モンカダ攻撃と大統領官邸攻撃を相互に評価し、団結を誓った。

こうして12月16日以降、バチスタ軍は各地の兵営も防衛しきれなくなり、町々も7月26日運動の部隊に次々に占拠されていった。21日には、ゲバラの部隊がサンクティ・スピリトゥス北方のカバンガイ兵営とグアヨス兵営を降伏させ、武器を大量に獲得し、カミロの部隊はラス・ビジャスの北部の町々やヤグアハイの兵営を制圧した。ゲバラの部隊はさらにサンタクララに接近し、プラセタス兵営をDRとともに攻略して降伏させた。さらに北上してカイバリエンを制圧した。一方で、エスカンブライ第2国民戦線もいくつかの小規模な兵営を制圧していた。

　このような事態を合州国は、手をこまねいて見ていたわけではない。在キューバ・アメリカ大使館、国務省、CIA等々の諸機関、諸エージェントたちは、バチスタ政府、軍部、SIM、警察、「共産主義活動鎮圧局」(Buró de Represión de Actividades Comunistas = BRAC)、その他の諸機関と連絡を取りながら、相変わらず、キューバを植民地的に支配する画策を続けていた。その中心には、アメリカ大使館のアール・T・スミス(Earl T. Smith)大使がいた。

　冷戦体制のもっとも激しい時代を反映し、合州国政府（アイゼンハワー政権）とそれに従属するバチスタ政府の基本政策は、反共産主義イデオロギーに土台を置いていた。その視点から在キューバ・アメリカ大使館、国務省、CIA、その他のエージェントたちは、7月26日運動はもちろん、キューバのあらゆる人物、組織等々を注意深く監視し、情報を収集し、対キューバ政策を練ってはいた。

　フィデルたちがモンカダ兵営を攻撃した後、バチスタ体制が大きく変化し始めた動向もつぶさに観察し、バチスタ体制を支えるさまざまな画策を推進していた。しかし、それでも結局はバチスタ体制を支えることができなかった。

　その主な原因は、合州国が7月26日運動の評価を誤り、シエラ・

マエストラのゲリラ部隊対策にあいまいな政策をとっていたところにある。バチスタもそれに影響され、56年12月にグランマ号で上陸したフィデルのゲリラ部隊を、壊滅寸前の状態に追い込んでいたにもかかわらず、最後の詰めを怠り、シエラ・マエストラでのゲリラの展開を許してしまった。そしてその後のゲリラの発展について、情報操作をし、ゲリラが壊滅したと宣伝し続け、ゲリラの活動を放置し、決定的軍事作戦の実施について、バチスタ体制のどこからも提起されなかった。

さらに58年4月、7月26日運動がゼネストに失敗した後、圧倒的兵力でシエラ・マエストラのゲリラを包囲しながら、主力部隊がゲリラ部隊に敗北したことに示されるように、バチスタ軍の戦闘能力、士気に根本的な欠陥があった。それは独裁者バチスタをはじめとして、政治、軍事、警察、情報機関等々国家機関を担う指導勢力の腐敗と堕落が救いようのないものになっていた結果であった。それらの状況も合州国の諸情報網は適切につかみ、次々と対策を打ちだしていたが、この時期でも7月26日運動にたいする評価はあいまいのままであった。

以上の状況の背後には、アメリカ大使館のスミス大使、大使館員、国務省のキューバ担当者、CIA等々の間にフィデルが共産主義者か、ナショナリストかの評価をめぐる対立があった。フィデルの権力掌握と共産主義とを結びつけて、バチスタ体制を支え、断固としてフィデルの権力掌握を阻止しようとするスミス大使の勢力が一方にいた。

また他方に、キューバで7月26日運動とフィデルの支持者が増大し、すべての反バチスタ勢力が、7月26日運動を中心に結集していく一方、国民の支持を失っていくバチスタ体制を維持し続けることに疑問をもち、フィデルを含めた新しい親米権力を模索する有

力な勢力が国務省の中にいた。そして58年4月の7月26日運動のゼネスト失敗とその後のバチスタ軍のシエラ・マエストラのゲリラへの大攻勢の結果の状況をみようとしていた。しかし、そのような情勢判断自体がすでにあまいものであったことがその後の事態で明らかになった。それは7月26日運動の指導部が、8月のバチスタ軍の大攻勢に勝利した後、間髪を容れず、ラス・ビジャスでキューバを2つに分断する戦略を実行に移し、それに成功する過程でバチスタの支配体制は根底から急速に崩壊していったからである。その崩壊過程があまりにも早く全国的に進行したため、その後の合州国の政治的・軍事的介入政策はことごとく効果を上げることができなかった。

　この崩壊過程の速さは、7月26日運動をはじめ、反バチスタの運動が草の根まで深く浸透していたことを示し、合州国のエージェントたちは、バチスタの腐敗とその支配体制の弱体化、とりわけ軍部の戦闘意志の崩壊、国民の反バチスタ意識の強さを読み取ることに失敗していたといえるだろう。それはアイゼンハワー大統領のキューバ問題への危機意識のない対応の仕方となって現れていた。

　国家安全保障会議（NSC）の事務官をしていたエヴァレット・グリーソン（Everett Gleason）のメモによると、アイゼンハワーは58年12月18日の国家安全保障会議（NSC）で、キューバの「反乱軍がどうしてこんなに早く力を得たのか理解できないと」述べたという。さらにバチスタ体制が崩壊寸前にあった12月23日のNSCでも、バチスタ体制の危機的状況が話し合われた際、大統領は「NSCの会議ではじめてそのような報告を受けたと思った」といったことが記録されている。その時も、アイゼンハワー大統領は、第三の力が影響力をもつことを期待し、それに資金と武器を提供したいという程度の議論をしていた。同日付で国務省の国務次官

クリスティアン・ハーター（Christian Herter）は、アイゼンハワーに、砂糖キビ刈り入れを前にして、バチスタ政府は急速に崩壊しており、キューバの東3分の1を失ったと報告している時期に、大統領はこのような認識しかもっていなかった。12月30日に作成された国家安全保障担当顧問ゴードン・グレイ（Gordon Gray）のメモによると、大統領は「キューバ情勢の大事な事項がなんらかの理由で自分に提示されていなかったと感じると表明した」[24]。

この事実は合州国政府自体が、革命成功の直前まで、キューバ問題をたいして重視していなかったということを示して余りある。キューバに新政府が成立して以降も、フィデルが、断固としてナショナリズム政策を実施するまで、旧態依然の帝国としての干渉政策を模索しているにすぎなかった。

1958年12月前半までに、米軍の直接軍事介入以外にフィデルを阻止する合州国の選択肢は、どんどんとなくなっていった。この段階では共産主義の侵略だとする証拠もなく、バチスタ体制の失政による崩壊過程に、米軍が直接的に軍事介入することは不可能であった。

さらに、善隣政策以来、合州国にもキューバの内政にあからさまに干渉できる状況にはなく、冷戦体制のもとで、社会主義陣営に対し、民主主義世界の覇権国として行動せざるをえない状況にもあった。それがまた合州国の政策の手をしばった。

しかし、あらゆる可能性を探って、最後の最後まで画策していたことは以下の事態をみれば明らかである。

ゲバラたちがラス・ビジャスへの急進撃を決行している時期、国務省の対キューバ政策に不満を持った、キューバに深い利害関係を持つ実業家の一市民、ウィリアム・D・ポーレイ（William D. Pawley）は、CIAに乗り込み、キューバ問題を協議し、アイゼン

ハワー大統領に直談判して、バチスタ政府への武器輸出再開を要請した。ポーレイは国務省にも直接乗り込み、次官補ロイ・リチャード・ラボトム（Roy Richard Rubottom, Jr.）や中米問題局（Office of Middle American Affairs）長官ウィリアム・A・ウィーランド（William A. Wieland）と会談し、対策を採れと主張し、かれらを共産主義に無知だと批判した。キューバに利害関係を持つこのような個人たちが、政治家や官僚たちに直接働きかけ、キューバ問題に介入させようとするという事態は、1903年の「独立」以来、絶えず行われてきたことであった。ポーレイはフィデルが共産主義者だと主張し、その政権獲得阻止計画を画策した[25]。11月にはポーレイのマイアミの自宅で、米州問題国務次官補ウィリアム・P・スノウ（William P. Snow）、前国務次官補ヘンリー・F・ホランド（Henry F. Holland）、CIAの西半球担当のジョセフ・コールドウェル・キング（Joseph Caldwell King）とキューバ問題で協議した。ポーレイはこの会議で、フィデルの権力掌握を阻止するため、バチスタに代わる暫定政府をつくり、合州国がその暫定政府を軍事援助で強力に支えるよう主張した。それがアイゼンハワーに伝えられた。アイゼンハワーは、クリスティアン・ハーター国務次官にバチスタがすぐ受諾する案を立案せよと連絡したといわれている。

　その後、2日間にわたりポーレイは国務省の役人とバチスタ排除の計画を立案した。こうしてバチスタが家族と共にフロリダのデイトン・ビーチ（合州国のフロリダにあるリゾート地）に引退し、クーデタで軍人を首班とする暫定政府を樹立する計画が実行に移された。暫定政府は、バチスタ支持者にたいしていかなる報復もしないこと、合州国は武器を暫定政府に引き渡すこと、18ヵ月以内に選挙を実施し、軍人から成る暫定政府は退くということで合意をえて、ポーレイが直接バチスタに面会して伝えることになった。国務

省は、計画実行に協力せざるを得なかったが、その計画が成功するとは考えてもいなかったし、外部から国家の政策に干渉するポーレイのやり方にも不満を持っていたということになっている。しかしそのような主張自体、帝国の干渉をあいまいにする工作の一環とみて間違いないだろう。

この計画は、国務省による「暗黙の了解」[26] も許可もないということにして、私的行動として、実行に移され、12月7日、ポーレイはアバナに飛び、8日にはバチスタ政府の首相ゴンサロ・グエル（Gonzalo Güell）と面会し、計画の全容を告げ、それをグエルはバチスタに伝えた。12月4日にはスミス大使は帰国を命令され、ポーレイの計画には大使館は関係していないような工作もされていた。だが、ポーレイは後に、国務省には共産主義の支持者がいて、妨害されたと主張している[27]。

12月9日夕方、大統領官邸で3時間にわたり、バチスタとポーレイの会談が行われた。そのときポーレイは、バチスタに代わる人物として、かつてバチスタに反乱を企てたラモン・バルキン大佐（第4章第4節参照）、バチスタと共に52年クーデタに参加したが、その後、バチスタにより投獄されていたディアス・タマヨ将軍、反バチスタの軍人エンリケ・ボルボネ（Enrique Borbonnet）やアトゥエイ・ビールの経営者でプリオ政府の財務相をつとめたホセ・ペピン・ボシュ（José Pepin Bosch）らをあげた。ホセ・ペピンは別として、他の軍人たちは、ピノス島に投獄されていた。バチスタは、その提案を拒否した。しかし、バチスタはアイゼンハワーの承認した計画だとポーレイが会談の場でいっていれば、受け入れただろうと、亡命後に述べたといわれている[28]。

ポーレイの画策の後、12月14日朝、スミス大使はラボトム国務次官補から、合州国は、11月選挙で選出されたとされるバチスタ

43　アール・T・スミス大使（左）とバチスタ

の後継者リベロ・アグエロ（Rivero Agüero）を支持することはないと、バチスタに知らせるように指示を受けた。スミスはすぐにグエル首相に連絡し、17日にバチスタの別荘フィンカ・クキネ（Finca Kuquine）で会談をし、臨時政府に権力を渡し、今すぐ家族と亡命するようにと説得した。その際、バチスタは家族とデイトン・ビーチに行けるのかときいたが、スミスは、バチスタだけは、スペインへいくのがいいと勧めた。バチスタは自分が亡命したら軍隊が崩壊すると主張し、合州国が武器をくれるなら、リベロ・アグエロが大統領に就任する2月24日まで政権を維持したいと告げた。それは不可能だとスミスは答え、自費で家族とデイトン・ビーチへ行くというバチスタの主張も拒否した[29] 12月18日に開かれた国家安全保障会議では、このスミスの説得がうまくいかなかったと報告された。

　また歴史家のトーマス・パターソンによると、1958年12月半ば、バチスタの忠実な部下タベルニジャ・ドルツ将軍指揮下の下士官たちが、アバナの7月26日運動の地下組織の指導者たちに接近し、市民とバチスタ軍のエウロヒオ・カンティジョ将軍およびその部下からなる軍事評議会のクーデタでバチスタを追放し、マヌエル・ウルチアを首班とし、バルキンあるいはボルボネの他に、フィデルの指名するその他2人の市民で構成する臨時政府を樹立する計画を持ちかけたという。これは合州国が、さまざまなルートを使っ

てクーデタの画策をしていたことを示している。

12月12日にフィデルは、それらの合州国の画策を念頭に置いて、「ラディオ・レベルデ」で、合州国が反乱軍の勝利を阻止するために新たな画策をしていることに注意を喚起せよと放送した。

さらに、おそらく合州国のエージェントたちと相談の上で、カンティジョは、フィデルとの面会を要求した。12月28日、フィデルたちが指定したオリエンテの砂糖工場へカンティジョはヘリコプターで着陸し、フィデルに軍事評議会の樹立を受け入れる可能性があるかどうかを探った。しかし、フィデルは厳しくその可能性はないと主張し、3時間にわたってフィデルは、カンティジョに降伏するよう説得し、かれはそれを受け入れたといわれている。

またモンテクリステイ・グループを指導していたフスト・カリジョもCIAと組んで陰謀を企み、1958年7月には、イスラ・デ・ピノス作戦（Operación Isla de Pinos）と呼ばれた計画を、すでに始めていた。マイアミに亡命中から、かれは兵士、武器、飛行機をその計画のために集めており、それでバルキンを監獄から解放し、権力の座につけるという計画であった。この計画も合州国国務省の高官が絡んでいた。

この他にもCIAはマイアミでエスカンブライ第2国民戦線の代表たちとも陰謀を練った。ラス・ビジャスのエロイ・グティエレス・メノヨのゲリラ部隊に武器を送ることにし、CIAのジャック・スチュアート（Jack Stewart）が、国務省の承認の上で、12月31日、その計画が実施に移された。その日、合州国のパイロットの操縦するB-29がエスカンブライに不時着し、武器と兵士を提供した。メノヨの部隊は7月26日運動より先にハバナを占拠する計画をもっていた。

さらにCIAは、カルロス・プリオとトニー・バロナらと画策

し、ホセ・ミロ・カルドナの支持を得た計画も進めていた。トニーが、マイアミから武器と兵士とともに飛行機でカマグエイに乗り込み、バチスタ軍の不満兵士と協力して反バチスタ軍を組織し、カマグエイ州を支配して、フィデルの権力掌握を阻止するという計画であった。12月末、トニーは、セスナでフロリダから飛びたち、カマグエイのキング・ランチの近くに着陸した。しかし、この計画も挫折し、トニーは7月26日運動の部隊に武器を引き渡すはめになった。

さらに、スミス大使は教会の大司教を利用した画策も提起していた。それによるとバチスタが2月24日まで生き延びる平和解決の提案をして、枢機卿が休戦をよびかけるという計画であった。国務省は教会と協力するつもりはなかったが、スミス大使個人の責任で、合州国が干渉しているとは気取られないように、行動することは許可されていた。ただし、これが実行されたかどうか記録はない[30]。

バチスタ政権崩壊の直前の12月29日でさえも、スミス大使はあきらめずに、国務省にバチスタを追放し、教会の協力でグスタボ・クエルボ・ルビオ（Gustavo Cuervo Rubio）元副大統領、ルイス・マチャド（Luis Machado）元アメリカ駐在大使、ホセ・アントニオ・ルビオ・パディジョ（Jose Antonio Rubio Padillo、薬剤師で有名なカトリックのリーダー、プリオ時代の公共事業相）、ギジェルモ・ベルト（Guillermo Belt、元アメリカへの大使）、エルネスト・ディイゴ（Ernesto Dihigo、アバナ大学教授、プリオ時代の国連大使）、カンティジョ将軍から構成される臨時政府をつくり、カンティジョ将軍を参謀長に据え、合州国が武器の輸送もふくめ全面的に支持する案の許可を得ようとしていた。すべての政党を解散させ、6ヵ月以内に総選挙を呼びかけ、フィデルと和平交渉をし、政

治的恩赦、権利の侵害をしたバチスタ政権のすべての人を裁判にかける、臨時政府、内閣、軍事評議会あるいは現在のキューバ政府の人員は選挙に立候補できない、軍事評議会はOASに反乱軍との交渉、選挙監視の委員会の任命を要請するとしていた[31]。

同じ12月29日、中米・パナマ問題事務所（Office of Central American and Panamanian Affairs）の長官からラボトム国務次官補へは次のように報告されていた。

フィデルの13人からのゲリラがこれだけ大きくなったのは国民の支持があるからだ。数日前、オリエンテで7月26日運動は勝利を主張し、彼らはサンタクララでキューバを二分した。もし反乱軍が全国で成功するなら、バチスタ体制は崩壊するかもしれない。もし倒れないとさらに殺人が増えるだろう。もし体制が崩壊すると、反バチスタ勢力が権力闘争に入るだろう。そして、正常化には時間がかかるだろう。

バチスタが生き残るか、反対派の対立がおこるかによって、次の計画を考える。

1）キューバ情勢を研究するOASの大使級の小さなインフォーマルなグループを形成する。この任務はパナマの元大統領アリアスが担当する。

2）議論を急ぎ、バチスタにそれらのグループのキューバ訪問を要請させる。

3）それが許可されたらバチスタに次の計画を提起する。

　a）政府とカストロ、その他の反対派が合意したら、すぐ休戦を呼びかける。秩序は残虐な指揮官を含まないキューバ軍が維持し、国連が監視する。

　b）休戦が成立したら国連がキューバ人の国民投票を監視する。

　c）国民投票は2つの課題で行う。すなわち①11月3日の選挙

の結果を支持するか。もしそれが多数なら、リベロ・アグエロはじめ 11 月に選出された人びとが権力をとる。②リベロに反対なら、7 月 26 日運動、反バチスタの既成諸政党（共産党は除く）、市民諸組織、「アクシオン・カトリカ」、学生、その他の承認されたグループによる国民和解政府を形成する。国民和解政府は 1959 年末まで大統領を選ぶ総選挙をおこなう。国連がそれを監視する。

d）バチスタがこれに合意すれば、委員会はただちにカストロの運動、その他の組織の合意を求める。

4）休戦の合意が成立し、手続きが合意されれば、委員会はバチスタの合意を得る。その上で OAS の大統領会議の招集を要請する。キューバ政府はその会合を開くように指示をうける。

5）会合では、委員会は人道的立場から行動を正当化する。キューバ問題を取り上げるように国連に要請する。その他綿密な計画が提起されていた[32]。

加えて、12 月 31 日午後 4 時、ハーター国務次官の事務所における国務省会議メモには次のような事実が記録されている。

国務省ではラス・ビジャス地域で他の反乱軍を支援するため武器を提供する問題が検討された。プリオとトニー・バロナのグループがいる。その他に医者や弁護士らの市民組織がある。この組織は 1 人の男を送って、バロナを支援している。それはホセ・ミロ・カルドナだ。今、マイアミで活動している。国務省はこのグループがキューバの他のグループの代表たちと手を結ぶ可能性はあるとみている。バロナは、まだプリオと組んでいるが、かれがつき合っているグループは別の有力者たちを含んでいる。とりわけミロ・カルドナの支援が重要だ。カベル（Cabell）将軍は、合州国が直面している問題は第三勢力を特定できるかどうかだと強調した。グレイ

(Gray)は、われわれはプリオとその勢力への武器提供を止めない方がいいと思うといった。大西洋軍最高司令官（CINCLANT）は、合州国国民と合州国の財産を保護するために必要な場合に介入する準備をすることにもなった[33]。

これらのさまざまな計画を考察してみると、カラカス宣言に署名し、7月26日運動と協力して、反バチスタ武装闘争を進めると約束しながら、7月26日運動以外の有力な指導者たちは、ことごとく合州国のさまざまなエージェントたちと協力して、フィデルの権力獲得を妨害する計画に何らかの形で加担していたことが分かる。合州国は、使えるエージェントたちを最大限利用し、フィデルの権力掌握を阻止する可能な限りの努力をしていた。フィデルが予想したとおり、1903年の独立戦争の成果を合州国が横取りしたように、またも革命の成果の横取りを合州国は狙っていたのである。

しかしハーター国務次官は、7月26日運動がほぼ全国を支配し、バチスタ体制の崩壊が確実になったことを知って、12月31日午後9時41分、国務省からキューバのアメリカ大使館あてに次のような内容の電報を送った。

キューバの崩壊過程を注意深く見ている。共産主義の浸透にも注意している。合州国は何ヵ月もキューバ政府に政治的基盤を強化しろといってきたし、そのために支援してきた。

それにもかかわらず、合州国はひどいめにあってきた。米州でも評判を落とした。キューバ政府は、十分な武器を持っているのに、フィデルたちが小規模な政治的軍事的ファクターのうちに積極的に排除する行動をとらなかった。反乱軍をつぶす適切な手段をとることに失敗して、キューバ政府は革命的反対派を軍事的警察的手段で抑圧する努力に集中することに決めたらしい。だから法的、市民的、政治的制度を無視した。これがわれわれの対策の幅をせばめ

た。基本的政策の検討結果、われわれは軍事的性格の支援を差し控えざるをえなくなった。キューバ国民からの基本的支持を受ける解決のための適切な最終的展望を見出すまでは、合州国は他の分野の協力、例えば原子力協定、輸出入銀行（EXIM Bank）のクレジットやその他の経済的支援策を続けてきた。つまり合州国はバチスタを弱体化するつもりはなかった。しかし残念なことにバチスタは自分の力を掘り崩し、合州国は協力できる範囲を狭められた。

　現在の状況では、キューバ政府の行動への軍事援助のどんな増強も、キューバの国内問題への干渉だという批難を西半球の内外で避けられないことになるだろう。そして多くのキューバ人と疎遠になり、キューバにおける合州国の立場に長期的に打撃を与えるだろう。国務省はキューバ問題の解決にそのような支援をしてはならないと考える。

　フィデルと共産主義の関係も調べた。たしかに浸透はしているが、決定的だという証拠はない。7月26日運動はキューバを統治する責任と能力をほとんど持っていない、そのナショナリズムの路線は共産主義にうまく牛耳られる程度のものだ。

　国務省は、これまでしばしば表明してきたように、キューバ政府は、キューバの経済的政治的安定を脅かしている現状を終わらせるために秩序ある転換を促進し、キューバ国民が受け入れられる建設的政治的解決を達成するため多数の国民的セクターを代表する立派な人びと、影響力のある人びととの協力を獲得する可能性をまだ残しているとあらためて表明する[34]。

　このハーター国務次官の総括は、合州国の置かれた困難な立場を良く表している。12月30日には、バチスタの息子2人がニューヨークの空港に到着したのを確認しながら、合州国は、信頼できる反カストロの第三勢力を特定しようと必死に試みていた。

その一方で、1958年のクリスマスには、フィデルの軍団がサンティアゴを解放した。そして、フィデルは1月1日にバチスタ軍のサンティアゴ地区司令官であるホセ・レゴ・ルビド（José Rego Rubido）と面会し、流血を避けることで合意した。それは7月26日運動によるオリエンテの完全制覇を意味した。

　その間、ゲバラの部隊は、サンタクララ方面に向けて西進し、カマファニを制圧、12月29日にはサンタクララ制圧の闘いが開始された。30日にはゲバラは総司令官として、占拠した放送局からサンタクララを革命軍がほぼ制圧したと放送した。

　12月31日夜、バチスタはコルンビア兵営で逃亡するメンバーたちとパーティを開き、年が明けると、午前2時にバチスタは辞任し、エウロヒオ・カンティジョに権力を移譲し、そのまま空港へ向かい、3機の飛行機で仲間たちとキューバから逃亡した。

　1959年1月1日、フィデルは「ラディオ・レベルデ」で全国に向けて、「市民政府以外の解決をけっして受け入れるな」「どんな軍事評議会も受け入れるな」と注意し、発電所以外のゼネストを呼びかけ、暗殺者たちを逃がすな、政治犯を直ちに釈放しようと放送した。オリエンテのパルマ・ソリアノにフィデル、セリアその他一団が集まっていて、砂糖工場でモーニングコーヒーを飲んでいた時、バチスタの逃亡が知らされた。そして、フィデルの同盟者と称してカンティジョが権力を握ったことも知った。これに対して1月2日には、FONUの支援と組織の下、革命的ゼネストが全国に波及していった。合州国は、1月1日の夕方、秘密裏にキーウェストから2隻の潜水艦と3隻のフリゲート艦をアバナ沖の海域に派遣し、海兵隊が必要に応じてキューバに上陸する準備をしたが、結局はその後に引き上げた。

　フィデルは1月1日、オリエンテからビクトル・モラ（カマグ

エイ方面コマンダンテ）にカマグエイの制圧と中央道のやその他の道路の封鎖を、ゲバラとシエンフェゴスには、アバナへの進撃を命じた。この命令は、エンリケ・オルトゥスキ経由でゲバラに伝えられた。エンリケがその命令をゲバラに届けた際、ゲバラはラス・ビジャスの正式のゴベルナドル（統治者）として、カリクスト・ガルシアを任命するとエンリケに伝えた。フィデルの指示では、各プロビンシアの7月26日運動の責任者を任命することになっていたが、ゲバラはラス・ビジャスの責任者エンリケをジャノの偽革命家とみていたため、フィデルの指示を無視して、カリクストを任命した。ここにもゲバラのジャノの活動家にたいする偏見が現れていた。

フィデルはマヤリの制圧をベラルミノ・カスティジャに、グアンタナモはラウル・カストロ、オルギンはラロ・サルディニャス、ビクトリア・デ・ラス・トゥナスはゴメス・オチョアに制圧を命じた。フィデルはラディオ・レベルデで秩序を保つよう訴え、カンティジョの権力掌握を厳しく非難し、アメリカ大使館が支援しているクーデタは認めないと断言した。その後、サンティアゴ・デ・クバを解放し、そこでの最初の演説で、フィデルは、サンティアゴ・デ・クバは臨時の首都だと宣言し、マヌエル・ウルチア政府だけしか革命は認めないと繰り返し宣言した[35]。

キューバ全土で、7月26日運動、DR、PSPが行政機関、労働組合のセンター、放送局、警察管区、軍事ポスト等々を占拠していた。CMQのアバナ放送局を最初に占拠したのはPSPであったが、7月26日運動は最初の放送をPSPがするのを拒否し、7月26日運動が放送権を確保した。

オリエンテからアバナへの7月26日運動の革命勝利の行進は、各地で国民の歓呼に迎えられていた。カンティジョは、ピノス島からラモン・バルキンらを釈放することに決定し、かれはボルボ

44 勝利の行進（ジープの上で手を振るのがフィデル・カストロ）

ネやアルマンド・アルトらとともにコルンビア兵営に到着した。バルキンはマイアミのモンテクリスティ・グループのリーダー、フスト・カリジョやマヌエル・ウルチア、フィデルらと連絡をとり、事態の収拾を図ろうとした。しかし、すでに7月26日運動の権力掌握が全国で進行しており、バルキンが事態を収拾できる状況にはなかった。1月2日、ゲバラとシエンフエゴスの部隊がアバナに到着し、シエンフエゴス部隊はOAの部隊やDRの部隊とともに500人でコルンビア兵営を占拠、バルキンは7月26日運動への権力移譲を承認した。さらにシエンフエゴスは合州国の軍事顧問団と交渉し、権力の移譲を確認させた。ゲバラの部隊はラ・カバニャ（La Cabaña）要塞を占拠した。

1月2日、フィデルはサンティアゴ・デ・クバからゆっくりとラ・アバナに向けて行進を開始した。その頃ラ・アバナではDRのロランド・クベラが7月26日運動の権力独占の可能性を危惧して、DRの代表も臨時政府に入るべきだと主張し、アバナ大学の学生たちを中心勢力として、大統領官邸を占拠していた。1月5日、マヌ

エル・ウルチア（7月26日運動がマイアミ協定に対抗して、臨時政府の大統領に推薦した人物）がラ・アバナに到着し、コルンビア兵営で緊急にロベルト・アグラモンテ、上院議員のホセ・マヌエル・グティエレス（José Manuel Gutiérrez）、市民抵抗運動の指導者マヌエル・ライ（Manuel Ray）からなる委員会を結成し、DRのロランド・クベラ と DREのファウレ・チョモンと交渉を行った。その結果、ウルチアがかれらの主張を考慮することを約束、チョモンも妥協し、ウルチアに官邸を明け渡した。

ウルチアは臨時大統領として閣僚会議を組織し、首相にホセ・ミロ・カルドナ、外相ロベルト・アグラモンテ（オルトドクソの1952年大統領候補）、内相ルイス・オルランド・ロドリゲス（オルトドクソ党員、ガードナー合州国大使に反対した新聞社の経営者で、その社はバチスタに閉鎖された）、財政相ルフォ・ロペス・フレスケット（Rufo López-Fresquet、経済学者）、通信相エンリケ・オルトゥスキ、大統領顧問ルイス・ブキ、ラウル・チバス、農産業開発銀行総裁フスト・カリジョらを任命した。

ウルチア政府が形成されてまもなく、スミス大使、大司教、スペイン・ブラジル・アルゼンチン・チリの大使たちが合同で外相アグラモンテを訪問し、前夜に生じたコロンビアとポルトガル大使館への攻撃に抗議した。その場にはウルチア臨時大統領、首相ミロ・カルドナもいて、大使館の保護を約束した。だが、これもスミス大使の情報収集の行動の一つであろう。

権力を掌握した反乱軍からは、バチスタの支柱とみなされていた合州国のスミス大使の更迭要求がすぐにだされていた。合州国国務省は1月6日、スミス大使に帰国を命じ、ワシントンへ帰着後、そこで更迭の方針が伝えられた。こうして合州国政府は1月7日午後5時、新キューバ政府をはやばやと承認した。スミス大使は更迭に

不満を述べたが、ダレス国務長官はアイゼンハワー大統領に、新しいキューバとは新しい大使で交渉しないと対処が難しいと説明し、スミス大使は1月10日、正式に辞任した。後任にはコロンビア大使をしていたフィリップ・W・ボンサル（Philip W. Bonsal）が指名された。

1月9日、4万人の群衆を前に、コロンビア兵営でフィデルは演説した。フィデルの背後には、カルロス・プリオ、アウテンティコの政治家たち、オルトドクソの政治家たち、労働運動の指導者たち、実業家たち、その他の人々が結集していた。

フィデルは、おおよそ次のような内容の演説をした。

独裁者は倒された。これから多くのことをしなければならないし、困難が待ち受けている。人民には真実を伝えなければならない。これからの革命の敵は革命家たち自身になるだろう。われわれ自身が革命の敵になるだろう。人民がこの戦争に勝利した。革命が奉仕するのは人民の利害のためだ。国民の願いは平和だ、自由のある平和だ、正義のある平和だ、法のある平和だ。独裁者のいない、犯罪のない、検閲のない、抑圧のない平和だ。

7月26日運動だけが闘ったのではない、われわれは人民が闘ったように闘った。アバナでもたくさんの人たちが闘って倒れた。ゼネストも革命の完全な勝利の決定的要因だった。皆の共同の成果だ。この革命は世界で始めての革命だ、戦争捕虜は殺されなかったし、負傷した兵士は見捨てられなかった、拷問を受けた者はいない、兵隊の位なども重視していない。いまや共和国と革命は新しい局面に入る。大統領は尊敬できる人物だ。正直でオープンな軍隊の指導者たちも人民の利益に奉仕する。もし現在の政府の指導者たちに価値がないと明らかになれば、人民はかれらを追いだす権利を持っている。選挙で彼らを承認しないだろう。選挙、これこそが最後の手段

だ。クーデタは永久に放棄した。独裁時代には世論はなかった。自由の時代は世論がすべてだ。役人たちは人民にたいして語らなければならない。

カルロス・プリオ・ソカラスの例を挙げよう。かれはわたしに個人的野心なしに革命に奉仕したいといった。全く条件なしにだ。かれは新しい内閣に一切不満を述べなかった。他の革命家たちも人民の福祉を考えている。この体制に反抗するのは狂ったものだけだ。革命家たちの一部は武器を横流ししたり、隠したりし始めている。これと闘う。武器は武器庫と兵営に保存する。革命家たちは間違った立場を捨て、自由と平和に合わせて、武器を返却するようにといいたい。誰と闘う武器なのか。革命的政府と闘うのか。なんのための武器なのか。ウルチアがバチスタと同じだというのか。

大統領は私を共和国の全軍の司令官に任命した。私は名誉だとは思っていない。わたしにとってはいけにえにされたようなものだ。人民がわたしにその義務を負えと命じることを望む。武器はできるだけ早く、街頭から消えるべきだ。もう闘う必要はないからだ。私兵を持つ権利は誰にもない。

わたしはすべての問題を流血なしに解決したいと人民と母親たちにいいたい。共和国の正規軍メンバー以外の人々は武器を兵営に返そう。もう十分すぎるほどここには武器がある。権利と人民を守らなければならないときだけ武器は必要だと証明された。

法律は尊重されると保証する。人民が武器を必要とすると命じたとき、その義務を果たすために武器は利用される。われわれは人民が要求したときにだけ、武器を利用する。

今や、軍事的戦闘は終わった。われわれは家賃や電気代等々を払うことを学ばなければならない。

大統領の地位は確立された。誰もかれを脅かしてはならない。か

れは人民の支持を受けている。革命勢力の支持を受けている。

革命の強化が実現されるまでが長期にならないよう望んでいる。人民の諸セクターが非常に協力的であることを知っている。わたしは革命の勝利に続く共和国の基本的問題は働くことだと思う。それが問題を解決する道だ。

閣僚会議は立派な革命家たちから構成されている。大統領は首相を選んだ。われわれは2、3日でなにもかもすることはできない。みんななにも知らないが、1ヵ月もすれば、十分に知るようになるだろう。もっとも大事なことは、学ぶこと、人民に奉仕すること、仕事を良くすることだ。7月26日運動のメンバーもたくさんいる。もしかれらが目的に奉仕しないなら、7月26日運動だろうと誰だろうと更迭される[36]。

以上がフィデルの演説の概要である。こうして、キューバは最も困難な革命的社会変革の時代に突入していった。

この演説を聞いていたフィデルの背後に居並ぶ政財界の人々、また、フィデルとともに戦ってきた7月26日運動の支持者たちも、59年1月以降、フィデルを中心とする革命勢力が、民衆の圧倒的支持を背景にしながら、急進的に改革を進めるにつれて、革命を支持するものと、激しく異議を申し立てるものとに分裂していった。そして反革命派は、フィデルたちが予想していたように、合州国帝国主義者たちとの協力を深め、ついには合州国がらみの激しい武力衝突をもたらしただけではなく、世界史的にも記録された米ソを巻き込んだ核戦争寸前にまでいたる「キューバ危機」（1962年10月、キューバに配備されたソ連のミサイルの撤去を合州国が要求したことにより生じた合州国・キューバ・ソ連が核戦争寸前にまでいった事件）という事態にいたったことは周知の史実である。それから半世紀以上も過ぎて、2015年7月20日にキューバ政府と合州国政府

第10章　革命の勝利へ　351

の国交正常化がどうにか実現し、16年3月20日、オバマ合州国大統領が現職大統領としては88年ぶりにキューバを訪問したとはいえ、わずか人口1000万余の小国の経済活動の自由を徹底的に阻止している合州国のキューバ制裁法の全面的解除の見通しはいまだにたっていない。キューバは合州国の鳥かごのなかに閉じ込められたままである。

第 11 章

終　章

　1952年3月10日、フルヘンシオ・バチスタがクーデタで政権を強奪して以降、センテナリオの世代といわれたフィデル・カストロたちがモンカダ兵営を攻撃し、武装蜂起してから、革命の勝利した1959年1月1日までの7年間は、世界史的にみても激動の時代であった。この時代の特徴は、中華人民共和国の成立やベトナムにおけるフランス植民地支配の崩壊にみられるように、いまだ共産主義勢力が旧植民地諸国で権威と権力を拡張していたことにある。当時、アメリカ帝国主義を先頭とする帝国主義諸国の軍事力、政治力、経済力をしても、もはや旧植民地諸国の国家的独立の流れをとどめることは不可能になり、ついに植民地体制は崩壊過程をたどるにいたっていた。アジア・アフリカ会議やアジア・アフリカ人民連帯会議等々、国家的レベルから民衆レベルでの連帯の強化がみられ、平和5原則やバンドン10原則の提起等で主張されたように、帝国主義体制に代わる新しい国際秩序の形成の動きが急であった。

　一方、ソ連をはじめとする東ヨーロッパの共産主義世界と合州国を先頭とする資本主義世界とによる旧植民地諸国の形成するいわゆる「第三世界」にたいする指導権争いは、朝鮮半島での朝鮮戦争にみられるように熾烈を極めた。共産主義世界では、すでにハンガリー事件に象徴されたように、スターリン批判が始まってはいたが、大陸間弾道弾や人工衛星スプートニクの打ち上げ等、共産主義の優位性を誇示する政策によって、共産主義勢力は依然として世界

的な支持基盤をもっていた。これに対抗する資本主義陣営では、合衆国のマッカーシズムにみられるように、激しい反共産主義政策が展開されていた。したがって、各地の反政府運動はことごとく、共産主義と資本主義の対立とみなされ、抵抗も弾圧も暴力的様相を呈することが多かった。

当時、毛沢東の『持久戦論』や『遊撃戦論』、ヴォー・グエン・ザップの『人民の戦争　人民の軍隊』が広く世界中で読まれていた。反植民地闘争でも帝国主義の侵略戦争にたいして反帝国主義の正義の戦争は正当化されていた時代であった。その思想の根源には自然権思想を主張したロックの「抵抗権」の思想があり、イギリスの植民地から独立する際、合衆国の13連合州の独立宣言では、「抵抗権」は「革命権」と表現されていた。それがマルクス主義と結合し、ロシア革命へとつながり、その思想が正当性をもって支持されていた時代であった。

キューバにおいても、バチスタが権力を掌握したとき、かれは1940年憲法第40条第2項の抵抗権を保証した条項を利用して、クーデタを革命と称して正当化しようとした。これに対して、フィデル・カストロは、バチスタのクーデタを憲法違反の犯罪として告発したが、裁判所はその告発を却下し、バチスタの「クーデタ」を「抵抗権」の行使と承認した。フィデルはそれを不当として、同じ第40条を利用して、「革命権」を行使し、モンカダ兵営攻撃の武装蜂起を組織した。「1940年憲法第40条2項。上記に保障された個人の諸権利の擁護のために適切な抵抗は正当である。これは反乱権だ。共和国の憲法は裏切られ、すべての権力が人民から奪われた。抑圧と不正に抵抗する権利が残されているだけだ。3月10日の事態に抵抗するのは裁判所の義務だ」フィデルは『歴史はわたしに無罪を宣告するだろう』において、以上のように主張しており、その

後、ゲリラ戦を戦って、革命政権を樹立することに成功した。

　50年代のキューバ革命の過程を検証すると、反バチスタ勢力が統一戦線を結成し、国民の圧倒的支持を獲得する基盤が存在していたことがわかる。しかしフィデル・カストロをはじめとする7月26日運動は、反バチスタ勢力を結集し、選挙でバチスタ政権に代わる民主的政府を樹立するという道を一貫して拒否している。かれらは非暴力の政治的変革の可能性があるにもかかわらず、武装闘争の道を選択した。だが、これをもって、キューバ革命の不当性を主張することはできないだろう。当時の世界史的潮流の中にキューバ革命を位置づけてみるしかない。キューバは核武装をした覇権国合州国の裏庭に位置し、合州国にほぼ全面的に従属する小国であった。歴代のキューバ政府の支配は合州国に政治的、経済的、軍事的に支えられていた。キューバ社会は暴力の歴史を引きずり、政治はポリティケリアたちの徒党の舞台で、暴力的抗争が絶えなかった。世界的にも名だたるマフィアの集団も政界、警察、軍部に浸透していた。そのような社会にバチスタは1952年にクーデタで政権を獲得し、独裁的に君臨していた。

　フィデル・カストロは、このような状況の中にある政治家、警察官、軍人やそれに協力する支配階級のすべてをまったく信用しないという立場を一貫してとった。これを不当だとすることもできない。むしろこの立場を一貫させることで、短期間のうちに、革命を成功に導いたといえよう。バチスタ政府が、テロ、拷問、虐殺、不当逮捕等々の暴力的支配で国民国家を支配しているとき、非暴力で体制変革に取り組んだとしても、新たな国民国家の形成過程は、必然的に新しい法措定的暴力の形成をともなう。

　非暴力による社会変革の戦いは、戦いの場である国民国家の枠の中での法維持的暴力を形成している社会的諸関係に平和的にくさび

を打ち込み、新しい法措定的暴力を形成する過程である。したがって非暴力革命の過程は、それまでの法維持的暴力が介入しえない関係、法維持的暴力を平和的に解体していく戦い、つまり法維持的暴力を行使しえないような社会的諸関係を平和的に構成して、自らの法措定的暴力自体の機能をも封鎖する戦いになる。

それにはヴァルター・ベンヤミンもいうように「プロレタリア・ゼネスト」が決定的手段になる。このゼネストは「国家暴力の絶滅」を唯一の課題としているからだ。キューバ革命を成功させた7月26日運動は、全面戦争を展開し、最終的にはゼネストで勝利する方針を掲げた。58年の4月のゼネストが失敗した後も、最終的にはゼネストで勝利する方針を掲げ続け、59年1月1日、フィデルは全国ゼネストを呼びかけ、実行された。しかし、このゼネストはベンヤミンのいう「政治的ゼネスト」であり、非暴力の世界を形成する「プロレタリア・ゼネスト」とは異なる。それは「権力が特権者の手から別の特権者の手に移るように、そして生産者大衆が別の主人のもとに置かれるように」する政治的手段であった。

フィデルがどのような変革を期していたか。それは7月26日運動が政権を掌握した1959年1月1日からはじまる1年間の変革過程に明確に表れた[1]。彼は「寄生体としての国家の解体」を実行した。それはレーニンの『国家と革命』の思想の実践であった。フィデルは、ポリティケリアたちとの統一戦線による選挙を通じたバチスタ体制の変革に可能性があることは認識していた。だから革命過程でたえず統一戦線の形成を追求し、カラカス協定も成立していた。その過程は、国民全体が抱いている反バチスタの傾向をもっとも敏感にフィデルが感じていたことを示していた。しかし、7月26日運動は、非暴力的合意の形成という人類史的課題に挑戦することはついになかった。キューバ革命は、国民国家の暴力革命の域をで

ることはなかったのである。

　フィデルは、ポリティケリアたちとの統一戦線を土台にした非暴力の選挙闘争による勝利では、バチスタ勢力を支えた「寄生体としての国家」、つまり寄生体としての「法維持的暴力」を解体できないし、民主的装いの下での、しかし本質的には変わらない「法維持的暴力」を受け継ぎ、30年代革命の失敗を繰り返すことを拒否した。

　キューバで1952年から1959年まで進行した事態は、国民国家内における権力闘争として現象した。憲法40条の抵抗権をバチスタもフィデルも利用しながら、合法な暴力と違法な暴力のあり方を巡る権力闘争にとどまった。秩序の保証とは、「敵を物理的に圧倒することで、こちら側の秩序の存在を証明すること」である[2]。

　革命過程でバチスタ体制を打倒する暴力をフィデル・カストロは持つにいたった。国民の圧倒的支持をフィデル派が暴力とイデオロギーで獲得した。たしかにバチスタとフィデルでは法維持的暴力行使の内容は異なる。しかし国民国家としての法維持的暴力行使の諸関係は、バチスタ体制と本質的に変化はないといってよい。そしてフィデルの樹立した法維持的暴力は国民の一部を暴力的に抑圧することになる。

　不満を持った反フィデル、反キューバ革命勢力の特徴は、ことごとく「帝国」合州国の覇権の傘に逃げ込み、その協力の下で対抗暴力を組織してきたところにある。キューバ革命を妨害するために合州国は、キューバ人の亡命者・移住者たちに、合州国の土を踏むと合州国国民として承認するという特権を与えたため、革命キューバの国家権力は、それを利用し、不満分子の合州国への追放を、自ら選択して亡命する権利として合法化した。そのため合州国には、革命成功後キューバから移住した人々が100万人を超えた。つまり国

民国家キューバに不満を持つ者たちは、キューバ国内に在住するよりも、合州国への移住を合法的に選択したのである。これはキューバ社会の諸関係に大きな影響を与えたし、これからも与えていくだろう。

　フィデルも、バチスタの法維持的暴力を解体し、自らの暴力そのものを制御し、コントロールする非暴力の過程を組織化することも可能であった。チリでは、厳しい条件のもとで、国家権力の手段としての法維持的暴力の諸関係を加工し、特定の勢力の手段としての暴力の発動を止める諸関係の中に軍隊を組織化することに一時的に成功していた。長い歴史の中で、特定の勢力の手段として行動することを拒否する軍部内の主導的将校集団が形成されていたのである。その過程が民主的選挙で選出されたサルバドル・アジェンデを権力の座につけた。ベネズエラのチャベス大統領やマドゥロ政権、ボリビアのモラレス政権が継続して存在するのも、国家の法維持的暴力が、一定程度加工され、民主的諸関係の中で、暴力が抑制される関係が構築されているところに理由がある。

　フィデル・カストロを中心とする7月26日運動もバチスタ政権の法維持的暴力を加工しうる諸条件は存在していた。しかし、フィデルは加工ではなく解体を追求した。その結果、キューバでは、フィデルの対バチスタの対抗暴力が手段として留まることになった。それでも権力のための手段と化した7月26日運動の暴力は、ソ連や中国、ベトナムの暴力と比して、極めて抑制的である。その主な原因は、キューバの現在の国家権力に対抗する暴力が、とりわけ合州国の巨大な暴力に内包されて国外で対抗暴力として機能しているからである。キューバ国内には、合州国に基盤を置く対抗暴力の支持者がきわめて少ない。

　1989年にソ連をはじめとする共産主義陣営が崩壊した。キュー

バが頼りにしていたソ連東欧諸国との貿易量は激減し、経済活動は激しく落ち込み、停電や食糧難に見舞われた。その上1993年には、20世紀最悪とされるハリケーンに襲われ、10億ドルを超す被害をだし、キューバは未曾有の経済危機に陥った。フィデル政権を倒す絶好の機会とみた巨大な覇権国、合州国はキューバへの徹底的破壊政策をとった。それに異議を申し立てることもないEU諸国をはじめとする資本主義世界のなかで、キューバ政府が孤立無援の状況で国民の生活再建にあえいでいるとき、国民はフィデルを指導者とする体制に反旗を翻すことはなかった。それはキューバにとどまっている国民の多くが、フィデルをはじめとするキューバ革命の伝統を維持しようとする指導勢力を支持したことを示している。キューバ国民の政治的意識の根底には、依然として合州国の植民地支配の意図にたいする抵抗と拒否の記憶が残っていたのだろう。

　現代世界に存在する諸国民国家の中で、キューバは、今後、国家の法維持的暴力を加工して、非暴力の新しい社会の形成を追求するうえで、ベトナムや中国とも、その他の諸国民国家とも異なる特殊な諸条件を備えているということは、革命過程とその後の革命維持過程が示している。非暴力の新しい社会を形成する特殊な可能性をつくりだしたところに、フィデル・カストロとともにキューバ革命を支えた権力集団の最大の成果があるといってよいだろう。この非暴力の変革の諸条件、つまり現在のキューバの国家権力の加工により、非暴力の新たな21世紀の変革の可能性を実現できるかどうか、キューバの革命世代が育成した若者たちの力が試される時がきている。

注　記

第 1 章　キューバ革命の背景

1) Necessity of ending the economic, commercial and financial embargo imposed by the United States of America against Cuba.
2) 河合 2008.
3) Johnson 1920 : chapterVI.
4) Johnson 1920 : chapterVII.
5) Johnson 1920 : chapterI.
6) Colhoun 2013 : chapter1.
7) ヒユーバーマン 1960 : 28.
8) Blackburn 1963.
9) Gellman 1973 : 7.
10) Alexander 2002 : 48-51.
11) Rafael de la Cova 2007 : 47.
12) Chomsky 2003 : 274-280.
13) Argote-Freyre 2006 : 69.
14) Argote-Freyre 2006 : 72, Gellman 1973 : 99.
15) Argote-Freyre 2006 : 145.
16) Argote-Freyre 2006 : 273.
17) IBRD 1951 : chapter40.
18) Gjelten 2008 : 182.
19) Paterson 1994 : chapter2.
20) Colhoun 2013 : 250.
21) Colhoun 2013 : 406.

第 2 章　フィデルの大学時代

1) IBRD 1951, Suchlick 1972 : chapter2.
2) Castro 2006 : 91, Coltman 2003 : chapter2.
3) Bonachea 1974 : 132.
4) Coltman 2003 : Chapter2.
5) Castro 2006 : 95.
6) Rafael de la Cova 2007 : 12, Bonachea 1972 : 20.

7) Coltman 2003 : Chapter2.
8) Castro 2006 : 94.
9) Bonachea 1972 : 132.
10) Bonachea 1972 : 133.
11) Castro 2006 : 98.
12) Bonachea 1972 : 136-143, Sánchez 1981 : 88, Dirección Política de las FAR, Sección de Historia 1972 : 161-164.
13) Coltman 2003 : chapter4.

第3章　モンカダ兵営攻撃

1) Cushion 2015, Dirección Politica de las FAR 1972 : 118.
2) manbises、独立戦争を闘った部隊は Manbí といわれた。その部隊のメンバーをいう。
3) Hart 1977 : 66-69, Dirección Política de las FAR1972 : 69, Oltusky 2002 : 8.
4) Hart 1977 : 57.
5) Bonachea 1972 : 147-149, Dirección Política de las FAR 1972 : 65-67.
6) Dirección Política de las FAR, Sección de Historia 1972 : 107, Rojas 1978 : 39-41 は 8 月 17 日としているが、まちがいと思われる。
7) Bonachea 1972 : 37.
8) Hart 1977 : 14, Sánchez 1981 : 103.
9) Hart 1977 : 61, Rojas 1978 : 37.
10) Franqui 1980 : 50-51, Dirección Política de las FAR, Sección de Historia 1972 : 169, Sánchez 1981 : 104-105, Rojas 1964 : 84-88.
11) Castro 2006-1 : 109.
12) Sánchez 1981 : 11-12.
13) Castro 2006-2 : 141.
14) Castro 2006-1 : 91-106.
15) Castro 2006-1 : 108.
16) ラモン・ボナチェアは、モンカダ兵営襲撃を「計画の第二段階」といっている。Bonachea 1974 : 16.
17) Franqui 1980 : 53.
18) Coltman 2003 : chapter5, Maclean 2003 : 24.
19) Castro 2006-1 : 111.
20) Castro 2006-1 : 85.

21）Franqui 1968 : 23.
22）Mencia 1986 : 444.
23）Castro 2006-1 : 111-112.
24）Castro 2006-1 : 105.
25）Castro 2006-2 : 134-138.
26）Castro 2006-2 : 139.
27）Farber 2006 : 66.
28）Conte 2007 : 45.
29）Coltman 2003 : Chapter5.
30）Castro 2006-2 : 142.
31）Castro 2006-2 : 143.
32）Castro 2006-1 : 91.
33）Franqui 1980 : 54.
34）柄谷 2006.
35）Castro 2006-2 : 144.
36）プロビンシア＝州の下の行政単位。町にあたる。
37）Castro 2006-2 : 144.
38）Mencia 1986 : 396.
39）Hart 1977 : 62.
40）Castro 2006-1 : 114-115.
41）プリオ政権時、かれはキューバ農業工業振興銀行 Banco de Fomento Agrícola e Industria de Cuba ＝ BANFAIC の総裁をしていた。
42）Lupiáñez 1985 : 74, 161.
43）Rafael de la Cova 2007 : 52, Bonachea 1972 : 45, Mencia 1986 : 619.
44）Caribbean Legion。ドミニカ共和国、ベネズエラ、ニカラグア等々の独裁者を打倒するため 1948 年 3 月につくられた武装集団で、キューバではボンチェスタスが参加していた。フィデルがドミニカ遠征に参加したとき、この軍団が動いていた。Rafael de la Cova 2007 : 53.
45）Castro 2006-1 : 114.
46）Mencia 186 : 507.
47）Dirección Política de las FAR 1972 : 149, Rafael de la Cova2007 : 57.
48）Mencia 186 : 485.
49）Rafael de la Cova 2007 : 258-274.
50）Rafael de la Cova 2007 : 68-69.

51) Trabajo conjunto 2004, Bonachea 1974 : 18-21, Coltman 2003 : 93, Castro 2006-1 : 126, Mencía 1984 : 509. 527. 530, Rafael de la Cova 2007.
52) Mencia 1986 : 472-3.
53) Rafael de la Cova 2007 : 72.
54) Rafael de la Cova 2007 : 74, Mencia 1986 : 536.
55) Castro 2006-1 : 167.
56) Bonachea 1972 : 159.
57) Rafael de la Cova 2007 : 77, Geyer 2001 : 112-3.
58) Mencia 1986 : 538-539, Coltman 2003 : chapter5.
59) Mencia 1986 : 627-633, Bonachea 1972 : 155-158.
60) Mencia 1986 : 529, Rafael de la Cova 2007 : chapter5.
61) Coltman 2003 : chapter6, Rafael de la Cova 2007 : chapter5, Mencia 1986 : 543.
62) Sánchez 1981 : 55.
63) Rafael de la Cova 2007 : 111, Sánchez 1981 : 151, Mencia 1986 : 585, Rafael de la Cova 2007 : 148.
64) Mencia 1986 : 585-586, Comision 1964, Rafael de la Cova 2007 : 257-274.
65) Castro 2006-1 : 132.
66) Castro 2006-1 : 115.
67) Rafael de la Cova 2007 : 139. ロバート・シーア 1968 : 161-2.

第4章 モンカディスタ裁判とフィデルのメキシコ亡命

1) Rafael de la Cova 2007 : 119.
2) Gadea 1972 : 29.
3) Rojas 1988, Rafael de la Cova 2007 : 206.
4) Rafael de la Cova 2007 : 222.
5) Conte 2007 : 9.
6) Conte 2007 : 11.
7) Rafael de la Cova 2007 : 236-7, Hart 1977 : 75.
8) Conte 2007 : 16.
9) Rafael de la Cova 2007 : 237.
10) Matthews 1969 : 73.
11) Maclean 2003 : 22.
12) Conte 2007 : 70.
13) Bonachea 1972 : 243.

14) Bonachea 1972 : 37, 252-254.
15) Maclean 2003 : 23.
16) Bonachea 1974 : 66, León 2007 : 226, Pacheco Águila 2003 : 36.
17) Conte 2007 : 144.
18) Hart 1977 : 82-89.
19) Llerena 1978 : 54-63, Bonachea 1974 : 38.
20) Coltman 2003 : chapter7.
21) Bonachea 1974 : 50.
22) Bonachea 1974 : 257.
23) Bonachea 1972 : 257.
24) Bonachea 1972 : 66-69.
25) フリオ・フェルナンドによると6万人。León2007 : 238.
26) Bonachea 1972 : 69.
27) Bonachea 1974 : 55-56.
28) Geyer 2001 : 134.
29) Gadea 1972 : 130.
30) 1956年3月5日の『ボエミア誌』の"La condenación que se nos pide"というフィデルの記事、Bonachea 1972 : 303.
31) 1956年3月18日の『ボエミア誌』にEnrique Barroso Dortaが発表した"Palos si bogas, y palos si no bogas"と題する記事。
32) 1956年4月1日の『ボエミア誌』の"El Movimiento 26 de Julio"と題する記事。
33) Bonachea 1972 : 310-319.
34) Harnecker 1987, Alvarez 2009 : 101.
35) Hart 1977 : 11.
36) ロランドによると逮捕されたのは26日で、40人だった。Bonachea 1972 : 81.
37) Bonachea 1974 : 66, KGBのYuri Paporovによると、プリオの金ではなくCIAの資金だという。CIAはバチスタ後の人材としてフィデルをみていた。Tad Szulcは1957年から58年にサンチャゴの領事館を媒介にして7月26日運動に金を渡したといっている。Szulc 1986 : Ⅲ The War (1952-58) chapter10.

第5章　ゲリラ戦の開始
1) Lupiáñez 1985 : 89-97.

2）Lupiáñez 1958：144-145, Borges 2006：42.
3）Realengo 18 は、1930 年代にバチスタの軍人たちに土地から追いだされそうになった農民たちが武装抵抗をして、ソビエトを形成したといわれている土地であった。Alvarez 2009：70.
4）1954 年 8 月 12 日に政令 1618 号の発布による。
5）Alvarez 2009：106.
6）Alvarez 2009：107.
7）Alvarez 2009：128、Canto 1993：203.
8）Hart 1977：116.
9）Stout 2013：chapter4.
10）casquitos、小さいヘルメットという意味。
11）Uría 2011：184.

第 6 章　グランマ号からの上陸

1）Hart 1977：136.
2）Stout 2013：chapter6.
3）フランクの報告によると、ペピトの部隊は、フランクたちのいた本部から出動したことになっている。Hart 1977：152.
4）Rodríguez 2011.
5）Hart 1977：140-41, Alvarez 2009：156, Stout 2013：chapter6.
6）Stout 2013：chapter7.
7）ゲバラといたメンバーは、フアン・アルメイダ、ラミロ・バルデス、レイナルド・ベニテス、ラファエル・チャオ（Rafael Chao）、4 日後にさらにカミロ・シエンフエゴス（Camilo Cienfuegos）、フランシスコ・ゴンサレス、パブロ・ウルタド（Pablo Hurtado）たちと合流。合計 8 人。Stout 2013：Chapter8.
8）Franqui 1968：chapter2.
9）ゲバラ 2012：28, Guevara 2011：19.
10）ゲバラ 2012：33, Guevara 2011：24, Stout 2013：chapter10.
11）Stout 2013：chapter11, Guevara 2011：32, ゲバラ 2012：47.
12）ゲバラ 2008：35, Guevara 2006：parte1.
13）Stout 2013：chapter12, DePalma 2007：68.
14）Stout 2013：chapter12.
15）Anderson 1997：chapter2, ベンヤミン 1994.
16）ゲバラ 2012：62, Guevara 2011：43.

17) ベンヤミン 1994.
18) Anderson 1997 : chapter3, DePalma 2007 : 30.
19) Hart 1977 : 161.
20) ゲバラ 2012 : 83, Guevara 2011 : 55.
21) Anderson 1997 : chapter2-Ⅲ.
22) Anderson 1997 : chapter2-Ⅲ.
23) Hart 1977 : 161.
24) Matthews 1957-1,-2,-3.

第 7 章　1957 年 2 月全国指導部会議

1) アメリカ人の若者 3 人の名前は Victor Buehlman, Chuck Ryan, Michael Garvey。Pacheco2003 : 70-71.
2) Monte La O、ゲリラたちが利用した場所の暗号記号、La A, La E, LaI 等があった。
3) ゲバラ 2012 : 112, Guevara 2011 : 72-73.
4) ゲバラ 2012 : 117, Guevara 2011 : 76.
5) ゲバラ 2008 : 74-75, Guevara 2006 : parte1, El refuerzo.
6) Pacheco 2003 : 77-78.
7) golpear arriba.
8) León 2007 : 442, Bonachea 1974 : 107.
9) Sweig 2002 : 18, 注 18 によると、ファウスティノ・ペレスとアルトによるレネ・ラモス・ラトウルへの手紙、1957 年 8 月 3 日付。
10) León 2007 : 454, Bonachea 1974 : 109.
11) Bonachea 1974 : 121.
12) Del Directorio Revolucionario al Pueblo de Cuba : Ataque al Palacio Presidencial.
13) Bonachea 1974 : 122-124.
14) Bonachea 1974 : 123.
15) Franqui 1980 : 169, León 2007 : 479.
16) Bonachea 1974 : 132.
17) Bonachea 1974 : 132.
18) Bonachea 1974 : 130, León 2007 : 484.
19) ゲバラ 2012 : 110-111, Guevara 2011 : 71.
20) Hart 1977 : 176.

21) Pacheco 2003 : 88, Stout 2013 : chapter15.
22) Pacheco 2003 : 96, Bonachea 1974 : 139, ゲバラ 2012 : 164, Guevara 2011 : 105-6, Stout 2013 : chapter15.
23) Sweig 2002 : 19. 注 26 参照。1957 年 6 月 6 日のフランクの 7 月 26 日運動の指導者たちへの手紙。Bonachea 1974 : 134.
24) Pacheco 2003 : 98.
25) Stout 2013 : chapter15.
26) DePalma 2007 : 110-119.
27) Hart 1977 : 176, Franqui 1980 : 178.
28) Canto 1993 : 225.
29) Sweig 2002 : 21, 注 29 参照。フランクは、ペドゥロ・ミレトへの 5 月 23 日付の手紙で、メキシコから第二弾の遠征隊を送る計画を中止するようにと書き、そのかわり資金、武器、弾薬、戦士をキューバに送るようにと要請した。新しい計画として、パイスはレステル・ロドリゲスがメキシコとマイアミに行き、資金を集め、武器を調達し、それでミレトかグスタボ・アルコスがキューバに戻り、新しい戦線の責任者になるよう要請していた。フィデル・カストロによるフランクへの 1957 年 5 月 31 日付の手紙にもそれについて触れられている。以上の事実は、1995 年 11 月 14 日、レステル・ロドリゲスとのジュリア・E・スウェイグによるインタビューによる。
30) Pensamiento 1969 : 252-257.
31) Sweig 2002 : 15. 注 9, Sweig 2002 : 16. 注 10, Stout 2013 : chapter16.
32) Pensamiento 1969, Franqui 1980 : 202-203, Alvarez 2009 : 202.
33) Llerena 1978 : 119-121.
34) Llerena 1978 : 126-8, Bonachea 1974 : 156-7. Oltuski 2002 : 94-95.
35) Llerena 1978 : 130, Bonachea 1974 : 156-160.
36) Stout 2013 : chapter16, Franqui 1980 : 184.
37) Franqui 1980 : 198, Stout 2013 : chapter16 : chapter18.
38) Pacheco 2003 : 103-4.
39) Stout 2013 : chapter17.
40) Sweig 2002 : 28, 注 1 参照。アルマンド・アルトは 1996 年 7 月 22 日、アバナでのジュリア・E・スウェイグとのインタビューで証言した。Tad Szulc も名前を明らかにせず、CIA がその頃 7 月 26 日運動に資金と武器を提供していたと書いている（Szulc 1986 : chapter10）。ジュリア・E・スウェイグがインタビューをした 1 人の女性は、ニューヨークの貿易会社がサンティアゴの

領事館を通じてシエラに通信機器を送ったと証言した。CIA のキューバ担当主席事務官ロバート・レイノルズも「そこでは私のスタッフと私はみなフィデリスタであった」と証言している。Sweig 2002：29, Stout 2013：chapter17.
41）Sweig 2002：29.
42）Sweig 2002：31, 注 8 参照。1957 年 6 月 25 日付フスト・カリジョのフィデルへの手紙。フランキもこの手紙を掲載している。しかしこのフランキの資料は日付が 1957 年 7 月 25 日に変更されており、加工されていて信用できず、プリンストン大学のコレクションでは、6 月 25 日になっているとジュリア・E・スウェイグは指摘している。Franqui 1980：210.
43）Sweig 2002：33.
44）Bohemia 1957.
45）ゲバラ 2008：135-144, Guevara 2006：Se gusta una traición.
46）Sweig 2002：35.
47）Sweig 2002：32, 注 13、注 14 参照。Franqui 1980：190.
48）Bonachea 1972, Bonachea 1974, Alvarez 2009.
49）Sweig 2002：37.
50）Sweig 2002：37, Bonachea 1972：348, Franqui 1980：195.

第 8 章　マイアミ協定

1）Sweig 2002：43, Pensamiento 1969：252-257.
2）Sweig 2002：43, Pensamiento 1969：255.
3）Pensamiento 1969：255.
4）Sweig 2002： 46-47.
5）この部分の手紙は、Franqui 1980：212 にも掲載されている。しかしこのフランキの文書はここで引用した部分が削除されている。そしてフランクへの警察の監視が強化されているという記述に焦点をあてている。
6）Stout 2013：chapter20.
7）Pacheco 2003：131.
8）Sweig 2002：52-53.
9）Franqui 1980：208-9.
10）Pacheco 2003：194.
11）Sweig 2002：53.
12）ゲバラ 2008：195, Guevara 2006：Parte Ⅱ, Pino del Agua.
13）Stout 2013：chapter22.

14) Pacheco 2003 : 162.
15) Franqui 1980 : 231-2.
16) Stout 2013 : chapter22, Pacheco 2003 : 162.
17) Franqui 1980 : 239.
18) Sweig 2002 : 62.
19) Sweig 2002 : 73.
20) Pacheco 2003 : 173.
21) Sweig 2002 : 65.
22) Bonachea 1974 : 161-2.
23) Sweig 2002 : 69.
24) Hart 1977 : 195-6, Sweig 2002 : 73, Llerena 1972 : 138-139.
25) Sweig 2002 : 74, Llerena 1972 : 139-140.
26) Franqui 1980 : 77.
27) Franqui 1980 : 249.
28) Sweig 2002 : 87.
29) Pacheco 2003 : 176-177.
30) Llerena 1978 : 151-154.
31) Hart 1977 : 209-225.
32) Hart 1977 : 198.
33) Hart 1977 : 209-225.
34) Sweig 2002 : 93.
35) ゲバラ 2008 : 262-265, Guevara 2006 : Un año de lucha armada.

第9章　全面戦争

1) Pacheco 2003 : 183-5.
2) Pacheco 2003 : 193-197.
3) Franqui 1980 : 279,282.
4) Pacheco 2003 : 366-375.
5) Pacheco 2003 : 208-210.
6) Sweig 2002 : 100-101.
7) Pacheco 2003 : 169.
8) Bigart 1958.
9) Bohemia 1958.
10) Pacheco 2003 : 225-227.

11）Sweig 2002 : 110.
12）Pacheco 2003 : 219-224.
13）Roca 1961 : 26-27.
14）Anderson 1997 : chapter8.
15）Sweig 2002 : 102, Pacheco 2003 : 225.
16）Sweig 2002 : 126-8.
17）Sweig 2002 : 127.
18）Sweig 2002 : 129.
19）Pacheco 2003 : 254-261. サグア・ラ・グランデの戦いについては、Oltuski 2002 : 151-154.
20）Sweig 2002 : 145-147. Oltuski 2002 : 139-160.
21）ゲバラ 2008 : 312-320, Guevara 2006 : Una reunión decisiva.
22）Pacheco 2003 : 272-273, Roca 1961 : 26. Oltuski 2002 : 159-164.
23）Hart 1977 : 243. オルトゥスキも「ゲリラは象徴にとどまるものではありえないことをオリエレテは示している」と書いている。Oltuski 2002 : 159, 160-200, Guevara 2011 : 237-238. ゲバラ 2012 : 376-7.

第10章　革命の勝利へ

1 ）カストロ 2012 : 36, Castro 2011 : 28.
2 ）カストロ 2012 : 281-2, Castro 2011 : 229.
3 ）カストロ 2012 : 50-51, Castro 2011 : 39-40.
4 ）Stout 2013 : Chapter23.
5 ）カストロ 2012 : 44, Castro 2011 : 34.
6 ）Stout 2013 : chapter24.
7 ）カストロ 2012 : 283, Castro 2011 : 230.
8 ）カストロ 2012 : 49-50, Castro 2011 : 33-34.
9 ）カストロ 2012 : 271, Castro 2011 : 221.
10）カストロ 2012 : 50, Castro 2011 : 39.
11）Paterson 1994 : chapter13.
12）カストロ 2012 : 52, Castro 2011 : 41.
13）Batista 1962 : 82.
14）カストロ 2012 : 438, Castro 2011 : 350.
15）ゲバラ 2008 : 322, Guevara 2006 : La Ofenciva Final.
16）Dubois 1959 : 270.

17) ゲバラ 2012 : 295, Guevara 2011 : 189.
18) Dubois 1959 : 276.
19) Sweig 2002 : 173-174, Dubois 1959 : 280-283.
20) カストロ 2012 : 437-439, Castro 2011 : 349-351.
21) Macaulay 2011.
22) ゲバラ 2008 : 323-330, Guevara 2006 : La ofensiva final.
23) ゲバラ 2008 : 330-331, Guevara 2006 : La ofensiva final.
24) Glennon 1991 : 300-303, 311.
25) Paterson 1994 : chapterIV-18.
26) Glennon 1991 : VI.
27) Batista 1962 : 138.
28) Glennon 1991 : 281.
29) Batista 1962 : 138-39.
30) Glennon 1991 : 301.
31) Glennon 1991 : 316.
32) Glennon 1991 : 318-320.
33) Glennon 1991 : 323-328.
34) Glennon 1991 : 330-331.
35) Castro 2010 : 367-430, Oltuski 2002 : 241.
36) Castro Speech Data Base.

第11章 終 章
1) 河合 2000.
2) 萱野 2006 : 49.

参考文献

外国語文献（著書・資料など）

Alexander, Robert J. 2002 *A History of Organized Labor in Cuba*, Praeger.

Alvarez, José 2009 *Frank País, Architect of Cuba's Betrayed Revolution*, Niversal-Publishers, Boca Raton, Florida.

Anderson, Jon Lee 1997 *Che Guevara: A Revolutionary Life*, Grove Press, New York.

Argote-Freyre, Frank 2006 *Fulgencio Batista, From Revolutionary to Strongman*, Rutgers University Press.

Batista, Fulgencio 1962 *Cuba Betrayed*, Vantage Press, New York.

Bonachea, Rolando E., Nelson P.Valdés(Eds.) 1972 *Revolutionary Struggle 1947-1958, Volume 1 of the Selected Works of Fidel Castro*, The MIT Press.

Bonachea, Ramón L., Marta Martín 1974 *The Cuban Insurrection 1952-1959*, Transaction Publishers, New Brunswick.

Borges Betancourt, Rafael A., Reynaldo Cruz Ruiz(Com.) 2006 *Santiago insurreccional 1953-1956*, Ediciones Santiago, Santiago de Cuba.

Canto Borry, Enrique 1993 *Mi Vida*, Ramallo Bros. Printing, INC. Hato Rey.

Castro, Fidel, and Ignacio Ramonet, Translated by Andrew Hurley 2006-1 *Fidel Castro, My Life, A Spoken Autobiography*, Scribner, New York, London, Tronto, Sydney.

Castro, Fidel, Frei Betto 2006-2 *Fidel Y La Religión*, Ocean Sur.

Castro, Fidel. 2010 *La Contraofensiva Estrategica*, Oficina de Publicaciones del Consejo de Estado.

Castro, Fidel 2011 *La Victoria Estrategica, Por todos los caminos de la Sierra*, Ocean SUR.

Chomsky, Aviva, Barry Carr, and Pamera Maria Smorkaloff(ed.) 2003 *The Cuban Reader: History*, Culture, Politics, Duke University Press, Durham and London.

Colhoun, Jack 2013 *Gangsterismo, The United States, Cuba, and the Mafia: 1933 to 1966*, New York and London:OR Books.

Coltman, Leycester 2003 *The Real Fidel Castro*, Yale University Press.

Comision de orientación revolucionaria de la dirección nacional del pursc,

1964. *relatos del asalto al moncada*.

Conte, Agüero 2007 *The Prison Letters of Fidel Castro*. Nation Books. New York.

DePalma, Anthony 2007 *The Man Who Invented Fidel: Castro, Cuba, and Herbert L. Matthews of The New York Times*, PublicAffairs.

Dieterich, Heinz , Paco Ignacio Tabio II y Pedro Álvarez Tabío 2006 *Diario de guerra Raúl Castro y Che Guevarra*, La Fabrica, España.

Dirección Política de las FAR, Sección de Historia 1972 *Moncada: Antecedentes y Preparativos, Coleccion Revolucionaria, Tomo 1 1952–53*. Direccion Politica de las FAR, Sección de Historia.

Dubois, Jules 1959 *Fidel Castro, Rebel-Liberator or Dictator?*. Indianapolis. New York.

Farber, Samuel 2006 *The Origins of the Cuban Revolution, Reconsidered*. The University of North Carolina Press.

Franqui, Carlos. Translated by Georgette Felix, Elaine Kerrigan, Phyllis Freeman, Hardie ST.Martin 1980 *Diary of The Cuban Revolution*. A Seaver Book, The Viking Press. New York.

Franqui, Carlos. Translated into English by Albert B.Teicher 1968 *The Twelve*. Lyle Stuart INC. New York.

Gadea, Hilda 1972 *My Life with Che, The Making of a Revolutionary.* Palagrave Macmillan. New York.

Gellman, Irwin F 1973 *Roosevelt and Batista, Good Neighbor Diplomacy in Cuba, 1933-1945*, University of New Mexico Press.

Geyer, Georgie Anne 2001 *Guerrilla Prince, The Untold Story of FIDEL CASTRO*, Andrews McMeel Publishing, Kansas City.

Gjelten, Tom 2008 *Bacardi and the Long Fight for Cuba, The Biography of a Cause*, Penguin Books Ltd,.London.

Guevara, Ernesto Che 2006 *Pasajes de la Guerra Revolucionaria*, Ocean Sur.

Guevara, Ernesto Che. 2011 *Dario de un Combatiente*, Ocean Sur.

Harnecker, Marta 1987 *Jose Antonio Echeverria: El Movimiento Estudiantil en la Revolucion Cubana. Edición* Taller Popular.

Hart, Armando 1977 *Aldabonazo, Inside the Cuban revolutionay underground 1952–58*, A Participant Account. Pathfiner. New York.

IBRD 1951 *Report on CUBA, Findings and Recommendations of an Economic and Technical Mission* organized by the INTERNATIONAL BANK FOR RECONSTRUCTION

AND DEVELOPMENT in collaboration with the GOVERNMENT OF CUBA in 1950. FRANCIS ADAMS TRUSLOW, Chief of Mission, INTERNATIONAL BANK FOR RECONSTRUCTION AND DEVELOPMENT, WASHINGTON, D. C.

Johnson, Willis Fletcher 1920 *The History of Cuba. Volume Four*. New York: B.F.Buck & Company, Inc.

León, Julio Fernández 2007 *José Antonio Echeverría,vigencia y Presencia*, Ediciones Universal.

Llerena, Mario 1978 *The Unsuspected Revolution: The Birth and Rise of Castroism*. Cornell U.P.

Lupiáñez Reinlein, José 1985 *El Movimiento Estudiantil en Santiago de Cuba*. Editorial de Ciencias Sociales. La Habana.

Maclean, Betsy (ed.) 2003 *eaydée santamaría*, Ocean Press. Melbourne/New York.

Matthews, Herbert L 1969 *Fidel Castro*. Simon and Schuster. New York.

Mencia, Mario 1986 *El Grito del Moncada*, Volmen II, Editora Politica, La Habana.

Oltuski, Enrique 2002 *Vida Clandistina. My life in the Cuban Revolution*,WILEW.

Pacheco Águila, Ludas M., Ernesto Ramos Latour, Belarmino Castilla Mas 2003 *DANIEL, Comandante del llano y de la Sierra, Biografía*, Editora Politica, Cuba.

Paterson, Thomas G 1994 *Contesting Castro, The United States and the Triumph of the Cuban Revolution*. Oxford University Press.

Rafael de la Cova, Antonio 2007 *The Moncada Attack, Birth of the Cuban Revolution*, The University of South Carolina Press.

Lupiáñez Reinlein, José 1985 *El Movimiento Estudiantil en Santiago de Cuba 1952-1953*, Editorial de Ciencias Sociales, La Habana.

Rodríguez, Ignacio Uría 2011 *Iglesia y Revolución en Cuba*, Ediciones Encuentro; 1 edition.

Roca, Blas 1961 *Report to the Eighth National Congress of the Popular Socialist Party of Cuba, The Cuban Revolution*, New Century publisher, New York.

Rojas, Marta 1964 *La Generación del Centenario en la Moncada*, La Habana, EdicionesŔ.

Rojas, Marta 1978 *El QUE DEBE VIVIR*, Casa de las Americas.

Rojas, Marta 1988 *EL JUICIO DEL MONCADA*, La Habana.

Sánchez, Ramírez Francisco, Carlos Morejón Cerra, Maria Dolores Díaz

Álvarez, (Compiladores) 1981 *Moncada: La Accion , Coleccion Revolucionaria, Tomo 2 1953*. Editora Politica, La Habana.

Stout, Nancy 2013 *One Day in December, Celia Sánchez and the Cuban Revolution*. Monthly Review Press. New York.

Suchlicki, Jaime 1969 *University Students and Revolution in Cuba 1920-1968*, University of Miami Press.

Suchlicki Jaime (ed.) 1972 *Cuba, Castro, and Revolution*, University of Miami Press.

Szulc, Tad 1986 *Fidel: a critical portrait*, Morrow.

Sweig, Julia E 2002 *Inside the Cuban Revolution, Fidel Castro and the Urban Underground*, Harvard University Press.

Uría Rodríguez, Ignacio 2011 *Iglesia y Revolución en Cuba*, Ediciones Encuentro

外国語文献（論文）

Blackburn, Robin 1963 "Prologue to the Cuban Revolution" New Left Review 12 : 52-91.

Cubillas, Vicente 1955 "Mitin oposicionista en Nueva York", el 6 de noviembre de 1955 para la revista Bohemia.

Cushion, Steve 2015 'The Cold War and Organization Labour in Batista's Cuba' in Cuban Reserch Network-CNR of University College London.
http://www.ucl.ac.uk/americas/research-fields/crn

las Fuerzas Armadas Revolucionarias, ed. 2000 "Encuesta de Bohemia, Opinión sobre el regreso de Prío, Fidel Castro", en Bohemia de Edición Especial por el Aniversario 50 de las Fuerzas Armadas Revolucionarias.
www.bohemia.cu/dossiers/historia/granma50aniversario/moncada-granma/del-moncada-al-presidio.html

Las Fuerzas Armadas Revolucionarias, ed. 2000 "Del Moncada al Presidio y a la Libertad" en Bohemia de Edición Especial por el Aniversario 50 de las Fuerzas Armadas Revolucionarias.
www.bohemia.cu/dossiers/historia/granma50aniversario/moncada-granma/del-moncada-al-presidio.html

Mencía, Mario 1984 "El grito del Moncada. El año del centenario", Bohemia Edición del 27 de julio de 1984.
http://www.bohemia.cu/dossiers/historia/moncada/moncada6.htm

Phillips, R. Hart 2009 "The Fall of Machado," pp.274-280 in Aviva Chomsky, Barry Carr, Pamela Maria Smorkaloff (eds.) *The Cuba Reader: History, Culture, Politics*, Duke University Press.
Trabajo conjunto entre el Departamento de Informática de la Oficina Territorial de Estadísticas de Santiago de Cuba y el Instituto Politécnico de Electrónica "Mariana Grajales Coello". 2008 "Asaltantes, Cuartel Moncada, Cuba, 55 aniversario" Plensa Latina. Cuba. http://www.prensalatina.cu/Dossiers/Moncada/DatosInteres.html

雑誌記事・新聞記事

Bigart, Homer 1958 "Rebel Chief Offers Batista Plan to End Cuban Revolt," New York Times, Feb.26, 1958.
Bohemia 1955 "Soy un Combatiente sin Odios ni Resentimientos" en Bohemia, 22 de mayo de 1955.
Bohemia 1957 "26th of July Movement Manifesto of the Sierra, 12-July 1957", original Spanish text as published in Bohemia on July 28, 1957.
Bohemia 1958 "Exhortación del Episcopado," Bohemia 50, no.9 Mar. 2, 1958., New York Times, March 1, 1958.
Matthews, Herbert L. 1957-1 "Cuban Rebel Is Visited in Hideout", New York Times, Feb24, 1957.
Matthews, Herbert L. 1957-2 "Rebel Strength Gaining in Cuba, But Batista Has the Upper Hand", New York Times, Feb 25, 1957.
Matthews, Herbert L 1957-3 "Old Order in Cuba Is Threatened By Forces of an Internal Revolt", New York Times, Feb 26, 1957.
Pensamiento Crítico 1969 "De una carta de Frank Pais a Fidel Castro, Santiago de Cuba, 7 de Julio de 1957". pp.252-257.

インターネット

Castro Speech Data Base 2015 Latin American Network Information Center. http://lanic.utexas.edu/project/castro/1959/
Glennon, John P. (ed.) 1991 Foreign Relations of the United States, 1958-1960, Cuba, Voleme VI, Office of the Historian.
Trabajo conjunto entre el Departamento de Informática de la Oficina Territorial de Estadísticas de Santiago de Cuba y el Instituto Politécnico de

Electrónica "Mariana Grajales Coello" 2004 Asaltantes, Cuartel Moncada, Cuba, 55 aniversario.

http://www.prensa-latina.cu/Dossiers/Moncada/DatosInteres.html

Macaulay, Neill 2011 "I Fought For Fidel", Published on American Heritage Magazine（http://www.americanheritage.com）

日本語文献

ベンヤミン，ヴァルター　野村修編訳　1994　『暴力批判論』岩波書店。

ゲバラ，エルネスト・チェ　平岡緑訳　2008　『革命戦争回顧録』中公文庫。

ゲバラ，エルネスト・チェ　柳原孝敦訳　2012　『チェ・ゲバラ　革命日記』原書房。

岡部廣治　1980　「キューバ革命の歴史的考察」『歴史評論』No.364所収。

河合恒生　2000　「60年代のキューバ革命　砂糖1000万トン生産計画とモラル・インセンティブ」上、下。『アジア・アフリカ研究』第40巻第1号、第2号所収。

河合恒生　2008　「21世紀の社会主義―その青写真」『岐阜経済大学論集第24巻1号』所収、19-42。

柄谷行人　2006　『世界共和国へ　資本＝ネーション＝国家を超えて』岩波書店。

カストロ，フィデル　2012　『フィデル・カストロ自伝　勝利のための戦略　キューバ革命の戦い』明石書店。

ヒューバーマン，スウィージー　池上幹徳訳　1960　『キューバ――一つの革命の解剖』岩波書店。

萱野稔人　2005　『国家とはなにか』以文社。

ロバート・シーア、モーリス・ツァイトリン　真木嘉徳訳　1968　『キューバ』現代評論社。

ローベル・メルル　夏木嘉徳訳　1967　『カストロのモンカダ襲撃』筑摩書房。

表 1　モンカダ兵営攻撃部隊と戦死者および市民の犠牲者

1	REMBERTO ABAD ALEMÁN RODRÍGUEZ	HK2　M
2	RAÚL ROGELIO AGUIAR	26日殺されたが攻撃者ではない
3	PEDRO CELESTINO AGUILERA	ABF2
4	PABLO AGÜERO GÜEDES	BK1　M
5	EMILIO ALBENTOSA CHACÓN	DF3
6	JUAN MANUEL AMEIJEIRAS DELGADO	HK5　M
7	OSCAR ALCALDE VALLS	13年の刑 1
8	JUAN ALMEIDA BOSQUE	10年の刑 D2
9	GERARDO ANTONIO ÁLVAREZ ÁLVAREZ	HK3　M
10	TOMÁS ÁLVAREZ BRETO	HK4　M
11	GUSTAVO ARCOS	10年の刑 3
12	GILBERTO E. BARÓN	K6　M
13	RENÉ BEDÍA MORALEZ	10年の刑 4
14	REYNALDO BENÍTEZ	10年の刑 5
15	ANTONIO BETANCOURT FLORES	HK7　M
16	FLORES BETANCOURT RODRIGUEZ	K8
17	ENRIQUE CÁMARA PÉREZ	10年の刑 B6
18	HUGO CAMEJO VALDÉS	BK9　M
19	GREGORIO CAREAGA MEDINA	K10　M
20	PABLO CARTAS RODRIGUEZ	HK11　M
21	ORLANDO V.CASTRO GARCÍA	BF8
22	REYNALDO CASTRO	F9
23	FIDEL CASTRO RUZ	15年の刑 D7
24	RAÚL CASTRO RUZ	13年の刑 DP8
25	MARINO COLLAZO CORDERO	AF11
26	ALFREDO CORCHO CINTA	K13　M
27	RIGOBERTO CORCHO LÓPEZ	K14　M
28	RUBÉN CORDERO SÁNCHEZ	当日死　M
29	GIRALDO CÓRDOVA CARDÍN	K15　M
30	ORLANDO CORTÉS	3年の刑 10
31	JOSÉ F. COSTA VELÁZQUEZ	HK16　M
32	ABELARDO CRESPO ARIAS	10年の刑 11
33	VICENTE CHÁVEZ	AF10
34	FERNANDO CHENARD PIÑA	K12　M
35	MARIO DALMAU DE LA CRUZ	FPT14
36	ROLANDO DEL VALLE	攻撃後殺された　M
37	ARMANDO DEL VALLE LÓPEZ	攻撃後殺された　M
38	AGUSTÍN DÍAZ CARTAYA	10年の刑 B12
39	JULIO DÍAZ GONZÁLEZ	10年の刑 D13

40	JUAN DOMÍNGUEZ DÍAZ	HK18　M
41	GUILLERMO ELIZALDE SOTOLONGO	AF17
42	VICTOR ESCALONA BENÍTEZ	K19　M
43	FLORENTINO FERNÁNDEZ LEÓN	F19
44	ALEJANDRO FERRÁS PELLICER	F21
45	ANTONIO FERRÁS PELLICER	F22
46	ARMELIO FERRÁS PELLICER	F23
47	GILDO M. FLEITAS LÓPEZ	K20
48	RAFAEL FREYRE TORRES	BK21　M
49	ORLANDO GALÁN	ET24
50	ROBERTO GALÁN	F25
51	ABELARDO GARCÍA YLLS	EP27
52	ANDRÉS GARCÍA Días	10年の刑 B14
53	JACINTO GARCÍA ESPINOSA	K22　M
54	CALIXTO GARCÍA MARTÍNEZ	BDF28
55	GABREIL GIL ALFONSO	10年の刑 D15
56	RAÚL GÓMEZ GARCÍA	HK23　M
57	MANUEL GÓMEZ REYES	K24　M
58	VIRGILIO GÓMEZ REYES	K25　M
59	CARLOS GONZÁLEZ SEIJAS	F29
60	ERNESTO GONÁLEZ	F30
61	LUCIANO GONZÁLEZ CAMEJO	BK26　M
62	FRANCISCO GONZÁLEZ HERNÁNDEZ	10年の刑 16
63	GUILLERMO GRANADOS LARA	K27
64	ANGEL DE LA GUARDIA GUERRA DÍAZ	BK28　M
65	ROLANDO GUERRERO BELLO	AF32
66	RENATO M. GUITART ROSELL	K29
67	PEDRO GUTIERREZ SANTOS	F33
68	MELBA HERNÁNDEZ	7ヵ月の刑 H17
69	LÁZARO HERNÁNDEZ ARROYO	BK31　M
70	GENARO HERNÁNDEZ MARTÍNEZ	AF35
71	EMILIO HERNÁNDEZ CRUZ	K30　M
72	AMBROSIO HERNÁNDEZ ROSSEAU	攻撃当日射殺体で発見
73	MANUEL ENRIQUE ISLA PÉREZ	K32　M
74	FIDEL LABRADOR	10年の刑 18
75	JOSÉ A. LABRADOR DÍAZ	K33　MではH
76	ANTONIO DARIO LÓPEZ GARCiA	BFT40
77	ANTONIO (NICO) LÓPEZ FERNANDEZ	BFT39
78	JOSÉ LUIS LÓPEZ DÍAZ	F41
79	GENEROSO R. LLANES MACHADO	AF38
80	JOSÉ DE JESÚS MADERA FERNÁNDEZ	K35

81	PEDRO MARRERO AIZPURUA	K36
82	MARCOS MARTÍ RODRÍGUEZ	K37　M
83	JOSÉ RAMÓN MARTÍNEZ ÁLVAREZ	FP43
84	MARIO MARTÍNEZ ARARÁ	BK38　M
85	RAÚL MARTÍNEZ ARARÁS	BF44
86	HORACIO MATHEU ORIHUELA	HK39　M
87	JOSÉ W. MATHEU ORIHUELA	HK40　M
88	ROBERTO MEDEROS RODRIGUEZ	HK41　M
89	ROSENDO MENÉNDEZ GARCÍA	10年の刑 20
90	RAMÓN RICARDO MENDEZ CABEZÓN	HK42　M
91	CARLOS A. MERILLES ACOSTA	AF45
92	ARMANDO MESTRE	10年の刑 21
93	PEDRO MIRET	13年の刑 22
94	TEODULIO MITCHEL BARBÁN	F46
95	JESÚS MONTANÉ OROPESA	10年の刑 D23
96	EDUARDO MONTERO	10年の刑 24
97	RAMÓN MONTES CUBA	F47
98	MARIO MUÑOZ MONROY	HK43　M
99	CARMELO NOA GIL	K44
100	MIGUEL ANGEL ORAMAS ALFONSO	K45　M
101	OSCAR A. "NITO" ORTEGA LORA	K46　M
102	ISIDRO PENALVER O'REILLY	AF48
103	GERARDO PÉREZ-PUELLES	BF49
104	RAMÓN PEZ FERRO	AFH50
105	JOSÉ PONCE DÍAZ	10年の刑 25
106	OSCAR QUINTELA BONILLA	F52
107	CIRO REDONDO	10年の刑 D26
108	JULIO M. REYES CAIRO	HK47　M
109	ISMAEL RICONDO FERNÁNDEZ	K48　M
110	FELIX RIVERO VASALLO	K49　MではH
111	EDUARDO RODRÍGUEZ ALEMÁN	3年の刑　27
112	LESTER RODRÍGUEZ PÉREZ	FP53
113	MANUEL M. ROJO PÉREZ	K50　M
114	SEVERINO ROSELL GONZÁLEZ	FT56
115	ELIO ROSETTE	B
116	ADALBERTO RUANES ÁLVAREZ	BF57
117	MANUEL SAÍZ SÁNCHEZ	HK51　M
118	ANGEL M. SÁNCHEZ PÉREZ	FP58
119	RAMIRO SÁNCHEZ	BF59
120	ROLANDO SAN ROMÁN Y DE LAS LLAMAS	BK52　M
121	REINARDO BORIS LUIS SANTA COLOMA	K34　M

表1　モンカダ兵営攻撃部隊と戦死者および市民の犠牲者

122	ABEL B. SANTAMARÍA CUADRADO	HK53　M
123	HAYDÉE SANTAMARÍA CUADRADO	7ヵ月の刑 H28
124	RICARDO SANTANA	F60
125	ULISES SARMIENTO VARGAS	AF61
126	OSVALDO SOCARRÁS MARTÍNEZ	HK54　M
127	ELPIDIO CASIMIRO SOSA GONZÁLEZ	K55　M
128	JOSE SUÁREZ BLANCO	10年の刑　29
129	MAURO SUÁREZ SUÁREZ	裁判で証拠なしで釈放　M
130	ISRAEL TÁPANES	10年の刑 30
131	JOSÉ LUIS TASENDE de LAS MUÑECAS	K56　M
132	JOSÉ TESTA ZARAGOZA	BK57　M
133	ERNESTO TIZOL	13年の刑 31
134	JULIO TRIGO LÓPEZ	HK58　M
135	PEDRO TRIGO LÓPEZ	F64
136	ANDRÉS VALDÉS FUENTES	K59　M
137	HUMBERTO VALDÉS	AF65
138	RAMIRO VALDÉS	10年の刑 D32
139	ARMANDO del VALLE LÓPEZ	K60　M
140	PEDRO VÉLIZ HERNÁNDEZ	BK61　M
141	JACINTO VIERA MILIÁN	不明
142	MARIO CHANES	10年の刑 9
143	MANUEL LORENZO	3年の刑 19
144	ORESTES ABAD	BF1
145	ARMANDO ARENCIBIA	BF4
146	JESÚS BLANCO ALBA	AF5
147	CARLOS BUSTILLO RODRIGUEZ	F6
148	RAMÓN CALLAO DÍAZ	AF7
149	FÉLIX CÓRDOBA ALONSO	F12
150	JAIME COSTA CHÁVEZ	F13
151	HÉCTOR DE ARMAS ERRASTI	F15
152	ANGEL L. DÍAZ-FRANCISCO	AF16
153	JULIO C. FERNÁNDEZ	F18
154	GELASIO FERNÁNDEZ	F20
155	RUBEN GALLARDO	F26
156	GERARDO GRANADOS LARA	FT31
157	FLORENTINO HERNÁNDEZ	AF34
158	ORBEÍN HERNÁNDEZ DÍAZ	F36
159	MARIO LAZO PÉREZ	F37
160	MOISÉS MAFUT DELGADO	F42
161	ANGEL PLA PICETTE	F51
162	ROLANDO RODRIGUEZ	BF54

163	TOMÁS D. RODRIGUEZ	AF55
164	GERARDO SOSA HERNÁNDEZ	AF62
165	MANUEL SUARDÍAZ	F63
166	MANUEL VÁZQUEZ TIÓ	AF66
167	JUAN VILLEGAS	F67
168	RAÚL F. DE AGUIAR	K17　M

市民の犠牲者

169	MANUEL CARA REYES	M
170	RUBÉN CORDEO SÁNCHEZ	M
171	EDUARDO AMBROSIO HERNÁNDEZ RAVELLA	M
172	ARMANDO MIRANDA MONTES DE OCA	M
173	MIGUEL A. RAVELO RAVELO	M
174	PEDRO ROMERO FONSECA	M
175	ROLANDO DEL VALLE	M
176	FRANCISCO VIERA MILLÁN	M
177	RAÚL VILLARREAL	M

注）アントニオ・ラファエル・デ・ラ・コバの作成した表（Rafael de la Cova 2007: 261-266）およびマリオ・メンシア（Mencia 1986），マルタ・ロハス（Rojas 1988）の著書およびモンカダ兵営襲撃55周年にプレンサ・ラティナの作成した表（http://www.prensa-latina.cu/Dossiers/Moncada/Asaltantes.html. Redacciones digitales de Prensa Latina. Copyright 2008）を参照して作成した．

末尾の数字はアントニオの表の番号を示す．数字のないものはプレンサ・ラティナの表に記載されているが，アントニオの表にはないことを示す．「M」はマリオ・メンシアの著書で参加を確認できる名前である．プレンサ・ラティナの表で，間違いが確認されたものは削除した．アントニオの作成した表からは削除はしていない．

記号の意味は以下の通り．

アントニオの作成した表のうち，裁判で無罪 =A　バヤモ攻撃参加者 =B　グランマ号乗船者 =D　逃亡者・無罪の宣告を受けたもの =F　病院占拠者 =H　殺された人 =K　起訴されたが裁判所にいかなかった人 =T　裁判所占拠者 =P　M=(Mencia 1986).

表2　グランマ号乗り組み隊員

Estado Mayor
Comandante en jefe
1　Fidel Castro Ruz

Jefes de Estado Mayor
2　Capitán Juan Manuel Márquez Rodríguez
3　Capitán Faustino Pérez Hernández

Jefe de Intendencia
4　Pablo Díaz González

Ayudantes
5　Félix Elmuza Agaisse
6　Armando Huau Secades

Jefe de sanidad
7　Teniente Ernesto Guevara de la Serna

Oficiales adscritos al Estado Mayor
8　Capitán Antonio López Fernández
9　Teniente Jesús Reyes García
10　Teniente Cándido González Morales

Otros integrante del Estado Mayor
11　Onelio Pino Izquierdo
12　Roberto Roque Núñez
13　Jesús Montané Oropesa
14　Mario Hidalgo Barrios
15　César Gómez Hernández
16　Rolando Moya García

Pelotones
Jefe pelotón de vanguardia
17　Capitán José Smith Comas

Jefe pelotón del centro
18　Capitán Juan Almeida Bosque

Jefe de pelotón de retaguardia
19　Capitán Raúl Castro Ruz

Jefes de escuadra Primer pelotón
20　Horacio Rodríguez Hernández
21　José Ponce Díaz
22　José Ramón Martínez Álvarez

Jefes de escuadra Segundo pelotón
23　Fernando Sánchez-Amaya Pardal
24　Arturo Chaumont Portocarrero
25　Norberto Collado Abreu

Jefes de escuadra Tercer pelotón
26　Gino Donne
27　Julio Díaz González
28　René Bedia Morales

Integrantes de los Pelotones
29　Evaristo Montes de Oca Rodríguez
30　Esteban Sotolongo Pérez
31　Andrés Luján Vázquez
32　José Fuentes Alfonso
33　Pablo Hurtado Arbona
34　Emilio Albentosa Chacón
35　Luis Crespo Castro
36　Rafael Chao Santana
37　Ernesto Fernández Rodríguez
38　Armando Mestre Martínez
39　Miguel Cabañas Perojo
40　Eduardo Reyes Canto
41　Humberto Lamothe Coronado
42　Santiago Liberato Hirzel González
43　Enrique Cuéllez Camps
44　Mario Chanes de Aramas
45　Manuel Echevarría Martínez
46　Francisco González Hernández
47　Antonio Mario Fuentes Alfonso
48　Noelio Capote Figueroa

49	Raúl Suárez Martínez	66	Raúl Díaz Torres
50	Gabriel Gil Alfonso	67	Armando Rodríguez Moya
51	Luis Arcos Bergnes	68	Calixto García Martínez
52	Alfonso Guillén Zelaya Alger	69	Calixto Morales Hernández
53	Miguel Saavedra Pérez	70	Reinaldo Benítez Nápoles
54	Pedro Sotto Alba	71	René Rodríguez Cruz
55	Arsenio García Dávila	72	Jesús Gómez Calzadilla
56	Carlos Israel Cabrera Rodríguez	73	Francisco Chicola Casanovas
57	Carlos Bermúdez Rodríguez	74	Universo Sánchez Álvarez
58	Antonio Darío López García	75	Efigenio Ameijeiras Delgado
59	Oscar Rodríguez Delgado	76	Ramiro Valdés Menéndez
60	Camilo Cienfuegos Gorriarán	77	David Royo Valdés
61	Gilberto García Alonso	78	Arnaldo Pérez Rodríguez
62	René Orestes Reiné García	79	Ciro Redondo García
63	Jaime Costa Chávez	80	Rolando Santana Reyes
64	Norberto Godoy de Rojas	81	Ramón Mejias Castillo
65	Enrique Cámara Pérez	82	José Morán Losilla

注) http://www.ecured.cu/Expedicionarios_del_yate_Granma より.

あとがき

　このあとがきを書いているとき、合州国のオバマ大統領がキューバを訪問していた。大統領として、キューバを訪問するのは88年ぶりだそうだ。これに関する報道が新聞やテレビを賑わしている。それによるとキューバには自由がなく、人権が抑圧されていて、それを改善するようにというオバマ大統領の要求にキューバ側が難色を示しているらしい。

　このような報道内容を読んだり、聞いたりしながら、いつも違和感をもつのである。この報道をしている人たちは、植民地時代からのキューバの歴史を知っているのだろうか。知っているなら、もう少し違った報道内容になるのではないかと思うのである。

　1959年1月1日、キューバは革命によって、合州国や帝国主義諸国の支配をはねのけ、キューバ国民は念願の真の独立と自由を獲得したはずであった。ところが合州国はその事態を一切受け入れようとはしなかった。キューバが主権を行使し、土地改革を始めると、合州国は即座に断交し、懲罰と称して経済封鎖に踏み切った。その封鎖は、最近、一部分、多少改善されたとはいえ、オバマ大統領のキューバ訪問の現在も続いている。1903年にキューバから不当に割譲したグアンタナモ基地に対するキューバ政府の返還要求も無視し続けている。合州国政府は、その基地に収容所をつくり、テロリストと称して捕獲した人々を国際法や人権を無視し閉じ込め、拷問さえ行っているという。これはキューバの主権の侵害でもある。キューバの歴史を知らない人たちは、キューバのグアンタナモ基地でのこのアメリカの所業をどう見ているのだろうか。キューバはひどい国だという程度ではないだろうか。

キューバの国際経済活動の自由も合州国は徹底的に妨害してきた。その状態はオバマ大統領がキューバを訪問している今でも変わりはない。このキューバに対する不当な扱いをすべて解除した後に、キューバにたいして自由を要求するのが筋のとおった道であろう。それは棚上げにし、経済関係の改善に努力をするなどと約束しても、キューバの指導者たちは、信用することはないだろう。それでもキューバは、寛容にも、合州国との関係改善を実現するための努力をしてきたのである。経済的にキューバは困難を抱えており、その苦境を打開したいことも確かであろう。しかし、合州国・キューバ関係について報道する場合、キューバの苦境の本質を見据えた報道が必要なのではないかといつも思う。

　1960年4月、私は大学に入学した。その頃、キューバは革命成功後、1年以上経過していたが、私は世界中で注目されていた特徴のあるキューバ革命にまったく関心をもっていなかった。大学3年次に国際政治論のゼミナールに参加した。その時、はじめて社会主義世界と資本主義世界の対立や民族解放運動について学び、キューバ革命に関心を持つようになった。キューバ危機をめぐる世界情勢や合州国のケネディ大統領の対ラテンアメリカ政策やキューバ危機についても学んだ。ケネディ暗殺には、キューバ問題もからんでいるように思った。

　そしてアメリカ帝国主義の対ラテンアメリカ政策「進歩のための同盟」について、卒業論文を書き、その後、大学院に進学し、修士論文で「キューバ革命と7月26日運動」を書いた。今、それを読み返してみると、当時の社会的・思想的状況を反映し、スターリン主義の影響がみられる。1980年代以降、わたしは自分の思想状況を点検し、スターリン主義から抜け出すために努力してきた。

　そして今、1960年代に書いた修士論文と同じ課題で、キューバ

革命を論じてみた。この本で扱った時期を主題にした研究は日本ではほとんどない。キューバ研究の本や論文は数限りなくある。それらには優れた研究成果が多数あり、わたしなど足元にもおよばない。しかし、それらを読みながら、いつも思うのは、取り上げられた研究課題がひとつの傾向をもっているということである。それはキューバ革命の過程が絶えず変化し、次々と新しい問題提起をしていることと関係しているからだろうと思うが、研究課題が話題になっているキューバ問題の解明に集中しているということである。だから53年から59年までのキューバ革命の経過とその持っている本質的特徴について、じっくりと分析したものがほとんどない。話題にはならないからであろう。多くの優れた研究者たちが取り扱っている話題性のある問題を解明する際の補足として、この時期は扱われていることが多い。だからこの時期の革命過程を詳細に研究してみる価値はあるのではないかと考えた。

　仕上がって、もっとも気にかかるのは、徹底的に一次資料にもとづいて、自信をもち、確信をもってこの本を提示することができないことである。私はすでに75歳を超え、大学教員の職を定年で退いてから、すでに10年近い。ささやかな年金生活を余儀なくされている。キューバには、7月26日運動の指導者たちの残した手紙やメモをはじめとする一次資料が研究者たちを待っている。しかし私にはそれを調査する資金がない。研究仲間を組織して公的科学研究費助成を申請する能力も気力も、もはやない。個人で調査に行っても、ゲリラ戦士たちの手書きの資料を読みこなすことも私にはおそらくできないだろう。資料を読みこなす助手を雇う資金もない。というわけで、まったく不十分な著作であることはいなめない。それでも新しい観点でキューバ革命の暴力問題を中心に考えてみた。この本の内容について、今後、キューバに残されている一次資料に

もとづいて、間違いがあったなら、それを徹底的に訂正する研究者たちが登場することを期待したい。

　最後に、厳しい出版事情の中、このような本の出版を引き受けていただけるとは、本当に奇蹟のような気がする。有志舎の永滝稔さんに心から感謝したい。

　2016年3月

河 合 恒 生

索　引

※索引は事項にしぼった．

あ　行

アウテンティコ武装行動 AAA＝トゥリプレ・ア　67, 130, 167, 214, 215, 240
アクサドル　61, 65
アクシオン・カトリカ　289, 342
アスピアス・カストロ・レセンデ法律事務所　53
アセシナト　158
アナーキスト　13, 15, 17
アナルコ・サンディカリスト　13, 14, 15, 231
アベル・サンタマリア・イデオロギー・アカデミー　120
アメリカ反帝連盟　14
アルダボナソ　144
アレマン＝グラウ・アルシーナ同盟　34, 49
アレグリア・デ・ピオ　174, 189, 190, 191, 277
アレルタ　53, 54, 112, 114, 178
イストリコス（イストリコ派）　245, 266
一揆主義　108, 219, 301
ウベロ　224, 225, 315
エスカンブライ山　204, 205, 288, 329, 330
エスカンブライ第2国民戦線　330, 332, 339
エディトリアル・ディブルガシオ　179
エピファニーの祭り　170, 171, 177
エル・アクサドル　61, 65
オリエンテ革命行動　160
オリエンテ教員養成学校　155
オリエンテ大学学生連盟　156
オリエンテ中等学校地域連合　158
オルガニサシオン・アウテンティコ OA　145, 152, 180, 255, 288, 325, 347
オルトドクソ・ラディカル行動　48

か　行

階級構成　13
海軍の蜂起　255-256
解放行動　83, 84, 156, 159, 160, 167
革命幹部会 DR　130, 145, 148-149, 152-154, 206-207, 214, 217-220, 267, 288, 331-332, 346-348
革命全国行動　160
革命的学生幹部会　156
革命的社会主義運動 MSR　32, 34-35, 45-50, 52, 179, 215
革命蜂起同盟 UIR　32-33, 36, 47, 48, 51, 215
カサ・デ・パルマス　150
カスキトス　175
合州国・キューバ・スペイン戦争　6, 9
カヨ・コンフィテス　49
カルタ・セマナル　108, 292
機関紙『レボルシオン』　208
棄権主義派　245, 265
急進解放運動 MLR　128, 129, 130, 132
キューバ運河反対闘争委員会　160
キューバ解放会議 JLC　265-268, 270-274, 276, 283, 327
キューバ革命党（マルティ）　14, 100
キューバ革命党（アウテンティコ）　26, 28-29, 31-36, 48, 56-60, 67-68, 77, 88, 109-110, 124-125, 128, 130, 132, 136, 145, 150, 152, 161, 180, 193, 214-215, 225, 241, 267, 268, 283, 322, 324, 325-326, 330, 349
キューバ革命団　21
キューバ危機　351
キューバ共産党　1, 14, 17, 23-25, 146
キューバ人民党（オルトドクソ）　3, 36, 48, 52-57, 59, 61-69, 71, 77, 79-81, 87-89, 97, 109-110, 121-122, 124, 127, 129, 131-132, 134-135, 141, 143, 161-163, 168, 172-173, 193, 240-241, 245-246, 249, 264-268, 283, 322, 325, 348-349
キューバ労働者同盟 CTC　29, 58, 137, 286-287, 295, 322

索　引　391

教員学校学生革命同盟　157
教員養成学校学生協会　157
共産主義革命同盟　18, 28-29, 32, 57
共産主義封じ込め政策　44, 45
共和国友好協会 SAR　131, 134-137, 144, 241
グアヒロ　201
軍事委員会　79, 87, 215
軍情報部 SIM　56, 146, 152, 159, 179, 187, 214, 258, 332
憲法（1901年）　8, 10, 16, 22
憲法（1940）　29, 31, 46, 54, 56-60, 67, 76, 88, 100, 110, 114, 119, 122-123, 126, 132, 156-157, 159, 206, 228, 244, 266, 275, 284-286, 294, 309, 318, 326, 354, 357
ゴイクリア兵営　145, 152
国際共産主義　146
国際復興開発銀行 IBRD　31, 39, 40-43
国勢調査　13, 40
国民革命運動 MNR　81, 87, 128, 156, 158, 159
国民へのマニフェスト・マイアミ協定への回答　274
コミンテルン　14, 18, 251
コリンサイア　225
コレヒオ・デル・サルバドル　159

さ 行

裁判所の占拠　94, 104
砂糖モノカルチュア経済構造　12
サルヘントたちの反乱　20-24
サンテリア　219
ジェノサイド政策　4, 5
自己弁護　53, 115, 119, 120, 121
7月26日運動愛国クラブ　141
7月26日運動クラブ　141
7月26日運動市民抵抗　144
7月26日運動第1マニフェスト　122, 133
シボネイ　86-87, 91-93, 95, 97, 101-102, 106, 110
市民委員会　79, 87
市民抵抗運動　144, 205, 275, 289, 291, 294, 325, 348
市民団体連合 CIC　241, 254, 264-267, 269, 270-271, 273, 289, 294

市民病院　91, 97, 101, 104, 105, 119
諮問会議　58
社会主義革命　59, 74, 75
社会主義人民党 PSP　32, 58, 70-72, 74, 108, 110, 153, 167, 193, 219, 251, 283, 286, 290, 292-293, 295-298, 301, 303-304, 322, 330-331, 346
社会防衛法　62, 114, 117
準軍事組織「ティグレ」　179, 287
純潔派（Los puros）　144, 240, 255, 323, 325
シンコ・パルマス　175, 181, 189
真正グループ　35
進歩主義的国民同盟　124
スターリン主義　55, 71
ストライキ委員会　17, 250-252, 254, 263, 275, 276, 286, 296, 309
青年アウテンティコ　35
青年カトリカ　160, 289
青年クバ　27, 30, 32, 100, 215, 232
青年部隊　162, 166
政治的恩赦のための委員会　123
ゼネスト　17, 18-20, 82, 134, 137, 149, 152, 180, 184, 203, 229-231, 243, 249, 250-252, 254, 263, 269, 272, 275-279, 280-299, 300-302, 304-306, 308-310, 321-323, 326, 330, 333-345, 349, 356
前衛党（前衛）　74-75, 77, 108, 251
全国計画　235, 252, 254, 282
全国指導部 DN　127, 140, 147, 148, 150-152, 154, 155, 162-163, 167, 204, 209-249, 252-253, 255-257, 260-264, 269-270, 275, 277, 280-282, 284-285, 290, 295, 298, 301, 303, 306
全国市民戦線　57
全国労働者戦線 FON　250, 285, 290-293, 295-296, 298, 322
全国労働者連合　15, 17-18, 29
センテナリオ　2, 3, 12-13, 19-20, 24, 29-31, 36, 38-39, 353
全米相互援助条約　44
ソ連共産党20回大会　251
ソン・ロス・ミスモス　63-65

た 行

大学学生幹部会　16-17, 18, 21, 46
大学学生連盟 FEU　46, 49, 51, 59, 129-130,

136-137, 148-149, 160, 215, 267-268, 322, 325
第3守衛所　93, 97, 101-104, 106-107
抵抗権　123, 354, 357
デイリー・ワーカー　108
テロ（テロリスト、テロ活動、爆弾テロ）　13, 16, 20, 23, 25-27, 31, 60, 83, 85, 88, 126, 131, 141, 193, 207, 220, 288, 292, 294, 309, 355
統一全国労働者戦線FONU　322, 345
統一戦線　28, 55, 76, 126, 230, 245, 251, 280, 286, 355-357
トゥスパン　150, 153
東部第3戦線　290
東部第2戦線＝フランク・パイス第2戦線　204-205, 224-225, 226-239, 240, 252, 290, 294-295, 318, 326, 329
東部第4戦線　328
独立戦争　3-5, 7, 10, 13, 19, 30, 61, 82, 100, 131, 133, 140, 207, 226, 343
ドミニカ民主制のための委員会　49
トロツキスト　17, 57
泥棒国家（kleptocracy）　4, 12, 31, 38-39, 58, 77

な 行

ナショナリズム　13, 14, 16, 19, 41, 59, 78, 108, 335, 344
ニューヨーク・タイムズ　196, 206-208, 210, 269, 289, 291
農村警備隊　9-10, 82, 166, 169, 172, 175-176, 184, 190, 198, 210-211, 236-237, 309
農民協会　84

は 行

パーム・ガーデン・ホール　141
バヤモ兵営　86, 94-96, 98, 100, 105
パリ和平交渉　7
反対派青年ブロック　161
ピコ・トルキノ　223
ピノス島　118-119, 121, 125, 127, 313, 337, 346
非暴力　355-359
ファンヒオの誘拐　288
プエルトリコ独立のための委員会　49
プラット修正　10, 18, 27, 39

ブルジョア民主主義革命　70, 78
分離裁判　119
米州機構OAS　44, 51-52, 153, 267, 289, 341-342
ペンタルキア　22
法維持的暴力　202, 355-359
ボエミア　88, 95, 109, 119-120, 125, 132-133, 142-143, 146, 246-247, 274
ボゴタソ　51
ホセ・マルティ人民大学　15
ボニアト監獄　119, 165, 167, 183, 227
ポラ　16, 20
ポリティケリア　56, 59, 246, 248-249, 270, 280, 355-357
ボンチェスタ　32-34, 36, 45-48, 50, 52-53, 77

ま 行

マソ革命運動　173
マフィア　12, 36-39, 355
マラブサル　209-211, 221, 259
マルクス・レーニン主義　54-55, 70-72, 74-75, 77, 108, 143
マルティ学生連合　157, 160
マルティの女性たち
マルティ百周年女性市民戦線　112, 159
ミリシア（民兵）　230, 238, 250-252, 255, 263, 272, 275, 278, 280-288, 290-292, 294-295, 298-304, 306, 309, 322, 330
民主集中　74, 230
メイン号爆沈事件　5, 6
メキシコからの手紙　148, 153, 207, 214, 217-218, 221
メキシコ・シティ　138-139, 142-143, 147, 153
モンカダ兵営　2-3, 46, 56-113, 115, 127, 139-140, 158-159, 165, 176, 183-184, 220, 253, 295, 332, 353-354
モンカディスタ　3, 60-61, 96, 114-136, 138-140, 158
モンテクリスティ　100, 240, 323, 325, 339, 347
モントリオールの文書　88
モントリオリスタ　88-89, 95, 114-115

や 行

ヤラの叫び　4

索　引　393

ら 行

ラ・アバナ労働者連盟 15
ラウル・ゴメス・ガルシア図書館 120
ラ・カジェ 127
ラ・コロニア・エスパニョラ 164
ラス・コロラダス 154, 176, 180-181, 186, 188, 189
ラ・デマハグアの鐘 49
ラディオ・レベルデ 162, 288, 292, 306, 309, 315-316, 318, 320, 325, 327, 339, 345, 346
ラ・プラタ兵営 195
レアレンゴ18 159
歴史は私に無罪を宣告するだろう 67, 77, 121-122, 127-128, 133, 141, 150
労働組合運動 14-15, 33, 285
労働者全国指導部 250, 251
労働者の要求防衛とCTCの民主化のための全国委員会CNDDO 286

わ 行

『われわれの主張』(Nuestr Razón) 232, 234

アルファベット

ABC 20-21, 23, 29, 34, 60, 100, 130, 214, 226
CBS 221, 226
CIA 77, 79, 239, 332, 333, 335-336, 339

著者略歴

河合　恒生（かわい　つねお）

1940年生まれ。法政大学大学院社会科学研究科社会学専攻博士課程単位取得退学。愛媛大学、岐阜経済大学教授を経て、2008年退職。現在、特定非営利活動法人アジア・アフリカ研究所理事。

〈主要な著書・論文〉

『パナマ運河史』（教育社、1980年）
『第三世界の開発と独裁（共著）』（大月書店、1989年）
『国家論の基本問題』（青木書店、1989年）
『新しい世界政治の探究』（澤田出版、2005年）
『チャベス革命入門　参加民主制の推進と新自由主義への挑戦』（澤田出版、2006年）
「ベネスエラ：21世紀の社会主義」（『アジア・アフリカ研究』47巻（2）23-51、2007年）
「21世紀の社会主義──その青写真──」（『岐阜経済大学論集』42巻（第1号）19-42、2008年）
「コチャバンバの水戦争」（『アジア・アフリカ研究』49巻（4）22-42、2009年）

キューバ革命　1953～1959年
──モンカダ兵営攻撃から革命の勝利へ──

2016年7月30日　第1刷発行

著　者	河合恒生
発行者	永滝　稔
発行所	有限会社　有　志　舎

　　　　〒101-0051　東京都千代田区神田神保町3丁目10番、宝栄ビル403
　　　　電話　03(3511)6085　　FAX　03(3511)8484
　　　　http://yushisha.sakura.ne.jp
　　　　振替口座　00110-2-666491

ＤＴＰ	言海書房
装　幀	折原カズヒロ
印　刷	中央精版印刷株式会社
製　本	中央精版印刷株式会社

©Tsuneo Kawai 2016. Printed in Japan
ISBN978-4-908672-04-0